Schach dem König

Schach-Bibliothek

Abram Roisman

Schach
dem König
333 Kurzpartien
unter 30 Zügen

Im FALKEN Verlag sind zahlreiche kompetente Schachbücher
erschienen. Fragen Sie Ihren Buchhändler.

CIP-Titelaufnahme der Deutschen Bibliothek

Rojzman, Abram:
Schach dem König: 333 Kurzpartien unter 30 Zügen /
Abram Roisman. [Übers. aus d. Russ.: Benita Spielhaus]. –
Niedernhausen/Ts.: FALKEN, 1990
   (Schach-Bibliothek)
   ISBN 3-8068-1124-5

ISBN 3 8068 1124 5

817 2635 4453 6271

Inhalt

Vorwort

Bei der Arbeit an einem Band von Schachminiaturen (bis zu 25 Zügen) empfand ich es wiederholt als ärgerlich, daß eine schöne Partie wegen des formalen Merkmals – es waren einige Züge zuviel – nicht in dieses Buch aufgenommen werden konnte. So entstand die Idee, eine Sammlung kurzer Kombinationspartien bis zu 30 Zügen vorzubereiten.

Bei der Auswahl habe ich jenen Partien den Vorzug gegeben, in denen schöne Kombinationen, stürmische Attacken mit verblüffenden Opfern sowie ungewöhnliche taktische Wendungen und erfinderische Fallen vorhanden sind.

Nichts kann mit der Schönheit von Schachkombinationen konkurrieren. Wichtig war mir jedoch, daß nun jene 333 für die deutschsprachige Ausgabe ausgewählten Partien aus den letzten 30 Jahren vor allem für einen durchschnittlichen Schachspieler leicht verständlich sind.

Das Partienmaterial ist entsprechend den Eröffnungen gegliedert. Dadurch kann jeder das ihn vorrangig Interessierende schnell herausfinden.

Meine Anmerkungen zu den Partien enthalten aktuelle Empfehlungen für die jeweiligen Eröffnungssysteme, die ja alle ihre charakteristische Struktur der Figuren und Bauern, wenig geschützte Punkte und Schwächen, ganz bestimmte Pläne für die Entfaltung der Kräfte und eben auch typische Fehler aufweisen.

Bei den vorliegenden Partien gibt es absichtlich besonders viele Beispiele für das Mittelspiel. Gerade das Kennenlernen seiner interessanten taktischen und strategischen Methoden dürfte den Blick für richtige Züge in dieser schwierigen Phase eines Schachmatches schärfen.

Bewußt habe ich in dieses Buch auch Partien von Schachspielern unterschiedlichsten Niveaus aufgenommen – von Weltmeistern und Großmeistern bis zu Durchschnittsspielern. Neben hervorragenden Beispielen, die zu Recht wahre Perlen der Schachkunst sind, gibt es nämlich zahlreiche lehrreiche Partien, in denen Ungenauigkeiten und Fehler den Ausgleich des Duells bestimmen. Diese Momente gilt es, beim Nachspielen zu erkennen. Ich habe deshalb versucht, diese Drehpunkte, wo im Grunde die Entscheidung über Sieg oder Niederlage fällt, präzise zu erläutern.

Der Autor hofft, daß das Buch zur weiteren Popularisierung des königlichen Spiels beiträgt, vor allem aber dem Leser hilft, Schönheit und Logik der Schachkunst tiefer zu erfassen.

Abram Roisman

Offene Spiele

Italienische Partie

1.e2–e4 e7–e5 2.♘g1–f3 ♘b8–c6 3. ♗f1–c4 ♗f8–c5
Eine der ältesten Eröffnungen, die uns weit in die Schachge-
schichte zurückführt. Ihre ursprüngliche Idee bestand im Angriff
der schwachen Punkte f7 und f2. Die Blütezeit der Italienischen
Partie lag im 16. und 17. Jahrhundert. In dieser Zeit veröffent-
lichten die italienischen Meister, vor allem Gioacchino Greco
(1600–1634), ausführliche Analysen scharfsinniger Gambit-Varian-
ten, bei denen Weiß gute Angriffsmöglichkeiten erhielt. Doch
später wurden zuverlässige Wege einer aktiven Verteidigung für
Schwarz entdeckt, so daß sich die Popularität der Italienischen
Partie zusehends verringerte. Gegenwärtig begegnet man ihr in
der Praxis der Großmeister und Meister selten. Auf weniger ho-
hem Niveau behält die Italienische Partie jedoch nach wie vor
ihre Bedeutung. Besonders nützlich ist für junge Schachspieler
das Studium der an Kombinationsmöglichkeiten reichen Varianten dieser Eröffnung.

Partie Nr. 1
Z. Dorfman–Tebenkow
Orjol 1970

**1.e2–e4 e7–e5 2.♘g1–f3
♘b8–c6 3.♗f1–c4 ♗f8–c5
4.c2–c3 ♘g8–f6 5.d2–d4
e5:d4 6.c3:d4 ♗c5–b4+
7.♘b1–c3!?**
Das Bauernopfer für die Initiative wurde bereits vom berühmten italienischen Schachspieler G. Greco vorgeschlagen.
**7. ... ♘f6:e4 8.0–0 ♗b4:c3
Möglich ist auch 8. ... ♘:c3**

9.bc d5! mit genügenden Gegenchancen.
9.d4–d5! ♘c6–e5
Häufiger begegnet man 9. ...
♗f6, was Schwarz eine sichere
Stellung bietet.
**10.b2:c3 ♘e5:c4 11.♕d1–d4
♘c4–d6?**
Der Versuch, die Mehrfigur zu
behaupten, erweist sich als fehlerhaft. Richtig ist 11. ... f5!
**12.♕:c4 d6 13.♘d4 0–0 14.f3
♘c5** mit gleicher Position.
**12.♕d4:g7 ♕d8–f6 13.♕g7:f6
♘e4:f6 14.♖f1–e1+ ♔e8–f8?**

Hartnäckiger ist 14. ... ♘fe4, auch wenn dann nach 15.♘d2 f5 16.f3 Weiß Material wiedergewinnen würde und offensichtlich Übergewicht bewahrt. 15.♗c1–h6+ ♔f8–g8 16.♖e1–e5! ♘f6–e4 Oder 16. ... ♘de4 17.♖e1 d6 18.♖1:e4 de 19.♖:e5 ♗f5 20.♖:f5 ♘e4 21.♘d2!, und Weiß gewinnt. 17.♖a1–e1 f7–f5 18.♖e5–e7 b7–b6 19.♘f3–h4 ♗c8–b7 20.♖e7–g7+ ♔g8–f8 21.♖g7:h7+ ♔f8–g8 22.♖h7–g7+ ♔g8–f8 23.♘h4–g6+ ♔f8–e8 24.♘g6:h8 ♔e8–d8 25.♖g7–g8+ ♔d8–e7 Zum Matt würde auch führen 25. ... ♘e8 26.♗g5+! 26.♗h6–g5 matt!

Eine originelle Mattstellung im Zentrum des Bretts!

Partie Nr. 2
Herzog–Barle
Pula 1975

1.e2–e4 e7–e5 2.d2–d4 e5:d4 3.♘g1–f3 ♘b8–c6 4.♗f1–c4

♗f8–c5 5.c2–c3 ♘g8–f6 6.c3:d4 ♗c5–b4+ 7.♘b1–c3 ♘f6:e4 8.0–0 ♗b4:c3 9.d4–d5! ♗c3–f6 10.♖f1–e1 ♘c6–e7 11.♖e1:e4 d7–d6! Schwächer wäre 11. ... 0–0 angesichts von 12.d6! cd 13.♗g5! ♘g6 14.♕d5! 12.♗c1–g5 ♗f6:g5 13.♘f3:g5 h7–h6 Schlecht ist 13. ... ♗f5? 14.♗b5+ ♔d7 15.♕h5! oder sofort 14.♕f3! Möglich ist jedoch 13. ... 0–0. In diesem Fall führt das Opfer 14.♘:h7 nur zum Remis. 14.♗c4–b5+ ♗c8–d7 15.♕d1–e2 ♔e8–f8 Einfacher ist 15. ... ♗:b5! 16.♕:b5+ ♕d7 mit guter Position für Schwarz. 16.♖a1–e1 ♘e7–g8? Wenn 16. ... ♘:d5? erfolgt, dann käme 17.♘:f7! ♔:f7 18.♗c4 c6 19.♖e7+ ♔g8 20.♕f3, und Weiß gewinnt. Deshalb war es notwendig, 16. ... ♘g6 zu spielen.

17.♘g5–e6+! f7:e6 18.♖e4–f4+ ♘g8–f6 19.d5:e6 ♕d8–e7

Im Falle von 19. ... ♗:e6 entscheidet nach 20. ♕:e6 c6 das Manöver des weißen Läufers: 21.♗d3! und danach ♗g6.
20.♗b5:d7 ♔f8–g8
21.♕e2–c2 ♖a8–d8
22.♖f4:f6! g7:f6 23.♕c2–g6+ ♔g8–f8 24.♖e1–e3 ♖h8–g8
25.♕g6:h6+ ♖g8–g7
26.♖e3–g3
Es droht 27.♕h8+, und auf 26. ... ♔g8 folgt 27.♕:g7+ ♕:g7 28.e7.
Schwarz gab auf.

Partie Nr. 3
B. Stein–Langeweg
Plowdiw 1983

1.e2–e4 e7–e5 2.♘g1–f3 ♘b8–c6 3.♗f1–c4 ♗f8–c5
4.c2–c3 ♘g8–f6 5.d2–d4 e5:d4 6.0–0!?
Ein alter Zug, der in der letzten Zeit wieder aktuell ist.
6. ... ♘f6:e4
Eine richtige Erwiderung. Nach 6. ... dc 7.e5 erhält Weiß eine gefährliche Initiative. Fehlerhaft ist auch 6. ... d5 in Hinblick auf 7.ed ♘:d5 8.♖e1+ ♗e6 9.♘g5 0–0 10.♕d3 g6
11.♖:e6! fe 12.♕h3 ♕e7
13.♕:e6+ ♕:e6 14.♘:e6
(Estrin–Letić, Fernpartie 1969).
7.c3:d4 ♗c5–e7?
Das ist schon ein ernster Fehler, Schwarz hätte 7. ... d5 spielen müssen!
8.d4–d5 ♘c6–b8 9.♖f1–e1 ♘e4–d6 10.♗c4–d3 0–0
11.♘b1–c3 ♘d6–e8
12.d5–d6!

Ein wichtiger Augenblick. Für Weiß ist es unerläßlich, die Entwicklung des schwarzen Damenflügels zu verhindern.
12. ... c7:d6?
Auch nach 12. ... ♘:d6 13.♗f4 hat Weiß eine drohende Attacke, aber der Textzug läßt ein wirkungsvolles kombinatorisches Finale zu.

13.♗d3:h7+! ♔g8:h7
14.♖e1:e7!!
Das Turmopfer ist die Pointe der weißen Kombination.
14. ... ♕d8:e7 15.♘c3–d5!
Es ist nicht schwer, sich davon zu überzeugen, daß für die schwarze Dame das einzig rettende Feld d8 ist. Danach wird der schwarze König allerdings zu einer leichten Beute. Es hätte folgen können: 15. ... ♕d8 16.♘g5+ ♔g6 17.♕g4 f5 18.♘f4+ ♔f6 19.♘h7+ ♔e7 20.♕e2+ ♔f7 21.♕c4+ ♔e7 22.♘g6 matt.
Schwarz gab auf.

Partie Nr. 4
Chandler–Karpow
Bath 1983

1.e2–e4 e7–e5 2.♘g1–f3
♘b8–c6 3.♗f1–c4 ♗f8–c5
4.0–0 ♘g8–f6 5.d2–d3 d7–d6
6.c2–c3 0–0 7.♗c1–g5 a7–a6
8.♗c4–b3 h7–h6 9.♗g5–h4
g7–g5! 10.♗h4–g3
Ein verdächtiges Opfer ist
10.♘:g5. Nach 10. ... hg
11.♗:g5 ♔g7 12.♕f3 ♖h8
(schwächer ist 12. ... ♔g6
13.♗h4!) 13.♕g3 hat Schwarz
den Gegenstoß 13. ... ♘h5!
10. ... ♗c5–a7 11.♘b1–d2
♗c8–g4 12.♔g1–h1
♗g4–h5! 13.♕d1–e1
♔g8–g7 14.♗b3–d1
♗h5–g6!
Schwarz ist es gelungen, seine
Figuren ausgezeichnet anzuord-
nen. Das sind natürlich beste
Voraussetzungen, um die Initiative zu ergreifen.
15.♘d2–c4 ♖f8–e8
16.♗d1–c2 ♕d8–d7
17.♕e1–d2 ♖a8–d8 18.a2–a4
♘f6–h5 19.b2–b4?!
Weiß versucht einen Gegenangriff am Damenflügel, aber
kommt damit zu spät.
19. ... d7–d5!
Indem Schwarz das Zentrum
öffnet, verschafft sich der
Nachziehende entscheidende
Überlegenheit.
20.e4:d5
Der Bauer e5 ist tabu. Schlecht
ist 20.♘c:e5? ♘:g3+! 21.fg
♘:e5 oder 20.♗:e5+ f6 21.ed
♘:e5.

20. ... ♕d7:d5 21.b4–b5
e5–e4!
Es entwickelt sich ein „Nah-
kampfgefecht".
22.♘c4–e3
Es gibt keine andere Wahl.
Schlecht ist zum Beispiel
22.♘e1 ♕:c4! oder 22. bc ef
23.gf ♕:f3+ 24.♔g1 ♘:g3
25.hg ♕:g3+.
22. ... ♗a7:e3 23.f2:e3
♘h5:g3+ 24.h2:g3 e4:f3!
25.b5:c6 ♖e8:e3!

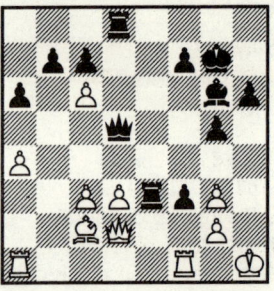

Dieser taktische Angriff klärt
den Ausgang des Kampfes.
26.♕d2:e3 f3:g2+ 27.♔h1–h2
g2:f1♘+! 28.♖a1:f1 ♕d5:c6
29.♕e3–e5+ ♔g7–g8
30.♖f1–f2 ♖d8–e8
Weiß gab auf.

Partie Nr. 5
Estrin–Bychowski
Moskau 1967

1.e2–e4 e7–e5 2.♘g1–f3
♘b8–c6 3.♗f1–c4 ♗f8–c5
4.0–0 d7–d6 5.d2–d3 ♘g8–f6
6.c2–c3 ♗c8–g4 7.♕d1–b3?!
Ein Doppelangriff auf b7 und
f7, aber Schwarz findet eine

überzeugende Entgegnung.
Besser ist 7.♗e3.

7. ... ♗g4:f3! 8.♕b3:b7?

Das führt zum Verlust. Es hätte
8.♗:f7+ gespielt werden müssen mit scharfer Stellung.

8. ... ♕d8–d7!

Das ist des Pudels Kern! Mit
Rücksicht auf die Drohung
9. ... ♕g4 darf Weiß den
Turm a8 nicht nehmen.

**9.g2:f3 ♖a8–b8 10.♕b7–a6
♖b8–b6 11.♕a6–a4 ♕d7–h3
12.♘b1–d2 h7–h5!**

Die folgende Attacke des
schwarzen h-Turmes entscheidet schnell den Ausgang der
Partie. Augenblicklich droht
auch 13. ... ♘g4!

**13.♖f1–d1 ♖h8–h6
14.♘d2–f1 ♖h6–g6+
15.♘f1–g3 ♖g6:g3+!
16.h2:g3 ♕h3:g3+**

Weiß gab auf.

Evans-Gambit

**1.e2–e4 e7–e5 2.♘g1–f3
♘b8–c6 5.♗f1–c4 ♗f8–c5
4.b2–b4!?**

Dieses Gambitspiel ist nach seinem Schöpfer benannt, dem
englischen Schachspieler David
Evans (1790–1872), der es
1824 in die Praxis einführte.
Für einen geopferten Bauern
erhält Weiß Entwicklungsvorsprung, Angriff und Raumvorteil. Bei richtiger Verteidigung
allerdings vermag Schwarz bequem auszugleichen.

Partie Nr. 6
Fischer–Fine
New York 1963

**1.e2–e4 e7–e5 2.♘g1–f3
♘b8–c6 3.♗f1–c4 ♗f8–c5
4.b2–b4 ♗c5:b4 5.c2–c3
♗b4–a5 6.d2–d4 e5:d4**

Auf 6. ... d6 ist es am besten,
mit fe ♕b3! fortzufahren, beispielsweise 7. ... ♕d7 (7. ...
♕e7 8.d5 ♘d4! 9.♘:d4 ed
10. ♗b5+ ♔f8 11.0–0 mit Initiative für den Bauern) 8.de de
9.0–0 ♗b6 10.♖d1 ♕e7
11.a4 mit kompliziertem Kampf.

7.0–0 d4:c3?!

Äußerst riskant. Gleiche Chancen bot Schwarz 7. ... ♘ge7
8.cd d5 9.ed ♘:d5 10.♗a3
♗e6 11.♗b5 ♗b4 12.♗:c6+
bc 13.♗:b4 ♘:b4 14.♕a4
♕d6 15.♘c3 0–0 16.♘e4 ♕f4
17.♘eg5 (Sokolski).

**8.♕d1–b3 ♕d8–e7 9.♘b1:c3
♘g8–f6?**

Ein Fehler, der zur Niederlage
führt. Besser ist 9. ... ♕b4
10.♗:f7+ ♔d8 11.♗b2! ♕:b3
12.♗:b3 ♘f6 13.♘g5 ♖f8
14.♘d5, obwohl es auch hier
für Schwarz nicht leicht wird,
sich zu verteidigen.

10.♘c3−d5! ♘f6:d5 11.e4:d5
♘c6−e5
Ganz schlecht ist 11. ... ♘d8
12.♗a3! d6 13.♕b5+ und
14.♕:a5.
12.♘f3:e5 ♕e7:e5 13.♗c1−b2
♕e5−g5 14.h2−h4! ♕g5:h4
Oder 14. ... ♕h6 15.♗a3! mit
folgendem 16.♖fe1+.
15.♗b2:g7 ♖h8−g8
16.♖f1−e1+ ♔e8−d8
17.♕b3−g3!
Schwarz gab auf.

Partie Nr. 7
Endt−Seidens
Magdeburg 1974

1.e2−e4 e7−e5 2.♘g1−f3
♘b8−c6 3.♗f1−c4 ♗f8−c5
4.b2−b4 ♗c5−b6 5.a2−a4
a7−a6
Gefährlich ist 5. ... ♘:b4 6.a5
♗c5 7.c3 ♘c6 8.0−0, und bei
8. ... d6 9.d4 ed 10.cd ♗b4
11.d5 gewinnt Weiß eine Figur − ♕a4+!
6.0−0
Aktiver ist 6.♘c3.
6. ... ♘g8−f6 7.♖f1−e1
d7−d6 8.c2−c3 0−0 9.h2−h3
♗c8−e6 10.♗c4:e6 f7:e6
11.♕d1−b3 ♕d8−e7 12.d2−d3
h7−h6 13.♗c1−a3?
Weiß hätte 13.♗e3 spielen mü-
sen. Jetzt gelingt es Schwarz
doch, die Schwäche des Königsflügels des Gegners auszunutzen.
13. ... ♘f6−h5! 14.b4−b5?
♖f8:f3! 15.g2:f3 ♘h5−f4
16.♔g1−f1 ♕e7−g5
17.♖e1−e2 ♕g5−g2+

18.♔f1−e1 ♗b6:f2+!
19.♖e2:f2 ♕g2−g1+
20.♖f2−f1 ♕g1−e3+
21.♔e1−d1 ♕e3−e2+
22.♔d1−c1 ♘f4:d3 matt.

Ungarische Verteidigung

1.e2−e4 e7−e5 2.♘g1−f3
♘b8−c6 3.♗f1−c4 ♗f8−e7
Seine Bezeichnung erhielt dieses etwas passive Verteidi-
gungssystem nach einer Fernpartie Paris−Budapest, die von
1842−1845 gespielt wurde.
Sein Grundgedanke ist, scharf
forcierten Varianten aus dem
Wege zu gehen, die aus der
Italienischen Partie entstehen.
Schwarz richtet sich ganz auf
Verteidigung ein und hat dabei
eine genügend feste Position,
obwohl seine strategische Ziel-
setzung in taktischer Hinsicht
recht harmlos ist.

Partie Nr. 8
Pasjutin−Zarenkow
Minsk 1984

1.e2−e4 e7−e5 2.♘g1−f3
♘b8−c6 3.♗f1−c4 ♗f8−e7
4.0−0
Aktiver ist 4.d4.
4. ... ♘g8−f6 5.♘b1−c3 0−0
Gut wäre gewesen 5. ... ♘:e4,
und auf 6.♘:e4 käme 6. ... d5.
6.♖f1−e1 d7−d6 7.h2−h3
♗c8−e6 8.♗c4:e6 f7:e6
9.d2−d4 e5:d4 10.♘f3:d4

♘c6:d4 11.♕d1:d4 e6–e5
12.♕d4–d3 ♔g8–h8
13.♗c1–e3 ♕d8–d7
14.♖a1–d1 ♖f8–f7
15.♘c3–d5 ♖a8–f8 16.c2–c4
♘f6:d5 17.c4:d5
Besser ist 17.♕:d5.
17. ... ♗e7–h4 18.♖e1–e2
♖f7–f6!
Es beginnt ein direkter Angriff
auf den weißen König.
19.♖d1–f1 ♖f6–g6
20.♔g1–h1?
Das führt zum Matt-Finale. Unerläßlich wäre 20.♔h2 gewesen.

20. ... ♖f8–f3! 21.♔h1–h2
Es drohte 21. ... ♕:h3+!
21. ... ♖g6:g2+! 22.♔h2:g2
♕d7:h3+ 23. ♔g2–g1
♕h3–g4+ 24.♔g1–h1
♖f3–h3 matt!

Partie Nr. 9
Skrjabin–Smirnow
Kostroma 1978

1.e2–e4 e7–e5 2.♘g1–f3
♘b8–c6 3.♗f1–c4 ♗f8–e7
4.d2–d4 e5:d4
Das Überlassen des Zentrums

führt zu einer passiven Position. Logischer ist 4. ... d6.
5.0–0 ♘g8–f6
Auch hier ist 5. ... d6 besser.
6.e4–e5 ♘f6–e4 7.♗c4–d5
♘e4–c5 8.♘f3:d4 ♘c6:d4
Riskant ist 8. ... ♘:e5?!, nach
dem Abtausch erhält Weiß jedoch deutliches positionelles
Übergewicht.
9.♕d1:d4 0–0 10.♘b1–c3
d7–d6 11.♗c1–e3 d6:e5
12.♕d4:e5 ♗e7–d6
13.♕e5–h5 ♘c5–d7
Gegen die Drohung 14.♗:c5
♗:c5 15.♗:f7+ gerichtet.
Gleichzeitig soll der Springer
bei der Verteidigung des Königs helfen.
14.♗e3–g5 ♗d6–e7
15.♘c3–e4 ♘d7–f6
16.♗g5:f6 ♗e7:f6 17.♖a1–d1
♕d8–e7 18.♖f1–e1 ♕e7–e5?
Die Chancen auf Verteidigung
hätte einzig 18. ... g6 erhalten.
19.♘e4–g5! ♕e5:g5
20.♕h5:f7+!
Schwarz gab auf.

Zweispringerspiel im Nachzuge

1.e2–e4 e7–e5 2.♘g1–f3
♘b8–c6 3.♗f1–c4 ♘g8–f6
Eine scharfsinnige, inhaltsrei-
che Eröffnung, deren erste Analysen bereits im 16. Jahrhundert
veröffentlicht wurden. In vielen
Varianten scheut sich Schwarz
nicht vor Opfern, um die Initiative zu erhalten. Weiß wie-

derum verfügt gegen diese Verteidigung, die die schärfste und aktivste innerhalb der „italienischen" Anfänge bildet, über verschiedene Möglichkeiten eines aktiven Spieles.

Partie Nr. 10
Barua–Taker
Kalkutta 1979

1.e2–e4 e7–e5 2.♘g1–f3
♘b8–c6 3.♗f1–c4 ♘g8–f6
4.♘b1–c3
Stärker ist 4.♘g5 oder 4.d4.
4. ... ♘f6:e4! 5.♗c4:f7+?
Der Verlust der Rochade für Schwarz kompensiert nicht das Zurückbleiben von Weiß in der Entwicklung. Es hätte 5.♘:e4 d5 6.♗d3 gespielt werden müssen.
5. ... ♔e8:f7 6.♘c3:e4
♗f8–e7
Stärker ist sofort 6. ... d5!
7.♘eg5+ ♔g8 8.d3 h6 9.♘h3
♗:h3 10.gh ♕f6.
7.d2–d4 d7–d5 8.♘e4–g5+
♔f7–g8 9.d4:e5 h7–h6
10.♘g5–h3 ♗c8–g4
11.♗c1–f4 ♕d8–d7
Für den geopferten Bauern hat Schwarz eine hervorragende Position erhalten.
12.♘h3–g1 g7–g5 13.♗f4–g3
d5–d4 14.a2–a3 ♖a8–d8
15.♕d1–d2 ♕d7–d5
16.♕d2–d3
Bei 16.h4 ist 16. ... ♗:f3 möglich. 17.♘:f3 g4 mit Vorteil für Schwarz.

16. ... ♕d5–a5+! 17.♔e1–f1
Natürlich darf nicht 17.b4? folgen wegen 17. ... ♗:b4+.
17. ... ♔g8–g7 18.♖a1–e1
♖h8–f8 19.♘g1–e2?
Ein Fehler in einer schweren Position.

19. ... ♖f8:f3! 20.♕d3–e4
Nicht möglich ist 20.gf angesichts von 20. ... ♗h3+
21.♔g1 ♕:e1 matt.
20. ... d4–d3! 21.c2:d3 ♖f3:d3
22.f2–f3
Wenn 22.♕:g4 folgt, dann entscheidet 22. ... ♕:e1+!
22. ... ♖d3:f3+!
Zum Matt führt 23.gf ♗h3+
24.♔g1 ♗c5+ 25.♗f2 ♕:e1
matt!
Weiß gab auf.

Partie Nr. 11
Psachis–Tschechow
Vilnius 1980

1.e2–e4 e7–e5 2.♘g1–f3
♘b8–c6 3.♗f1–c4 ♘g8–f6
4.d2–d3 ♗f8–e7 5.♗c4–b3
0–0 6.0–0 d7–d5 7.♘b1–d2
Besser ist 7.ed. Jetzt gelingt es Schwarz, seine Figuren aktiv aufzustellen.

7. ... d5:e4 8.d3:e4 ♗e7-c5!
9.c2-c3 a7-a5 10.h2-h3?!
Das führt zur Schwächung der
Rochadeposition. Besser ist
10.♕e2.
10. ... ♕d8-e7 11.♕d1-c2
♘f6-h5! 12.♘d2-c4 ♕e7-f6
13.♔g1-h2?
Weiß erkennt nicht die Gefahr,
die seinem König droht. Es
wäre notwendig gewesen, den
Bauern e5 durch den Zug
13.♗a4! anzugreifen.
13. ... ♘h5-f4 14.♗c1-e3

14. ... ♘f4:g2!! 15.♔h2:g2
Notgedrungen, wenn 15.♗:c5,
dann geht nach 15. ... ♕:f3
für Weiß nichts mehr.
15. ... ♗c8:h3+! 16.♔g2:h3
♕f6:f3+ 17.♔h3-h2
♖a8-a6!
Diese Attacke des Turmes entscheidet den Ausgang der Partie.
18.♕c2-d1
Es darf nicht 18.♗:c5? folgen
wegen 18. ... ♘d4!
18. ... ♕f3:e4 19.♖f1-g1
Eine befriedigende Verteidigung ist nicht zu erkennen.
Wenn Weiß 19.♗:c5 zieht,

dann 19. ... ♘d4 20.♕h5
♘f3+ 21.♔g3 ♖g6+
22.♕:g6 ♕:g6+ 23.♔:f3
♕c6+ 24. ♔g3 ♕:c5, und
Schwarz muß gewinnen.
19. ... ♕e4-h4+ 20.♔h2-g2
♘c6-d4 21.c3:d4 e5:d4
22.♗e3-g5
Um die Preisgabe des Läufers
erhofft sich Weiß einen Zeitge-
winn für die Verteidigung. Auf
22.♗d2 würde entscheiden
22. ... ♖g6+ 23.♔f1 ♕h3+
24.♔e2 d3+; auf 22.♗c1 folgt
22. ... ♖g6+ 23.♔f1 ♕h3+
24.♔e2 d3+ 25.♕:d3 ♕:d3+
26.♔:d3 ♖:g1.
22. ... ♕h4:g5+ 23.♔g2-f1
♕g5-f5 24.♗b3-c2
♕f5-h3+
Sofort gewinnt 24. ... d3.
25.♖g1-g2 ♖a6-f6
26.♕d1-d3
Oder 26.♕g4 ♕:g4 27.♖:g4
d3.
26. ... ♖f6-f3 27.♕d3:h7+
♕h3:h7 28.♗c2:h7+ ♔g8:h7
29.♖a1-e1
Weiß gab gleichzeitig auf.

Partie Nr. 12
Sweschnikow–Iwanow
Tscheljabinsk 1976

1.e2-e4 e7-e5 2.♘g1-f3
♘b8-c6 3.♗f1-c4 ♘g8-f6
4.d2-d4 e5:d4 5.0-0 d7-d5?
Richtig ist 5. ... ♘:e4.
6.e4:d5 ♘f6:d5 7.♘f3-g5
♗c8-e6
Schlecht ist auch 7. ... ♗e7. In
einer Partie Morphy–N. O.
(New Orleans 1858) folgte

8.♘:f7! ♔:f7 9.♕f3+ ♔e6
10.♘c3! dc 11.♖e1+ ♘e5
12.♗f4 ♗f6 13.♗:e5 ♗:e5
14.♖:e5+! ♔:e5 15.♖e1+
♔d4 16.♗:d5 ♖e8 17.♕d3+
♔c5 18.b4+! ♔:b4 19.♕d4+,
und Weiß setzte den König
matt.
8.♖f1−e1 ♗f8−e7
Oder 8. ... ♕d7 9.♘:f7! ♔:f7
10.♕f3+ ♔g8 11.♖:e6! mit
erdrückendem positionellem
Übergewicht für Weiß.
9.♖e1:e6! f7:e6 10.♘g5:e6
♕d8−d7 11.♗c4:d5 ♘c6−d8
Wegen 12.♘:c7+ mit Damen-
verlust geht 11. ... ♕:d5 nicht.
Hartnäckiger ist freilich 11. ...
♗f6.
12.♕d1−h5+ g7−g6
13.♕h5−e5 ♘d8−f7
14.♘e6:c7+ ♔e8−f8
15.♕e5:h8+! ♘f7:h8
16.♗c1−h6 matt!

Eine sehr originelle und ökono-
mische Mattkonstruktion, die
zu Recht ein Diagramm verdient!

Partie Nr. 13
Syromjatnikow−Petrow
Jelabuga 1975

1.e2−e4 e7−e5 2.♘g1−f3
♘b8−c6 3.♗f1−c4 ♘g8−f6
4.♘f3−g5 d7−d5 5.e4:d5
♘c6−d4!? 6.♘b1−c3
Ungünstig ist 6.d6? ♕:d6!
7.♗:f7+ (7.♘:f7? ♕c6!) ♔e7
8.♗b3 ♘:b3 9.ab h6 10.♘f3
e4 11.♘g1 ♔f7, und Schwarz
steht ausgezeichnet, Bogolju-
bow−Rubinstein, Wettkampf
1919.
6. ... h7−h6 7.♘g5−e4?!
Es hätte 7.♘f3 gespielt werden
müssen.
7. ... ♘f6:e4 8.♘c3:e4
♕d8−h4 9.d2−d3
Etwas günstiger ist 9.♘g3.
9. ... ♗c8−g4 10.♕d1−d2
♗g4−f3 11.0−0??
So verliert Weiß forciert. Die
einzige Möglichkeit war
11.♔f1.

11. ... ♘d4−e2+ 12.♔g1−h1
♘e2−f4
Möglich ist auch sofort 12. ...
♕h3!
13.♔h1−g1 ♕h4−h3!!

Das Matt ist nun unvermeidlich.
Weiß gab auf.

Partie Nr. 14
Bragin–Serebrjakow
Woronesh 1973

1.e2–e4 e7–e5 2.♘g1–f3
♘b8–c6 3.♗f1–c4 ♘g8–f6
4.♘f3–g5 d7–d5 5.e4:d5
♘c6–a5 6.d2–d3
Paul Morphys umstrittener
Zug.
6. ... h7–h6
Wegen 7.♛f3! darf 6. ...
♘:d5? nicht geschehen.
7.♘g5–f3 e5–e4 8.♛d1–e2
♘a5:c4 9.d3:c4 ♗f8–e7?!
Besser ist 9. ... ♗c5.
10.♘f3–d2?!
Stärker ist 10.♘d4!, und
Schwarz verfügt über keine
Kompensation für den geopferten Bauern.
10. ... 0–0 11.♘d2:e4?
Nachdem der zweite Bauer erobert wurde, gerät Weiß in
einen tödlichen Angriff.
11. ... ♘f6:e4 12.♛e2:e4
♗e7–b4+ 13.♔e1–d1
Offensichtlich ist das der einzige Zug.
13. ... ♖f8–e8 14.♛e4–d4
♗c8–f5 15.f2–f3
Es drohte 15. ... ♖e4 mit Da-
mengewinn, so wird die weiße
Majestät zwar gerettet, die Verteidigung bricht jedoch zusammen.

15. ... ♖e8–e4!! 16.♛d4–f2
Auf 16.fe folgte ein schönes
Matt: 16. ... ♗g4!
16. ... ♖e4:c4 17.c2–c3
♛d8:d5+ 18.♘b1–d2
Oder 18.♗d2 ♛d3 19.cb
♖c1+ 20.♔:c1 ♛c2 matt!
19.♛e2 ♛c2+ 20.♔e1 ♗d3
21.♛e3 ♗c5.
18. ... ♖c4:c3!
Weiß gab auf.

Partie Nr. 15
Fomenko–Radtschenko
Sotschi 1967

1.e2–e4 e7–e5 2.♘g1–f3
♘b8–c6 3.♗f1–c4 ♘g8–f6
4.♘f3–g5 d7–d5 5.e4:d5
♘c6–a5 6.♗c4–b5+ c7–c6
7.d5:c6 b7:c6 8.♗b5–e2
h7–h6 9.♘g5–f3 e5–e4
10.♘f3–e5 ♛d8–d4
Diese aktive Fortsetzung zwingt
Weiß, von der Rochade Ab-
stand zu nehmen. Nichtsdesto-
weniger bewahrt Weiß sich bei
richtiger Verteidigung bessere
Chancen.
11.f2–f4
Ungünstig ist 11.♘g4 ♗:g4
12.♗:g4 e3!

11. ... ♗f8–c5 12.♖h1–f1
♛d4–d8
Gegen die weiße Drohung
13.c3 und 14.b4 gerichtet.
13.c2–c3 ♘f6–d5 14.♛d1–a4
Aber nicht 14.b4? wegen
14. ... ♛h4+ 15.g3 ♛:h2
16.bc ♛:g3+ 17.♖f2 ♘:f4 mit
starkem Angriff.
14. ... 0–0 15.b2–b4
Besser 15.♛:e4. Zum Beispiel
15. ... ♛h4+ 16.♔d1! ♖d8
17.d4 f6 18.♗d3 f5 19.♛e2
mit einer sicheren Position.
15. ... ♛d8–h4+ 16.♔e1–d1
♖f8–d8 17.♔d1–c2
Auf 17.bc folgt 17. ... ♘e3
matt!
17. ... ♗c8–f5 18.b4:c5
e4–e3+ 19.♔c2–b2
Gefährlich ist auch 19.d3. Zum
Beispiel 19. ... ♛:h2 20.♛:a5
♛:g2 21.♔d1 f6 22.♘:c6
♗:d3! 23.♗:d3 e2+ 24.♗:e2
♘e3+ 25.♔e1 ♘c2 matt.
19. ... ♖d8–b8+ 20.♔b2–a3
♛h4–d8 21.♗c1–b2?
Unerläßlich war 21.d3.
21. ... e3:d2 22.♖f1–d1
♗f5–c2!!
Dieses Figurenopfer ist ein Signal zum abschließenden Angriff, den Schwarz mit Glanz
durchführt.
23.♛a4:c2 ♘a5–b3!!
24.♘e5–c4
Um 24. ... ♛a5 matt zu verhindern.
24. ... ♘b3:a1 25.♛c2:d2
Oder 25.♗:a1 ♛e7 26.♘d6
♛:e2.

25. ... ♛d8–b6!!
Weiß gab auf. Sein König sitzt
in der Mattfalle, wobei der
schwarze Springer auf a1 die
wichtigste Rolle spielt.

Partie Nr. 16
J. Sokolow–Rushnikow
Fernpartie, UdSSR 1966

1.e2–e4 e7–e5 2.♘g1–f3
♘b8–c6 3.♗f1–c4 ♘g8–f6
4.d2–d4 e5:d4 5.0–0 ♘f6:e4
6.♘b1–c3!? d4:c3?
Die Theorie empfiehlt 6. ...
♘:c3! 7.bc d5 8.♗b5 ♗e7
9.♘:d4 ♗d7 mit einem Mehrbauern für Schwarz.
7.♗c4:f7+!
Dieses Figurenopfer verschafft
Weiß einen gefährlichen Angriff.
7. ... ♔e8:f7 8.♛d1–d5+
♔f7–e8 9.♖f1–e1 ♗f8–e7
10.♖e1:e4 d7–d6 11.♗c1–g5
c3:b2
Weiß setzt nun konsequent auf
Angriff.
12.♖a1–e1 ♖h8–f8
13.♗g5:e7?!
Hier war ein Remis möglich:
13.♛:c6+ bc 14.♖:e7+ ♛:e7

15.♖:e7+ ♔d8 16.♖f7+ ♔e8
17.♖e7+.
Für Weiß wäre es besser, den
Angriff wie folgt weiterzufüh-
ren: 13.♕b5! Zum Beispiel
13. ... b1♕ 14.♕:b1 ♖f7
15.♕b3 mit starken Drohungen.
13. ... ♘c6:e7 14.♕d5–h5+
♔e8–d7 15.♘f3–d4 c7–c5
16.♕h5–g4+ ♔d7–c7
17.♖e4:e7+ ♕d8:e7?
In der Hoffnung, den Gegner in
die Falle zu locken, was jedoch
aufs glänzendste widerlegt
wird. Schwarz hätte 17. ...
♔b8! spielen müssen. Nach
dem unumgänglichen
18.♘c6+ bc 19.♕:g7 ♖f4
hätte Weiß die Kraft seines Angriffs beweisen müssen.
18.♖e1:e7+ ♔c7–d8
Es scheint so, daß Weiß mit seinem Latein am Ende ist. Vor allem droht Schwarz b1♕+.
Wie nun weiter? Daß diese
Stellung zu retten ist, über-
steigt jede Phantasie.

19.♕g4–g5!
Mit einem Zug werden vier
schwarze Drohungen abge-
wehrt! Doch der Gegner hat

noch nicht alle Trümpfe aus
der Hand gelegt.
19. ... h7–h6!
Jetzt vermag nur ein Wunder
Weiß zu retten.
20.♖e7:b7+!!
Und es geschieht! Alle Figuren
von Weiß schweben in Gefahr,
aber nach 20. ... hg 21.♘c6+
♔e8 22.♖e7+ ♔f8 23.♕g7
oder 20. ... ♖f6 21.♘c6+
♔e8 22.♖e7+ wird Schwarz
jeweils matt gesetzt!
Schwarz gab auf.

Partie Nr. 17
Armas–Botes
Rumänien 1977

1.e2–e4 e7–e5 2.♘g1–f3
♘b8–c6 3.♗f1–c4 ♘g8–f6
4.d2–d4 e5:d4 5.0–0 ♘f6:e4
6.♖f1–e1 d7–d5 7.♗c4:d5
♕d8:d5 8.♘b1–c3 ♕d5–a5
9.♘c3:e4
Schlechter ist 9.♖:e4+ ♗e6
10.♘:d4 0–0–0 11.♗e3 ♘:d4
12.♖:d4 ♗b4 mit ausgezeichneter Stellung für Schwarz.
9. ... ♗c8–e6 10.♘e4–g5
0–0–0 11.♘g5:e6 f7:e6
12.♖e1:e6 ♗f8–d6
13.♗c1–g5 ♖d8–f8?!
Die Fortsetzung 13. ... ♖de8!
14.♕e2 ♔d7 15.♖e1 ♕:e1+!
oder 14.♕e1 ♕:e1+ hätte ein
ausgeglichenes Spiel gewährlei-
stet. Im Verlauf der Partie ist
Schwarz bestrebt, den Kampf
zu verschärfen, aber die daraus
resultierenden Komplikationen
sind nicht nützlich für ihn.
14.♕d1–e2 ♔c8–d7?

14. ... ♖:f3 wird widerlegt durch den Zug 15.♖e8+, doch Weiß ignoriert die sichtbare Gefahr.

15.♖a1–e1! d4–d3?!
Auf 15. ... ♖:f3 folgte in der Fernpartie zwischen Sundqvist und Gabran, 1975, 16.♕:f3! ♕:g5 17.♕f7+ ♘e7 18.f4 ♕c5 19.♖:e7+! ♗:e7 20.♖e5! ♕b6 21.♖:e7+ ♔d8 22.♕:g7, und Weiß gewann.

16.♕e2:d3!
Aber nicht 16.cd? wegen 16. ... ♖:f3 17.♗d2 ♕h5!

16. ... ♖f8:f3 17.♕d3:f3 ♕a5:g5 18.♕f3–f7+ ♗d6–e7
Wenn 18. ... ♘e7, dann 19.♖:d6+! cd 20.♕e6+; 18. ... ♔c8 19.♖e8+ ♖:e8 20.♖:e8+ ♘d8 21.♕e6+ ♔b8 22.f4! ♗:f4 23.♕d7.

19.b2–b4!!
Ein stiller Zug, nach dem es für Schwarz keine Verteidigung mehr gegen den Dolchstoß 20.f4 gibt.

19. ... a7–a6 20.f2–f4 ♕g5–h4 21.♕f7–f5 ♔d7–e8 22.g2–g3 g7–g6 23.♖e6:e7+!
Schwarz gab auf!

Partie Nr. 18
Kurakin–Divin
Minsk 1970

1.e2–e4 e7–e5 2.♘g1–f3 ♘b8–c6 3.♗f1–c4 ♘g8–f6 4.d2–d4 e5:d4 5.e4–e5 d7–d5! 6.♗c4–b5 ♘f6–e4 7.♘f3:d4 ♗f8–c5 8.♗c1–e3
Schlecht ist 8.♘:c6? wegen 8. ... ♗:f2+ 9.♔f1 ♕h4! mit einem starken Angriff: 10.♘d4+ c6 11.♘f3 ♘g3+ 12.♔:f2 ♘e4++ 13.♔e2 ♕f2+ 14.♔d3 ♗f5!, und Schwarz gewinnt.

8. ... ♗c8–d7 9.♗b5:c6 b7:c6 10.0–0 ♗c5–b6?!
Besser ist 10. ... ♕e7. Zum Beispiel 11.♖e1 (11.f3 ♘d6!) 0–0 12.f3 ♘g5 13.♕d2 f6 mit genügendem Gegenspiel.

11.♘b1–d2 ♘e4:d2?
Durch den Verlust des zentralen Vorpostens gerät Schwarz in eine schwierige Position. Er mußte spielen 11. ... c5!? 12.♘:e4 cd 13.♗g5 ♕c8 (Keres).

12.♕d1:d2 0–0 13.♗e3–g5! ♕d8–e8 14.♖a1–e1 c6–c5?
Der Versuch, den Springer zu verdrängen, gelingt nicht. Hartnäckiger ist 14. ... ♗:d4.

15.♗g5–f6!
Ein wirkungsvoller Angriffsschlag!

15. ... h7–h6
Die einzige Möglichkeit. Es verlor 15. ... ♔h8 wegen 16.♗:g7+! ♔:g7 17.♕g5+ ♔h8 18.♕f6+ ♔g8 19.♖e3.

16.♖e1–e3 g7:f6

Es retteten auch keine anderen Fortsetzungen: 16. ... cd 17.🏰g3 g5 18.🏰:g5+; 16. ... ♔h7 17.♕d3+ ♔h8 18.🏰h3! ♗:h3 19.♕:h3 ♔h7 20.♗:g7! 17.e5:f6 ♕e8:e3
Die letzte Hoffnung ...
18.♕d2:e3 ♔g8–h7
19.♘d4–f3 ♗d7–b5
20.♕e3–e5! 🏰f8–g8
Wenn 20. ... ♗:f1, dann 21.♕f5+ ♔h8 22.♘g5!
21.♕e5–f5+ ♔h7–h8
22.♘f3–e5
Schwarz gab auf.

Partie Nr. 19
Pachomow–Romanow
Nowokuibyschewsk 1978

1.e2–e4 e7–e5 2.♘g1–f3 ♘b8–c6 3.♗f1–c4 ♘g8–f6 4.♘f3–g5 ♗f8–c5!?
Die Traxler-Variante, die zu einem sehr scharfen Kampf führt.
5.♘g5:f7 ♗c5:f2+ 6.♔e1–f1
Oder 6.♔:f2 ♘:e4+ 7.♔g1 ♕h4 8.g3 ♘:g3 9.♘:h8 (9.hg? ♕:g3+ 10.♔f1 🏰f8 11.♕h5 d5! 12.♗:d5 ♘b4! 13.♗b3 ♘:c2 oder 13.♗c4 b5 14.♗:b5+ c6 15.♗c4 ♘d5, und Schwarz gewinnt) 9. ... ♘d4! 10.hg ♕:g3+ 11.♔f1 ♕f4+ mit Dauerschach.
6. ... ♕d8–e7 7.♘f7:h8 d7–d5!
Der Turm wird geopfert, um mit maximaler Energie den Angriff zu führen.
8.e4:d5 ♘c6–d4 9.c2–c3 ♗c8–g4 10.♕d1–a4+?

Ein Fehler. Es mußte gespielt werden 10.d6 ♕:d6 11.♕a4+ mit scharfer Position.
10. ... ♘f6–d7 11.♗f1:f2
Wenn 11.cd, dann 11. ... ♕f6 12.de ♕f4.
11. ... ♕e7–h4+ 12.g2–g3 ♕h4–f6+ 13.♔f2–e1 ♕f6–f3 14.🏰h1–f1 ♕f3–e4+ 15.♔e1–f2 0–0–0!
Die schwarzen Reserven treffen pünktlich am Tatort ein.
16.c3:d4 🏰d8–f8+ 17.♔f2–g1 ♕e4:d4+ 18.♔g1–g2 ♕d4–e4+ 19.♔g2–g1 🏰f8:f1+ 20.♔g1:f1 ♗g4–h3+ 21.♔f1–f2 ♘d7–f6!
Das zahlenmäßig geringe Heer von Schwarz agiert erstaunlich gut. Jetzt droht 22. ... ♘g4+ mit einem schnellen Matt.

22.g3–g4
Ein letzter vergeblicher Versuch des weißen Königs zu entschlüpfen.
22. ... ♘f6:g4+ 23.♔f2–g3 ♕e4–g2+ 24.♔g3–h4 ♘g4–f6
Weiß gab auf. Vor den Mattdrohungen 25. ... ♕g4 oder

25. ... g5 gibt es keine Verteidigung.

Partie Nr. 20
B. Stein–Christiansen
Gausdal 1978

**1.e2–e4 e7–e5 2.♘g1–f3
♘b8–c6 3.♗f1–c4 ♘g8–f6
4.♘f3–g5 ♗f8–c5 5.♗c4:f7+
♔e8–e7 6.♗f7–d5**
Nicht schlecht ist auch 6.♗b3.
**6. ... ♖h8–f8 7.♘g5–f3
♕d8–e8 8.c2–c3 ♕e8–h5
9.0–0 d7–d6 10.d2–d4
♗c8–g4?!**
Ein kühnes, aber riskantes Opfer. Nach 10. ... ♗b6 11.♕d3
sind die Chancen für Weiß
kaum etwas besser.
11.♗d5:c6
Aufmerksamkeit verdiente
11.dc! Zum Beispiel 11. ...
♘:d5 12.ed ♖:f3 13.cd+ cd
14.dc ♖h3 15.f3 ♖:h2
16.♗g5+!
**11. ... b7:c6 12.d4:c5 ♘f6:e4
13.c5:d6+ c7:d6 14.♕d1–d3?**
Das ist der entscheidende Fehler. Bei 14.♕e2 hätte Weiß erfolgreich Widerstand leisten
können. Wenn 14. ... d5, dann
15.♘bd2 ♘:d2 16.♕:e5+!
♔d7 17.♗:d2 ♗:f3 18.♕:h5.
14. ... ♗g4:f3 15.♘b1–d2
Nicht 15.gf wegen 15. ...
♕g6+ 16.♔h1 ♘:f2+, und
Weiß verliert seine Dame.
15. ... ♘e4:d2 16.♕d3:d2
Nach 16.♗:d2 würde 16. ...
♕g4 entscheiden, jetzt droht
der Damentausch. Schwarz hat
aber noch einen Giftpfeil ...

16. ... ♖f8–f4!!
Ein stiller Zug, nach dem der
schwarze Angriff unwidersteh-
lich ist.
**17.g2:f3 ♕h5:f3 18.♖f1–e1
♖f4–g4+ 19.♔g1–f1 ♖a8–f8
20.♕d2–e3 ♕f3–g2+
21.♔f1–e2 ♖g4–e4
22.♖e1–g1 ♕g2:f2+!**
Weiß gab auf.

Partie Nr. 21
Estrin–Solowjew
Moskau 1977

**1.e2–e4 e7–e5 2.♘g1–f3
♘b8–c6 3.♗f1–c4 ♗f8–c5
4.0–0 ♘g8–f6 5.d2–d4!?**
Ein problematisches Bauernopfer.
5. ... ♘c6:d4
Richtig ist 5. ... ♗:d4! Zum
Beispiel 6.♘:d4 ♘:d4 7.♗g5
d6 8.f4 ♗e6 9.♘a3 ♕e7 10.c3
♘:c4 11.♘:c4 ♘e6 12.fe de
13.♗:f6 ♕c5+ 14. ♖f2 ♕:c4
15.♕d5 mit annäherndem
Gleichgewicht (Mestel–Szme-
tan, Buenos Aires 1978).
6.♘f3:e5 0–0?
Das verliert. Die einzige Möglichkeit war 6. ... ♘e6.

7.♗c1–e3 ♘d4–e6
Oder 7. ... ♛e7 8.♗:d4 ♗:d4
9.♛:d4 c5 10.♛c3 ♘:e4
11.♛e3 ♛:e5 12.♘c3, und
Schwarz kann den Verlust nicht
vermeiden.
8.♗c4:e6 ♗c5:e3 9.♗e6:f7+!
♔g8–h8 10.♗f7–b3 ♗e3–b6
11.♘e5–f7+ ♖f8:f7
12.♗b3:f7 ♘f6:e4
Der schwarze Gegenangriff auf
den Punkt f2 ist ungenügend
und wird leicht abgewehrt.
13.♘b1–d2! ♘e4:f2 14.♖f1:f2
♗b6:f2+ 15.♔g1:f2
♛d8–f6+ 16.♛d1–f3
♛f6–d4+ 17.♛f3–e3
♛d4–f6+ 18.♔f2–g1!
Wenn nun 18. ... ♛:f7, dann
19.♖f1 ♛g8 20.♛e7.
Schwarz gab auf.

Schottische Partie

1.e2–e4 e7–e5 2.♘g1–f3
♘b8–c6 3.d2–d4
Ihre Bezeichnung verdankt die
Eröffnung einer Fernpartie
Edinburgh–London (1824). Die
Idee der Schottischen Partie,
deren Züge schon Lolli im
Jahre 1763 bekannt waren, besteht in dem Versuch, gleich
das Übergewicht im Zentrum
durch Beseitigung des Bauern
e5 zu erlangen. Schwarz jedoch
kommt zu einem guten Gegenspiel durch den befreienden
Zug d7–d5 oder durch Figurendruck auf das Zentrum –
4. ... ♗c5.

Partie Nr. 22
Sergejew–Lybin
Moskau 1983

1.e2–e4 e7–e5 2.♘g1–f3
♘b8–c6 3.d2–d4 e5:d4
4.♘f3:d4 ♛d8–f6
Eine selten anzutreffende, interessante Fortsetzung.
5.♘d4–b5 ♗f8–c5 6.♛d1–e2
♔e8–d8!?
Die Eröffnungsnachschlage-
werke berücksichtigen nur
6. ... ♗b6, aber der Textzug
hat seine Vorzüge.
7.♘b1–c3 ♘g8–e7 8.a2–a4
Es drohte 8. ... a6 9.♘a3
b5.
8. ... a7–a6 9.♘b5–a3
♖h8–e8!
Schwarz will die e-Linie für ein
gefährliches Gegenspiel nutzen.
10.f2–f4?!
Äußerst riskant. Aufmerksamkeit verdient 10.♗e3.
10. ... ♘c6–d4 11.♛e2–d3
♘e7–c6 12.g2–g3 ♘c6–b4
13.♛d3–d1 b7–b5
Gut ist auch 13. ... b6.
14.♗f1–g2 ♗c8–b7
15.♔e1–f1 d7–d5! 16.♗c1–e3
Auf 16.ed ist 16. ... ♛g6 unangenehm. Wenn 17.g4, dann
17. ... ♘d:c2! 18.f5 ♛:g4!
19.♛:g4 ♖e1 matt!
16. ... ♔d8–c8 17.a4:b5 d5:e4
18.♘c3–a4?!
An diesen Zug knüpfte Weiß
seine Hoffnungen, aber sein
Gegenspiel kommt schon zu
spät.
18. ... ♘b4–d5! 19.♗g2–h3+
♔c8–b8 20.♗e3–g1

Besser ist schon 20.♗f2, auch wenn dann nach 20. ... ♛h6! die Drohungen von Schwarz sehr gefährlich sind. Eine folgende Variante ist beispielsweise möglich: 21.♗g4 e3 22.♘:c5 e2+ 23.♗:e2 ♛h3+ 24.♔e1 ♘f3 matt!

20. ... ♘d5:f4! 21.♘a4:c5
Oder 21.gf ♛:f4+ 22.♔e1 ♘f3+ 23.♔e2 ♘:g1+ 24.♖:g1 ♛e3+ 25.♔f1 ♛f2 matt.

21. ... ♘f4–d3+! 22.♔f1–g2 ♘d3–e1+! 23.♛d1:e1 ♛f6–f3 matt!

Ein ersticktes Matt durch die Dame, das ein Diagramm wert ist!

Partie Nr. 23
Steiner–Werchowski
UdSSR 1972

1.e2–e4 e7–e5 2.♘g1–f3 ♘b8–c6 3.d2–d4 e5:d4 4.♘f3:d4 ♘g8–f6 5.♘b1–c3 ♗f8–b4

Interessant ist 5. ... ♘:e4. Zum Beispiel 6.♘:e4 ♛e7 7.f3 d5 8.♗b5 ♗d7 9.♗:c6 bc 10.0–0 de 11.♖e1 0–0–0 12.♖:e4

♛f6 13.♛e2 ♗c5 14.♗e3 mit beiderseitigen Chancen.

6.♘d4:c6 b7:c6 7.♗f1–d3 d7–d5 8.e4:d5
Schwächer ist 8.e5? wegen 8. ... ♘g4 9.♗f4 f6! 10.h3 ♘:e5 11.♗:e5 fe 12.♛h5+ ♔f8 13.♛:e5 ♗d6 mit ausgezeichnetem Spiel für Schwarz.

8. ... c6:d5 9.0–0 0–0 10.♗c1–g5 c7–c6 11.♘c3–e2 ♗b4–e7
Ein passiver Zug. Bei dem Aufbau von Schwarz gab es einige Wege zum Ausgleich. Einer von ihnen war in der Partie Nimzowitsch–Spielmann (München 1905) demonstriert worden: 11. ... ♗d6 12.♘d4 ♗d7 13.♛f3 ♗e5 14.♘f5 ♛c7.

12.♘e2–d4 ♗c8–d7 13.♖f1–e1 h7–h6 14.♗g5–f4 ♖f8–e8 15.♛d1–d2 ♗e7–f8
Es drohte 16.♗:h6.

16.♖e1:e8 ♛d8:e8 17.♛d2–a5 c6–c5?
Schwarz beachtet nicht die Gefahr, die seiner stärksten Figur droht. Es hätte 17. ... ♛e7 gespielt werden müssen, auch wenn in diesem Fall die Chancen für Weiß besser sind.

18.♖a1–e1 ♛e8–c8
Ganz schlecht, aber eine Rettung gibt es nicht. Wenn 18. ... ♗e6, dann 19.♘:e6 fe 20.♗f5 oder 20.♛a6.

19.♗d3–a6!
Eine merkwürdige Lage. Die schwarze Dame wird im eigenen Lager gefangen. Auf 19. ... ♛d8 folgt 20.♗c7.
Schwarz gab auf.

Partie Nr. 24
Timman–Karpow
London 1984

1.e2–e4 e7–e5 2.♘g1–f3
♘b8–c6 3.d2–d4 e5:d4
4.♘f3:d4 ♘g8–f6 5.♘d4:c6
b7:c6 6.e4–e5 ♛d8–e7
Schwächer ist 6. ... ♘d5, zum
Beispiel 7.c4 ♘b6 8.♗d3 ♗a6
9.♛e2 ♗e7 10.0–0 0–0
11.♛g4 mit Vorteil für
Weiß.
7.♛d1–e2 ♘f6–d5 8.c2–c4
♗c8–a6 9.♛e2–e4 ♘d5–b6
10.♘b1–d2
Wenn 10.♗d3, dann 10. ...
♗:c4! 11.♗:c4 d5! 12.♗:d5 cd
mit ausgezeichnetem Spiel für
Schwarz.
10. ... 0–0–0 11.c4–c5?
Eine riskante Idee. Nach dem
Abtausch des Läufers gegen
den Springer ist der weiße König in Gefahr.
11. ... ♗a6:f1 12.c5:b6
♗f1–a6 13.b6:a7 ♔c8–b7
14.♘d2–b3
Besser ist 14.♘f3, um den zentralen Bauern e5 zu stärken.
14. ... f7–f6 15.f2–f4 f6:e5
16.f4:e5 ♖d8–e8 17.♗c1–f4
♛e7–h4+! 18.g2–g3
♛h4–h5
Jetzt ist weder eine kurze noch
eine lange Rochade möglich,
und der weiße König wird zum
Angriffsobjekt.
19.♖a1–c1 ♔b7–a8!
Ein feiner prophylaktischer
Zug. Der schwarze König ist in
Sicherheit, gleichzeitig droht
das Läuferschach ♗f8–b4.

20.h2–h4 d7–d5 21.♛e4–e3
g7–g5! 22.♗f4:g5 ♗f8–b4+!
23.♔e1–f2
Oder 23.♘d2 ♖:e5! 24.♛:e5
♖e8 mit schneller Vernichtung.
23. ... ♖h8–f8+ 24.♔f2–g2
24.♗f4 ♖:e5 25.♛d4 ♖:f4+!

24. ... ♖e8:e5! 25.♛e3:e5
♛h5–f3+ 26.♔g2–h2
♛f3–f2+
Weiß gab auf.

Partie Nr. 25
Shurakowski–Kostromin
UdSSR 1982

1.e2–e4 e7–e5 2.♘g1–f3
♘b8–c6 3.d2–d4 e5:d4
4.♘f3:d4 ♗f8–c5 5.♘d4–b3
♗c5–b6 6.♘b1–c3 ♘g8–f6
7.♗c1–g5 h7–h6 8.♗g5–h4
d7–d6 9.♘c3–d5?
Die folgende effektvolle Erwiderung wird nicht beachtet. Zum
gleichen Spiel führte 9.♛e2
♗e6 10.0–0–0 g5 11.♗g3
♛e7 12.f3 0–0–0 13.♗f2 d5
(Radulow–Smyslow, Hastings
1972/73).

9. ... ♘f6:e4! 10.♗h4:d8?
Die Annahme des Opfers führt
zu einem schönen Matt.
10.♕h5 war Pflicht.
10. ... ♗b6:f2+ 11.♔e1–e2
♗c8–g4+ 12.♔e2–d3
♘c6–e5+! 13.♔d3:e4 f7–f5+
14.♔e4–f4 ♘e5–g6 matt!

Partie Nr. 26
Prandstetter–Hort
Šumperk 1984

1.e2–e4 e7–e5 2.♘g1–f3
♘b8–c6 3.d2–d4 e5:d4
4.♘f3:d4 ♗f8–c5 5.♘d4–b3
♗c5–b6 6.a2–a4 a7–a6
7.♘b1–c3 ♘g8–f6 8.g2–g3?!
Ein verdächtiger Zug. Besser ist
das übliche 8.♗g5 oder
8.♗e2.
8. ... d7–d6 9.♗f1–g2?
Das Fianchettieren des Läufers
hätte durch 9.h3 vorbereitet
werden müssen.
9. ... ♗c8–g4! 10.♗g2–f3
Wenig verheißungsvoll sieht
10.♘e2 ♘e5 oder 10.f3 ♗e6
aus.
10. ... ♘c6–e5 11.♗f3:g4
♘f6:g4 12.0–0
Notgedrungen, aber jetzt gerät

der weiße König in einen An-
griffswirbel.
12. ... h7–h5! 13.♘c3–d5
♗b6–a7 14.h2–h4 c7–c6
15.♘d5–f4 g7–g5! 16.♘f4–h3
Auf 16.hg hätte 16. ... h4 folgen müssen!
16. ... g5:h4 17.♗c1–g5
♕d8–d7 18.♗g5:h4 ♘e5–g6
Das genügt zwar, aber entscheidender ist 18. ... ♘:f2!
19.♘:f2 ♕h3! 20.♘d2 (es
drohte 20. ... ♘g4) 20. ...
♖g8, und Weiß ist wehrlos.
19.♕d1–f3 ♘g4–e5
20.♕f3–f5 ♘g6:h4
21.♕f5:d7+ ♔e8:d7 22.g3:h4
♖a8–g8+ 23.♔g1–h1
♖g8–g4 24.f2–f3 ♖g4:h4
25.♔h1–h2 ♖h8–g8
26.♖a1–d1 ♗a7–g1+!
Der effektvolle Schlußangriff.
Angesichts des unvermeidlichen
Matts gab Weiß auf.

Partie Nr. 27
Ribli–Imre
Ungarn 1968

1.e2–e4 e7–e5 2.♘g1–f3
♘b8–c6 3.d2–d4 e5:d4
4.c2–c3

Das Schottische Gambit. Bei Annahme des Bauernopfers erhält Weiß Entwicklungsvorsprung.

**4. ... d4:c3 5.♘b1:c3 ♝f8-b4
6.♗f1-c4 d7-d6 7.0-0
♝b4:c3 8.b2:c3 ♞g8-f6
9.e4-e5! ♞c6:e5?!**
Besser: 9. ... de. Zum Beispiel 10.♞g5 ♝e6 11.♝:e6 fe 12.♕b3 ♕d5 oder 11.♞:e6 fe 12.♗:e6 ♕:d1 mit gleichen Chancen.
**10.♞f3:e5 d6:e5 11.♕d1-b3
♕d8-e7 12.♗c1-a3 c7-c5
13.♗c4-b5+ ♝c8-d7**
Aufmerksamkeit verdiente 13. ... ♔f8.
**14.♗b5:d7+ ♕e7:d7
15.♗a3:c5 ♞f6-e4
16.♗c5-a3 ♞e4-d2
17.♕b3-b4 ♞d2:f1?**
Das ist der entscheidende Fehler. Schwarz hätte 17. ... 0-0-0! spielen müssen.

18.♖a1-d1! ♕d7-e6
Oder 18. ... ♕c7 19.♕b5+ ♕c6 20.♕:e5+ ♕e6 21.♕:g7.
**19.♕b4-b5+ ♕e6-c6
20.♕b5:e5+ ♕c6-e6
21.♕e5:g7**
Schwarz gab auf.

Ponziani-Eröffnung

**1.e2-e4 e7-e5 2.♞g1-f3
♞b8-c6 3.c2-c3**
Diese Eröffnung wurde im 18. Jahrhundert vom berühmten italienischen Schachspieler Ponziani ausgearbeitet. Später beschäftigten sich Staunton und andere englische Meister mit ihr. Einen wichtigen Beitrag zur Ausarbeitung dieser Eröffnung leistete Michail Tschigorin.
Die Idee des Zuges 3.c2-c3 liegt in der Vorbereitung von d2-d4 und in der Schaffung eines starken Zentrums, wobei dieser Plan jedoch mit einer gewissen Verzögerung der Entwicklung der weißen Figuren verbunden ist.

Partie Nr. 28
Iswostschikow–J. Nikitin
Gomel 1968

**1.e2-e4 e7-e5 2.♞g1-f3
♞b8-c6 3.c2-c3 d7-d5
4.♗f1-b5**
Mehr Probleme gibt es für Schwarz nach 4.♕a4.
**4. ... d5:e4 5.♞f3:e5 ♕d8-d5
6.♕d1-a4 ♕d5:e5?!**
Eine kühne Idee. Durch ein Qualitätsopfer hofft Schwarz den König anzugreifen. Aussichtsreicher ist dennoch 6. ... ♞e7.
**7.♗b5:c6+ b7:c6 8.♕a4:c6+
♔e8-d8 9.♕c6:a8 ♞g8-f6**

29

10.♘b1–a3 ♛e5–g5
11.g2–g3?
Ein Fehler, nach welchem die
Rechnung von Schwarz auf-
geht. Die Rochade 11.0–0
wäre unerläßlich gewesen. Auf
11. ... ♗d6 hätte 12.♘c4
♗:h2+ folgen können.
13.♔:h2 ♛h4+ 14.♔g1 ♘g4
15.♛d5+ ♗d7 16.♛a8+ ♗c8
(16. ... ♔e7? 17.♛:e4+ ♗e6
18.♛f4 ♗:c4 19.♖e1+)
17.♛d5+ mit Remis.
11. ... ♛g5–h5 12.♘a3–c4
♗f8–d6 13.♘c4:d6 c7:d6
14.d2–d3 ♖h8–e8 15.0–0
Hier wird der König zu einer
leichten Beute der angreifenden
schwarzen Figuren, aber eine
befriedigende Verteidigung ist
nicht mehr zu sehen.
15. ... ♘f6–g4 16.h2–h4
♘g4–e5 12.d3:e4 ♘e5–f3+
18.♔g1–g2 ♘f3:h4+!
19.♔g2–h2 ♔d8–e7
Mit diesem Königsmanöver mobilisiert Schwarz alle Reserven
für den Angriff.
20.♖f1–h1 ♔e7–f8
21.♛a8:a7 ♛h5–f3 22.g3:h4
♖e8:e4
Weiß gab auf.

Partie Nr. 29
Faas–Agapow
Leningrad 1983

1.e2–e4 e7–e5 2.♘g1–f3
♘b8–c6 3.c2–c3 d7–d5
4.♗f1–b5 d5:e4 5.♘f3:e5
♛d8–g5!?
Das ruft unübersehbare Komplikationen hervor.

6.♛d1–a4 ♛g5:g2 7.♖h1–f1
♗c8–h3 8.♗b5:c6+ b7:c6
9.♛a4:c6+ ♔e8–d8
Schlecht ist 9. ... ♔e7
10.♛:c7+ ♔e6 11.♛:f7+
♔:e5 wegen 12.d4+! ♔d6
(12. ... ed e. p. 13.♗f4+ ♔e4
14.♘d2 matt!) 13.♗f4+ ♔c6
14.d5+.
10.♛c6:a8+ ♔d8–e7
11.♔e1–d1
Wenn 11.♘c6+, dann 11. ...
♔d6 12.♛:f8+ ♘e7!
11. ... ♛g2:f1+ 12.♔d1–c2
♗h3–f5! 13.♛a8–d5?
Richtig war 13.♘a3 mit beiderseitigen Chancen.
13. ... ♘g8–h6 14.b2–b3?
Beschleunigt die Niederlage,
aber die Stellung von Weiß ist
bereits schwer zu verteidigen.

14. ... e4–e3+ 15.d2–d3
♛f1:f2+ 16.♘b1–d2 ♔e7–f6
17.♛d5–d4 c7–c5
18.♘e5–d7++
Nicht besser ist 18.♘g4++
♔g6 19.♛:e3 ♘:g4 oder
19.♘:f2 cd.
18. ... ♔f6–g5 19.♘d7:c5
♗f8:c5 20.♛d4:g7+ ♔g5–h5!
21.♛g7:h8 e3–e2 22.♗c1–b2

30

♗c5–e3 23.♕h8–f6
e2–e1 ♘+!
Schwarz sagt Matt an!
24.♖a1:e1 ♕f2:d2+
Weiß gab auf.

Partie Nr. 30
Upart–Koipisch
Minsk 1974

1.e2–e4 e7–e5 2.♘g1–f3
♘b8–c6 3.c2–c3 ♘g8–f6
4.d2–d4 ♘f6:e4 5.d4–d5
♘c6–e7
Zu interessanten Verwicklungen führt 5. ... ♗c5. Zum Beispiel 6.dc ♗:f2+ (6. ... ♘:f2
7.♕d5!) 7.♔e2 bc 8.♕a4 f5
9.♘bd2 0–0 10.♘:e4 fe
11.♕:e4 ♗b6 12.♔d1. Für das
Figurenopfer hat Schwarz die
Initiative.
6.♘f3:e5 ♘e7–g6 7.♗f1–d3
Oder 7.♕d4 ♕f6 8.♕:e4 ♕:e5
mit gleichem Spiel.
7. ... ♘e4:f2?
Ein naheliegender, aber fehlerhafter Zug. Richtig war 7. ...
♘:e5.

8.♗d3:g6!
Diese Möglichkeit hat Schwarz

ganz offensichtlich übersehen.
8. ... ♘f2:d1
Es gibt keine Wahl.
9.♗g6:f7+ ♔e8–e7
10.♗c1–g5+ ♔e7–d6
11.♘e5–c4+ ♔d6–c5
12.♘b1–a3 ♘d1:c3
Auf 12. ... ♕:g5 folgt natürlich 13.b4 matt!
13.♗g5:d8 ♘c3:d5 14.♗f7:d5
♔c5:d5 15.0–0–0+
Schwarz gab auf.

Spanische Partie

1.e2–e4 e7–e5 2.♘g1–f3
♘b8–c6 3.♗f1–b5
Eine der populärsten modernen
Eröffnungen. Erwähnung findet
sie bereits in Arbeiten des spanischen Schachmeisters Juan de
Lucena. Als ihren Begründer
pflegt man jedoch seinen
Landsmann Ruy Lopez zu be-
zeichnen. 1561 – rund 70 Jahre
später – veröffentlichte er Analysen der Eröffnung. Interessant ist es, daß Lopez der Auf-
fassung war, daß nach 1.e4 e5
2.♘f3 der einzig richtige
zweite Zug ... d6 ist, da Weiß
auf 2. ... ♘c6 durch 3.♗b5 in
Vorteil käme.
Die Grundidee der Spanischen
Partie besteht darin, Druck auf
zentrale Felder auszuüben. Paul
Keres sah in der Spanischen
Partie das einzige offene Spiel,
das Weiß eine dauerhafte Initiative verspricht.

Partie Nr. 31
Ferer–Graf
Lugano 1981

**1.e2–e4 e7–e5 2.♘g1–f3
♘b8–c6 3.♗f1–b5 f7–f5
4.d2–d4!?**
Eine kühne Fortsetzung, die zu
einem scharfen Kampf führt.
**4. ... f5:e4 5.♘f3:e5 ♘c6:e5
6.d4:e5 c7–c6 7.♘b1–c3!?**
Nach Rückzug des Läufers
hätte folgen müssen 7. ...
♛a5+ und 8. ... ♛:e5 mit guter Stellung. Jetzt steht
Schwarz vor nicht leicht zu lö-
senden Problemen.
7. ... c6:b5
Die Herausforderung wird angenommen. Im Falle von 7. ...
d5 8.ed e. p. ♘f6 9.♗c4 ♗:d6
10.♗g5! erkämpft sich Weiß
die Vormachtstellung.
8.♘c3:e4 d7–d5!
Das ist die einzige Möglichkeit.
**9.e5:d6 e. p. ♘g8–f6
10.♛d1–d4 ♗f8–e7**
Schlechter ist 10. ... ♔f7
11.♗g5 ♗f5 12.♗:f6 gf
13.♛d5+, Aufmerksamkeit
verdient jedoch 10. ... ♘:e4
11.♛:e4+ ♔f7 12.♗f4 ♛e8
13.♗e5 ♗:d6! 14.♛d5+ ♛e6
15.♛:d6 ♛:d6 16.♗:d6 ♖e8+
mit genügend Gegenchancen
für Schwarz.
**11.♗c1–g5 ♗c8–f5
12.0–0–0! ♗f5:e4
13.♖h1–e1!**
Die Glut des Kampfes hat den
Höhepunkt erreicht. Ungeachtet des hohen materiellen Über-
gewichts hat es Schwarz nicht

leicht, sich zu verteidigen.
Schlecht ist 13. ... ♔f7 wegen
14.♖:e4 ♘:e4 15.♗:e7 ♛a5
16.♛d5+ mit entscheidenden
Drohungen.
13. ... ♛d8–b6?
Das verliert forciert. Chancen
auf Rettung bewahrte 13. ...
♛:d6.
**14.♖e1:e4! ♘f6:e4 15.♛d4:e4
0–0–0 16.♛e4–g4+ ♔c8–b8
17.d6:e7 ♖d8–c8 18.♖d1–d8
♛b6–c6 19.♗g5–f4+
♔b8–a8 20.♛g4:c8+! ♛c6:c8**

21.♗f4–c7!!
22.♖:c8+ und **23.♗d8** ist unabwendbar.
Schwarz gab auf.

Partie Nr. 32
Penson–Gudshew
Fernpartie 1977

**1.e2–e4 e7–e5 2.♘g1–f3
♘b8–c6 3.♗f1–b5 f7–f5
4.♘b1–c3 ♘c6–d4**
Eine interessante Fortsetzung,
die von bulgarischen Schachspielern entwickelt wurde.
5.e4:f5
Besser ist 5.♗a4 oder 5.♗c4.

5. ... ♘g8–f6 6.0–0 ♘d4:b5
Aufmerksamkeit verdient 6. ...
c6.
7.♘c3:b5 e5–e4 8.♖f1–e1
♗f8–e7 9.♘f3–g5 c7–c6
10.♘b5–c3 d7–d5
11.♘g5–e6?
Ein Fehler. Richtig ist 11.d3!
mit besseren Chancen für
Weiß.
11. ... ♗c8:e6 12.f5:e6 0–0
13.d2–d3 ♗e7–c5!
Mit der Drohung 14. ... ♗:f2+
15.♔:f2 ♘g4++ 16.♔g1
(16.♔g3 ♘f2 17.♕h5 ♕d6+
18.♔h4 ♕:h2+) 16. ... ♕h4
17.h3 ♕g3! 18.hg ♖f2, und
das Matt ist unvermeidlich.
14.d3–d4 ♗c5–d6 15.♗c1–g5
♕d8–e8 16.h2–h3 ♕e8–g6
17.♗g5–e3 ♖a8–e8
18.♘c3–e2 ♘f6–h5
19.♕d1–d2 ♖f8–f3
20.♔g1–h1 ♕g6:e6
21.♘e2–g1
Um vor 21. ... ♖:h3+! sicher
zu sein. Doch Schwarz führt
anderes im Schilde ...

21. ... ♖f3–g3!! 22.f2–f3
Es verbietet sich 22.fg? wegen
22. ... ♘:g3+ 23.♔h2

♘f1++, und die weiße Dame
ist weg.
22. ... e4:f3 25.♘g1:f3
Oder 23.♗f4 ♗:f4 24.♖:e6
♖:e6, und Weiß ist wehrlos.
23. ... ♖g3:f3! 24.g2:f3
♕e6:h3+ 25.♔h1–g1
♖e8–e6 26.♖e1–e2
♖e6–g6+ 27.♖e2–g2
♘h5–g3
Gegen die Drohung 28. ...
♕h1+ und 29. ... ♘e4+ gibt
es keine Rettung.
Weiß gab auf.

Partie Nr. 33
Kasparow–Roisman
Minsk 1978

1.e2–e4 e7–e5 2.♘g1–f3
♘b8–c6 3.♗f1–b5 ♘c6–d4
4.♘f3:d4 e5:d4 5.0–0 ♗f8–c5
6.d2–d3 c7–c6 7.♗b5–c4
d7–d6 8.f2–f4 ♘g8–f6
9.e4–e5! d6:e5
Sehr optimistisch gespielt.
Schwarz sah zwar das folgende
Läuferopfer auf f7, glaubte
aber, daß für eine Schwächung
des Königsflügels genügend
Gegenchancen verfügbar sein
werden. Besser wäre 9. ...
♘d5.
10.♗c4:f7+! ♔e8:f7 11.f4:e5
♕d8–d5
Die Dame wird zentralisiert,
um vor allem die Drohung
12.♕h5+ abzuwehren.
12.e5:f6 g7:f6 13.♘b1–d2
♖h8–g8 14.♘d2–e4 ♗c5–e7
15.♗c1–f4 ♖g8–g6
16.♕d1–e2 ♗c8–g4
17.♕e2–f2 ♖a8–g8

Umsichtiger war 17. ... ♔g7, um den König aus der Schußlinie nach h8 zu führen. Schwarz begeisterte sich jedoch für die Idee des Angriffs auf den Punkt g2.

18.♖a1–e1 h7–h5
19.♗f4–g5!!
Ein glänzender Zug, der den Gegner zum Rückzug zwingt.
19. ... ♛d5–d8
Es darf nicht 19. ... ♖:g5 gespielt werden wegen 20.♘:f6!, aber auf 19. ... ♗h3 konnte 20.♘:f6 ♗:f6 21.♛:f6+! oder 20. ... ♛:g2+ 21.♛:g2 ♗:g2 22.♖:e7+! ♔:e7 23.♘:g8++ folgen.
20.♛f2–f4 ♗g4–e6 21.h2–h4 ♗e6–d5?
Unerläßlich war 21. ... ♗g4.

22.g2–g4!! ♔f7–g7
Beharrlicher wäre 22. ... ♖h8, aber auch nach 23.♗:f6! ♖:g4+ 24.♛:g4 hg 25.♗:e7+ ♔:e7 26.♘c5+ ♔d6 27.♘:b7+ oder 23. ... ♗:f6 (besser) 24.g5 ♗:e4 25.♖:e4 ♔g7 26.♖e6 ♖f8 27.♔h2 muß Weiß siegen (Analyse von Garri Kasparow).

23.g4:h5 f6:g5 24.♛f4–e5+ ♔g7–h6 25.h5:g6 g5:h4 26.♖f1–f5 ♔h6:g6 27.♔g1–h2
Schwarz gab auf.

Partie Nr. 34
Woskanjan–Obuchowski
Kirow 1974

1.e2–e4 e7–e5 2.♘g1–f3 ♘b8–c6 3.♗f1–b5 ♘g8–e7 4.d2–d4
Aufmerksamkeit verdient 4.c3.
4. ... e5:d4 5.♘f3:d4 g7–g6 6.♘b1–c3 ♗f8–g7 7.♗c1–e3 0–0 8.♛d1–d2 d7–d5!
9.e4:d5?!
Besser 9.0–0–0. Zum Beispiel 9. ... de 10.♗:c6 bc 11.♘:e4 ♘f5 12.♘:f5 ♗:f5 13.♛:d8 ♖f:d8 14.♘c5 mit geringem Vorteil für Weiß (Duras–Teichmann, Hamburg 1910).
9. ... ♘e7:d5 10.♘d4:c6 b7:c6 11.♗b5:c6 ♘d5:e3! 12.♗c6:a8?
Das verliert. Weiß hätte 12.fe spielen müssen mit der möglichen Fortsetzung 12. ... ♛:d2+ 13.♔:d2 ♖b8 14.♔c1 ♖b6 15.♗f3 ♗:c3 16.bc ♖e8, und die Chancen wären etwa gleich.

34

12. ... ♛d8:d2+ 13.♚e1:d2
♘e3–c4+ 14.♚d2–c1
♝g7–h6+ 15.♚c1–b1
Wenn 15.♚d1, dann 15. ...
♘:b2+ 16.♚e1 ♜e8+
17.♘e2 ♝a6 18.♝f3 ♘a4!,
und Weiß verliert eine Figur:
19.♚d1 ♝:e2+ 20.♝:e2
♘c3+; 19.♜d1 ♘c3; 19.♚f1
♘c3 20.♜e1 ♝d2.
15. ... ♘c4–d2+ 16.♚b1–c1
♘d2–e4+ 17.♚c1–b1
♘e4:c3+ 18.b2:c3 ♝c8–e6
19.♚f1–b2
Es drohte ♜b8+.
19. ... ♜f8:a8
Weiß gab auf.

Partie Nr. 35
Kondratjew–A. Nikitin
Moskau 1960

1.e2–e4 e7–e5 2.♘g1–f3
♘b8–c6 3.♝f1–b5 ♘g8–f6
4.d2–d4 ♘f6:e4
Einfacher ist 4. ... ed, zum Beispiel 5.e5 ♘e4 6.0–0 ♝e7
7.♘:d4 0–0 8.♘f5 d5 oder
7.♜e1 ♘c5 8.♘:d4 ♘:d4
9.♛:d4 0–0 mit gleichen Chancen.

5.d4–d5 ♘c6–e7
Aufmerksamkeit verdient 5. ...
♘b8.
6.♘f3:e5 c7–c6 7.0–0
♘e7:d5?
Schwarz löst nicht das Problem
der Figurenentwicklung. Nach
7. ... cb 8.d6 hätte er die
Mehrfigur zurückgeben können – 8. ... ♘:d6 9.♛:d6 ♘c6
20.♛d5 ♛f6 –, freilich bei
schlechter Stellung.
8.♜f1–e1 ♘d5–f6 9.♘b1–d2!
♝f8–e7
Schlecht ist 9. ... d5 wegen
10.♘:e4 ♘:e4 11.♘:c6!
10.♘d2:e4 ♘f6:e4
Auf 10. ... cb entscheidet
11.♘d6+!
11.♜e1:e4 c6:b5 12.♘e5:f7!
Ein effektvoller Schlag, dem
Schwarz nichts entgegensetzen
kann.
12. ... ♚e8:f7 13.♛d1–d5+
♚f7–f8 14.♝c1–f4
Es droht 15.♜:e7!
14. ... ♛d8–b6 15.♜e4:e7!
Trotzdem (!) opfert Weiß nun
kühn diesen Turm.
15. ... ♚f8:e7 16.♝f4–g5+
♚e7–f8 17.♜a1–e1 ♛b6–g6
18.♝g5–e7+ ♚f8–e8
19.♝e7–d6+ ♛g6–e6
Das ist erzwungen, wenn
19. ... ♚d8, entscheidet
20.♛c5!
20.♛d5–h5+! ♚e8–d8
Wenn 20. ... g6, dann folgt
nach 21.♜:e6+ de 22.♛g5 ein
schnelles Matt.
21.♜e1:e6 d7:e6 22.♛h5–g5+
Schwarz gab auf.

35

Nekrassow–Buturin
Lwow 1981

1.e2–e4 e7–e5 2.♘g1–f3
♘b8–c6 3.♗f1–b5 ♘g8–f6
4.♕d1–e2 ♗f8–e7 5.♗b5:c6
Perspektivreicher ist 5.c3 mit
folgendem d2–d4.
5. ... d7:c6 6.b2–b3 ♘f6–d7
7.♗c1–b2 f7–f6 8.d2–d4
e5:d4 9.♘f3:d4 ♘d7–c5
10.♘b1–d2 0–0 11.0–0–0!?
♕d8–e8 12.♘d4–f5 a7–a5?
Es hätte 12. ... ♗:f5 13.ef ♕f7
mit gleichen Chancen folgen
müssen.
13.g2–g4 ♗e7–d6
Wiederum ein schlechter Zug.
Die nun entstehende Schwäche
auf d6 erweist sich insgesamt
für Schwarz als schicksalshaft.
14.♘f5:d6 c7:d6 15.f2–f3
b7–b5 16.♘d2–f1 ♕e8–e7
17.♕e2–d2 ♖f8–d8
18.♘f1–g3 a5–a4
19.♘g3–h5!
Die Drohungen von Weiß sind
bedeutend gefährlicher.
19. ... a4:b3 20.a2:b3
♕e7–f7? 21.♘h5:g7! ♔g8:g7
Auf 21. ... ♕:g7 wäre auch
22.g5! gefolgt.
22.g4–g5 ♖d8–d7 23.g5:f6+
♔g7–h8 24.♖h1–g1 ♘c5–e6
25.f3–f4 ♖d7–a7
Ein Gegenspiel für Schwarz ist
illusorisch. Der weiße Angriff
läuft auf vollen Touren.
26.f4–f5 ♘e6–c7 27.♕d2:d6
♘c7–e8 28.♕d6–f8+!

Zum Matt führt 28. ... ♕:f8
29.f7+ ♘g7 30.♗:g7+ ♕:g7
31.♖d8+.
Schwarz gab auf.

Partie Nr. 37
Kusnezow–Spasski
Kislowodsk 1960

1.e2–e4 e7–e5 2.♘g1–f3
♘b8–c6 3.♗f1–b5 ♘g8–f6
4.0–0 ♗f8–c5 5.♘f3:e5
♘f6:e4!
Schlechter ist 5. ... ♘:e5 6.d4
mit Vorteil für Weiß.
6.♘e5:f7?!
Dieses Scheinopfer sorgt für
Komplikationen, die sich jedoch
für Schwarz als günstig erwei-
sen. Besser ist 6.♕e2.
6. ... ♔e8:f7 7.♕d1–h5+
g7–g6 8.♕h5–d5+ ♔f7–g7
9.♗b5:c6
Oder 9.♕:e4 d5! 10.♕a4 ♖f8
11.♗:c6 bc 12.♕:c6 ♕e7! mit
einem starken Angriff für
Schwarz.
9. ... ♖h8–e8! 10.♗c6–a4
c7–c6 11.♕d5–d3 ♕d8–h4
12.g2–g3 ♕h4–h3
13.b2–b4
Weiß will den Läufer c1 akti-

vieren, doch Schwarz zeigt sich unbeeindruckt und setzt seinerseits voll auf Angriff.

13. ... ♘e4:f2! 14.♕d3–c3+ ♔g7–g8 15.♕c3:c5 ♘f2–g4 16.♗a4–b3+ d7–d5 17.♗b3:d5+ ♗c8–e6!

Aber nicht 17. ... cd

18.♕:d5+ ♗e6 19.♕g2, und Weiß kann sich verteidigen.

18.♖f1–f8+!

In einer schweren Situation ist Weiß überaus erfinderisch. Wenn 18. ... ♖:f8, dann 19.♗:e6+ ♔g7 20.♕e7+; 19. ... ♖f7 20.♗:f7+ ♔:f7 21.♕c4+, und Schwarz verliert sogar.

18. ... ♔g8–g7! 19.♗c1–b2+ ♔g7–h6 20.♖f8:e8 ♖a8:e8 21.♗d5–f3 ♕h3:h2+ 22.♔g1–f1 ♕h2:g3 23.♗f3:g4

Läßt ein Matt-Finale zu, aber es ist für Weiß unmöglich, sich vor den vielen Drohungen zu verteidigen.

23. ... ♗e6–c4+!

Weiß gab auf.

Petrow–Schtschetinin
Jewpatorija 1982

1.e2–e4 e7–e5 2.♘g1–f3 ♘b8–c6 3.♗f1–b5 a7–a6 4.♗b5:c6 d7:c6 5.0–0 f7–f6 6.d2–d4 e5:d4 7.♘f3:d4 c6–c5 8.♘d4–b3 ♕d8:d1 9.♖f1:d1 ♗c8–d7

Präziser ist 9. ... ♗d6.

10.a2–a4

Vorteil sichert hier 10.♗f4. Wenn 10. ... 0–0–0, dann 11.♘c3 ♗e6 12.♖:d8+ ♔:d8 13.♖d1+ ♔c8 14.♘d5.

10. ... b7–b6

Sonst ist 11.a5 unangenehm.

11.♘b1–c3 0–0–0 12.♗c1–f4 ♘g8–e7?

Ein ungünstiger Zug. In der Partie Gipslis–Karpow (Riga 1970) setzte Schwarz mit 12. ... c4 fort. Nach 13.♘d2 (aktiver sieht 13.♘d4 aus) ♗e6 14.♘f3 ♖:d1+ 15.♖:d1 ♗c5 16.♘d4 ♗:d4 17.♖:d4 einigten sich die Partner auf ein Remis.

13.a4–a5! c5–c4?

Dieser Versuch eines Gegenspieles wird schön widerlegt. Hartnäckiger ist 13. ... ♔b7.

14.a5:b6!! c4:b3
Wenn 14. ... cb6, dann 15. ♖:a6
♔b7 16. ♖da1 cb 17. ♖a7+
♔c6 18. ♖c7 matt. Besser ist
16. ... ♘c8 (16. ... ♘c6
17. ♘d5!), aber nach 17. ♘d4
befindet sich Schwarz auch in
einer schwierigen Lage.
15.b6:c7 ♖d8–e8 16. ♖a1:a6
♗d7–c6
Oder 16. ... bc 17. ♖a8+ ♔b7
18. ♖b8+ ♔c6 19. ♖d6+! ♔c5
20. ♘a4+ ♔c4 21.b3 matt.
17. ♘c3–b5 b3:c2
18. ♘b5–d6+ ♔c8:c7
Es rettet auch nicht 18. ...
♔d7 19. ♖d3, und Weiß hat
den entscheidenden Angriff.
19. ♖a6–a7+ ♔c7–b8
20. ♘d6–b5+
Schwarz gab auf.

Partie Nr. 39
Lewin–Schijanowski
Kiew 1961

1.e2–e4 e7–e5 2. ♘g1–f3
♘b8–c6 3. ♗f1–b5 a7–a6
4. ♗b5–a4 d7–d6 5.c2–c3
f7–f5 6.e4:f5 ♗c8:f5 7.d2–d4
e5–e4 8. ♘f3–g5 d6–d5
9.f2–f3 e4–e3!?

Nach 9. ... ef 10.0–0! hat
Weiß einen starken Angriff.
Aufmerksamkeit verdient jedoch 9. ... h6!? In der Partie
zwischen Nielsen–Estrin (Fernpartie, 1975) besaß Schwarz
nach 10.fe hg 11.ef ♗d6!
12. ♕f3 (besser 12. ♘d2) g4!
13. ♕:g4 ♘f6 14. ♕:g7 ♖g8
15. ♕h6 ♖:g2 eine drohende
Initiative.
10.f3–f4
Wenn 10. ♗:e3, dann 10. ... h6
11. ♘h3 ♗:h3 12.gh ♗d6.
10. ... ♗f8–d6 11. ♗c1:e3
♕d8–e7 12. ♕d1–e2 ♘g8–h6!
Aber nicht 12. ... ♗d3? wegen
13. ♕:d3 ♗:f4 14. ♘f7!
13. ♘g5–f3 ♗f5–g4
14.h2–h3?
Weiß mußte unbedingt rochieren.
14. ... ♗g4:f3 15. ♕e2:f3
♘h6–f5 16. ♔e1–f2 0–0
17.g2–g3 ♖a8–e8 18. ♖h1–e1
♘f5:g3!!
Eine wirkungsvolle kombinatorische Schlußattacke. Auf
19. ♔:g3 oder 19. ♕:g3 entscheidet 19. ... ♗:f4!
19. ♕f3:d5+ ♔g8–h8
20. ♔f2–g2 ♘g3–f5
21. ♗e3–f2 ♕e7:e1!
Auf 22. ♗:e1 folgt natürlich
22. ... ♘e3+.
Weiß gab auf.

Partie Nr. 40
Gelfand–Kuripko
Minsk 1980

1.e2–e4 e7–e5 2. ♘g1–f3
♘b8–c6 3. ♗f1–b5 a7–a6

4.♗b5−a4 d7−d6 5.0−0
♗c8−g4 6.h2−h3 h7−h5
Weniger verpflichtend ist 6. ...
♗h5.
7.d2−d4
Leichter hat es Schwarz nach
7.c4 ♕f6 8.♕b3 0−0−0
9.♗:c6 bc 10.hg hg 11.♘h2
♕h4! 12.♕g3 ♕:g3 13.fg d5!
7. ... b7−b5 8.♗a4−b3
♘c6:d4 9.h3:g4 h5:g4
10.♗b3:f7+!?
Gebräuchlich ist 10.♘g5, aber
auch das Läuferopfer verdient
Aufmerksamkeit.
10. ... ♔e8:f7 11.♘f3−g5+
♔f7−e7?
Schwarz plant die Überführung
der Dame an den Königsflügel
über die Marschroute e8−h5,
doch werden dabei die Möglichkeiten des Gegners nicht ins
Kalkül gezogen. Besser ist
11. ... ♔e8, zum Beispiel 12.c3
♗e7 13.cd ♗:g5 14.♕:g4
♗:c1 mit unklarer Stellung.
12.c2−c3 ♕d8−e8 13.c3:d4
♕e8−h5 14.f2−f4! ♘g8−f6
15.♕d1−b3!
Weiß beschränkt sich zu Recht
nicht nur auf die Verteidigung.
Jetzt droht 16.♕e6+, gefolgt
von ♘f7+.
15. ... d6−d5
Notgedrungen gespielt.
**16.f4:e5 ♘f6:e4 17.♘g5:e4
d5:e4 18.♗c1−d2!**
Das Schicksal der Partie entscheidet der Gegenangriff.
**18. ... ♕h5−h2+ 19.♔g1−f2
♖h8−h3**
Ein letzter Versuch, den weißen
König doch zur Strecke zu brin-

gen, aber den Gang der Dinge
kann Schwarz nicht mehr ändern.
**20.♗d2−g5+ ♔e7−d7
21.♕b3−d5+ ♗f8−d6
22.e5−e6+!**
Das Matt ist unvermeidlich.
Schwarz gab auf.

Partie Nr. 41
Padewski−Minew
Sofia 1964

**1.e2−e4 e7−e5 2.♘g1−f3
♘b8−c6 3.♗f1−b5 a7−a6
4.♗b5−a4 b7−b5 5.♗a4−b3
♘c6−a5**
Schwarz will den wichtigen
weißen Königsläufer abtauschen, doch ist sein Plan mit
Zeitverlust verbunden, da er
vor allem in der Entwicklung
zurückbleibt.
6.0−0
Auf 6.♘:e5 hat Schwarz nach
6. ... ♘:b3 7.ab ♕g5 8.♘f3
♕:g2 9.♖g1 ♕h3 10.♘c3
♗b7 11.d4 d6 12.♕d3 g6
13.♗f4 ♗g7 keine Sorgen.
**6. ... ♘a5:b3 7.a2:b3 d7−d6
8.d2−d4 f7−f6 9.♘b1−c3
♗c8−b7 10.♘f3−h4! ♘g8−e7**
Gegen das Damenschach
11.♕h5+ gerichtet, aber präziser ist 10. ... ♕d7 und nach
11.f4 dann 11. ... 0−0−0 mit
scharfem Spiel.
**11.d4:e5! d6:e5 12.♕d1−f3
♕d8−d6 13.♖f1−d1 ♕d6−e6
14.♗c1−e3 ♔e8−f7?!**
Hier steht der König hoffnungslos. Schlecht ist auch 14. ... g5?,
worauf in der Partie Spasski−

39

Taimanow (Moskau 1955)
15.♘:b5! ab 16.♕h5+ ♕f7
17.♖:a8+ ♗:a8 18.♖d8+ mit
gewonnener Stellung folgte.
Besser war sicher 14. ... h5 mit
den Drohungen 15. ... g5 und
15. ... ♕g4.
15.♖d1–d3 g7–g6 16.♖a1–d1
♗b7–c8 17.h2–h3! ♘e7–c6?
Nach diesem naheliegenden
Zug kommt Weiß mit einer
glänzenden Opferserie zum Erfolg. Es gab jedoch schon keine
Rettung mehr für Schwarz.

18.♘c3–d5 ♗f8–d6
19.♘h4–f5!! g6:f5
Schlecht ist 19. ... ♖b8 wegen
20.♘:d6+ ♕:d6 21.♗c5!
20.♕f3–h5+ ♔f7–g8
21.♗e3–h6 f5–f4
Es drohte 22.♖g3 matt!
22.♘d5:f6+! ♕e6:f6
23.♖d3:d6!
Der Spielausgang ist offensichtlich.
23. ... ♗c8–e6
Der Turm ist tabu, wenn 23. ...
cd, dann 24.♕e8+.
24.♖d6:c6 f4–f3 25.♖d1–d7!
Ein eleganter Schlußpunkt!
Schwarz gab auf.

Partie Nr. 42
Kärner–Bandsa
Pärnu 1985

1.e2–e4 e7–e5 2.♘g1–f3
♘b8–c6 3.♗f1–b5 a7–a6
4.♗b5–a4 ♘g8–f6 5.♗a4:c6
d7:c6 6.d2–d3 ♗f8–d6
7.♘b1–d2 ♗c8–e6
Auch 7. ... c5 ist für Schwarz
nicht schlecht.
8.♕d1–e2 ♘f6–d7 9.d3–d4
Häufiger begegnet man 9.♘c4
mit Ausgleich. Der Textzug
führt zu Verwicklungen.
9. ... ♕d8–f6 10.c2–c3 0–0–0
11.0–0 g7–g5 12.d4:e5?!
Aussichtsreicher ist 12.♘c4.
12. ... ♗d6:e5!
Eine nicht schablonenhafte Erwiderung. Wie es sich bald zeigen wird, ist dem Springer d7
eine wichtige Rolle im Angriff
zugedacht.
13.♘d2–c4 ♗e6:c4 14.♕e2:c4
g5–g4 15.♘f3–g5?
Ein Fehler. Richtig ist 15.♘d4
mit Aussichten auf Verteidigung. Wenn 15. ... ♗:h2+,
dann 16.♔:h2 ♘e5 17.♕e2!
♖:d4 18.cd ♕h4+ 19.♔g1
♘f3+ 20.gf gf 21.♕:f3 ♖g8+
22.♕g2, und Schwarz erreicht
nur Dauerschach.
15. ... ♗e5:h2+! 16.♔g1:h2
♘d7–e5 17.♕c4–c5 h7–h6
18.♘g5:f7
In Hinblick auf die Variante
18. ... ♕h4+ 19.♔g1 ♘f3+
20.gf gf 21.♕f5+! gespielt,
aber es folgt überraschend ein
wirkungsvoller Zwischenzug
von Schwarz.

18. ... 🛇d8–d5!! 19.♕c5–e3
Oder 19.ed ♕h4+ 20.♔g1
🛇f3+ 21.gf gf 22.🛇:h6
🛇g8+.
19. ... ♕f6–h4+ 20.♔h2–g1
🛇e5–f3+ 21.g2:f3 🛇d5–h5
Weiß gab auf.

Partie Nr. 43
Kowaljew–Schampitow
Dnepropetrowsk 1981

1.e2–e4 e7–e5 2.🛇g1–f3
🛇b8–c6 3.♗f1–b5 a7–a6
4.♗b5–a4 🛇g8–f6 5.0–0
♗f8–e7 6.d2–d3 b7–b5
7.♗a4–b3 d7–d6 8.c2–c3 0–0
9.🛇f1–e1 ♗c8–b7
10.🛇b1–d2 ♕d8–d7
Aktiver ist 10. ... a5, zum Beispiel 11.🛇f1 a4 12.♗c2 d5
13.ed ♕:d5 14.🛇g3 🛇fe8,
und Weiß hat nur geringen
Vorteil.
11.🛇d2–f1 🛇f8–e8
12.🛇f1–g3 g7–g6
Geplant ist die Überführung
des Läufers nach g7, aber Weiß
verhindert dies.
13.♗c1–g5 ♔g8–g7
14.♕d1–d2 🛇f6–g8
15.d3–d4!

Das Zentrum wird angegriffen.
Es wird klar, daß die Dame auf
d7 ungünstig plaziert ist, jetzt
droht 16.de.
15. ... f7–f6
Schwächt die Diagonale a2–g8,
aber sonst ist es schwer, den
Punkt e5 zu verteidigen.
16.♗g5–e3 ♗e7–f8
17.🛇a1–d1 ♕d7–e7 18.d4:e5
d6:e5?
Ein Fehler, der es Weiß gestattet, eindrucksvoll zu gewinnen.
Unerläßlich war 18. ... 🛇:e5.
19.♕d2–d5! 🛇g8–h6
20.♗e3:h6+ ♔g7:h6
21.🛇f3–h4! ♔h6–g5
Mit dem Mut der Verzweiflung
gespielt, aber eine andere Verteidigung gegen 22.🛇f5+ ist
für Schwarz nicht zu sehen.
22.♕d5–d2+! ♔g5:h4
23.🛇g3–f5+!! g6:f5
24.🛇e1–e3!
Auf das Opfer beider Springer
entscheidet ein stiller Turmzug.
Wenn 24. ... f4, dann
25.🛇h3+ ♔g5 26.♕e2 mit
einem schnellen Matt. Auf
24. ... ♔h5 gewinnt am ein-
fachsten 25.ef.
Schwarz gab auf.

Partie Nr. 44
Lobron–Hort
Dortmund 1982

1.e2–e4 e7–e5 2.🛇g1–f3
🛇b8–c6 3.♗f1–b5 a7–a6
4.♗b5–a4 🛇g8–f6 5.0–0
b7–b5 6.♗a4–b3 ♗f8–e7
7.d2–d4 d7–d6 8.c2–c3
♗c8–g4 9.h2–h3!?

Weiß bietet ein Bauernopfer an.

9. ... ♗g4:f3
Die Herausforderung wird angenommen. Man begegnet auch 9. ... ♗h5 10.d5 ♘a5 11.♗c2 c6 12.dc mit besserer Stellung für Weiß.
10.♕d1:f3 e5:d4 11.♖f1–d1?!
Bedeutend stärker ist 11.♕g3! Zum Beispiel 11. ... 0–0 12.♗h6 ♘e8 13.♗d5 ♕d7 14.♕g4 (Gligorić–Rossetto, Portorož 1958).
11. ... ♘c6–e5 12.♕f3–g3 ♘f6–h5 13.♕g3–h2 d4–d3 14.f2–f4
Wenn der Springer e5 weicht, hätte der Plan von Weiß sich lohnen können.
14. ... ♗e7–h4!!
Eine glänzende Idee. Schwarz opfert kühn eine Figur, um die weiße Dame auf dem Feld h1 einzusperren.
15.f4:e5 ♗h4–g3 16.♕h2–h1 ♕d8–h4!
Es droht 17. ... ♗f2+ 18.♔f1 ♘g3+ mit Gewinn der Dame.
17.♖d1:d3 ♕h4:e4 18.♖d3–d1
Der weiße Turm muß zurück auf die erste Reihe. 18.♖:g3 verbietet sich wegen 18. ... ♘:g3 19.♕h2 ♕e1 matt. Auf 18.♖e3 wäre gefolgt 18. ... ♕f4! 19.ed+ ♔d8 20.dc+ ♔c8 21.♖:g3 (21.♖e8+ ♖:e8 22.♗:f4 ♖e1 matt) 21. ... ♕:c1+ 22.♔h2 ♕:h1+ 23.♔:h1 ♘:g3+.
18. ... ♘h5–f4! 19.♗b3:f7+
Der Versuch, die Stellung zu

verschärfen, bringt in diesem Fall keinen Erfolg. Weiß ist verteidigungsunfähig und geht stehend k. o.! Auf 19.♘a3 hatte Schwarz ein schönes Finale parat: 19. ... ♕e2 20.♖f1 ♕e3+! 21.♗:e3 ♘e2 matt!
19. ... ♔e8:f7 20.♗c1:f4 ♗g3:f4 21.g2–g3 ♕e4–e3+ 22.♔g1–f1 ♗f4:e5
Weiß gab auf.

Partie Nr. 45
Kupreitschik–Kakageldyjew
Aschchabad 1978

1.e2–e4 e7–e5 2.♘g1–f3 ♘b8–c6 3.♗f1–b5 a7–a6 4.♗b5–a4 ♘g8–f6 5.0–0 ♗f8–e7 6.♖f1–e1 b7–b5 7.♗a4–b3 d7–d6 8.a2–a4 ♗c8–b7 9.c2–c3 0–0 10.d2–d4 h7–h6 11.♘b1–d2 ♖f8–e8
Aktiver ist 11. ... ed! 12.cd ♘b4 13.♕e2 c5 (Kupreitschik–Malanjuk, Seewerodonezk 1982).
12.♕d1–e2 ♕d8–b8 13.♗b3–c2 ♗e7–f8 14.d4–d5
Die weiße Stellung ist vorzuziehen.
14. ... ♘c6–a7
Logischer wäre 14. ... ♘e7 gewesen.
15.c3–c4 c7–c6 16.b2–b3 c6:d5 17.c4:d5 ♘f6–d7 18.b3–b4 f7–f5?
Im Streben nach Gegenspiel läßt Schwarz eine ernste Schwächung der Position zu.
19.♘f3–h4!
Die weißen Figuren konzentrieren sich darauf, eine Bresche in

den schwarzen Königsflügel zu schlagen.

19. ... ♛b8–c7 20.♗c2–b1 f5:e4 21.♞d2:e4! ♗b7:d5
Nachdem die zentralen Bauern vernichtet sind, scheint Schwarz sein Ziel erreicht zu haben. Nun entlädt sich freilich für ihn völlig unerwartet ein Gewitter am Königsflügel.

22.♗c1:h6! g7:h6
„Effektiv" wäre die Partie bei 22. ... ♗:e4 gelaufen: 23.♗:e4 gh 24.♛g4+ ♗g7 25.♗d5+ ♚h8 26.♞g6+ ♚h7 27.♛e4! ♞f6 28.♞f8++ ♚h8 29.♛h7+!! ♞:h7 30.♞g6 matt.

23.♛e2–g4+ ♚g8–f7
Auf 23. ... ♗g7 entscheidet 24.♞f5.

24.♛g4–g6+ ♚f7–e7 25.♞e4:d6! ♗d5–e6 26.♞h4–f5+ ♗e6:f5 27.♛g6–f7+ ♚e7:d6 28.♖e1–d1+ ♚d6–c6 29.♛f7–d5+
Schwarz gab auf.

Partie Nr. 46
Hanson–Westerinen
Esbjerg 1983

1.e2–e4 e7–e5 2.♞g1–f3 ♞b8–c6 3.♗f1–b5 a7–a6 4.♗b5–a4 ♞g8–f6 5.0–0 ♗f8–e7 6.♖f1–e1 b7–b5 7.♗a4–b3 0–0 8.c2–c3 d7–d5
Der Marshall-Angriff. Dieses Gambit gehört zu den am gründlichsten studierten Komplexen der Spanischen Partie.

9.e4:d5 ♞f6:d5 10.♞f3:e5 ♞c6:e5 11.♖e1:e5 ♞d5–f6
Jetzt begegnet man häufiger 11. ... c6.

12.d2–d4 ♗e7–d6 13.♖e5–e1 ♞f6–g4 14.h2–h3 ♛d8–h4 15.♛d1–f3
Schlecht ist 15.hg? wegen 15. ... ♛h2+ 16.♚f1 ♛h1+ 17.♚e2 ♗g4+, und Weiß ist verloren.

15. ... ♞g4:f2 16.♗c1–d2!
Schwächer ist 16.♛:f2 ♗h2+! (natürlich nicht 16. ... ♗g3? wegen 17.♛:f7+!) 17.♚f1 ♗g3 18.♛e2 ♗:h3! 19.gh ♖ae8!, und Schwarz hat keine Sorgen mehr.

16. ... ♗c8–b7 17.♛f3:b7!
Auch hier ist es fehlerhaft, den Springer zu nehmen. Nach 17.♛:f2 ♗h2+ 18.♚f1 ♗g3 19.♛g1 ♖ae8 20.♖e3 ♖e6 21.♗:e6 fe+ 22.♚e2 ♛h5+ 23.♚d3 ♛g6+ 24.♚e2 ♖f2+ 25.♚d1 ♗:g2 oder 21.d5 ♖f6+ 22.♖f3 ♖:f3+ 23.gf ♖e8 steht die Sache für Weiß schlecht.

17. ... ♘f2–d3 18.♖e1–e2
♕h4–g3 19.♔g1–f1 ♘d3–f4
19. ... ♕h2 würde durch den
Zug 20.g4! widerlegt!
20.♗d2:f4?
Ein Fehler. Richtig ist 20.♖f2!,
und Schwarz hat es nicht
leicht, die Kraft seines Angriffs
zu beweisen.
20. ... ♕g3:f4+ 21.♔b7–f3
♕f4–c1+ 22.♔f1–f2
♗d6–h2! 23.♖e2–e1
Es drohte 23. ... ♕g1 matt;
auf 23.♕d3 entschied 23. ...
♕g1+ 24.♔f3 ♕f1+. Wenn
23.♕f5, dann 23. ... g6
24.♕c2 ♕f4+ 25.♔e1 ♗g3+
26.♔d1 ♖ae8 mit nicht abzuwehrenden Drohungen.
23. ... ♕c1:b2+
Weiß gab auf.

Partie Nr. 47
Stojmenow–Andonow
Bulgarien 1980

1.e2–e4 e7–e5 2.♘g1–f3
♘b8–c6 3.♗f1–b5 a7–a6
4.♗b5–a4 ♘g8–f6 5.0–0
♗f8–e7 6.♖f1–e1 b7–b5
7.♗a4–b3 0–0 8.c2–c3 d7–d6
9.h2–h3 d6–d5?!
Mit Zeitverlust geht Schwarz
zum Marshall-Angriff über.
Einer gewissen Begründung der
Idee dient der Umstand, daß
der Zug h3 in einem gewissen
Grad den weißen Königsflügel
schwächt.
10.e4:d5 ♘f6:d5 11.♘f3:e5
♘c6:e5 12.♖e1:e5 ♘d5–f4
13.♕d1–f3?
Weiß möchte sofort den Geg-

ner für dessen Verwegenheit
bestrafen. Trotzdem ist
13.d4 besser. In diesem Fall
hätte es Schwarz schwer, die
Korrektheit der Variante zu beweisen.
13. ... ♗e7–d6! 14.♕f3:f4
Bei 14.♕:a8 ♗:e5 ist es für
Weiß schwer, aufgrund des
Entwicklungsrückstandes seine
Stellung zu verteidigen.
14. ... ♗d6:e5 15.♕f4:e5
♖f8–e8 16.♕e5–d5
♖e8–e1+ 17.♔g1–h2
♕d8–f6!!
Ein glänzender Zug. Das Turmopfer führt zu einem effektvollen Finale.
18.♕d5:a8
Siebenmal Unglück – eine Antwort! Weiß, der sich in einer
schwierigen Situation befindet,
deckt sich mit Material ein, in
der Hoffnung, die Drohungen
abzuwehren. Es half auch nicht
18.♕:f7+ ♕:f7 19.♗:f7+
♔:f7 20.♘a3 ♗f5 21.b3 ♖ae8
22.♗b2 ♖:a1 23.♗:a1 ♖e2,
und Schwarz gewinnt.
18. ... ♕f6–f4+ 19.g2–g3
♕f4:f2+ 20.♕a8–g2

20. ... ♗c8–b7!!

44

Ein schöner Zug, der das Matt-Finale forciert.

21.♗b3:f7+ ♚g8–h8
22.♕g2:f2 ♖e1–h1 matt!

Partie Nr. 48
Augusti–Usman
Siegen 1970

1.e2–e4 e7–e5 2.♘g1–f3
♘b8–c6 3.♗f1–b5 a7–a6
4.♗b5–a4 ♘g8–f6 5.0–0
b7–b5 6.♗a4–b3 ♗c8–b7
7.♖f1–e1 ♗f8–c5 8.c2–c3
Fehlerhaft ist 8.♘:e5? wegen
8. ... ♘:e5 9.d4 ♘fg4 10.♖e2
♗b6 11.h3 ♕f6 12.hg ♗:d4
13.g5 ♕b6 mit Vorteil für
Schwarz.
8. ... ♘f6–g4?!
Ein Kavallerieüberfall. Ohne die
Entwicklung zu beenden, stürzt
sich Schwarz in den nicht vor-
bereiteten Angriff, aber mit seinem Zug stellt er dem Gegner
eine schlaue Falle.
9.d2–d4 e5:d4 10.c3:d4?
Ohne eine Gefahr zu vermuten,
geht der ihm prompt auf den
Leim. Übrigens hätte 10.h3!
den heimtückischen Plan wider-
legen können. Zum Beispiel
10. ... ♘:f2 11.♚:f2 dc+
12.♚g3 ♗d6+ 13.e5 ♘:e5
14.♘:e5 ♕e7 15.♘:c3 0–0–0
16.♘d5 ♗:e5+ 17.♖:e5
♕:e5+ 18.♗f4 (Tringow–Ra-
dulow, Bulgarien 1966).
10. ... ♘c6:d4! 11.♘f3:d4
Keine Rettung verspricht
11.♗:f7+ ♚:f7 12.♘g5+
♚g8 13.♕:g4 wegen 13. ...
♘c2!

11. ... ♕d8–h4! 12.♘d4–f3
Auf 12.h3 hätte folgen können
12. ... ♕:f2+ 13.♚h1 ♗:d4
14.♖f1 ♗:e4; wenn 12.♗e3,
dann 12. ... ♕:h2+ 13.♚f1
♕h1+ 14.♚e2 ♕:g2.
12. ... ♕h4:f2+ 13.♚g1–h1
♕f2–g1+!! 14.♖e1:g1
♘g4–f2 matt!

Partie Nr. 49
Khan–Huk
Kalkutta 1979

1.e2–e4 e7–e5 2.♘g1–f3
♘b8–c6 3.♗f1–b5 a7–a6
4.♗b5–a4 ♘g8–f6 5.0–0
♘f6:e4 6.d2–d4
Die Hauptfortsetzung. Nichts
erreicht Weiß nach 6.♖e1
♘c5! 7.♘:e5 ♗e7 8.♗:c6 dc
9.d4 ♘e6 oder 6.♕e2 ♘c5
7.♗:c6 dc 8.d4 ♘e6 9.de ♘d4
10.♘:d4 ♕:d4 11.h3 ♗e7
12.♘d2.
6. ... b7–b5 7.♗a4–b3 d7–d5
8.d4:e5 ♗c8–e6 9.♘b1–d2
♗e6–g4?
Ein Fehler. Richtig ist 9. ...
♘c5.
10.♘d2:e4 d5:e4 11.♗b3–d5
Schwarz steht bereits auf Verlust.
11. ... ♘c6:e5
Das führt nun freilich zu einem
schönen Finale mit einem
effektvollen Damenopfer.
12.♘f3:e5!! ♗g4:d1
13.♗d5:f7+ ♚e8–e7
14.♗c1–g5+ ♚e7–d6
15.♖a1:d1+ ♚d6:e5
16.♗g5:d8
Schwarz gab auf.

Partie Nr. 50
Karpow–Kortschnoi
Baguio 1978

1.e2–e4 e7–e5 2.♘g1–f3
♘b8–c6 3.♗f1–b5 a7–a6
4.♗b5–a4 ♘g8–f6 5.0–0
♘f6:e4 6.d2–d4 b7–b5
7.♗a4–b3 d7–d5 8.d4:e5
♗c8–e6 9.♘b1–d2 ♘e4–c5
10.c2–c3 g7–g6?
Schwarz wählt einen falschen
Plan. Richtig ist 10. ... d4.
11.♕d1–e2 ♗f8–g7
12.♘f3–d4! ♘c6:e5 13.f2–f4
♘e5–c4 14.f4–f5 g6:f5
15.♘d4:f5 ♖h8–g8
Den Mehrbauern hat sich
Schwarz teuer erkauft. Seine
Stellung ist aus den Fugen. So
wird der unrochierte König als-
bald zum Spielball der weißen
Figuren. Unbefriedigend ist
auch 15. ... 0–0 wegen
16.♘:g7 ♔:g7 17.♘:c4 dc
18.♗c2 mit vielfältigen weißen
Drohungen.
16.♘d2:c4 d5:c4 17.♗b3–c2
♘e5–d3 18.♗c1–h6! ♗g7–f8
Schlecht wäre 18. ... ♗:h6 wegen 19.♘:h6 mit folgendem
20.♘:f7.
19.♖a1–d1 ♕d8–d5
20.♗c2:d3 c4:d3 21.♖d1:d3
♕d5–c6 22.♗h6:f8 ♕c6–b6+
23.♔g1–h1 ♔e8:f8
24.♕e2–f3 ♖a8–e8
25.♘f5–h6 ♖g8–g7

26.♖d3–d7! ♖e8–b8
Auf 26. ... ♗:d7 folgt natürlich 27.♕:f7+!
27.♘h6:f7 ♗e6:d7
28.♘f7–d8+!
Elegant wird die Partie beendet. Wenn 28. ... ♔e7 oder
♔g8, dann 29.♕f8 matt.
Schwarz gab auf.

Partie Nr. 51
Zeschkowski–Jussupow
Jerewan 1982

1.e2–e4 e7–e5 2.♘g1–f3
♘b8–c6 3.♗f1–b5 a7–a6
4.♗b5–a4 ♘g8–f6 5.0–0
♘f6:e4 6.d2–d4 b7–b5
7.♗a4–b3 d7–d5 8.d4:e5
♗c8–e6 9.♘b1–d2 ♘e4–c5
10.c2–c3 d5–d4
Die Hauptfortsetzung. Zum
Vorteil von Weiß führt 10. ...
♘:b3 11.♘:b3 ♗e7 12.♘fd4!
11.♗b3:e6 ♘c5:e6 12.c3:d4
♘c6:d4 13.♘d2–e4 ♗f8–e7
14.♗c1–e3 ♘d4–f5
Schlecht ist 14. ... ♘:f3+?
15.♕:f3 0–0 16.♖fd1 ♕e8
17.♘f6+! (Karpow–Kor-
tschnoi, Meran 1981).
15.♕d1–c2 0–0 16.♖a1–d1

♘f5:e3 17.f2:e3 ♕d8–c8
18.♘f3–d4 ♘e6:d4 19.e3:d4
♕c8–e6 20.♘e4–g3
Riskant ist 20.♕:c7 wegen
20. ... ♖fc8 21.♕a5 ♖c2 mit
unangenehmen Drohungen.
20. ... f7–f6?
So sprengt Schwarz zwar das
Zentrum, schwächt aber dabei
ernsthaft die eigene Stellung,
was der Gegner natürlich ausnutzt. Pflicht war 20. ... g6
und Schwarz hätte den neural-
gischen Punkt f5 unter Kontrolle.
21.♘g3–f5 f6:e5?
Ein Versehen, das logisch durch
den vorausgehenden schwarzen
Zug bedingt ist.
22.♕c2–b3!
Leitet den nicht komplizierten,
aber eleganten Schlußangriff
ein. Auf 22. ... ♕:b3 oder ♖f6
entscheidet 23.♘:e7+!
Schwarz gab auf.

Partie Nr. 52
Minić–Honfi
Vrnjačka Banja 1966

1.e2–e4 e7–e5 2.♘g1–f3
♘b8–c6 3.♗f1–b5 a7–a6
4.♗b5–a4 ♘g8–f6 5.0–0
♘f6:e4 6.d2–d4 b7–b5
7.♗a4–b3 d7–d5 8.d4:e5
♗c8–e6 9.♕d1–e2
Das Keres-System. Weiß ist bemüht, schnell zu wirksamem
Druck auf der d-Linie zu gelan-
gen. Diese Fortsetzung zeichnet
sich durch viele taktische Möglichkeiten aus.
9. ... ♗f8–c5?!

Eine beiderseitig scharfe Erwiderung. Oft spielt man auch
9. ... ♗e7.
10.♗c1–e3 0–0
Besser ist 10. ... ♕e7. Zum
Beispiel 11.♖d1 ♖d8 12.a4!
♗:e3 13.♕:e3 ♘c5 mit verteidigungsfähiger schwarzer Stellung.
11.♖f1–d1 ♘c6–a5?
11. ... ♗:e3 war erforderlich,
und nach 12.♕:e3 ♘e7
13.♘bd2 ♘f5 14.♕e2 ist die
Stellung für Weiß kaum besser
(Sokolow-Karaklajić, Sarajevo
1958).
12.♘b1–d2 ♗c5:e3
13.♕e2:e3 ♘e4:d2 14.♖d1:d2
Im Ergebnis des Abtausches
tritt die Schwäche des Punktes
c5 im Lager von Schwarz deutlich zutage.
14. ... c7–c6 15.c2–c3
♕d8–c7 16.♘f3–d4 c6–c5?!
Die chronische Schwäche wird
zwar liquidiert, aber nun ist der
Bauer d5 in Gefahr.
17.♘d4–e2 ♖f8–d8
18.♖a1–d1 ♘a5:b3 19.a2:b3
a6–a5 20.♘e2–f4 c5–c4
Wenn 20. ... ♕c6, dann
21.♕f3, aber jetzt scheint es,
daß es Schwarz gelingen wird,
das materielle Gleichgewicht zu
halten.
21.♘f4:d5 ♗e6:d5 22.♖d2:d5
c4:b3
Als ob die Rechnung aufgeht,
aber der folgende Zug von
Weiß zerstört das Trugbild.

23.♕e3−a7!!
Schwarz gab auf.

Vierspringerspiel

**1.e2−e4 e7−e5 2.♘g1−f3
♘b8−c6 3.♘b1−c3 ♘g8−f6**
Eine sehr alte Eröffnung. Analysen über sie finden sich bereits in einer Handschrift Polerios (16. Jahrhundert). Neben symmetrischen Systemen, die zu einem ruhigen Positionskampf führen, sind in jüngster Zeit auch scharfe Fortsetzungen ausgearbeitet worden, zum Beispiel das Belgrader Gambit:
4.d2−d4 e5:d4 5.♘c3−d5.

Partie Nr. 53
Redrow−Schewzow
Fernpartie 1982

**1.e2−e4 e7−e5 2.♘g1−f3
♘g8−f6 3.♘b1−c3 ♘b8−c6
4.♗f1−b5 ♘c6−d4!**
Eine interessante Gegenattacke, die von Akiba Rubinstein ausgearbeitet wurde.
5.♗b5−a4

Verwickelte Situationen ergeben sich nach **5.♘:e5 ♕e7 6.f4**
wegen 6. ... ♘:b5 **7.♘:b5 d6
8.♘f3 ♕:e4+ 9.♔f2 ♘g4+
10.♔g3** (10.♔g1 ♕c6!) **♕g6
11.♘h4 ♕h5 12.h3** (12.♘:c7+
♔d8 **13.♘:a8 g5! 14.fg ♕:g5
15.** ♘f3 ♕g7 oder 13.h3 ♘f6
14.♘:a8 ♕:h4+! 15.♔:h4
♘e4 mit einem starken Angriff
für Schwarz) 12. ... ♕:b5
13.hg g5, und Schwarz besitzt
eine gefährliche Initiative.
**5. ... ♗f8−c5 6.♘f3:e5 0−0
7.♘e5−d3**
Falsch wäre zum Beispiel 7.0−0
wegen 7. ... d6 8.♘d3 ♗g4
9.♕e1 ♘f3+! 10.gf ♗:f3, und
Weiß besitzt keine Verteidigung
gegen die Matt-Drohungen.
7. ... ♗c5−b6 8.0−0?
Notwendig ist 8.♘f4 oder 8.e5.
**8. ... d7−d5! 9.♘c3:d5 ♘f6:d5
10.e4:d5 ♕d8:d5 11.c2−c3?**
Verloren hätte bereits 11.♘e1?
wegen 11. ... ♕c4! Besser ist
aber 11.♘f4, auch wenn dann
nach 11. ... ♕g5! Schwarz
einen starken Angriff bekommt.
**11. ... ♕d5−e4! 12.♘d3−b4?
♗c8−h3! 13.g2:h3**
Oder 13.f3 ♘:f3++! 14.♔h1
♘h4.
13. ... ♘d4−e2+
Weiß gab auf.

Partie Nr. 54
Polowodin−Rutman
Leningrad 1978

**1.e2−e4 e7−e5 2.♘g1−f3
♘b8−c6 3.♘b1−c3 ♘g8−f6
4.d2−d4 ♗f8−b4**

Schwarz spielt im Sinn der Ideen von Nimzowitsch. Der Läuferzug leitet komplizierte Manöver ein, die aufs Zentrum gerichtet sind.

5.♘f3:e5 ♘f6:e4 6.♕d1–g4 ♘e4:c3 7.♕g4:g7 ♖h8–f8

Die Fortsetzung 7. ... ♕f6 8.♕:f6 ♘e4+ 9.c3 ♘:f6 10.♘:c6 ♗:c3+ 11. bc dc 12.♗d3 ist für Weiß günstig.

8.a2–a3 ♘c6:d4!?

Schwarz verschärft weiter den Kampf. Möglich ist auch 8. ... ♗a5 9.♘:c6 dc 10.♕e5+ ♕e7 11.♕:e7+ ♔:e7 12.♗d2 ♗f5 mit gleichen Chancen.

9.a3:b4 ♘d4:c2+ 10.♔e1–d2 ♘c2:a1 11.♔d2:c3

Eine ungewöhnliche Stellung. Weiß genügt anscheinend ♗h6, um den Sieg zu erringen, aber der Gegner spielt nun seine Trümpfe aus.

11. ... a7–a5!

Der weiße König wird daran erinnert, daß auch seine Residenz sich in einer gefährlichen Zone befindet.

12.♗f1–c4

Jetzt ist bereits 12.♗h6 nicht ausreichend wegen 12. ... ab+ 13.♔d2 ♘b3+ 14.♔e3 ♕e7. Aufmerksamkeit aber würde 12.♗g5! verdienen!

12. ... a5:b4+?

Richtig ist 12. ... ♕e7! Nun wendet sich das Blatt zugunsten von Weiß.

13.♔c3–d2! d7–d5
14.♗c4–b5+ c7–c6
15.♖h1–e1! ♗c8–e6
16.♘e5:c6 b7:c6

17.♖e1:e6+! ♔e8–d7

Erzwungen. Zum Matt führt 17. ... fe 18.♗:c6+ ♕d7 19.♕:d7 matt!

18.♖e6:c6 ♕d8–e7
19.♔d2–d1!

Dieser Königsrückzug entscheidet, denn nun kommt der schwarzfeldrige weiße Läufer ins Spiel und macht jeden Widerstand sinnlos.

19. ... ♖a8–b8 20.♗c1–f4
Schwarz gab auf.

Dreispringerspiel

1.e2–e4 e7–e5 2.♘g1–f3 ♘b8–c6 3.♘b1–c3

Wenn Schwarz vom symmetrischen 3. ... ♘g8–f6 absieht, dann entsteht das Dreispringerspiel, das Aschenbrödel unter den Eröffnungen. Viel eigenständigen Charakter hat es nicht. Meistens geht es in ein anderes System über.

Partie Nr. 55
Ostri–L. Saizewa
Leningrad 1981

1.e2–e4 e7–e5 2.♘b1–c3
♗f8–b4 3.♘g1–f3
Interessant ist 3.f4!?
3. ... ♘g8–f6 4.♗f1–c4
4.♘:e5 verspricht keinen Vorteil für Weiß. Zum Beispiel
4. ... ♕e7 5.♘d3 ♗:c3 6.dc
♕:e4+ 7.♗e2 0–0! 8.0–0 d6
9.♗f3 ♕h4.
4. ... d7–d6 5.d2–d3 0–0
6.0–0 h7–h6?!
Aufmerksamkeit verdient 6. ...
♗:c3 7.bc ♗e6.
7.♘c3–e2 c7–c6 8.c2–c3
♗b4–a5 9.♗c4–b3 ♗c8–g4
Auf diesem Feld hat der Läufer
keine Perspektive. Besser ist
9. ... ♗e6.
10.♘e2–g3 ♘f6–h5?!
11.h2–h3! ♘h5:g3 12.f2:g3
♗a5–b6+ 13.♔g1–h1
♗g4–e6 14.♘f3–h4 ♘b8–d7?
Leichtsinnig wird dieser Springer entwickelt. Schwarz bemerkt nicht die scharfsinnige
taktische Drohung des Gegners.
Ratsam war auf jeden Fall
14. ... d5.
15.♗c1:h6! d6–d5
Wenn 15. ... gh, dann 16.♘:e6
fe 17.♕g4+ ♕g5 18.♕:e6+;
17. ... ♔h7 18.♕g6+ ♔h8
19.♕:h6+ ♔g8 20.♕:e6+
♔h7 21.♖f7+.
16.e4:d5 c6:d5 17.♗b3:d5!

Konsequent wird die Idee in die
Tat umgesetzt. Auf 17. ...
♗:d5 folgt 18.♕g4 g6
19.♘:g6!, und es gibt keine
Rettung.
17. ... ♕d8–e7 18.♗d5:e6
♕e7:e6 19.♘h4–f5!
Der effektvolle Schlußangriff.
Nun geht nicht 19. ... gh wegen 20.♕g4+, denn auf 20. ...
♕g6 setzt Weiß den Schlußpunkt mit 21.♘e7+!
Schwarz gab auf.

Partie Nr. 56
Aissin–Michailowitsch
Moskau 1965

1.e2–e4 e7–e5 2.♘g1–f3
♘b8–c6 3.♘b1–c3 f7–f5?!
4.d2–d4! f5:e4 5.♘f3:e5
♘g8–f6 6.♗f1–c4 d7–d5?
Dieser normale Zug wird schön
widerlegt. Auch bei anderen
Fortsetzungen ist die schwarze
Stellung wegen der inkorrekten
Eröffnungsvariante jedoch unbefriedigend.

7.∅c3:d5! ∅f6:d5
8.♕d1–h5+ g7–g6 9.∅e5:g6
∅d5–f6
Oder 9. ... hg 10.♕:g6+! ♔d7
11.♗:d5, und der weiße Angriff ist ebenso durchschlagend.
10.♗c4–f7+!
Wenn 10. ... ♔:f7, dann
11.∅e5++ ♔e7 12.♕f7+
♔d6 13.∅c4 matt!
Schwarz gab auf.

Partie Nr. 57
Raiski–Kagan
Minsk 1985

1.e2–e4 e7–e5 2.∅g1–f3
∅b8–c6 3.∅b1–c3 g7–g6
4.d2–d4 e5:d4 5.∅f3:d4
♗f8–g7 6.♗c1–e3 d7–d6
7.♕d1–d2 ∅g8–f6 8.f2–f3
0–0 9.0–0–0 ♖f8–e8
10.g2–g4 ∅c6:d4 11.♗e3:d4
♗c8–e6 12.h2–h4?!
Weiß startet den Angriff, ohne
die Gegenchancen seines
Kontrahenten richtig einzu-
schätzen. Aussichtsreicher wäre
fraglos 12.g5! gewesen.
12. ... c7–c5! 13.♗d4–f2
Auf 13.♗e3 könnte 13. ... d5!
folgen.

13. ... a7–a6 14.♕d2:d6?!
∅f6–d7! 15.♕d6–d2
Schlecht ist 15.∅d5? wegen
15. ... ♗e5!
15. ... ♕d8–a5 16.a2–a3
b7–b5 17.∅c3–d5 b5–b4
18.♔c1–b1 ♖a8–b8
19.♗f2–g3
Forciert verliert Weiß, aber es
gab keine Rettung.
19. ... ♗e6:d5! 20.♗g3:b8
♖e8:b8 21.♕d2:d5
Auf 21.ed entscheidet 21. ...
♗c3!
21. ... b4:a3 22.♗f1–c4
♖b8:b2+ 23.♔b1–c1
♖b2:c2+!
Der kräftige Schlußakkord. Das
Matt ist unvermeidlich:
24.♔:c2 ♕c3+; 24.♔b1
♕b4+ 25.♗b3 a2+.
Weiß gab auf.

Philidor-Verteidigung

1.e2–e4 e7–e5 2.∅g1–f3
d7–d6
Die Eröffnung wurde nach dem
hervorragenden französischen
Schachspieler Philidor
(1726–1795) benannt, dessen
unvergängliches Verdienst es
ist, die Schachspieler auf die
Wichtigkeit der Bauern auf-
merksam zu machen. Er hielt
den Zug 2. ... ∅c6 für
schwach, weil er den c-Bauern
verstellt. Philidor empfahl deshalb als die stärkste Antwort
2. ... d6, die er mit dem offen-
siven Zug 3. ... f7–f5 verband.
Dieser Plan gilt heute nicht

mehr als gut. Schwarz stehen jedoch andere Fortsetzungen zur Verfügung, so daß die Eröffnung in der modernen Turnierpraxis durchaus noch anzutreffen ist. In der Philidor-Verteidigung erhält Schwarz gewöhnlich eine feste, aber beengte Stellung. Versteht sich der Nachziehende zu verteidigen, kann er oft ungeduldige Gegner besiegen.

Partie Nr. 58
Bertok–Bronstein
Lwow 1962

1.e2–e4 e7–e5 2.♘g1–f3 d7–d6 3.d2–d4 ♘g8–f6 4.d4:e5 ♘f6:e4 5.♘b1–d2 ♘e4–c5 6.♘d2–b3
Das verspricht Weiß keinen Vorteil. Stärker ist 6.♘c4.
6. ... ♘c5–e6 7.♗c1–e3 ♘b8–c6 8.e5:d6 ♗f8:d6 9.♘f3–d4?
Das verliert unnötig Zeit und gestattet Schwarz, die Initiative zu ergreifen.
9. ... ♘c6:d4 10.♘b3:d4 0–0 11.♗f1–c4 ♕d8–f6 12.c2–c3 ♘e6:d4 13.♗e3:d4
Wenn 13.♕:d4, dann 13. ... ♗e5 14.♕d2 ♖d8 mit schwieriger Position für Weiß.
13. ... ♖f8–e8+ 14.♔e1–f1
Ganz schlecht ist 14.♗e3 ♖:e3+ 15. fe ♕h4+, auf 14.♗e2 ist 14. ... ♕h4 unangenehm.

14. ... ♕f6–f4 15.♕d1–c1 ♕f4–h4 16.♕c1–d1
Das löst Verwicklungen aus, die nur für Schwarz günstig sind.
16. ... c7–c5! 17.♕d1–a4 ♖e8–e4! 18.f2–f3 c5:d4
Das Qualitätsopfer gestattet es Schwarz, einen sehr starken Angriff zu entfesseln, der zum Erfolg führt.
19.f3:e4 ♕h4–f4+ 20.♔f1–g1 ♗c8–e6! 21.♖a1–d1
Es verbietet sich 21.♗:e6 wegen 21. ... ♕e3+ 22.♔f1 fe, und Schwarz droht vernichtend ♖f8.
21. ... d4–d3 22.♖d1:d3 ♗d6–c5+ 23.♖d3–d4 ♕f4–c1+ 24.♔g1–f2 ♕c1:h1
Weiß gab auf.

Partie Nr. 59
Boleslawski–Furman
Moskau 1961

1.e2–e4 e7–e5 2.♘g1–f3 d7–d6 3.d2–d4 ♘g8–f6 4.♘b1–c3 ♘b8–d7 5.♗f1–c4 ♗f8–e7
Schlecht ist 5. ... c6 wegen 6.de de 7.♘g5. Wenn 6. ... ♘:e5, so 7.♘:e5 de 8.♗:f7+! 6.0–0
Unübersehbare Verwicklungen entstehen nach 6.de de 7.♗:f7+ ♔:f7 8.♘g5+ ♔g6! 9.h4 h5 10.f4 ef 11.♘e2 ♗d6.
6. ... 0–0 7.♕d1–e2 e5:d4?!
Die übliche Fortsetzung 7. ... c6 führt zu einer festen, wenngleich auch etwas beengteren Position. Mit dem Textzug

strebt Schwarz ein Gegenspiel an, obwohl positionelle Schwächen dabei nicht zu übersehen sind.

8.♘f3:d4 ♘d7–e5 9.♗c4–b3 c7–c5 10.♘d4–f5! ♗c8:f5 11.e4:f5 ♖a8–c8 12.♗b3–d5 ♛d8–d7 13.f2–f4 ♘e5–c6 14.g2–g4 ♘c6–d4 15.♛e2–d1!

Ein feiner Zug. 15.♛g2 b5 16.♗f3 b4 17.♘d5 ♘:f3+ 18.♛:f3 ♘:d5 bot Schwarz ausgezeichnete Gegenchancen. Das Feld g2 muß für den Läufer erhalten werden.

15. ... b7–b5 16.♗d5–g2! b5–b4 17.♘c3–e2 ♘d4:e2+ 18.♛d1:e2 d6–d5 19.♖f1–d1!

Das deckt die schwarzen Schwächen im Zentrum schonungslos auf. Nichts bringt dagegen sofort 19.g5 wegen 19. ... ♘e4!

19. ... ♛d7–b7 20.g4–g5 ♘f6–e4 21.♗c1–e3!

Verfrüht ist 21.♗:e4 de 22.♛c4 e3!

21. ... c5–c4 22.f5–f6! g7:f6 23.♛e2–g4 ♔g8–h8

Es verliert auch 23. ... fg 24.♗:e4 de 25.♖d7 ♖c7 26.♖:e7! ♖:e7 27.♛:g5+ ♔h8 28.♛f6+ ♔g8 29.♗d4!

24.♛g4–f5 ♖c8–d8 25.g5:f6 ♗e7–c5? 26.♗g2:e4!

Nach 26. ... ♗:e3+ 27.♔h1 de ist gegen 28.♛g5! kein Kraut gewachsen.

Schwarz gab auf.

Parnas–Philipp
Fernpartie 1983

1.e2–e4 d7–d6 2.d2–d4 ♘b8–d7 3.♘b1–c3 e7–e5 4.♘g1–f3 c7–c6 5.♗f1–c4 ♛d8–e7?!

Ein fragwürdiges Experiment.

6.0–0 h7–h6 7.a2–a4 a7–a5 8.b2–b3!

Weiß droht 9.♗a3 und verhindert so die natürliche Entwicklung seines Gegners, die verbunden ist mit dem Fianchetto des Läufers nach g7.

8. ... ♛e7–f6 9.♗c1–e3

Eine geschickte Reaktion auf die veränderte Lage. Nach dem letzten schwarzen Damenzug hat das Manöver ♗c1–a3 an Kraft verloren. 9. ... ♘b6? ist wegen 10.de nicht möglich.

9. ... ♗f8–e7 10.♛d1–d2 ♗e7–d8 11.♖a1–d1 ♗d8–c7

Durch das Läufermanöver hat Schwarz den zentralen Vorposten e5 gefestigt, freilich auf Kosten der Entwicklung. Um aus dieser Konstellation Vorteile zu ziehen, muß Weiß das Spiel öffnen.

12.♘f3–e1 g7–g5

Sonst folgt a tempo 13.f4!

13.d4:e5 d6:e5 14.♘e1–d3 ♖h8–h7?! 15.♘d3–c5 ♘d7–b6?

Ein Fehler in schwieriger Stellung.

16.♘c5:b7! ♘b6:c4

Ganz schlecht ist 16. ... ♗:b7
17.♗:b6 ♗:b6 18.♕d7+ nebst
19.♕:b7.

17.b3:c4 ♕f6—e6

Hartnäckiger ist 17. ... ♖b8.

18. ... ♘b7—d6+ ♔e8—e7?

Ein Fehlgriff. Natürlich müßte
18. ... ♔f8 probiert werden.

19.♘d6—b5!

Ein wirkungsvoller Zug, der
Schwarz dazu zwingt, sofort
das Handtuch zu werfen. Nach
19. ... cb 20.♘d5+ geht nämlich nichts mehr.

Schwarz gab auf.

Partie Nr. 61
Kr. Georgiew—Pelitow
Pasardshik 1974

1.e2—e4 e7—e5 2.♘g1—f3
d7—d6 3.♗f1—c4 c7—c6
4.d2—d4 ♘b8—d7 5.0—0
h7—h6?

Ein Fehler, der schwerwiegende
Folgen hat. Richtig ist 5. ...
♗e7.

6.d4:e5 d6:e5

Wenn 6. ... ♘:e5, so 7.♘:e5
de 8.♗:f7+.

7.♗c4:f7+!

Durch das Läuferopfer kommt
Weiß zu einem vernichtenden
Angriff.

7. ... ♔e8:f7 8.♘f3:e5+
♔f7—f6

Auf 8. ... ♔e6 ist 9.♘g6!
stark.

9.♕d1—f3+! ♔f6:e5
10.♕f3—f7!!

Der stille Zug beendet die Um-
zingelung des feindlichen Königs. Ungeachtet zweier Mehrfi-
guren ist für Schwarz das Spiel
aus.

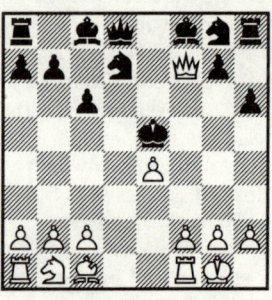

10. ... ♘g8—f6

Auch andere Züge sind nicht
besser. Zum Beispiel 10. ...
♔d6 11.♗f4+ ♔c5 12.♗e3+
♔b5 (12. ... ♔d6 13.♖d1+
♔c7 14.♕f4+) 13.♕b3+ ♔a5
14.♗d2+ ♔a6 15.♕a4+ ♔b6
16.♕a5 matt, oder 10. ... ♕f6
11.f4+ ♔:e4 12.♖e1+ ♔f5
13.♕h5+ g5 14.g4 matt.

11.♖f1—d1 ♗f8—c5

Es drohte 12.f4+ ♔:e4
13.♕g6 matt.

12.♘b1—d2 ♗c5:f2+

Die einzige Möglichkeit, um im
trüben zu fischen.

13.♔g1:f2 ♘f6:e4+

Oder 13. ... ♕b6+ 14.♔e2
♕a6+ 15.♘c4+ ♔:e4
16.♕g6 matt.
14.♘d2:e4 ♖h8–f8
15.♗c1–f4+! ♔e5:e4
16.♖d1–e1+ ♔e4–d4
17.♗f4–e3+ ♔d4–e5
18.♗e3–c5 matt.

Partie Nr. 62
Schalajew–Sepp
Tallinn 1983

1.e2–e4 e7–e5 2.♘g1–f3
d7–d6 3.d2–d4 ♘b8–d7
4.♗f1–c4 c7–c6
Schlecht ist 4. ... ♗e7? 5.de
♘:e5 (5. ... de 6.♕d5!)
6.♘:e5 de 7.♕h5 oder 4. ...
♘f6 5.de ♘:e5 (5. ... de
6.♘g5) 6.♘:e5 de 7.♗:f7+
♔:f7 8.♕:d8 ♗b4+ 9.♕d2
♗:d2+ 10.♘:d2 mit einem
Mehrbauern für Weiß.
5.♘b1–c3 ♗f8–e7 6.d4:e5
d6:e5
6. ... ♘:e5? 7.♘:e5 de 8.♕h5
g6 9.♕:e5.
7.♘f3–g5! ♘g8–h6?!
Im Falle von 7. ... ♗:g5
8.♕h5 würde Weiß die Figur
mit besserer Position zurückge-
winnen, aber der Textzug gestattet ein gefährliches Figurenopfer.
8.♘g5–e6!? f7:e6 9.♗c1:h6
♘d7–b6!
Aber nicht 9. ... gh wegen
10.♕h5+ ♔f8 11.♗:e6.
10.♕d1–h5+ ♔e8–f8
Wenn 10. ... g6, so 11.♕e2.
11.♗c4–e2
Stärker ist 11.♗b3.

11. ... g7:h6 12.♖a1–d1
♕d8–c7?!
Besser ist 12. ... ♗d7 mit guten Chancen für eine erfolgreiche Verteidigung. In der Partie
Boshković–Patzl (Jugoslawien
1968) folgte weiter 13.♕:h6+
♔g8 14.♖d3 ♗f6 15.♖g3+
♔f7 16.f4 ♔e7! 17.fe ♗:e5
18.♕g5+ ♔d6 19.♖d3+
♘d5. Schwarz gab so die Figur
zurück, wonach die Lage wieder hoffnungsvoll war.
13.♕h5:h6+ ♔f8–g8
14.♖d1–d3 ♗e7–f8
15.♖d3–g3+ ♗f8–g7 16.0–0
♔g8–f8 17.♕h6–g5 h7–h6
18.♕g5–g6 ♔f8–g8
19.♗e2–h5 ♕c7–e7
20.♖g3–f3 ♖h8–h7
21.♖f3–f7 ♕e7–d8
22.♖f1–d1 ♗c8–d7
23.♘c3–a4!
Dieser Springer, der sich bisher
noch nicht aktiv am Kampf be-
teiligt hat, führt die Entscheidung herbei.
23. ... ♘b6–d5 24.e4:d5 e6:d5
25.♘a4–c5 ♗d7–c8
26.♘c5:b7 ♗c8:b7
26. ... ♕g5 27.♖f8+! ♔:f8
28.♕f7 matt.
27.♖f7:b7 ♕d8–g5
28.♕g6–e6+ ♔g8–h8
29.♗h5–g6
Schwarz gab auf.

Dolmatow–Lerner
Daugavpils 1978

1.e2–e4 e7–e5 2.⌾g1–f3
d7–d6 3.d2–d4 e5:d4
4.⌾f3:d4 ⌾g8–f6 5.⌾b1–c3
⌾f8–e7 6.⌾f1–e2 0–0 7.0–0
⌶f8–e8 8.f2–f4 ⌾e7–f8
9.⌾e2–f3 ⌾b8–a6
Schwarz hat den Bauern e4 im
Visier.
10.⌶f1–e1 c7–c6
Wenn 10. ... ⌾c5, so 11.⌾b3!
⌾:b3 12.ab mit besserer Stellung für Weiß.
11.⌾c1–e3 d6–d5?! 12.e4–e5
c6–c5?
Nötig war 12. ... ⌾d7, aber
Schwarz hat eine andere Variante im Kopf.
13.e5:f6 ⌶e8:e3
Darauf gründet sich der
schwarze Plan.
14.⌶e1:e3 c5:d4 15.⌾f3:d5!
Eine unangenehme Überra-
schung. Es verbietet sich 15. ...
de wegen 16.⌾:f7+.
15. ... ⌾c8–f5
Auf 15. ... ⌽:f6 entscheidet
16.⌾e4!, wenn 15. ... ⌽b6, so
16.fg ⌾:g7 17.⌶e8+.
16.⌶e3–e5 ⌾f5–g6?
Ein scheinbar erzwungener
Zug, der schön widerlegt wird.
Nach 16. ... dc 17.⌶:f5 g6
18.⌶e5 cb 19.⌶b1 ⌽:f6 hätte
Schwarz hingegen durchaus
noch Widerstand leisten können.
17.f6:g7! ⌽g8:g7
Schlechter ist 17. ... ⌾:g7 wegen 18.⌽:d4.

18.⌾c3–e4! f7–f6 19.⌽d1:d4
⌾g6:e4 20.⌽d4:e4 ⌾a6–c5
Oder 20. ... fe 21.⌽:e5+ ⌽h6
22.⌽e6+ ⌽g7 23.⌽g4+ ⌽h6
24.⌶e1 ⌽:d5 (24. ... ⌾c5
25.⌶e5) 25.⌶e6+ ⌽:e6
26.⌽g5 matt.
21.⌽e4–f3 f6:e5 22.⌽f3–g4+
⌽g7–h6 23.⌶a1–e1! ⌾c5–d7
24.⌽g1–h1!
Weiß darf nicht sofort 24.⌶e3
spielen wegen 24. ... ⌾c5.
24. ... ⌾f8–c5 25.⌶e1–d1
Jetzt droht 26.⌶d3.
25. ... ⌾d7–f8
Ein Versuch, den König mit
dem Zug ⌾g6 zu schützen,
aber das geschieht spät ...
26.⌾d5:b7!
Der Schlußpunkt.
Schwarz gab auf.

Russische Verteidigung

1.e2–e4 e7–e5 2.⌾g1–f3
⌾g8–f6
Diese Eröffnung überraschte
die Schachfreunde seinerzeit,
da Schwarz anstelle der Verteidigung des Bauern e5 durch
die natürliche Fortsetzung 2. ...
⌾c6 einen Gegenangriff auf
den weißen Bauern e4 startet.
Die Neuerung, die im vergangenen Jahrhundert von den russischen Schachmeistern Petrow
und Jänisch untersucht wurde,
stieß anfangs deshalb auch auf
verständliches Mißtrauen.
Heute begegnet man der Russischen Verteidigung bei sehr bedeutenden Turnieren, darunter

auch bei den Zweikämpfen um die Weltmeisterschaft.

Partie Nr. 64
Schlekis–Maslow
Kaunas 1982

1.e2–e4 e7–e5 2.♘g1–f3 ♘g8–f6 3.♘f3:e5 d7–d6 4.♘e5–f3 ♘f6:e4 5.♗b1–c3 ♘e4–f6 6.d2–d4 d6–d5
Eine Alternative ist 6. ... ♗e7.
7.♘f3–e5 ♗f8–e7 8.♗f1–d3 0–0 9.0–0 ♖f8–e8 10.♖f1–e1 ♘b8–d7?
Ein Fehler, der es Weiß gestattet, durch eine effektvolle Opferserie die Stellung des schwarzen Königs zu zerschmettern.

11.♘c3:d5! ♘f6:d5 12.♗d3:h7+! ♔g8–f8 13.♘e5:f7! ♔f8:f7 14.♕d1–h5+ ♔f7–f8 15.♗h7–g6 ♘d7–f6 16.♕h5–h8+ ♘f6–g8 17.♗c1–h6!!
Kann man schöner Schach spielen? Jetzt ist Schwarz gezwungen, die Dame zu opfern. Nicht

möglich ist 17. ... gh wegen 18.♕h7.
17. ... ♗e7–f6 18.♖e1:e8+ ♕d8:e8 19.♗g6:e8 ♗c8–e6 20.♗e8–h5 ♗e6–f5 21.♗h6–g5 ♗f6:g5 22.♗h5–f3 ♘d5–f6 23.g2–g4 ♗f5:c2 24.h2–h4 ♗g5–f4
Schlecht ist auch 24. ... ♗d2 wegen 25.g5 ♘e4 26.♔g2! ♖e8 27.♕h7, und die Drohung 28.♕f5+ entscheidet.
25.g4–g5 ♘f6–e4 26.♖a1–e1 ♘e4–d6 27.♗f3–d5 ♘d6–f7 28.♕h8–h5
Schwarz gab auf.

Partie Nr. 65
Salm–Garner
Fernpartie 1961

1.e2–e4 e7–e5 2.♘g1–f3 ♘g8–f6 3.♘f3:e5 d7–d6 4.♘e5–f3 ♘f6:e4 5.d2–d4 d6–d5 6.♗f1–d3 ♗f8–e7 7.0–0 ♘e4–d6?!
Mit der Idee, den aktiven weißfeldrigen Läufer des Anziehenden nach 8. ... ♗f5 zu tauschen, auch wenn die Realisierung dieses Planes Zeit kostet. Besser ist 7. ... ♘c6.
8.♗c1–f4
Ein natürlicher Entwicklungszug, der die Absichten des Gegners durchkreuzt. Jetzt geht nicht 8. ... ♗f5? wegen 9.♗:d6.
8. ... ♘b8–c6 9.♖f1–e1 ♘c6–b4?!
Schwarz ist ohne rechten Rückhalt um Initiative bemüht.
10.♗d3–f1 ♗c8–f5 11.♘b1–a3 ♘d6–c4?

Konsequent, aber schlecht. Unbedingt hätte Schwarz rochieren müssen.

12.♘a3:c4 d5:c4 13.♗f1:c4 ♘b4:c2

Schwarz träumt hier von einem Qualitätsgewinn, aber es sind nur Träume ...

14.♖e1–e5!

Ein exakter Angriff, der die Strategie des Gegners widerlegt. Wenn 14. ... ♘:a1, so 15.♖:f5, und dem Springer a1 ist nicht mehr zu helfen.

14. ... ♛d8–d7 15.♖a1–c1 ♘c2–b4 16.♗c4:f7+!

Nun muß Schwarz Lehrgeld für die Verletzung elementarer Schachgesetze zahlen. Der Läufer ist natürlich tabu, denn auf 16. ... ♔:f7 entscheidet 17.♖:c7! ♛:c7 18.♖:f5+.

16. ... ♔e8–d8 17.♖e5:e7!!

Ein effektvoller Todesstoß, der Schwarz den Verlust der Dame bringt: 17. ... ♛:e7 18.♗g5 oder 17. ... ♔:e7 18.♖:c7.

Schwarz gab auf.

Partie Nr. 66
Ljubojević–Makarytschew
Amsterdam 1975

1.e2–e4 e7–e5 2.♘g1–f3 ♘g8–f6 3.♘f3:e5 d7–d6 4.♘e5–f3 ♘f6:e4 5.d2–d4 d6–d5 6.♗f1–d3 ♗f8–e7 7.0–0 ♘b8–c6!

Ein Zug, den bereits Jänisch vorschlug. Schwächer ist 7. ... 0–0 wegen 8.♖e1 ♘f6 (8. ... f5 9.c4! c6 10.♛b3) 9.♘e5 mit Initiative für Weiß.

8.♖f1–e1 ♗c8–g4 9.c2–c3 f7–f5 10.♛d1–b3 0–0!

11.♘f3–d2?

Der Textzug schwächt unnötig die weiße Königsstellung, besser ist daher 11.♘bd2.

11. ... ♘e4:f2!

Umgehend wird der Fehler des Partners ausgenutzt.

12.♔g1:f2 ♗e7–h4+ 13.g2–g3 f5–f4! 14.♔f2–g2 f4:g3 15.♗d3–e4

Wenn 15.hg, so 15. ... ♗:g3! 16.♔:g3 ♛g5! mit entscheidendem Angriff.

15. ... ♗g4–h3+!!

16.♔g2–g1

Auf 16.♔:h3 bringt 16. ... ♛d7+ ein schnelles Ende: 17.♔:h4 ♖f4+ 18.♔:g3 ♛g4 matt; oder 17.♔g2 ♖f2+ 18.♔g1 ♛h3 19.♘f1 ♖:f1+ 20.♖:f1 ♛:h2 matt.

16. ... g3:h2+ 17.♔g1:h2 ♛d8–d6+ 18.♔h2–h1 ♗h4:e1

Im Ergebnis der Kombination steht Schwarz auf Gewinn.

19.♛b3:d5+ ♛d6:d5

20.♗e4:d5+ ♔g8–h8
21.♘d2–f3 ♗e1–g3
22.♘f3–g1 ♗h3–f1
23.♘b1–d2 ♖a8–e8
24.♘d2–e4 ♖e8:e4!
25.♗d5:e4 ♖f8–f2 26.♘g1–f3
♗f1–g2+ 27.♔h1–g1 ♗g2:f3
28.♗e4:f3 ♖f2:f3
Weiß gab auf.

Partie Nr. 67
Petruschin–Timoschtschenko
Saratow 1981

1.e2–e4 e7–e5 2.♘g1–f3
♘g8–f6 3.♘f3:e5 d7–d6
4.♘e5–f3 ♘f6:e4 5.d2–d4
d6–d5 6.♗f1–d3 ♗f8–e7
7.0–0 ♗c8–g4 8.c2–c4
♘e4–f6
Häufiger begegnet man 8. ...
♘c6.
9.♘b1–c3 d5:c4 10.♗d3:c4
0–0 11.♖f1–e1 ♘b8–d7
12.♗c1–f4 ♘d7–b6
13.♗c4–b3 ♗g4–h5
14.♕d1–d3 c7–c6 15.♘f3–e5
♘f6–d5 16.♘c3:d5 c6:d5?
Besser ist 16. ... ♘:d5, während nach dem Textzug der
schwarze Springer sich mit
einer passiven Rolle begnügen
muß.
17.♖a1–c1 ♗e7–d6
18.♕d3–g3 ♗d6–b4?!
Schwarz gewinnt zwar eine
Qualität, aber seine Figuren
werden von der Verteidigung
des Königs abgelenkt.
19.♖e1–f1 ♗h5–e2
20.♘e5–g4! ♗e2:f1

21.♖c1–c7!!
Ein glänzender Zug, der den
tiefgründigen Plan von Weiß
offenbart: 22.♘h6+ ♔h8
23.♗e5, und nun ist 23. ... f6
kein Rettungsanker wegen
24.♕:g7 matt.
21. ... ♗b4–e7
Eine befriedigende Verteidigung gibt es nicht. Wenn
21. ... ♗d3, so 22.♕:d3, und
es droht 23.♗c2.
22.♖c7:e7!
Das Opfer des zweiten Turmes
forciert ein schönes Finale.
22. ... ♕d8:e7 23.♘g4–h6+
♔g8–h8 24.♘h6–f5 ♕e7–f6
25.♗f4–e5 ♕f6–g6
26.♗e5:g7+ ♔h8–g8
27.♗g7–f6!!
Ein wirkungsvoller Abschluß
der Kombination, der Schwarz
den Rest gibt. Es droht 28.♘h6
matt; oder 27. ... ♖fe8
28.♘h6+ ♔f8 29.♕d6+ bzw.
27. ... h6 28.♘e7+ ♔h7
29.♗c2 ♕:c2 30.♕g7 matt.
27. ... ♖f8–d8 28.♘f5–e7+
Schwarz gab auf.

Gurgenidse–Bellin
Tbilissi 1977

**1.e2–e4 e7–e5 2.♘g1–f3
♘g8–f6 3.d2–d4 ♘f6:e4
4.♗f1–d3 d7–d5 5.♘f3:e5
♘b8–d7**
Häufiger wird 5. ... ♗d6 oder
5. ... ♗e7 gespielt. Der Textzug gestattet es Weiß, ein
scharfes Springeropfer zu realisieren.
6.♘e5:f7!?
Gut ist 6.♕e2. In der Partie
Mortenson–Borik (Valletta
1980) folgte dann 6. ... ♘:e5
7.♗:e4 de 8.♕:e4 ♗e6 9.♕:e5
♕d7 10.♗e3 ♗b4+ 11.c3
♗d6 12.♕a5 ♕c6 13.f3 ♗d5
mit besseren Chancen für
Weiß.
6. ... ♕d8–e7?!
Den Vorzug verdient fraglos
6. ... ♔:f7, und nach 7.♕h5+
♔e7 8.♕e2 ♔f7 9.♕h5+ en-
det die Partie mit Remis. Interessant ist deshalb 7. ... ♔e6
mit unklarer Position.
7.♕d1–e2!
7.♘:h8 führte in der Partie
zwischen I. Saizew–Karpow
(Leningrad 1966) zum Dauerschach: 7. ... ♘c3+ 8.♔d2
♘:d1 9.♖e1 ♘:f2 10.♗:h7!
♘e4+ 11.♖:e4! de 12.♗g6+
♔d8 13.♘f7+ ♔e8
14.♘d6++.
7. ... ♔e8:f7?
Schwarz hätte den Mut zu
7. ... ♕:f7 zeigen sollen. Zum
Beispiel 8.f3 ♘f6 9.♘d2
(9.0–0 ♕h5 10.fe ♕:e2

11.♗:e2 ♘:e4) 9. ... ♕h5
10.fe ♗g4 mit scharfer Position.
8.♕e2–h5+! ♔f7–f6
Die schwarze Majestät muß
vorwärts marschieren. Schlecht
ist 8. ... g6 9.♕:d5+ oder
8. ... ♔e6 9.♗:e4 de 10.d5+
♔d6 11.♗f4+ ♘e5 12.♘d2
b5 13.♘:e4+.
**9.0–0 ♕e7–f7 10.♕h5–h4+
g7–g5 11.♗c1:g5+!**
Mit diesem Scheinopfer bereitet
Weiß die entscheidende Öffnung der f-Linie vor.
**11. ... ♘e4:g5 12.f2–f4
♔f6–e6 13.f4:g5 ♕f7–g7
14.♘b1–c3**
„Jagt den schwarzen König"
lautet nun die Parole für alle
weißen Figuren.
**14. ... ♘d7–b6 15.♖f1–f6+
♔e6–d7 16.♖a1–f1 ♔d7–e8
17.♖f6–f7 ♕g7:f7**
Offensichtlich erzwungen.
**18.♖f1:f7 ♔e8:f7 19.g5–g6+
♔f7–e6 20.♕h4–e1+**
Schwarz gab auf.

Partie Nr. 69
Kremenezki–Chatschaturow
Moskau 1970

**1.e2–e4 e7–e5 2.♘g1–f3
♘g8–f6 3.d2–d4 ♘f6:e4
4.♗f1–d3 d7–d5 5.♘f3:e5
♘b8–d7 6.♘b1–c3 ♘d7:e5
7.d4:e5 ♕d8–h4?**
Fehlerhaft. Richtig ist 7. ...
♘:c3 8.bc ♗e7 mit gleichen
Chancen.
**8.♗d3:e4! d5:e4 9.♘c3–d5
♕h4–d8**

Ein erzwungener Rück-
zug.

10.♗c1–g5!
Ein ausgezeichneter Angriff,
durch den Schwarz in eine kritische Lage gerät. Zum Matt
führt 10. ... ♕:g5 11.♘:c7+
♔e7 12.♕d6 matt, auf 10. ...
♕d7 ist 11.e6! fe 12.♕h5+ g6
13.♘f6+ ♔f7 14.♕h4
stark!
10. ... ♗f8–b4+ 11.c2–c3
♕d8:g5 12.♘d5:c7+ ♔e8–e7
Es scheint, daß es Schwarz gelungen ist, dem Schlimmsten
zu entrinnen. Auf 13.cb folgt
13. ... ♖d8 mit Gegenangriff.
Doch Weiß hat einen wirkungsvollen Zwischenzug parat, der
jedwede Hoffnung des Gegners
auf Rettung zerstört.
13.♕d1–d4!
Dem schwarzen Läufer auf b4
bleibt kein Feld zum Rückzug,
nach seinem Verlust aber ist jeder Widerstand zwecklos.
Schwarz gab auf.

Königsspringereröffnung

1.e2–e4 e7–e5 2.♘g1–f3
Zur Königsspringereröffnung
gehören Systeme, die durch
selten vorkommende Erwide-
rungen von Schwarz auf den
zweiten Zug charakterisiert
sind: 2. ... d5, 2. ... f6 usw.
und keinen anderen Spielanfängen zugeordnet werden können.

Partie Nr. 70
Gufeld–Heuer
Leningrad 1962

1.e2–e4 e7–e5 2.♘g1–f3
d7–d5?
Diese aktiv anmutende Fortsetzung ist verfrüht.
3.♘f3:e5
Gut ist ebenfalls 3.ed.
3. ... ♗f8–d6
Nach 3. ... ♕e7 4.d4 f6
5.♘d3! de 6.♘f4 ♕f7
7.♘d2 hat Weiß deutliche Vorteile.
4.d2–d4 d5:e4 5.♕d1–h5
Eine verpflichtende Fortsetzung. Gut war 5.♗f4.
5. ... ♗c8–e6 6.♘b1–c3
♗d6–b4
Auf 6. ... ♘f6 ist 7.♕e2 stark,
und nun geht 7. ... ♗b4 nicht
wegen 8.♕b5+.
7.a2–a3 ♘g8–f6 8.♕h5–h4
♗b4–e7?!
Vorteil für Weiß bringt 8. ...
♕:d4 9.ab ♕:e5 10.♗f4 ♕h5
11.♕g3, aber besser als der

61

Textzug ist 8. ... ♗a5 oder sogar 8. ... ♗:c3+.
9.♘c3:e4 ♘f6—g4 10.♕h4—g3
♕d8:d4 11.♘e5:g4 ♕d4:e4+
12.♘g4—e3 ♘b8—c6
13.♕g3:g7 0—0—0 14.♗f1—d3
♕e4—a4 15.b2—b3 ♕a4—a5+
16.b3—b4
Schwarz verfügt nicht über genügende Kompensation für den geopferten Bauern, so werden bewußt Verwicklungen angezettelt.
16. ... ♘c6:b4 17.a3:b4
♗e7:b4+ 18.♔e1—e2
♕a5—h5+ 19.g2—g4 ♕h5—h3
20.♖a1:a7 ♔c8—b8
21.♗c1—d2! ♔b8:a7
21. ... ♗:d2 verbietet sich wegen 22.♖ha1. Der ungestüme schwarze Angriff zerplatzt jedoch wie eine Seifenblase.
22.♗d2:b4 ♖h8—g8
23.♕g7—e5 ♗e6:g4+
24.♔e2—d2 ♕h3—f3
Nun ist die Reihe an Weiß.
25.♖h1—a1+ ♔a7—b8
26.♕e5—a5 ♕f3:f2+
27.♔d2—c1! c7—c6
Schön geht die Partie nach
27. ... ♕:e3+ 28.♗d2 ♕g1+
29.♔b2 ♕d4+ 30.♗c3 ♕b6+
31.♕:b6 cb 32.♗e5+ ♔c8
33.♗b5! zu Ende, denn der schwarze König zappelt im Mattnetz.
28.♕a5—e5+
Schwarz gab auf.

Lettisches Gambit

1.e2—e4 e7—e5 2.♘g1—f3
f7—f5
Es handelt sich um einen Versuch, mit Schwarz ein Königsgambit zu spielen. Die moderne Theorie dieser Eröffnung wurde zu Beginn unseres Jahrhunderts von lettischen Schachspielern mit Meister Behting an der Spitze erarbeitet. Das Lettische Gambit gilt als riskant für den Nachziehenden. Von der Theorie schon mehrfach begraben, meint jedoch „Modern Chess Openings", daß diese Verteidigung neun Leben habe.

Partie Nr. 71
Petrow—Mordwinow
Fernpartie 1982

1.e2—e4 e7—e5 2.♘g1—f3
f7—f5 3.♘f3:e5! ♕d8—f6
4.d2—d4
Gut ist auch 4.♘c4 fe 5.♘c3
♕g6 6.d3! Wenn nun 6. ...
ed?, so 7.♗:d3 ♕:g2 8.♕h5+
♔d8 9.♗e4 oder 8. ... g6
9.♕e5+ ♗e7 10.♗e4 und
11.♕:h8.
4. ... d7—d6 5.♘e5—c4 f5:e4
6.♗f1—e2! c7—c6?
Nach diesem fehlerhaften Zug gerät Schwarz in eine schwierige Lage. Besser ist 6. ... d5, obwohl auch dann Weiß die Initiative besitzt: 7.♘e3 c6 8.c4! usw.
7.d4—d5! ♘g8—e7

Eine passive Fortsetzung, doch es ist bereits schwer, irgendeinen vernünftigen Weg für Schwarz zu finden. Auf 7. ... c5 ist 8.♘c3 ♗f5 9.♘b5 ♘a6 10.♗f4 unangenehm.

8.♘b1–c3 c6:d5
Das ist Wasser auf die weißen Angriffsmühlen. Im Fall von 8. ... ♗f5 9.♗g5! ♕:g5 10.♘:d6+ würde Weiß jedoch auch gewinnen: 10. ... ♔d7 11.dc+ ♔:c6 12.♗b5+ ♔b6 13.♕d4+ ♔c7 14.♘f7! mit den Drohungen 15.♕d8 matt und 15.♘:g5.

9.♘c3:e4!!
Zwei weiße Springer attackieren kühn den Gegner.

9. ... ♕f6–e6
Wenn 9. ... de, so 10.♘:d6+ und 11.♘:e4+.

10.♘c4:d6+
Nach 10. ... ♔d8 landet knallhart 11.♘g5! den K.-o.-Treffer für Weiß.
Schwarz gab auf.

Läuferspiel

1.e2–e4 e7–e5 2.♗f1–c4
Das Läuferspiel wird bereits in einer Abhandlung Lucenas (15. Jahrhundert) erwähnt. Philidor schätzte diese Eröffnung hoch ein, die in der modernen Turnierpraxis allerdings nur noch selten anzutreffen ist, da Schwarz durch 2. ... ♘f6 genügend Gegenchancen erhält. Die ursprüngliche Konzeption des Läuferspiels ist, vor f2–f4 einige Leichtfiguren ins Spiel zu bringen. Zu diesem Bauernzug kommt es jedoch nur in den seltensten Fällen, denn meistens geht die Partie in eine andere Eröffnung über.

Partie Nr. 72
Hartston–Westerinen
Alicante 1973

1.e2–e4 e7–e5 2.♗f1–c4 ♘g8–f6 3.d2–d3 ♗f8–e7
Bequem kommt Schwarz zu gleichem Spiel nach dem von Keres empfohlenen Zug 3. ... c6, gefolgt von d7–d5.
4.♘b1–c3
Auf das unmittelbare 4.f4? ist 4. ... d5! stark.
4. ... 0–0 5.f2–f4 e5:f4 6.♗c1:f4 c7–c6 7.e4–e5 d7–d5?!
Schwarz löst Verwicklungen aus, die jedoch nur Weiß nutzen. Richtig wäre 7. ... ♘e8 und erst danach d7–d5.

8.e5:f6 ♗e7–b4 9.♗c4–b3
d5–d4 10.♘g1–e2 d4:c3
11.0–0!
Schwächer ist 11.bc wegen
11. ... ♗g4, und auf 12.cb
folgt 12. ... ♖e8.
11. ... c3:b2 12.f6:g7
♛d8–b6+ 13.♔g1–h1
♖f8–e8

14.♗b3:f7+! ♔g8:f7
15.♗f4–e3+ ♔f7–g8
16.♗e3:b6 ♗c8–g4!
Eine kritische Position. Jetzt ist
für Weiß 17.♖b1 ♗:e2
schlecht, denn unerwartet sitzt
die Dame in der Falle.
17.c2–c3!
Das garantiert den Sieg. Der
weiße Trumpf ist nämlich die
Diagonale a2–g8.
17. ... b2:a1♛ 18.♛d1:a1
♗g4:e2 19.♛a1–b2!!
Glänzend! Ungeachtet der Ma-
terialverluste baut Weiß entscheidende Drohungen auf.
19. ... ♗e2:f1 20.♛b2–b3+
♔g8:g7 21.♗b6–d4+
♔g7–g6 22.♛b3:b4 c6–c5
Ein vergeblicher Versuch, die
Figuren des Damenflügels zur
Verteidigung heranzuführen.

23.♛b4:c5 ♘b8–c6
24.♛c5–d6+ ♔g6–h5
25.♗d4–g7! ♗f1:d3
Nichts hätte auch 25. ... ♖ad8
geholfen wegen 26.♛h6+
♔g4 27.♗f6.
26.h2–h3 ♗d3–g6 27.♛d6–f4
Schwarz gab auf.

Nordisches Gambit

1.e2–e4 e7–e5 2.d2–d4 e5:d4
3.c2–c3 d4:c3 4.♗f1–c4 c3:b2
5.♗c1:b2
Das Nordische Gambit wurde
von dänischen Theoretikern
ausgearbeitet und in Partien
skandinavischer Meister in der
Mitte des vergangenen Jahrhunderts angewandt. Den Zeitverlust nach 3.♛:d4 will Weiß
vermeiden und bietet weitere
Bauernopfer an. Wenn Schwarz
auf Kosten der Entwicklung le-
diglich auf Materialvorteil bedacht ist, erlangt Weiß einen
gefährlichen Angriff. Aus der
Wettkampfpraxis ist es heute
so gut wie verschwunden.

Partie Nr. 73
Klowan–Petkewitsch
Riga 1962

1.e2–e4 e7–e5 2.d2–d4 e5:d4
3.c2–c3 d4:c3 4.♗f1–c4 c3:b2
5.♗c1:b2 ♗f8–b4+ 6.♔e1–f1
♘g8–f6 7.e4–e5 d7–d5!
Schlechter ist 7. ... ♘g8 wegen 8.♛g4.

8.♗c4–b5+

Nichts verspricht 8.ef dc
9.♕a4+ ♘c6 10.fg ♖g8, und
die Stellung von Schwarz ist
aussichtsreicher.

**8. ... c7–c6 9.e5:f6 c6:b5
10.f6:g7 ♖h8–g8 11.♕d1–c2**

Weiß setzt auf die Kraft seines
Freibauern g7 und vernachläs-
sigt deshalb seine Entwicklung.
Aufmerksamkeit verdient anstelle des Textzuges 11.♘f3.

**11. ... ♗c8–e6 12.♕c2:h7
♔e8–d7! 13.♘g1–f3 ♘b8–c6
14.♘b1–d2 d5–d4!
15.♘d2–e4 f7–f5 16.♘e4–g3**

Wenn 16.♘eg5, so 16. ...
♗c4+ 17.♔g1 ♕f6 mit Vor-
teil für Schwarz.

16. ... ♔d7–c7 17.♘g3:f5?

Dieser unvorsichtige Bauerngewinn gibt Schwarz Zeit, selbst
eine Attacke einzuleiten.

**17. ... ♗b4–c3! 18.♗b2:c3
d4:c3 19.♘f5–h6 c3–c2!**

Rechtzeitig! Wegen der Drohung 20. ... ♕d1+ ist Weiß
gezwungen, zur Abwehr zu
blasen.

**20.♕h7:c2 ♗e6–c4+
21.♔f1–g1 ♕d8–f6!**

Das macht für Schwarz alles
klar.

22.♕c2–c1 ♖g8:g7

Gegen 23. ... ♕:f3 oder 23. ...
♖h8 gibt es keine Verteidigung.

23.♘f3–d2

Danach gibt's ein Finale mit
schwarzem Feuerwerk ...

**23. ... ♖g7:g2+! 24.♔g1:g2
♕f6–g5+ 25.♔g2–f3
♖a8–f8+**

Weiß gab auf.

Wiener Partie

1.e2–e4 e7–e5 2.♘b1–c3

Die Eröffnung wurde in der
Mitte des vergangenen Jahrhunderts durch Wiener Schachspieler ausgearbeitet. Ihre Idee
ist, den Bauern e4 und den
Punkt d5 zu überdecken und
danach mit f2–f4 das Zentrum
anzugreifen. Dennoch hat
Schwarz ein wirksames Gegenspiel in Verbindung mit dem
thematischen Gegenschlag
d7–d5. Die Wiener Partie gilt
als eine sehr solide Eröffnung.

Partie Nr. 74
Ljaschenko–Apollonow
Sotschi 1976

**1.e2–e4 e7–e5 2.♘b1–c3
♘g8–f6 3.g2–g3 d7–d5**
Gut ist auch 3. ... ♗c5 4.♗g2

♘c6 5.♘f3 d6 mit etwa gleichem Spiel.
4.e4:d5 ♘f6:d5 5.♗f1–g2
♗c8–e6 6.♘g1–f3 ♘b8–c6
7.0–0 ♘d5:c3
Besser ist 7. ... ♗e7.
8.b2:c3 e5–e4
Nach 8. ... ♗e7 wäre 9.♖e1
♗f6 10.♖b1 oder ♗a3 für
Schwarz unangenehm.
9.♘f3–e1 ♗e6–c4? 10.d2–d3
e4:d3 11.c2:d3 ♗c4–d5
12.♘e1–f3! ♗f8–e7
13.♖a1–b1 ♖a8–b8 14.c3–c4
♗d5–e6 15.♘f3–g5!
Ein unerwarteter Angriff. Wenn
nun 15. ... ♗:g5, so 16.♖:b7!
♗d7 17.♗:c6, und Weiß gewinnt Material.
15. ... ♗e6–d7 16.♕d1–h5
g7–g6 17.♕h5–h6 ♘c6–d4
Sehr schlecht ist 17. ... ♗f8
18.♖e1+ ♘e7 19.♕h4, und
Schwarz steht völlig hilflos da.
18.♕h6–g7 ♖h8–f8
19.♘g5:h7 ♘d4–e6

20.♖f1–e1!! ♕d8–c8
Auf 20. ... ♘:g7? folgt ein ersticktes Matt: 21.♘f6.
21.♖e1:e6! ♗d7:e6
22.♗c1–h6 ♔e8–d7

23.♕g7–d4+ ♔d7–e8
24.♗h6:f8 ♗e7:f8 25.♖b1:b7!
Der Schlußzug eines effektvoll durchgeführten Angriffs.
Auf 25. ... ♖:b7 folgt
26.♗c6+ ♔e7 27.♕c5+ oder
26. ... ♗d7 27.♗:d7+ ♕:d7
28.♘f6+.
Schwarz gab auf.

Partie Nr. 75
Rytow–Malewinski
Leningrad 1969

1.e2–e4 e7–e5 2.♘b1–c3
♘g8–f6 3.♗f1–c4 ♘f6:e4
Ein typischer Gegenangriff. Im
Falle von 4.♘:e4 d5 strebt
Schwarz eine gute Stellung an,
doch Weiß vermag den Kampf
zu verschärfen.
4.♕d1–h5!? ♘e4–d6
5.♗c4–b3
Zu gleichem Spiel führt
5.♕:e5+.
5. ... ♗f8–e7 6.♘g1–f3 0–0
7.h2–h4! g7–g6?
Eine ernste Schwächung der
schwarzen Königsstellung.
Große Verwicklungen verspricht 7. ... ♘c6. In der Partie
Gufeld–Tarve (Tallinn 1969)
kam eine von Neshmetdinow
ausgearbeitete Variante zum
Einsatz: 8.♘g5 h6 9.♕g6!
♗:g5 10.hg ♕:g5 11.♕:g5 hg.
Nach 12.d3 ♘f5 13.♗:g5 ♘cd4
14.♘d5 ♘:b3 15.♘f6+! gf
16.♗:f6 ♘g7 17.ab ♖e8 18.g4
♖e6 19.g5 b6?! 20.♔e2 e4
21.d4 e3 22.f3 d5 23.♖h4
war Weiß auf der Siegerstraße.
Aufmerksamkeit verdient

19. ... ♖:f6 20.gf ♘e6 mit
Überführung des Springers
nach g6.
**8.♕h5:e5 ♗e7-f6 9.♕e5-f4
♖f8-e8+ 10.♔e1-f1 ♗f6-g7
11.d2-d4 ♘b8-c6 12.h4-h5!
b7-b6**
Das Gegenspiel von Schwarz
erfolgt sichtlich zu spät und
verpufft kläglich.
**13.h5:g6 h7:g6 14.♕f4-h2
♗c8-a6+ 15.♔f1-g1
♘d6-f5**
Es drohte 16.♕h7+ ♔f8
17.♗h6! und auf 17. ... ♘f5
18.♗:g7+ ♘:g7 19.♕h8+.
**16.♗c1-g5 ♕d8-c8
17.♗g5-f6!**
Ein wirkungsvoller Schlußangriff. Weiß droht tödlich
18.♕h8+. Auf 17. ... ♗:f6
folgt 18.♕h7+ und ♕:f7 matt.
Schwarz gab auf.

Königsgambit

1.e2-e4 e7-e5 2.f2-f4
Die Idee des mit 2.f4 angebotenen Gambits besteht darin, den
Mittelbauern e5 zu beseitigen,
die f-Linie zu öffnen und durch
den Zug d2-d4 das Zentrum
zu erobern. Das Königsgambit
ist eine der schärfsten und
kompliziertesten Eröffnungen.
Eine wesentliche Rolle spielten
bei der Ausarbeitung des Gambits Untersuchungen und Partien italienischer Meister des
Mittelalters – Greco, Polerio,
Salvio u. a. Noch im vergangenen Jahrhundert, in der Ära des
romantischen Schachs, war das
Königsgambit eine der beliebte-
sten Eröffnungen. Mit der Ent-
deckung des Falkbeer-Gambits
(2. ... d5) und anderer aktiver
Schemata für Schwarz verlor
dieses Gambitspiel, zu dessen
Anhängern einst Spasski, Bronstein und Fischer gehörten,
spürbar an Resonanz.

Partie Nr. 76
Barle–Portisch
Portorož/Ljubljana 1975

**1.e2-e4 e7-e5 2.♘b1-c3
♘b8-c6 3.f2-f4 e5:f4 4.d2-d4**
Das Steinitz-Gambit. Weiß verzichtet auf die Rochade, um ein
starkes Bauernzentrum zu erhalten. Schwarz erhält dafür
gefährliches Gegenspiel.
**4. ... ♕d8-h4+ 5.♔e1-e2
d7-d6 6.♘g1-f3 ♗c8-g4
7.♗c1:f4 0-0-0**
Zu interessanten Verwicklungen führt 7. ... f5. Zum Beispiel 8.h3!? 0-0-0 9.hg! ♕:h1
10.ef! h5 11.g5 mit Kompensation für die Qualität.
**8.♔e2-e3 ♕h4-h5 9.♗f1-e2
g7-g5!**
Nur durch ein energisches Spiel
kann die Stellung des weißen
Königs im Zentrum genutzt
werden. Mit diesem Bauernopfer öffnet Schwarz die g-Linie
für seine Figuren.
**10.♘f3:g5 ♘g8-f6 11.h2-h3
♗g4:e2 12.♕d1:e2 ♕h5-g6
13.d4-d5 ♘c6-e5 14.♘g5-f3**

♝f8–h6 15.♝f4:h6 ♛g6:h6+
16.♚e3–f2 ♜h8–g8
17.♜h1–g1 ♚c8–b8!
Ehe der Angriff fortgesetzt
wird, bringt Schwarz den König in eine sichere Stellung.
18.♛e2–d2 ♛h6–g6
19.♛d2–f4 ♞f6–h5 20.♞f3:e5
d6:e5 21.♛f4:e5 ♜d8–e8
22.♛e5–d4 ♞h5–g3
23.♜a1–e1
Die Figuren von Weiß stehen
nicht schlecht, aber der König …
23. … ♞g3–f5! 24.♛d4–d3?
Damit wird zwar ♛g3+ abge-
blockt, doch nun kommt
Schwarz durch die Hintertür –
vom Damenflügel. Hartnäcki-
ger ist 24.♛d2 ♛b6+ 25.♚e2
♜g3! 26.b3 ♞d4+ 27.♚d1
♞f3 28.gf ♜:g1 mit einigen
Verteidigungschancen.
24. … ♛g6–b6+ 25.♚f2–e2
♜g8–g3! 26.♛d3–c4
♛b6–e3+ 27.♚e2–d1
Wenn 27.♚f1, so 27. …
♜f3+!

27. … ♛e3:g1!
Weiß gab auf.

Partie Nr. 77
Christiansen–Kolarow
Havanna 1966

1.e2–e4 e7–e5 2.f2–f4 e5:f4
3.♞g1–f3 g7–g5 4.h2–h4
g5–g4
Falsch ist 4. … f6? wegen
5.♞:g5! fg 6.♛h5+.
5.♞f3–e5
Das Kieseritzky-Gambit, das
nur nervenstarken Spielern zu
empfehlen ist.
5. … ♞g8–f6 6.♝f1–c4
d7–d5! 7.e4:d5 ♝f8–d6
8.d2–d4 ♞f6–h5 9.♞e5:g4?
Dieser Bauerngewinn führt zum
schnellen Verlust der Partie.
Richtig war 9.0–0 ♛:h4 (9. …
♝:e5 10.♛e1) 10.♛e1 ♛:e1
11.♜:e1 0–0 12.♝d3 ♜e8
13.♝d2 f6 14.♞c4 mit beiderseitigen Chancen.
9. … ♞h5–g3 10.♜h1–h2
♛d8–e7+ 11.♚e1–f2 h7–h5!
Dieser stille Zug des h-Bauern
beendet sofort den Kampf. Auf
12.♞e5 folgt 12. … ♝:e5
13.de ♛c5+ 14.♚e1 ♛g1+
oder 14.♚f3 ♝g4+ mit entscheidendem Materialgewinn.
Weiß gab auf.

Partie Nr. 78
Filipowicz–Gabrisch
Wrocław 1960

1.e2–e4 e7–e5 2.f2–f4 e5:f4
3.♞g1–f3 g7–g6?! 4.♝f1–c4
♝f8–g7 5.d2–d4 ♞g8–f6
Aufmerksamkeit verdiente 5. …
♞e7!? mit der Idee, d5 zu ziehen.

6.e4–e5 ♞f6–h5 7.♞b1–c3
0–0 8.g2–g4!?
Mit diesem Bauernopfer öffnet
Weiß die g-Linie.
8. ... f4:g3 e. p.
Das kommt dem Plan des Gegners entgegen. Interessant war
8. ... d5!? 9.♗:d5 ♗:g4
10.♗:b7 ♞d7! 11.♗:a8 ♛:a8
12.0–0 c5! mit Gegenspiel für
die Qualität.
9.♗c1–g5 g3–g2 10.♖h1–g1
♛d8–e8 11.♞c3–d5 d7–d6!
12.♛d1–e2
Schlecht ist 12.♞:c7? wegen
12. ... ♛c6.
12. ... ♗c8–g4?
Der angestrebte Tausch dieses
Läufers ist zu tadeln. Schwarz
hätte mit 12. ... ♛d7 vielmehr
den Kampf verwickeln sollen.
13.♛e2:g2 ♗g4:f3 14.♛g2:f3
d6:e5

15.♛f3:h5!
Ein prachtvolles Damenopfer!
15. ... g6:h5 16.♗g5–f6
♞b8–d7 17.♗f6:g7!
Aber nicht 17.♖:g7+ ♚h8,
und Schwarz gewinnt.
17. ... h7–h6 18.♞d5–f6+
♞d7:f6 19.♗g7:f6+ ♚g8–h7

20.♖g1–g7+ ♚h7–h8
21.♖g7:f7+ ♚h8–g8
22.♖f7–e7+
Schwarz gab auf.

Partie Nr. 79
Planinc–Gligorić
Ljubljana/Portorož 1977

1.e2–e4 e7–e5 2.f2–f4 e5:f4
3.♞g1–f3 d7–d6
Eine Empfehlung von Robert
Fischer.
4.d2–d4 g7–g5 5.h2–h4
g5–g4 6.♞f3–g1
Der aggressive Zug 6.♞g5
wird widerlegt durch 6. ... f6!
(aber nicht 6. ... h6? 7.♞:f7!
♚:f7 8.♗:f4 mit starkem Angriff). Nach 7.♗:f4 fg 8.♗:g5
♗e7 9.♛d2 ♗e6 10.♞c3 ♞d7
hat Weiß nichts mehr.
6. ... ♗f8–h6 7.♞b1–c3
♞b8–c6 8.♞g1–e2 f4–f3
9.♞e2–f4 f3–f2+!
Dieser schwarze Bauer spielt
die Rolle als Köder, freilich ist
der weiße König auch ein loh-
nender Fisch.
10.♚e1:f2 g4–g3+! 11.♚f2:g3
Folgerichtig, aber besser ist
11.♚g1.
11. ... ♞g8–f6 12.♗f1–e2
♖h8–g8+ 13.♚g3–f2
♞f6–g4+ 14.♗e2:g4
Auf 14.♚g1 ist 14. ... ♗g7
stark. Günstiger ist 14.♚e1.
14. ... ♗c8:g4 15.♛d1–d3
♗h6–g7 16.♗c1–e3
♛d8–d7 17.♞c3–e2 0–0–0
18.♞e2–g3
Weiß hat versucht, seine Stellung zu konsolidieren, eine ver-

gebliche Liebesmüh, wie ihm
sein Gegner demonstriert.
18. ... f7–f5!
Die Öffnung der f-Linie erhöht
gewaltig die Wirkung des An-
griffspotentials.
19.♘g3:f5 ♖d8–f8
20.♘f5:g7?
Hartnäckiger ist 20.c3.
20. ... ♕d7:g7 21.♔f2–e1
Die einzige Möglichkeit war
21.♖af1.
21. ... ♘c6–b4 22.♕d3–c3
♕g7–e7! 23.♕c3:b4 ♖f8:f4!
24.♔e1–d2
Sofort verliert 24.♗:f4 wegen
♕:e4+.
24. ... ♕e7:e4! 25.♖a1–g1
♗g4–f5 26.♕b4–b3 ♖g8–g3
27.♖h1–h2 ♖f4–f2+
Auf 28.♗:f2 folgt 28. ... ♖:b3
29.ab ♕f4+!
Weiß gab auf.

Partie Nr. 80
Schneider–Lengyel
Budapest 1975

1.e2–e4 e7–e5 2.f2–f4 d7–d5
Das Falkbeer-Gambit, das zu
einem scharfen Kampf mit beiderseitigen Chancen führt.
3.e4:d5 e5–e4 4.d2–d3
♘g8–f6 5.♘b1–d2
Von Keres vorgeschlagen, eine
andere wichtige Fortsetzung ist
5.de.
5. ... e4:d3! 6.♗f1:d3 ♘f6:d5
7.♕d1–f3 ♘b8–c6 8.a2–a3
♗f8–c5 9.♘d2–e4?
Es hätte 9.♘e2 geschehen müssen, um den Punkt d4 unter
Kontrolle zu nehmen.

9. ... ♘c6–d4! 10.♕f3–h5
♗c8–f5! 11.♗c1–d2 g7–g6
12.♕h5–h6 ♕d8–e7
13.0–0–0
Weiß setzt auf Schub auf der
e-Linie, kalkuliert dabei aber
nicht den folgenden taktischen
Schlag des Gegners ein. Hartnäckiger war 13.♔f1.

13. ... ♗f5:e4 14.♗d3:e4
♕e7:e4!!
Es zeigt sich, daß auf 15.♖e1
Schwarz 15. ... ♘b3+! vorbereitet hat. Nach 16.cb ♘e3!
muß Weiß passen.
Weiß gab auf.

Partie Nr. 81
Nikolajew–Faibissowitsch
Leningrad 1975

1.e2–e4 e7–e5 2.f2–f4
♗f8–c5 3.♘g1–f3 d7–d6
4.♗f1–c4 ♘g8–f6 5.♘b1–c3
♘b8–c6 6.d2–d3 a7–a6
7.f4–f5
Aufmerksamkeit verdient
7.♘d5.
7. ... ♘c6–a5 8.a2–a3 ♘a5:c4
9.d3:c4 h7–h6 10.♕d1–d3
0–0 11.h2–h3?

Erforderlich war 11.♗e3 mit besseren Chancen für Weiß. Die folgende Wendung läßt sich Schwarz natürlich nicht entgehen.

11. ... ♗c8:f5! 12.g2–g4
Wenn 12.ef, so 12. ... e4!
13.♘:e4, ♘:e4, und 14.♕:e4 geht nicht wegen Damenverlusts nach 14. ... ♖e8.
12. ... ♗f5–e6 13.g4–g5 ♘f6–h7!
Aber nicht 13. ... hg 14.♗:g5, und Schwarz steht keine leichte Verteidigung bevor.
14.g5:h6 f7–f5! 15.h6:g7 ♔g8:g7 16.h3–h4

Besser ist 16.♗d2 mit folgender Rochade.
16. ... ♕d8–f6 17.♘f3–g5
Hartnäckiger ist 17.♖f1.
17. ... ♗c5–f2+! 18.♔e1–d1 f5:e4 19.♘c3:e4?
Das verliert. Zu versuchen war 19.♘:e6+.
19. ... ♗e6–g4+ 20.♔d1–d2 ♕f6–f5 21.♔d2–c3
Schlecht ist 21.♘:f2 ♕:f2+ 22.♔c3 ♘:g5 und 23. ... ♖f3 oder 21.♖f1 ♕f4+ 22.♔c3 ♗d4+.
21. ... ♘h7:g5 22.♗c1:g5 ♗f2–d4+ 23.♔c3–b3 b7–b5! 24.c2–c3
Auf 24.♖af1 entscheidet 24. ... bc+ 25.♕:c4 ♖ab8+.
24. ... b5:c4+ 25.♕d3:c4 ♕f5:e4 26.c3:d4 ♖a8–b8+ 27.♔b3–a2 ♗g4–e6!
Ein wirkungsvoller Schlußangriff. Wenn 28.♕:e6, so 28. ... ♖:b2+! 29.♔:b2 ♖f2+ mit schnellem Matt.
Weiß gab auf.

Halboffene Spiele

Skandinavische Verteidigung

1.e2–e4 d7–d5
Die Bezeichnung der Eröffnung geht auf skandinavische Meister zurück, die ihre Analysen publizierten und diese Verteidigung einer praktischen Überprüfung unterzogen. Die Idee der Skandinavischen Verteidigung besteht darin, die Dame frühzeitig durch 2.ed ♛:d5 zu exponieren und ein Gegenspiel der Figuren im Zentrum zu schaffen. Indessen ermöglicht dies Weiß, mit Tempogewinn seinen Springer nach c3 zu entwickeln und sich eine aktive Stellung aufzubauen.

Partie Nr. 82
Chandler–Rogers
Hongkong 1984

**1.e2–e4 d7–d5 2.e4:d5
♛d8:d5 3.♘b1–c3 ♛d5–a5
4.d2–d4 ♘g8–f6 5.♘g1–f3
c7–c6 6.♗f1–c4 ♗c8–g4
7.h2–h3**
Natürlich nicht 7.♗:f7+? ♚:f7
8.♘e5+ ♛:e5+!
**7. ... ♗g4–h5 8.♗c1–d2
e7–e6 9.♘c3–d5! ♛a5–d8
10.♘d5:f6+ ♛d8:f6?**
Hartnäckiger ist 10. ... gf. Nun nutzt Weiß die ungünstige Stellung der schwarzen Dame auf f6 aus.
**11.g2–g4 ♗h5–g6
12.♛d1–e2!**
Der naheliegende Zug 12.♗g5 wird nach 12. ... ♗:c2!

13.♛e2 ♛g6 widerlegt.
**12. ... ♗g6:c2 13.♖a1–c1
♛f6–g6**
Für den Läufer gibt es keinen Rückweg. Wenn 13. ... ♗g6, so 14.♗g5, und die schwarze Dame ist weg.
**14.♗d2–f4 ♗f8–b4+
15.♔e1–f1 ♗c2–b1**
Schlecht ist 15. ... ♛e4 wegen 16.♗:b8.
**16.♖c1:b1! ♛g6:b1+
17.♔f1–g2 ♛b1–g6
18.♗c4–d3 f7–f5**
Offensichtlich erzwungen, aber jetzt gerät Schwarz in eine vernichtende Attacke.
**19.♗d3:f5 ♛g6–f6
20.♗f4–g5 ♛f6–f7 21.♗f5:e6
♛f7–c7 22.♗e6–b3+ ♔e8–f8
23.♘f3–e5 ♗b4–e7
24.♖h1–e1! ♔f8–e8**

Verzweiflung. Wenn 24. ...
♗:g5, so 25.♘g6+ und
26.♕e8 matt.
25.♘e5–f7 ♖h8–f8
Schwarz gab auf.

Partie Nr. 83
Suetin–Knaak
Halle 1984

**1.e2–e4 ♘b8–c6 2.♘g1–f3
d7–d5 3.e4:d5 ♕d8:d5
4.♘b1–c3 ♕d5–a5 5.d2–d4
♗c8–g4 6.h2–h3?!**
Eine riskante Fortsetzung. Besser ist 6.♗b5.
**6. ... ♗g4:f3 7.♕d1:f3 0–0–0!
8.♕f3:f7**
Das ist natürlich schon recht
verdächtig, denn mit diesem
Seitensprung begibt sich die
weiße Dame fraglos in Ge-
fahr.
8. ... e7–e5!
Die Öffnung des Zentrums gibt
Schwarz eine unheilbringende
Initiative.
9.d4–d5
Auf 9.de konnte folgen 9. ...
♕:e5+ 10.♗e3 ♗a3! 11.♕b3
♘d4! oder 10.♗e2 ♘d4, und
Schwarz gewinnt.
9. ... ♘c6–d4 10.♗c1–g5
Wenn 10.♗d3, so 10. ... ♘f6
mit der Drohung 11. ... ♖d7.
**10. ... ♘g8–f6 11.♗g5:f6
g7:f6 12.♗f1–d3?**
Läßt die einzige Verteidigungs-
möglichkeit 12.0–0–0 aus.
12. ... ♗f8–a3!
Der entscheidende Angriff.
13.0–0
Oder 13.0–0–0 ♕:c3! 14.ba

♖d6!, und alle Messen sind für
Weiß gelesen.
**15. ... ♗a3:b2 14.♘c3–e4
♗b2:a1 15.♖f1:a1 f6–f5
16.♘e4–f6 e5–e4 17.♗d3–f1
♖h8–f8 18.♕f7–e7 ♖f8:f6!
19.♕e7:f6 ♕a5–c3**
Wegen 20. ... ♕:a1 oder
20. ... ♘f3+ sind weitere Verluste unvermeidlich.
Weiß gab auf.

Partie Nr. 84
Rumjanzew–Lomonossow
Panevežys 1978

**1.e2–e4 d7–d5 2.e4:d5
♘g8–f6**
Die Grundstellung des Skandinavischen Gambits. Der Anziehende kann versuchen, mit 3.c4
den Mehrbauern zu behalten,
doch damit überläßt er dem
Gegner die Initiative und
schwächt die Stellung.
3.♗f1–b5+
Auch der Textzug gewinnt vorübergehend einen Bauern. Eine
gute Stellung erreicht Weiß
nach 3.d4. Diesen Zug spielte
schon der legendäre Morphy in
einer Partie gegen Anderssen.
**3. ... ♗c8–d7 4.♗b5–c4
b7–b5**
Der andere Weg ist 4. ... ♗g4.
5.♗c4–b3 ♗d7–g4 6.f2–f3
Vorteil für Weiß verspricht
6.♘f3 ♘:d5 7.♘c3 ♘:c3
8.♘e5! ♕d4 9.♕:g4 ♕e5+
10.♔f1 ♕e2+ 11.♕:e2 ♘:e2
12.♔:e2.
**6. ... ♗g4–c8 7.♕d1–e2
♗c8–a6?**

73

Warum nicht 7. ... a6? In der Partie Keres–Lutikow (Tallinn 1964) folgte 8.a4 b4 9.♕c4 ♕d6 10.d3 e6 11.♗f4 e5 12.♗g5 ♗b7 mit verwickeltem Kampf.

8.♘b1–c3 b5–b4?
9.♗b3–a4+ ♘f6–d7
Wenn 9. ... c6, so 10.dc! ♗:e2 11.c7+ ♕d7 12.c8♕ matt.
10.♘c3–b5 ♗a6–b7
Für Schwarz gibt es keine befriedigende Fortsetzung.
11.d5–d6!
Der Angriffszug führt sofort zum Ziel.
Nicht möglich ist 11. ... cd wegen 12.♘:d6 matt, auf 11. ... ♘a6 entscheidet 12.dc ♘:c7 13.♘d6 matt.
Schwarz gab auf.

Partie Nr. 85
Goldenberg–Chevaldonnet
Bordeaux 1982

1.e2–e4 d7–d5 2.e4:d5 ♘g8–f6 3.♘b1–c3 ♘f6:d5 4.♘g1–f3 ♘b8–c6 5.d2–d4 ♘d5:c3 6.b2:c3 ♗c8–g4 7.d4–d5?!
Mit der Idee des Damenopfers nach Motiven der berühmten Partie Mieses–Oehquist (Nürnberg 1895) gespielt: 1.e4 d5 2.ed ♕:d5 3.♘c3 ♕d8 4.d4 ♘c6 5.♘f3 ♗g4 6.d5! ♘e5??

7.♘:e5! ♗:d1 8.♗b5+ c6 9.dc, und Schwarz gab auf. Indes enthält die vorliegende Position Nuancen, die Weiß nicht berücksichtigt.
7. ... ♘c6–e5

8.♘f3:e5
Hier war natürlich noch 8.♗e2 möglich, doch wenn man erst einmal von einer Idee besessen ist ...
8. ... ♗g4:d1 9.♗f1–b5+ c7–c6 10.d5:c6
Der Plan scheint also aufzugehen. Auf 10. ... ♕d5, was in der Partie Fedorow–Tschernin (Minsk 1980) geschah, kam Weiß nach 11.cb+ ♔d8 12.♘c6+! zum Sieg. Doch in der Stellung von Schwarz be-

findet sich eine versteckte letzte Möglichkeit.

10. ... ♗d1–e2!!
Dieser Zug, der von dem sowjetischen Schachspieler Aleksejew aus Grodno im Jahre 1980 entdeckt wurde, verändert die Einschätzung der Stellung grundsätzlich.
11.♔e1:e2?
Verwirrung nach der starken Erwiderung des Gegners. Hartnäckiger ist 11.c7+ ♗:b5 12.cd♕+ ♖:d8, obwohl auch in diesem Fall Weiß keinen Grund hat, optimistisch in die Zukunft zu blicken.
11. ... ♕d8–d5
Dieser Doppelangriff beendet faktisch den Kampf zugunsten des Nachziehenden.
12.c3–c4 ♕d5:e5+
13.♗c1–e3 0–0–0! 14.c6:b7+ ♔c8–b8 15.♔e2–f3 ♕e5–f5+
Weiß gab auf.

Partie Nr. 86
Kowaljew–Michalewski
Minsk 1980

1.e2–e4 d7–d5 2.e4:d5 ♘g8–f6 3.d2–d4 ♘f6:d5 4.♘g1–f3 ♗c8–g4 5.♗f1–e2 ♘b8–c6 6.0–0 ♕d8–d6?!
Ein interessanter, obgleich auch schwerlich korrekter Plan. Schwarz plant die Exponierung der Dame auf dem Königsflügel mit folgender langer Rochade.
7.g2–g3!
Vorbeugend gegen 7. ... ♘f4.
7. ... ♕d6–g6 8.c2–c3 ♕g6–h5 9.h2–h3!!
Das ist ein unbedeutender, aber sehr feiner Zug, der die Theorie von Schwarz widerlegt.

9. ... ♕h5:h3
Nicht möglich ist 9. ... ♗:h3 wegen 10.♘g5! ♕h6 11.♘:h3 ♕:h3 12.♗g4.
10.♕d1–b3 ♗g4:f3
Erzwungen. Wenn 10. ... ♘b6 oder 10. ... 0–0–0, so gewinnt 11.♘g5.
11.♗e2:f3 ♘d5–b6 12.a2–a4 h7–h5

75

Mit dem Mut der Verzweiflung soll am Königsflügel Unruhe gestiftet werden, aber Weiß fürchtet keine Gespenster.

**13.a4–a5! ♕h3–f5
14.♗f3:c6+ b7:c6 15.a5:b6
c7:b6 16.♕b3–c4 ♖a8–c8
17.♖a1:a7! ♕f5:b1**
Wenn 17. ... h4, so 18.♖a8!
**18.♖a7–a8! ♕b1–f5
19.♕c4:c6+ ♔e8–d8
20.♗c1–f4 ♖c8:a8
21.♗f4–c7+**
Schwarz gab auf.

Aljechin-Verteidigung

1.e2–e4 ♘g8–f6
Die theoretische Ausarbeitung dieser Verteidigung ist zweifellos das Verdienst des bedeutenden russischen Schachspielers A. Aljechin. In die Meisterpraxis führte er sie erfolgreich im Jahre 1921 ein. Mit der Aljechin-Verteidigung strebt Schwarz Figurenspiel und einen Gegenangriff auf das weiße Bauernzentrum an. Ihre Korrektheit ist, wie Exweltmeister Max Euwe feststellte, nicht zu bestreiten.

Partie Nr. 87
Prandstetter–Hausner
Hradec Králové 1981

**1.e2–e4 ♘g8–f6 2.e4–e5
♘f6–d5 3.d2–d4 c7–c5?**
Verfrüht. Richtig ist 3. ... d6.

4. c2–c4 ♘d5–b4
Falls 4. ... ♘c7, so 5.d5 d6, und Weiß hat eine angenehme Auswahl zwischen den positionellen Fortsetzungen 6.f4 oder 6.♘f3. Interessant ist die unternehmende Variante 6.e6!? fe 7.♗d3 (Keres–Danielson, Tallinn 1935).

**5.a2–a3 ♘b4–c6 6.d4–d5!
♘c6:e5 7.f2–f4 ♘e5–g6
8.♘g1–f3**
Das Bauernopfer garantiert Weiß ein großes positionelles Übergewicht.

8. ... d7–d6 9.♗f1–d3 e7–e5
Es ist nicht zu erkennen, wie Schwarz seine Entwicklungsprobleme zufriedenstellend lösen soll.

10.d5:e6 e. p. f7:e6
Nicht 10. ... ♗:e6? wegen 11.f5.
**11.♘f3–g5 ♕d8–f6
12.♕d1–h5**
Die Drohung 13.♘:h7 ist nicht abzuwehren. Weiß gewinnt Material zurück und erhält sich die Initiative.

12. ... ♔e8–d7
Wenn 12. ... ♔d8, dann 13.♗:g6 ♕:g6 14.♘f7+.
**13.♘g5:h7 ♕f6–h4+
14.♕h5:h4 ♘g6:h4 15.♘h7:f8
♖h8:f8 16.0–0 ♘b8–c6
17.♘b1–c3 b7–b6?**
Hartnäckiger ist 17. ... ♘f5.
18.f4–f5! e6:f5
Schlecht ist 18. ... ♘:f5 wegen 19.g4, auf 18. ... ♔c7 ist 19.♘b5+ stark oder 19.g3 ♘:f5 20.g4 ♘e5 21.♗e2.
19.♗c1–g5 ♖f8–h8

20.♗g5:h4 ♖h8:h4
21.♗d3:f5+ ♔d7–d8
22.♗f5–e4 ♗c8–b7
23.♖f1–f7 ♖a8–b8
24.♖f7–f8+
Schwarz gab auf.

Partie Nr. 88
Tal–N. N.
England 1974
(Simultanpartie)

1.e2–e4 ♘g8–f6 2.e4–e5
♘f6–d5 3.d2–d4 d7–d6
4.c2–c4 ♘d5–b6 5.f2–f4
d6:e5 6.f4:e5 ♗c8–f5
7.♘b1–c3 e7–e6 8.♘g1–f3
♗f8–b4?!
Mehr verspricht 8. ... ♗e7 mit
nachfolgendem f7–f6.
9.♗f1–d3! ♗f5–g4
Falls 9. ... ♗:d3?, so 10.♕:d3
c5 11.0–0!, und Weiß steht
überlegen. Zum Beispiel 11. ...
cd 12.♘e4 ♘c6 13.c5 ♘c8
14.♘fg5 oder 11. ... ♗:c3
12.bc h6 13.♘d2! ♘8d7
14.♘e4 0–0 15.♘f6+!, und
der weiße Angriff schlägt
durch (Lutowinow–Kuuksmaa,
Fernpartie, 1975).
10.0–0 c7–c5?
Hemmt kaum die Angriffsbe-
strebungen von Weiß, aber
auch bei anderen Zügen ist die
Verteidigung mit erheblichen
Schwierigkeiten verknüpft:
10. ... ♗:f3 11.♕:f3 ♕:d4+
12.♗e3! ♕d7 (12. ... ♕:d3?
13.♕:f7+ ♔d8 14.♖d1)
13.♖ad1 mit überlegener Stellung für Weiß; auf 10. ... ♘c6
ist 11.c5! stark.

11.♘c3–e4! c5:d4 12.c4–c5
♘b6–d7
Oder 12. ... ♘c8 13.♕a4+
♘c6 14.♗b5, und Schwarz
verliert.
13.♘e4–d6+ ♔e8–e7
14.♘f3:d4!
Am wirkungsvollsten, auch
wenn 14.♘:f7 bereits genügt.

14. ... ♘d7:e5
Wenn 14. ... ♗:d1, so natürlich 15.♖:f7 matt.
15.♕d1:g4! ♗b4:c5
16.♖f1:f7+!
Sagt Matt in zwei Zügen an –
16. ... ♘:f7 17.♕:e6+ ♔f8
18.♕:f7!
Schwarz gab auf.

Partie Nr. 89
Kupreitschik–Palatnik
Kislowodsk 1982

1.e2–e4 ♘g8–f6 2.e4–e5
♘f6–d5 3.d2–d4 d7–d6
4.♗f1–e2 d6:e5 5.d4:e5
♘b8–c6 6.♘g1–f3 ♗c8–g4
7.c2–c3!
Macht den Weg für die weiße
Königin zum Damenflügel frei,
wo sie erfolgreich eingreift.

7. ... e7–e6 8.♕d1–a4 ♗g4:f3
Unvermeidlich. Auf 8. ... ♗h5
ist 9.♗b5 unangenehm.
**9.♗e2:f3 ♕d8–d7 10.♕a4–e4
♘d5–e7 11.♗c1–f4 ♘e7–g6
12.♘b1–d2**
Aussichtsreicher ist 12.♗g3.
**12. ... 0–0–0 13.0–0–0
♕d7–d3 14.♕e4–a4 ♕d3–f5?**
Der entscheidende Fehler. Übrigens war für Schwarz ein interessanter Gegenangriff möglich:
14. ... ♗a3!?, beispielsweise
15.♘b1 (es drohte 15. ...
♕:c3+) ♕f5 16.♗:c6 ♕:f4+
17.♕:f4 ♘:f4 18. ♘:a3 bc
19.♔c2 ♖d5 20.♘c4 ♖hd8
oder 15.♘e4 ♕a6, und die
schwarze Stellung erscheint
durchaus lebensfähig.
15.♗f3:c6 ♘g6:f4
Schlecht ist 15. ... ♕:f4 wegen
16.♕:a7! bc 17.g3 ♕h6 18.f4
♘:f4 19.gf ♕:f4 20.♖hf1 ♕h6
21.♔c2, und Weiß gewinnt.
16.♗c6–e4 ♕f5:e5
Auch andere Fortsetzungen retteten nichts: 16. ... ♘d3+
17.♔b1! ♘c5 18.♕:a7 ♘:e4
19.♕a8+ ♔d7 20.♘:e4+ oder
16. ... ♘e2+ 17.♔c2 ♕:f2
18.♖hf1 ♘c5 19.♘b3 ♕:e5
20.♗:b7+.
**17.♘d2–f3! ♕e5–f6
18.♖d1:d8+ ♕f6:d8
19.♘f3–e5! ♗f8–c5
20.♖h1–d1 ♘f4–d5**
Auf 20. ... ♕e7 folgt
21.♗:b7+ ♔:b7 22.♕c6+
♔b8 23.♘d7+.
21.♗e4:d5
Schwarz gab auf. Wenn 21. ...
ed, so 22.♕g4+ ♔b8

23.♘d7+, und der Läufer c5
geht verloren.

Partie Nr. 90
Makarytschew–Panjuschkin
Jerewan 1982

**1.e2–e4 ♘g8–f6 2.e4–e5
♘f6–d5 3.d2–d4 d7–d6
4.♘g1–f3 g7–g6 5.♗f1–c4
♘d5–b6**
Nach 5. ... c6 6.ed ♕:d6
7.0–0 ♗g7 8.♖e1 0–0 9.♗g5!
ist die Stellung von Weiß bestens.
**6.♗c4–b3 ♗f8–g7 7.♘f3–g5!
e7–e6?**
Geboten war 7. ... d5.
8.♕d1–f3 ♕d8–e7
Gefährlich ist 8. ... 0–0 wegen
9.♕h3; beispielsweise 9. ... h5
10.g4! oder 9. ... h6 10.♘e4
mit starken Drohungen.
**9.♘g5–e4 h7–h6 10.e5:d6
c7:d6 11.♗c1–f4 e6–e5
12.d4:e5 d6:e5 13.♗f4–e3
f7–f5**
Das führt zu schnellem Verlust.
Der Versuch, den Punkt c5 mit
dem Zug 13. ... ♘a6 zu verteidigen, wird durch 14.♗:f7+!
widerlegt; nicht möglich ist
nun 14. ... ♕:f7 wegen
15.♘d6+.
14.♕f3–g3! f5:e4
Auf 14. ... g5 entschied
15.♗c5.
**15.♕g3:g6+ ♔e8–d8
16.♘b1–c3 ♘b8–d7
17.0–0–0 ♔d8–c7?**
Hartnäckiger ist 17. ... ♕f6,
was freilich ebenso nichts rettet. Weiß setzt einfach mit

18.♛:e4 fort und erhält eine übermächtige Stellung.

18.♖d1:d7+! ♛e7:d7
Noch schlechter ist 18. ...
♝:d7 19.♝:b6+ ab 20.♘d5+
oder 18. ... ♔:d7 19.♖d1+
♔c7 20.♝:b6+.
19.♖h1–d1
Schwarz gab auf.

Partie Nr. 91
Schofman–Gawrikow
Kischinjow 1974

1.e2–e4 ♘g8–f6 2.e4–e5
♘f6–d5 3.d2–d4 d7–d6
4.♝c1–g5
Das Vorziehen des e-Bauern soll so erschwert werden.
4. ... h7–h6 5.♝g5–h4 d6:e5
6.d4:e5 c7–c6 7.♘b1–d2
♝c8–f5 8.♘d2–b3 ♛d8–b6
9.♘g1–f3 e7–e6 10.♝f1–e2
a7–a5 11.0–0 ♘b8–d7
12.♘b3–d4 ♝f5–g6
13.♝e2–d3 ♝g6–h5?
Sorglos gespielt, ohne in Betracht zu ziehen, daß der unrochierte schwarze König in Gefahr schwebt. Aufmerksamkeit verdient 13. ... ♘f4.

14.♘d4:e6!
Der Anfang einer wirkungsvollen „langen" Kombination.
14. ... f7:e6 15.♘f3–d4!!
♝h5–f7
Zum Matt führt 15. ... ♝:d1
16.♝g6 oder 15. ... ♘5f6
16.♛:h5+! ♘:h5 17.♝g6; auf
15. ... ♘7f6 hätte 16.♛d2 folgen müssen mit sehr starkem Angriff.
16.♘d4:e6!
Die Wiederholung des ersten Springeropfers ist sehr effektvoll. Wenn nun 16. ... ♝:e6,
so 17.♛h5+ ♝f7 18.♝g6
♘:e5 19.♛:e5+, und Schwarz wird ausgezählt.
16. ... ♘d7:e5 17.♖f1–e1
♝f8–d6
Oder 17. ... ♝:e6 18.♖:e5
♔d7 19.♖:e6 ♔:e6 20.♛g4+,
und der weiße Angriff ist nicht zu stoppen.
18.♘e6:g7+ ♔e8–d7
19.♘g7–f5 ♛b6–c5
20.♘f5:d6 ♛c5:d6 21.♝h4–g3
♖a8–e8 22.c2–c4 ♘d5–b4
23.♝d3–f5+ ♔d7–c7
24.♛d1:d6+ ♔c7:d6
25.♖a1–d1+ ♘b4–d5
26.c4:d5 ♝f7:d5 27.♝f5–g6!

Ein feiner Zug, nach dem
Schwarz neue materielle Verluste nicht vermeiden kann.
**27. ... 🖳e8–e6 28.🖳e1:e5!
🖳e6:e5 29.🖳d1–e1**
Schwarz gab auf.

Partie Nr. 92
Dückstein–Westerinen
Bamberg 1968

**1.e2–e4 ♘g8–f6 2.e4–e5
♘f6–d5 3.♘b1–c3 ♘d5:c3
4.b2:c3 d7–d6 5.f2–f4 g7–g6
6.d2–d4 ♗f8–g7 7.♗f1–d3
0–0 8.♘g1–f3 c7–c5!**
Energisch wird das Zentrum at-
tackiert, und Schwarz erhält so
gleiches Spiel.
9.0–0 d6:e5 10.d4:e5
Schwächer ist 10.fe, beispielsweise 10. ... ♘c6 11.♗e3
♗g4 12.♗e4 ♛a5 13.♛e1
🖳ad8, und Schwarz erobert
die Initiative (Padewski–Vuko-
vić, Jugoslawien 1971).
**10. ... ♘b8–c6 11.♗c1–e3
♛d8–c7 12.♛d1–e1**
Wenn 12.♗:c5, so 12. ... ♘:e5.
**12. ... ♗c8–f5?! 13.♗d3:f5
g6:f5 14.♘f3–h4 e7–e6
15.♗e3:c5 🖳f8–d8
16.♛e1–e3 ♘c6–a5!
17.♗c5:a7??**
Unerwartet gerät Weiß in eine
gut getarnte Falle. Nach
17.♗d4 war alles völlig offen.
17. ... 🖳a8:a7!
Jetzt folgt auf 18.♛:a7 der
stille Zug 18. ... ♗f8!, und
nichts rettet mehr die
weiße Dame nach 19. ... ♗c5!
Weiß gab auf.

Partie Nr. 93
Tal–Podgajez
Sotschi 1970

**1.e2–e4 ♘g8–f6 2.e4–e5
♘f6–d5 3.♘b1–c3 ♘d5:c3
4.b2:c3 d7–d6 5.f2–f4 d6:e5
6.f4:e5 ♛d8–d5?!**
Die Stellung der Dame im Zentrum erscheint nicht eben ratsam. Besser ist 6. ... ♗f5.
**7.d2–d4 c7–c5 8.♘g1–f3
♘b8–c6 9.♗f1–e2 ♗c8–g4
10.0–0 c5:d4 11.c3:d4 e7–e6
12.🖳a1–b1 ♛d5–d7
13.♘f3–g5! ♗g4:e2
14.♛d1:e2 ♗f8–e7**
Schlecht ist 14. ... ♛:d4+
15.♗e3 und 16.♘:f7; auf
14. ... ♘:d4 ist 15.♛e4! stark.
15.c2–c3
Aber nicht 15.♘:f7 wegen
15. ... 0–0!
**15. ... ♗e7:g5 16.♗c1:g5
h7–h6 17.♗g5–c1! ♘c6–e7**
Gefährlich war 17. ... 0–0.
Nach 18.♛g4 ♔h8 19.♛h5
droht 20.♗:h6!
18.♛e2–f3 ♘e7–d5
Jetzt folgt auf den selbstverständlichen Zug 19.♗a3 der Gegenangriff 19. ... 🖳c8, aber Tal findet einen überraschenden Weg.
**19.c3–c4 ♘d5–b6 20.c4–c5
♘b6–d5 21.c5–c6!**
Eine glänzende Idee. Weiß opfert den c-Bauern und ist danach nicht mehr zu bremsen.
**21. ... b7:c6 22.♗c1–a3 f7–f5
23.e5:f6 e. p. g7:f6
24.🖳b1–b3! ♔e8–d8
25.🖳f1–b1 🖳h8–h7
26.♛f3–g3 ♘d5–b6**

Die einzige Möglichkeit, sich vor 27.♕g8+ bzw. 27.♖b8+ zu verteidigen, aber die Talsche Lawine ist schon nicht mehr zum Stehen zu bringen.

27.♖b3:b6! a7:b6
28.♕g3–g8+ ♕d7–e8
29.♕g8:h7 ♖a8:a3
Schwarz gab gleichzeitig auf. Was sollte man auch gegen 30.♖:b6 ♖a8 31.♖b7 ♖c8 32.♕g7 mit unvermeidlichem Matt finden?

Partie Nr. 94
Lengyel–Hazai
Budapest 1975

1.e2–e4 ♘g8–f6 2.e4–e5
♘f6–d5 3.♗f1–c4 ♘d5–b6
4.♗c4–b3 d7–d6
Gut ist 4. ... c5!
5.d2–d4 d6:e5 6.♕d1–h5
e7–e6 7.d4:e5 a7–a5 8.a2–a4
♘b8–c6 9.♘g1–f3 ♘b6–d7!?
10.♗c1–g5
Keinen Nutzen bringt 10.♗:e6 wegen 10. ... ♘d:e5 11.♘:e5 ♗:e6.

10. ... ♗f8–e7 11.♗g5:e7
♕d8:e7 12.0–0 b7–b6!
13.♘b1–c3 ♗c8–b7
14.♘c3–b5?!
Dieser Kavallerieüberfall wird leicht abgewehrt. Solider ist 14.♖fe1.

14. ... 0–0–0 15.♖f1–e1
h7–h6 16.h2–h4?
Der Versuch, das Gegenspiel des Kontrahenten auf dem Königsflügel zu verhindern, erleidet Schiffbruch. Warum aber nicht dann 16.♕g4?

16. ... g7–g5!
Trotzdem!
17.h4:g5 h6:g5 18.♕h5:g5
♖d8–g8! 19.♘b5–a7+?
Auf diesen Zug setzte Weiß seine letzten Hoffnungen. Nach 19. ... ♔d8 20.♘:c6+ ♗:c6 21.♕:e7+ ♔:e7 22.♖e3 könnte er durchaus noch Widerstand leisten. Doch unerwartet zündet Schwarz eine Rakete ...

19. ... ♘c6:a7!
Ist das eine Überraschung! Schwarz opfert die Dame.
20.♕g5:e7 ♗b7:f3
Das ist des Pudels Kern! Um sich vor dem Matt zu retten, müßte Weiß sich gleichfalls von der stärksten Figur trennen: 21.♕e8+, wäre dann aber materiell klar im Nachteil. Weiß gab auf.

Partie Nr. 95
Bellon–Kovačević
Karlovac 1979

1.♘b1–c3 ♞g8–f6 2.e2–e4
d7–d5 3.e4–e5 ♞f6–d7
4.e5–e6!?
Nichts verspricht 4.♘:d5 wegen 4. ... ♞:e5.
4. ... f7:e6 5.d2–d4 g7–g6
6.h2–h4 ♞d7–f6
Präziser ist 6. ... ♝g7 und auf
7.h5 dann 7. ... ♞f8.
7.h4–h5! ♞f6:h5
Oder 7. ... gh 8.♝e2 ♛d6
9.♝:h5+ ♚d8 10.♞f3! mit
entscheidendem Vorteil.
8.♖h1:h5! g6:h5 9.♛d1:h5+
♚e8–d7 10.♞g1–f3
Ungeachtet des bedeutenden
Materialübergewichts ist die
Lage von Schwarz wegen der
mißlichen Königsstellung und
der zurückgebliebenen Entwicklung mehr schlecht als recht.
10. ... ♝f8–g7 11.♝c1–h6
♝g7–f6
Nicht möglich ist 11. ... ♝:h6
wegen 12.♞e5+ ♚d6 13.♞b5
matt.

12.♞c3:d5!!

Weiß führt sehr wirkungsvoll
den entscheidenden Angriff.
12. ... e6:d5
Hartnäckiger ist 12. ... c6.
13.♛h5:d5+ ♚d7–e8
14.♛d5–h5+ ♚e8–d7
15.0–0–0 c7–c6
Es drohte 16.♞e5+.
16.♝h6–f4! ♛d8–g8
Oder 16. ... ♛e8 17.♞e5+
♚d8 18.♞f7+ ♚d7 19.♛f5+
e6 20.♛:f6.
17.♞f3–e5+ ♚d7–d8
Zum Matt führt 17. ... ♝:e5
18.de+ ♚c7 19.e6+ ♚b6
20.♝e3+ c5 21.♛:c5.
18.♞e5–f7+ ♚d8–d7
19.♛h5–f5+ ♚d7–e8
20.♛f5:c8+ ♚e8:f7
21.♝f1–c4+
Schwarz gab auf.

Nimzowitsch-Eröffnung

1.e2–e4 ♞b8–c6 2.d2–d4
d7–d5 oder 2. ... e7–e5
Eine der originellen Erfindun-
gen des Großmeisters Nimzowitsch. Schwarz übernimmt in
dieser Eröffnung, die ziemlich
selten gespielt wird, gewisse
positionelle Verpflichtungen. Er
läßt zu, daß Weiß mit Bauern
das Zentrum besetzt, und beab-
sichtigt, mit seinen Figuren den
Punkt d4 anzugreifen.

Partie Nr. 96
Schaposchnikow–Balendo
Fernpartie 1983

1.e2–e4 ♘b8–c6 2.d2–d4
d7–d5 3.♘b1–c3! d5:e4
4.d4–d5 ♘c6–e5 5.♗c1–f4
♘e5–g6 6.♗f4–g3 f7–f5?!
Eine scharfe und riskante Fortsetzung. Wenig günstig ist
auch 6. ... e5 wegen 7.de e. p.
♗:e6 8.♘b5, gediegen er-
scheint hingegen 6. ... a6.
7.h2–h4! e7–e5 8.h4–h5
♘g6–f4 9.♗g3–h4 ♘g8–f6
10.♗h4:f6 ♕d8:f6 11.g2–g3
♕f6–b6
Das Gegenspiel auf dem Damenflügel ist wenig effektiv.
Mehr Chancen bot 11. ... g5.
12.g3:f4 ♕b6:b2 13.♖h1–h3
e5:f4 14.♖a1–b1 ♕b2–a3
15.♘c3–b5 ♕a3–a5+
16.♖h3–c3! ♗f8–d6
Wenn 16. ... ♗b4, so 17.♖:b4
♕:b4 18.a3 ♕a5 19.♕d4.
17.♘b5:d6+ c7:d6
18.♗f1–b5+ ♔e8–e7
19.♕d1–d4 ♖h8–g8
20.♗b5–a4 f4–f3 21.♖b1–b4
g7–g5 22.h5:g6 e. p. h7:g6
23.♘g1:f3!
Weiß gibt die Figur zurück und
erhält nun einen sehr starken
Angriff.
23. ... e4:f3 24.♕d4–h4+
g6–g5 25.♕h4–h7+ ♔e7–f6
Auf 25. ... ♔f8 folgt
26.♖:c8+! ♖:c8 27.♕:f5+
♔g7 (27. ... ♔e7 28.♕e6+)
28.♕:g5+ ♔f7 29.♕f5+ ♔g7
30.c3! oder 28. ... ♔h7
29.♕h4+ ♔g7 30.♔f1.

26.♕h7–h6+ ♖g8–g6
Oder 26. ... ♔f7 27.♖bc4!
27.♕h6–f8+ ♔f6–e5
28.♕f8–h8+ ♖g6–f6
29.♖c3–e3+ ♔e5:d5
30.c2–c3!
Schwarz gab auf.

Pirc-Ufimzew-Verteidi-
gung

1.e2–e4 d7–d6
Eine populäre moderne Eröffnung, die zu einem dynami-
schen, zweischneidigen Kampf
führt. Große Bedeutung bei der
Ausarbeitung der Verteidigung
hatten Analysen und Partien
des jugoslawischen Großmeisters Pirc und des sowjetischen
Meisters Ufimzew, nach denen
die Eröffnung benannt ist. Übrigens war der Ungar Aladár An-
tal der erste, der in einer kurzen Studie auf die Verteidigung
1. ... d6 hinwies, doch stieß er
nur auf taube Ohren ...

Partie Nr. 97
Balakirski–Chaldin
Wolgograd 1978

1.e2–e4 d7–d6 2.d2–d4
♘g8–f6 3.♘b1–c3 g7–g6
4.f2–f4 ♗f8–g7 5.♘g1–f3
0–0 6.♗f1–d3 ♘b8–d7
7.e4–e5 d6:e5?
Richtig ist 7. ... ♘e8.
8.d4:e5 ♘f6–e8 9.0–0
♘d7–b6 10.♗c1–e3 c7–c6

Wenn 10. ... ♘d5, so
11.♗:g6!
11.♘f3−g5 h7−h6?
12.♘g5−h7!
Es beginnt ein Soloauftritt der
weißen Kavallerie.
12. ... ♘b6−d5
Es verbietet sich 12. ... ♔:h7
wegen 13.♗:g6+, jetzt schei-
nen hingegen die Drohungen
abgewehrt zu werden.
13.♘c3:d5
Der Partner erscheint in der
Arena.
13. ... ♔g8:h7

14.♘d5−b6!
Eine „akrobatische Nummer"!
14. ... ♗c8−g4
Natürlich nicht 14. ... ab, wegen 15.♗:g6+, und die
schwarze Dame geht verloren.
15.♕d1:g4 a7:b6 16.f4−f5!
Die tapferen Springer sind
nicht unnütz gefallen. Der
weiße Angriff wird nun zu
einem verheerenden Wirbel-
sturm.
16. ... ♗g7:e5 17.f5:g6+
♔h7−h8 18.g6:f7 ♘e8−f6
19.♕g4−g6
Schwarz gab auf.

Partie Nr. 98
Kusmin−Torre
Bengaluru 1981

1.e2−e4 d7−d6 2.d2−d4
♘g8−f6 3.♘b1−c3 g7−g6
4.f2−f4 ♗f8−g7 5.♘g1−f3
0−0 6.♗f1−d3 ♘b8−a6 7.0−0
c7−c5 8.d4−d5
8.♗:a6 cd! 9.♘:d4 ba, und
Schwarz hat bequemes Spiel.
8. ... ♖a8−b8
Aufmerksamkeit verdient 8. ...
♘c7.
9.♔g1−h1 b7−b6 10.a2−a3!
Wenn 10.♕e1, so 10. ... ♘b4,
und der weiße Läufer auf d3
wird abgetauscht.
10. ... ♘a6−c7 11.♕d1−e1
b6−b5 12.♕e1−h4 c5−c4?
Verbunden mit diesem Zug ist
eine Schwächung des wichtigen
zentralen Feldes d4. Besser ist
12. ... a5.
13.♗d3−e2 a7−a5 14.f4−f5!
g6:f5
Das vereinfacht die Aufgabe
von Weiß, doch die schwarze
Stellung ist schwer zu verteidigen.
15.♘f3−d4! ♗c8−d7
16.♘d4:f5 ♗d7:f5 17.♖f1:f5
♔g8−h8 18.♗c1−g5 b5−b4
19.a3:b4 ♖b8:b4 20.♖f5−f3!
Die Überführung des Turmes
nach h3 stärkt den Angriff.
20. ... ♘f6−g8
Die einzige Möglichkeit. Wenn
20. ... ♖:b2, so 21.♖h3 ♘ce8
22.e5! de 23.♘e4.
21.♖f3−h3 h7−h6 22.♗e2−g4
♘c7−e8 23.♗g4−f5 ♗g7−f6
24.♕h4−f4 e7−e5

Es rettet auch nicht 24. ...
♗:g5 wegen 25.♕:g5 ♘ef6
26.♖:h6+! ♘:h6 27.♕:h6+
♔g8 28.e5! de 29.♘e4!, und
das Matt ist unvermeidlich.
Jetzt entsteht der Eindruck, als
wäre es Schwarz gelungen,
eine Verteidigung zu finden,
doch die glänzende Antwort
des Gegners zerstreut das Trugbild.

25.♗g5:h6!!
Schwarz gab auf. Auf 25. ... ef
folgt 26.♗g7++!! ♔:g7
27.♖h7 matt!

Partie Nr. 99
Horvath–Sapi
Ungarn 1977

1.e2–e4 g7–g6 2.d2–d4
♗f8–g7 3.♘b1–c3 d7–d6
4.♗c1–g5?!
Der vorzeitige Läuferausfall
bietet Schwarz die Möglichkeit, Druck auf den Damenflügel und den Punkt d4 zu machen.
4. ... ♘b8–c6 5.♘g1–f3
♗c8–g4 6.♗f1–b5 a7–a6!
7.♗b5:c6+ b7:c6 8.♕d1–d2

♕d8–b8! 9.b2–b3 ♕b8–b4
10.0–0–0?
Riskant, denn nun ist der König
dem schwarzen Angriff direkt
ausgesetzt. Deshalb besser
10.♘e2.
10. ... ♘g8–f6 11.♔c1–b1
h7–h6 12.♗g5–e3 a6–a5
13.h2–h3 ♗g4–e6!
Dieser Läufer hat auch seinen
Angriffsauftrag.
14.♘f3–e1 a5–a4 15.♘e1–d3
♕b4–a3 16.f2–f3 0–0
17.♕d2–c1
Ein vergeblicher Versuch, durch
Damentausch die Offensive des
Gegners zum Stehen zu bringen.
17. ... a4:b3! 18.c2:b3
Auf 18.♕:a3 geschieht natürlich 18. ... bc+.
18. ... ♕a3–a5 19.♖d1–d2
♖f8–b8 20.♔b1–c2
Der weiße König auf der
Flucht.
20. ... c6–c5! 21.d4–d5
Läßt eine glänzende Kombination zu, doch auch andere
Züge helfen Weiß nicht. Wenn
21.♔d1, so 21. ... cd
22.♗:d4 c5 mit sehr starkem
Angriff.

21. ... ♛a5:c3+!! 22.♔c2:c3
♘f6:d5++ 23.♔c3–c2
♘d5:e3+ 24.♔c2–b1 ♝e6:b3!
25.a2–a3
Es verliert auch 25.♖b2
♝:a2+ 26.♔a1 ♝c4+
27.♔b1 ♝:d3+ oder 25.♘b2
♝:a2+ 26.♔a1 ♘c4.
25. ... ♘e3–c4
Weiß gab auf.

Partie Nr. 100
Tabor–Dietrich
Schweiz 1978

1.e2–e4 d7–d6 2.d2–d4
♘g8–f6 3.♘b1–c3 g7–g6
4.♝c1–g5 h7–h6 5.♝g5–f4
Wenn 5.♝:f6 ef, so erhält
Schwarz nach f6–f5 eine gute
Stellung.
5. ... ♝f8–g7 6.♛d1–d2
g6–g5 7.♝f4–g3 ♘f6–h5
8.♝f1–c4 ♘b8–c6 9.♘g1–e2
0–0 10.f2–f3 ♘h5:g3 11.h2:g3
♘c6–a5 12.♛d2–d3
Auf 12.♝d3 ist 12. ... c5! unangenehm.
12. ... c7–c5
Aufmerksamkeit verdient
12. ... c6.
13.0–0–0 c5:d4 14.♘e2:d4
♘a5:c4 15.♛d3:c4 ♛d8–a5
16.♘c3–d5 e7–e6
17.♘d5–e7+ ♔g8–h7
18.f3–f4 ♖f8–e8?
Ein Fehler, jetzt nimmt Weiß
die gegnerische Königsfestung
im Sturmangriff. Richtig ist
18. ... ♝f6.
19.♘d4–f5! d6–d5
Es drohte 20. ♖:h6+! ♝:h6
21.♖h1; auf 19. ... ef folgt

20.♛:f7 mit unvermeidlichem
Matt: 20. ... ♖:e7 21.♖:h6+!
♔:h6 22.♖h1 matt bzw.
20. ... gf 21.♖:h6+ und
22.♛g6 matt.

20.♘f5:h6!!
Ein glänzendes Damenopfer,
das Schwarz jedoch nicht annehmen darf.
20. ... ♖e8:e7
Zum Matt führt 20. ... dc
21.♘hf5+ ♔h6 22.♖:h6 matt;
auf 20. ... ♝:h6 hat Weiß den
stillen Zug 21.♛d4!, und es
gibt keine Rettung vor der Drohung 22.♖:h6+ oder ♛f6.
21.♘h6–f5+ ♔h7–g8
22.♘f5:e7+ ♔g8–f8 23.e4:d5
♔f8:e7 24.d5–d6+ ♔e7–e8
25.♖h1–h5 ♝g7–f6
26.♛c4–d3! ♝c8–d7
Auf 26. ... ♔d7 ist 27.♖h7!
sehr stark.
27.♛d3–h7 ♔e8–f8
28.♖h5:g5!
Der Schlußangriff.
Schwarz gab auf.

Partie Nr. 101
Platonow–Sawon
Kiew 1968

**1.e2–e4 ♘g8–f6 2.♘b1–c3
d7–d6 3.d2–d4 g7–g6
4.♗c1–e3 c7–c6 5.♕d1–d2
b7–b5 6.f2–f3 ♗f8–g7
7.0–0–0 ♕d8–a5 8.♔c1–b1**
Auf 8.e5 hätte folgen können
8. ... b4.
**8. ... ♘b8–d7 9.♗e3–h6
♗g7:h6 10.♕d2:h6 ♘d7–b6
11.♘g1–h3 ♗c8:h3!**
Dieser Tausch ist unerläßlich.
12.♕h6:h3 0–0?!
12. ... ♘a4 bietet gute Gegenchancen.
**13.♕h3–h6 b5–b4 14.♘c3–e2
c6–c5 15.g2–g4 e7–e5?
16.♘e2–g3!**
Über der schwarzen Stellung
hängt nun wie ein Damokles-
schwert die Drohung ♘f5!
16. ... ♘f6–e8?
Führt forciert zur Niederlage,
aber die Stellung von Schwarz
ist schwerlich zu verteidigen.
**17.d4:e5 d6:e5 18.♘g3–f5!
♘b6–c8 19.♗f1–c4 ♕a5–b6**

20.♖d1–d6!!

Die Lage für Schwarz ist trostlos: 20. ... ♘c:d6? 21.♘e7+
oder 20. ... ♘e:d6 21.♕g7
matt.
20. ... ♕b6–c7
Auch das Damenopfer 20. ...
♕:d6 kann nur in geringem
Maße das unvermeidliche Ende
hinauszögern.
**21.♖d6:g6+! h7:g6
22.♕h6:g6+ ♔g8–h8
23.♕g6–h6+ ♔h8–g8
24.g4–g5!**
Gegen den Dolchstoß 25.g6
gibt es keine Verteidigung.
Schwarz gab auf.

Partie Nr. 102
Kupreitschik–Short
TELEX-Match 1982

**1.e2–e4 d7–d6 2.d2–d4
♘g8–f6 3.♘b1–c3 g7–g6
4.♗c1–e3 c7–c6 5.♕d1–d2
♘b8–d7 6.♘g1–f3 ♕d8–a5?!
7.♗f1–d3**
7.e5!? de 8.de ♘:e5 9.♘:e5
♕:e5 10.0–0–0 mit gefährlicher Initiative für den geopferten Bauern wäre einen Versuch
wert.
**7. ... e7–e5 8.0–0–0 b7–b5
9.♔c1–b1 ♕a5–c7
10.♗e3–g5 ♗f8–e7 11.h2–h4
a7–a6 12.d4:e5 d6:e5
13.h4–h5!**
Die Bilanz für Schwarz ist traurig: gewaltiger Entwicklungs-
rückstand und ein König im
Zentrum, der dort seines Le-
bens nicht mehr froh wird. All
das sind natürlich beste Bedin-
gungen für einen Angriff, den

Weiß mit großer Energie vorträgt.

13. ... ♘f6:h5 14.♗g5:e7
♔e8:e7 15.♖h1:h5! g6:h5
16.♕d2–g5+ ♘d7–f6
17.♘f3:e5 ♖h8–g8
18.♕g5–f4 ♖a8–a7
Um gegen 19.♘g6+ gewappnet zu sein. 18. ... ♔e6 wird
nach 19.♘e2! widerlegt. Zum
Beispiel: 19. ... ♕:e5
20.♗c4+! bc 21.♘d4+; 19. ...
♖d8 20.♘:f7! ♕:f7 (20. ...
♕:f4 21.♘:d8+ ♔e5
22.♘:c6+) 21.♗c4+ bc
22.♖:d8 ♕e7 23.♘d4+ ♔f7
24.♖d6! mit entscheidenden
Drohungen; 19. ... c5 20.♘g6
♕:f4 21.♗c4+ bc 22.♘e:f4
matt (Kupreitschik).

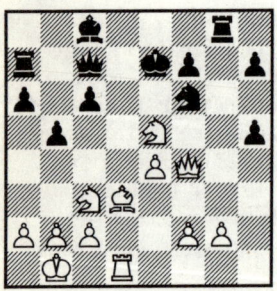

19.♘c3–d5+!! c6:d5 20.e4:d5
Ungeachtet des großen Materialvorteils, verfügt Schwarz
über keine ausreichende Verteidigung. Wenn 20. ... ♕d6, so
21.♖e1! ♗e6 22.♘c6+ ♔d7
23.de+ ♔:c6 24.♕:f6 mit der
Drohung 25.ef.
20. ... ♗c8–b7? 21.♘e5–g6+
♔e7–d7 22.♕f4–f5+
Schwarz gab auf.

Partie Nr. 103
Bebtschuk–Thomson
Moskau 1963

1.e2–e4 g7–g6 2.d2–d4
♗f8–g7 3.♘b1–c3 d7–d6
4.♗f1–e2 c7–c6 5.h2–h4!?
In der Absicht, die h-Linie zu
öffnen oder je nach den Umständen den Königsflügel des
Gegners einzuengen, indem der
Bauer bis nach h6 vorangetrieben wird.
5. ... ♕d8–b6 6.♘g1–f3
♗c8–g4 7.d4–d5 ♘g8–f6
8.a2–a3!?
Interessant. Weiß hat den Zug
♗e3 vorbereitet, so daß jetzt
der weiße b-Bauer tabu ist:
Nach ♘a4 sitzt die schwarze
Dame in der Falle.
8. ... ♕b6–a5?!
Dieses Damenmanöver ist ein
unnötiger Zeitverlust. Gute Gegenchancen bietet hingegen
8. ... ♘fd7!
9.♗c1–d2 0–0 10.h4–h5
♗g4:h5 11.♘f3–g5 ♗h5:e2
12.♕d1:e2 ♕a5–b6 13.0–0–0!
h7–h6!
Es geht nicht 13. ... cd 14.ed
♘:d5 wegen 15.♖:h7 ♘:c3
16.♖:g7+! ♔:g7 17.♗:c3+
♔g8 18.♖h1 e5 19.♗:e5! de
20.♕:e5 oder 15. ... ♗:c3
16.♗:c3 ♘:c3 17.♕:e7,
und vor den Drohungen
18.♖h8+ oder 18.♖dh1 gibt
es für den Nachziehenden
keine dauerhafte Verteidigung.
14.♘g5–f3 h6–h5 15.e4–e5
♘f6–g4?

Ein Fehler, es hätte 15. ... de gespielt werden müssen.

16.e5–e6! f7–f5

Auf 16. ... ♕:f2 ist stark 17.ef+ ♖:f7 18.♕e6.

17.♘f3–h4 ♔g8–h7 18.f2–f3 ♗g7:c3 19.b2:c3! ♗g4–e5 20.g2–g4! f5:g4?

Hartnäckiger ist 20. ... ♕a6.

21.♘h4:g6!
Der entscheidende Angriff beginnt.

21. ... ♘e5:g6

Oder 21. ... ♔:g6 22.♕e4+ ♖f5 23.♖:h5!

22.♖h1:h5+ ♔h7–g8 23.♕e2–e4 ♖f8–f6 24.♖d1–h1

Vor der Drohung 25.♖h8+ ♘:h8 26.♕h7+ und 27.♕:h8 matt gibt es keine Rettung. Schwarz gab auf.

Partie Nr. 104
Gusseinow–Malanjuk
Baku 1983

1.♘g1–f3 ♘g8–f6 2.d2–d4 d7–d6 3.♘b1–c3 g7–g6 4.e2–e4 ♗f8–g7 5.♗f1–e2 0–0 6.0–0 ♗c8–g4 7.h2–h3

♗g4:f3 8.♗e2:f3 ♘b8–c6 9.♗c1–e3 e7–e5 10.d4:e5 d6:e5 11.♘c3–e2 ♕d8–e7

Nach 11. ... ♕:d1 hat Schwarz ein schlechteres Endspiel.

12.c2–c3 ♖f8–b8 13.♕d1–b3 ♘c6–d8 14.♖f1–d1 a7–a5 15.a2–a4 ♕e7–e8?!

Die Dame soll nach c6. Schwarz hofft, so eine gewisse Schwäche des weißen Bauern e4 zu nutzen. Doch diese Rechnung geht nicht auf. Besser ist 15. ... ♘e8, auch wenn in diesem Fall Weiß aktiver steht.

16.♘e2–c1 ♕e8–c6 17.♘c1–d3 ♘f6–e8 18.♘d3–c5 ♘e8–d6 19.♗f3–g4!

Ein feines Bauernopfer.

19. ... ♘d6:e4

Anders ist keine befriedigende Verteidigung gegen 20.♗d7! zu sehen.

20.♘c5:e4 ♕c6:e4 21.♖d1–d7 ♕e4–c6 22.♖a1–d1 ♘d8–e6

Es drohte 23.♗g5.

23.♖d7:f7!
Den Ausgang des Kampfes entscheidet eine elegante Kombination.

23. ... ♔g8:f7 24.♗g4:e6+
♔f7–f6
Wenn 24. ... ♕:e6, so
25.♖d7+ ♔f6 26.♗g5+ ♔f5
27.g4+.
25.♗e6–d7!
Auf 25. ... ♕a6 folgt 26.♗b5
♕e6 27.♗g5+ ♔f7 28.♖d7+.
Schwarz gab auf.

Partie Nr. 105
Gliksman–Popović
Wrocław 1979

**1.e2–e4 g7–g6 2.d2–d4
♗f8–g7 3.♘b1–c3 d7–d6
4.g2–g3?!**
Ein selten anzutreffender Zug.
Weiß plant, den Läufer zu fianchettieren, doch davor schafft
es der Nachziehende, ein Gegenspiel im Zentrum zu entwik-
keln.
**4. ... ♘b8–c6 5.d4–d5
♘c6–d4 6.♗c1–e3 c7–c5
7.♘c3–b1!**
Ganz und gar nicht Schablone.
Indem Weiß die Figur in die
Ausgangsstellung zurückführt,
droht durch c2–c3 Springerge-
winn.
7. ... ♕d8–b6 8.♗e3–c1
Um das Gleichgewicht zu bewahren, wird von Schwarz ein
energisches Spiel gefordert.
8. ... ♗g7–h6! 9.c2–c3?
Richtig ist 9.♘a3! mit guter
Stellung.
9. ... ♗c8–g4!
Diesen Zug hat Weiß wohl unterschätzt.
10.♕d1–a4+
Schlecht ist auch 10.♗e2

(10.♘e2? ♘f3 matt!) 10. ...
♘:e2 11.♘:e2 ♗:c1 12.♕:c1
♗f3; auf 10.f3 entscheidet
10. ... ♘:f3+!
10. ... ♔e8–f8 11.♘b1–d2
Es gibt keine Rettung. Wenn
11.f4, so 11. ... ♘f3+ 12.♘:f3
♗:f3 13.♖g1 c4 oder 11.♘a3
♗:c1 12.♘c4 ♗:b2! 13.♘:b6
♗:c3 matt.
11. ... ♕b6–a5!!
Ein frontaler Angriff der Dame,
der alles entscheidet. Wenn
12.♕:a5, so natürlich 12. ...
♘c2 matt!
Weiß gab auf.

Partie Nr. 106
Fancy–Pickering
Luzern 1982

**1.e2–e4 g7–g6 2.d2–d4
♗f8–g7 3.♘b1–c3 e7–e6?**
Die Kombination der Züge
1. ... g6 und 3. ... e6 ist ungeeignet. Besser ist das übliche
3. ... d6 oder 3. ... c6.
**4.♗c1–e3 ♘g8–e7 5.♕d1–d2
0–0 6.h2–h4! h7–h5 7.0–0–0
d7–d5 8.e4–e5 ♘b8–c6
9.♗e3–h6 ♘e7–f5 10.♗h6:g7
♔g8:g7 11.♘g1–e2 ♘f5:h4?!**
Im Ergebnis der ungenauen Er-
öffnungsbehandlung hat
Schwarz eine schwierige Stellung. Dennoch beschleunigt die
Annahme des Bauernopfers
kaum den Gang des Geschehens.
12.♕d2–f4 ♘h4–f5
12. ... g5 wäre folgerichtig.
13.g2–g4 g6–g5?
13. ... hg bewahrt die Verteidi-
gungsmöglichkeit.

14.g4:f5!! g5:f4 15.f5–f6+
Der schwarze König ist allein
gelassen schutzlos. Vor der
Armada der Figuren des Gegners gibt es kein Entrinnen.
15. ... ♔g7–h6 16.♘e2:f4
♔h6–g5 17.♘f4:h5 ♘c6–e7
18.f2–f4+ ♔g5–g6
19.♗f1–d3+
Schwarz gab auf.

Caro-Kann-Verteidigung

Als Erfinder dieser Eröffnung
gelten der Wiener Meister Ma-
rius Kann und der Berliner Meister Horatio Caro, der 1886
eine Analyse der Verteidigung
veröffentlichte.
Die Grundidee der Caro-Kann-
Verteidigung ist leicht verständlich: Schwarz greift den wichtigen Punkt e4 an, ohne seinen
Läufer c8 wie in der Französischen Verteidigung zu verstel-
len. Allerdings ist die Sprengung des Zentrums durch den
c-Bauern danach nur unter
Tempoverlust zu verwirklichen.

Partie Nr. 107
Balaschow–Bellon
Karlovac 1979

1.e2–e4 c7–c6 2.d2–d4 d7–d5
3.e4–e5 ♗c8–f5 4.♘b1–c3
e7–e6 5.g2–g4 ♗f5–g6
6.♘g1–e2 f7–f6
Eine andere Möglichkeit ist
6. ... c5.
7.♘e2–f4 f6:e5?!
Vorzuziehen ist 7. ... ♗f7.
8.♘f4:g6
Schlecht ist 8.♘:e6? ♛e7
9.♘:f8 ed+. Aufmerksamkeit
verdient 8.de.
8. ... h7:g6 9.d4:e5 ♗f8–c5
10.♗c1–f4?!
Eine aktive, aber riskante Fortsetzung. Aussichtsreicher ist
10.♛e2.
10. ... ♛d8–b6! 11.♛d1–d2
♗c5:f2+?
Eine verlockende Operation.
Schwarz unterschätzt freilich
die Stellung seines Königs.
Wenn schon scharf, dann
11. ... ♛:b2 mit Verwicklungen, beispielsweise 12.♖b1
♛a3 13.♖b3 (13.♖:b7? ♗b4)
13. ... ♛a5.
12.♛d2:f2 ♛b6:b2
13.♔e1–d2! ♛b2:a1
14.♗f4–g5 ♖h8–h3
Interessant, aber nicht ausreichend.

15.♘c3–b5!
Wirkungsvoll schaltet sich der
weiße Springer in den Angriff
ein. Die schwarze Majestät
kann dem nur voller Angst zu-
sehen, denn es gibt weit und
breit nicht einmal gallische
Hilfstruppen …
**15. … ♕a1:e5 16.♗g5–f4
♕e5–b2 17.♘b5–c7+
♔e8–d7 18.♗f1:h3 ♕b2–b4+
19.♔d2–c1 ♘b8–a6**
Oder 19. … ♕a3+ 20.♔d1
♕:h3 21.♕g3!, und Weiß gewinnt.
20.♘c7:a8 ♕b4–c3
Die letzte Gegenchance, doch
Schwarz ist bereits verloren.
21.g4–g5! ♕c3–a3+
Wenn 21. … ♘c5, so 22.♕e3
♕a1+ 23.♔d2 ♘e4+
24.♕:e4!
**22.♔c1–d2 ♕a3:h3
23.♗f4–g3 ♘g8–e7
24.♖h1–b1 b7–b6
25.♘a8:b6+**
Schwarz gab auf.

Partie Nr. 108
Tunik–Gubjanow
Swerdlowsk 1976

**1.e2–e4 c7–c6 2.d2–d4 d7–d5
3.e4:d5 c6:d5 4.♗f1–d3**
Interessant ist 4.c3, und wenn
4. … ♗f5, so 5.♕b3! mit Vorteil für Weiß. Genauer für
Schwarz ist deshalb 4. … ♘c6.
**4. … ♘b8–c6 5.c2–c3
♘g8–f6 6.♗c1–f4 e7–e6**
Zu passiv. Besser 6. … ♗g4
oder 6. … g6.
**7.♘g1–f3 ♗f8–d6 8.♗f4:d6
♕d8:d6 9.♘b1–d2 0–0
10.0–0 ♖f8–e8 11.♖f1–e1
e6–e5??**
Dieser naheliegende befreiende
Zug wird schön widerlegt.

**13.d4:e5 ♘c6:e5 13.♖e1:e5!
♖e8:e5 14.♘d2–c4!**
Das ist der weiße Joker!
**14. … d5:c4 15.♗d3:h7+
♔g8:h7 16.♕d1:d6**
Schwarz gab auf.

Partie Nr. 109
Martin–Bellon
Las Palmas 1977

1.e2–e4 c7–c6 2.d2–d4 d7–d5
3.e4:d5 c6:d5 4.c2–c4 ♘g8–f6
5.♘b1–c3 ♘b8–c6 6.♗c1–g5
Ein Zug Botwinniks. Weiß
greift indirekt den Punkt d5 an
und zwingt so den Gegner, die
Stellung im Zentrum zu klären.
6. ... ♛d8–a5
Das führt zu interessanten Verwicklungen.
7.♘g1–f3 ♗c8–g4 8.♛d1–b3
0–0–0 9.♗g5:f6 g7:f6
10.c4:d5 ♘c6–b4 11.♗f1–c4?!
11.♘d2! verdient den Vorzug.
Dieser Springer hätte auf e3
einen sehr guten Platz –
♘d2–c4–e3!
11. ... ♚c8–b8 12.a2–a3?
e7–e6! 13.d5:e6 f7:e6 14.0–0?
Ein Fehler in einer schweren
Lage.
14. ... ♗g4:f3 15.a3:b4
♖h8–g8! 16.g2–g3
Selbstverständlich darf man
nicht die Dame nehmen wegen
16.... ♖:g2+ 17.♚h1 ♖g3 matt.
16. ... ♛a5–h5 17.♖f1–c1
♖d8–d4 18.♘c3–b5 ♖d4–d2
19.♛b3–e3

19. ... ♖g8:g3+! 20.f2:g3
♛h5:h2+ 21.♔g1–f1
♛h2–h1+ 22.♛e3–g1
♗f3–g2+ 23.♔f1–e1
♛h1:g1+ 24.♔e1–d2
♗f8–h6+
Weiß gab auf.

Partie Nr. 110
„Marc V"–Chinton
1983

Computer glänzen noch nicht
„am Schachbrett", auch wenn
zwischen ihnen sogar Weltmei-
sterschaften durchgeführt werden. Aber auch elektronische
Schachspieler haben manchmal
schöpferische Aufgaben wie in
der folgenden Partie.
1.e2–e4 c7–c6 2.c2–c4 d7–d5
3.e4:d5 c6:d5 4.c4:d5 ♘g8–f6
5.♛d1–a4+ ♗c8–d7
6.♛a4–b3 ♛d8–c7?!
Hier ist der beste Zug 6. ...
♘a6! Nicht ratsam ist danach
b7 7.♛:b7 wegen 7. ...
♘c5 8.♛b4 e6. Bei 7.♗:a6
ba 8.♘c3 ♖b8 bekommt
Schwarz ein gutes Gegen-
spiel.
7.♘b1–c3 g7–g6 8.d2–d4
♗f8–g7 9.♗c1–f4!
Weiß startet eine lange, gründ-
lich berechnete Kombination.
9. ... ♛c7:f4 10.♛b3:b7 0–0
11.♘g1–e2 ♛f4–f5
12.♛b7:a8!
Computer sind auf Materialgewinn aus, aber in diesem Fall
steckt mehr dahinter ...
12. ... ♘b8–c6 13.♘e2–g3!
♛f5–c2 14.♛a8–b7 ♖f8–b8

Es scheint so, als sollte
Schwarz Erfolg haben, aber es
folgt eine neue weiße Angriffs-
serie.

15.♗f1–d3! ♕c2:d3 16.d5:c6!
Das klärt die Situation schlag-
artig: Wenn 16. ... ♖:b7, so
17.cb, und die Umwandlung
dieses Bauern in eine Dame ist
nicht zu verhindern.
Schwarz gab auf.

Partie Nr. 111
Sznapik–Lechtýnský
Děčín 1979

1.e2–e4 c7–c6 2.d2–d4 d7–d5
3.♘b1–c3 d5:e4 4.♘c3:e4
♘g8–f6 5.♘e4:f6+ e7:f6
Die Alternative 5. ... gf führt
zu scharfem Spiel mit besseren
Aussichten für Weiß.
6.♗f1–c4 ♕d8–e7+
7.♕d1–e2
Natürlich nicht 7.♘e2? oder
7.♗e3 wegen 7. ... ♕b4+.
7. ... ♗c8–e6 8.♗c4–b3
♘b8–a6 9.♗c1–e3
Besser ist 9.c3.
9. ... ♗e6:b3 10.a2:b3
♕e7–e6 11.♘g1–f3 ♗f8–d6

12.0–0 0–0 13.♖f1–d1
♖f8–e8 14.♕e2–d2 ♘a6–b4
15.c2–c4
Weiß verschafft sich zwar einen
Freibauern im Zentrum, doch
die schwarzen Figuren stehen
günstig und sind in der Lage,
ihm erfolgreich entgegenzutre-
ten.
15. ... a7–a5 16.d4–d5?! c6:d5
17.c4:d5 ♕e6–f5 18.♗e3–b6
Als ob so Material zu gewinnen
ist. In Wirklichkeit gerät
Weiß in eine vorbereitete Falle.
18. ... ♖a8–a6! 19.♗b6:a5?
Der Läufer hätte sich nach e3
zurückziehen müssen.
19. ... ♖e8–a8 20.♗a5:b4
Es rettet auch nicht 20.♖e1
wegen 20. ... ♕d7!; aber nicht
20. ... ♖:a5? 21.♖:a5 ♖:a5
22.♖e8+ ♗f8 23.♖:f8+ ♔:f8
24.♕:b4+, und der Falsche gewinnt.
20. ... ♖a6:a1 21.♗b4:d6
♖a1:d1+ 22.♕d2:d1
Es scheint, als wäre Schwarz
mit seinem Latein am Ende,
aber ...
22. ... ♕f5:d5!!
Die Schwäche der Grund-
reihe versetzt Weiß den Knock-
out.
Weiß gab auf.

Partie Nr. 112
Tal–Miles
Porz 1981/82

1.e2–e4 c7–c6 2.d2–d4 d7–d5
3.♘b1–d2 d5:e4 4.♘d2:e4
♘b8–d7 5.♘g1–f3 ♘g8–f6
6.♘e4–g3 e7–e6 7.♗f1–d3

♝f8–e7 8.♛d1–e2 0–0 9.0–0
b7–b6

Besser 9. ... c5 oder 9. ...
♛c7.

10.c2–c4 ♝c8–b7 11.♝c1–f4
♜f8–e8?

Ein ungünstiger Zug, der zur
Schwächung der Rochadestellung führt (Punkt f7!). Erforderlich war 11. ... c5.

12.♜a1–d1 c6–c5 13.d4:c5
b6:c5

Das kleinere Übel ist 13. ...
♝:c5. Nach 14.♞e5 ♛e7
15.♞:d7 ♞:d7 16.♝:h7+
♚:h7 17.♛d3+ ♚g8 18.♛:d7
bewahrt sich Schwarz dank des
Läuferpaars gewisse Aussichten
auf Rettung.

14.♞f3–e5 ♛d8–b6
15.♝d3:h7+! ♞f6:h7

Wenn 15. ... ♚:h7, so
16.♜:d7 ♞:d7 17.♛h5+ ♚g8
18.♛:f7+ ♚h7 19.♞h5.

16.♜d1:d7 g7–g6 17.b2–b4!
♝b7–c8

Sofort verliert 17. ... ♛:b4
18.♞:g6!; auf 17. ... cb folgt
18.c5 ♛a6 19.♛c2! mit den
Drohungen 20.♞:g6! oder
20.c6.

18.b4:c5 ♛b6:c5 19.♞g3–e4
♛c5–b6 20.♛e2–f3! ♛b6–b2

Auf 20. ... ♝:d7 entscheidet
21.♝e3!

21.♞e5:f7! ♛b2–g7

Natürlich nicht 21. ... ♚:f7?
wegen 22.♝e5+.

22.♞f7–h6+ ♚g8–h8
23.♜d7–c7 ♜e8–f8
24.♜c7:e7!

Schwarz gab auf.

Partie Nr. 113
Karpow–Hort
Bugojno 1978

1.e2–e4 c7–c6 2.d2–d4 d7–d5
3.♞b1–d2 d5:e4 4.♞d2:e4
♞b8–d7 5.♞g1–f3 ♞g8–f6
6.♞e4:f6+ ♞d7:f6 7.♞f3–e5
♝c8–f5

Einen interessanten Plan legte
der Großmeister J. Rasuwajew
vor: 7. ... ♝e6 mit folgendem
Fianchetto des schwarzfeldrigen Läufers auf g7.

8.c2–c3 e7–e6?

Wahrscheinlich schon der entscheidende Fehler. Notwendig
ist 8. ... ♞d7!

9.g2–g4! ♝f5–g6 10.h2–h4
h7–h5?!

Auch 10. ... ♝d6 ist unzurei-
chend: 11.♛e2! c5! 12.♝g2!
cd 13.h5 dc 14.♛b5+ ♚f8
15.hg.

95

11.g4–g5 ♘f6–d5 12.♘e5:g6
f7:g6 13.♕d1–c2 ♔e8–f7
14.♖h1–h3! ♘d5–e7
15.♗f1–c4 ♘e7–f5
16.♖h3–f3 ♕d8–d7

17.♖f3:f5+!!
Weiß opfert eine Qualität und
durchbricht so den schwarzen
Schutzwall.
17. ... g6:f5 18.♕c2:f5+
♔f7–e7 19.♕f5–e4 ♖a8–e8
20.♗c1–f4 ♔e7–d8
21.♕e4–e5!
Dem schwarzen König wird
kein Mauseloch zum Verstek-
ken gelassen.
21. ... ♖h8–g8
Dieser Turm ist die einzige
schwarze Figur, der ein sinnvoller Zug bleibt.
22.0–0–0 g7–g6 23.♖d1–e1
♗f8–g7 24.♕e5–b8+
♔d8–e7?
Danach geht es schnell zu
Ende, aber auch 24. ... ♕c8
25.♕:a7 läßt für Schwarz keine
Hoffnungen.
25.♖e1:e6+!
Wenn 25. ... ♕:e6, so
26.♕c7+ ♕d7 27.♗d6 matt!
Schwarz gäb auf.

Partie Nr. 114
Gaprindaschwili–Nikolac
Wijk aan Zee 1979

1.e2–e4 c7–c6 2.d2–d4 d7–d5
3.♘b1–d2 d5:e4 4.♘d2:e4
♗c8–f5 5.♘e4–g3 ♗f5–g6
6.h2–h4 h7–h6 7.h4–h5
♗g6–h7 8.♘g1–f3 ♘b8–d7
9.♗f1–d3 ♗h7:d3 10.♕d1:d3
e7–e6 11.♗c1–f4 ♕d8–a5+
12.c2–c3
Ein anderer Plan für Weiß besteht in 12.♗d2 mit nachfolgender langer Rochade.
12. ... ♘g8–f6 13.a2–a4
c6–c5 14.0–0 ♖a8–c8
Auf 14. ... cd ist 15.b4! unangenehm.
15.♖f1–e1 c5–c4?!
16.♕d3–c2 ♗f8–e7
Schlecht ist 16. ... ♘:h5 wegen 17.♘:h5 ♕:h5 18.♕e4!,
und der Damenflügel von
Schwarz ist schutzlos.
17.♘f3–e5 0–0 18.♘g3–f5!
♖f8–e8?
Ein Fehler, nach dem Schwarz
in einen Opferwirbel hineinge-
zogen wird. Mit 18. ... ♕d8
konnte der Nachziehende hingegen hoffen.

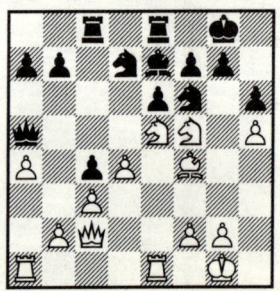

19.♘f5:g7! ♔g8:g7
20.♗f4:h6+! ♔g7:h6
Oder 20. ... ♔g8 21.♖e3!
♘:h5 22.♖h3.
21.♘e5:f7+ ♔h6:h5
Es gibt keinen Weg zurück:
21. ... ♔g7 22.♕g6+ ♔f8
23.♘g5.
22.g2–g4+! ♔h5–h4
Oder 22. ... ♘:g4 23.♕h7+;
22. ... ♔:g4 23.♕g6+ ♔f4
24.♕g3+ ♔f5 25.♘h6 matt.
Auch 22. ... ♔:g4 23.♕g6+
♔h4 24.♔g2 bringt das Aus.
23.f2–f3! ♘f6:g4
23. ... ♕c7 24.♖e5! oder
23. ... ♔g3 24.♕h2+ ♔:f3
25.♖f1+ mit einem schnellen
Matt.
24.♖e1–e4!
Wenn 24. ... ♘f6, so 25.♕h2
matt, auf 24. ..♙ ♔h5 bringt
25.♖e5+! die Entscheidung.
Schwarz gab auf.

Partie Nr. 115
Jandarbijew–Sagalow
Ordshonikidse 1985

1.e2–e4 c7–c6 2.d2–d4 d7–d5
3.♘b1–d2 d5:e4 4.♘d2:e4
♗c8–f5 5.♘e4–g3 ♗f5–g6
6.h2–h4 h7–h6 7.♘g1–f3
♘b8–d7 8.h4–h5 ♗g6–h7
9.♗f1–d3 ♗h7:d3 10.♕d1:d3
♕d8–c7 11.♗c1–d2 ♘g8–f6
12.0–0–0 e7–e6 13.♘g3–e4
0–0–0
Ein anderer Plan besteht in
13. ... ♗e7 mit nachfolgender
kurzer Rochade.
14.g2–g3
Mit der Absicht, ♗f4 zu spielen.

14. ... ♘f6:e4
Aufmerksamkeit verdient
14. ... ♘c5.
15.♕d3:e4 ♘d7–f6
15. ... ♗e7 sichert die Kontrolle über die wichtigen Felder
e5 und c5.
16.♕e4–e2 c6–c5?!
Das erscheint doch zu riskant,
weil Weiß seinerseits vor allem
Dampf in der c-Linie machen
wird.
17.♖h1–h4!
Mit kräftigem Schwenk wird
dieser Turm schon an den
Tatort beordert. Nun droht vor
allem 18.dc nebst 19.♖c4.
Klar, daß da Schwarz bereits
Sorgenfalten hat ...
17. ... c5:d4 18.♖h4:d4
♖d8:d4 19.♘f3:d4 a7–a6?
Unbedingt nötig war 19. ...
♘d5!
20.♗d2–f4! ♕c7–b6
Auf 20. ... ♗d6 oder 20. ...
♕c5 entscheidet 21.♘:e6!
21.♕e2–c4+ ♕b6–c5
22.♘d4:e6!!

Schöner kann man wohl nicht
gewinnen!
Schwarz gab auf!

Partie Nr. 116
Boleslawski–Sawon
Charkow 1964

1.e2–e4 c7–c6 2.d2–d4 d7–d5
3.♘b1–c3 d5:e4 4.♘c3:e4
g7–g6?!
Der Plan mit dem Fianchetto
des Läufers ist besser einen
Zug zuvor zu realisieren. Nach
3. ... g6 4.♘f3 ♗g7 5.h3 entsteht eine komplizierte Stellung. Die von Schwarz ge-
wählte Zugfolge verspricht
Weiß Vorteil.
5.♗f1–c4 ♗f8–g7 6.♘g1–f3
♘g8–h6 7.0–0 0–0 8.♖f1–e1
♘b8–d7 9.♗c1–g5 ♘d7–b6
10.♗c4–b3 ♘h6–f5 11.c2–c3
♘b6–d5 12.♘e4–g3 ♖f8–e8
13.♕d1–d2 a7–a5 14.a2–a4
♘f5:g3 15.h2:g3 ♗c8–f5
16.♖e1–e2!
Droht 17.♖ae1 mit Angriff auf
den Bauern e7. Weiß erzwingt
so eine neue Schwächung der
schwarzen Stellung.
16. ... b7–b6 17.♖a1–e1
♖a8–a7 18.♘f3–e5! ♗g7:e5
Einen solchen Springer zu er-
tragen, das ist für Schwarz
schwer. Der Abtausch dieses
wichtigen Läufers schwächt allerdings entscheidend die Verteidigung des Königs.
19.♖e2:e5! ♗f5–e6
Es verbietet sich 19. ... f6? wegen 20.♗:f6!
20.♗g5–h6! ♘d5–c7

21.♖e5:e6! f7:e6 22.♖e1:e6!
Dieses beeindruckende Doppel-
turmopfer läßt von einem
schwarzen Verteidigungsring
nichts mehr übrig.
22. ... ♘c7–d5
Zum Matt führt 22. ... ♘:e6
23.♕e3 ♕d6 24.♗:e6+ ♔h8
25.♗f4 ♕d8 26.♗e5 matt!
23.♕d2–f4!!
Nun wirft sich noch die Dame
listig in die Bresche. Wenn
23. ... ♘:f4, so 24.♖:g6++
♔h8 25.♗g7 matt!
23. ... ♕d8–b8 24.♕f4–e4
♔g8–h8 25.♗b3:d5 c6:d5
26.♕e4:d5 ♖e8–d8
27.♕d5–e4 ♖d8–d7
28.d4–d5!
Schwarz gab auf.

Partie Nr. 117
Darga–Donner
Beverwijk 1964

1.e2–e4 c7–c6 2.♘b1–c3
d7–d5 3.♘g1–f3 ♗c8–g4
4.h2–h3 ♗g4:f3
Sschärfer ist 4. ... ♗h5.
5.♕d1:f3 ♘g8–f6 6.d2–d3
e7–e6 7.♗c1–d2 ♘b8–d7
8.g2–g4 g7–g6

Interessant ist 8. ... ♗b4.

9.0–0–0 ♗f8–g7 10.h3–h4! h7–h5

Es geht nicht 10. ... ♘e5 wegen 11.♕g3, und der Bauer g4 ist tabu: 11. ... ♘f:g4? 12.f4 oder 11. ... ♘e:g4 12.e5.

11.g4–g5 ♘f6–g4 12.♗f1–h3 ♕d8–b6 13.♖d1–e1 ♘g4–e5?

Schlecht ist 13. ... ♕:f2 14.♗:g4! oder 13. ... ♘:f2 14.♖hf1 ♗d4 15.♖:f2 ♗:f2 16.♖f1; die besten Chancen lagen wohl bei 13. ... ♘de5!

14.♕f3–g3 d5:e4?

Hartnäckiger ist 14. ... d4. Die Öffnung des Spieles gestattet es Weiß, den Angriff auf den im Zentrum postierten gegnerischen König anzukurbeln.

15.♖e1:e4 c6–c5 16.♖h1–e1 ♘e5–c6 17.♖e4:e6+!! f7:e6 18.♖e1:e6+ ♔e8–f7

Oder 18. ... ♔d8 19.♖d6, und Schwarz ist wehrlos.

19.♕g3–f4+ ♔f7–g8 20.♖e6:g6 ♕b6–d8

Wenn 20. ... ♖f8, so 21.♗e6+ ♔h7 22.♕e4!

21.♗h3–e6+

Zum Matt führt 21. ... ♔h7 22.♖:g7+ ♔:g7 23.♕f7 matt! Schwarz gab auf.

Partie Nr. 118
Vogt–Bönsch
Leipzig 1978

1.e2–e4 c7–c6 2.d2–d4 d7–d5 3.♘b1–c3 g7–g6 4.♘g1–f3 ♗c8–g4?!

Besser ist 4. ... ♗g7.

5.h2–h3 ♗g4:f3 6.♕d1:f3 e7–e6 7.♗c1–f4 ♘b8–d7 8.0–0–0 a7–a6

Schwarz behandelt die Eröffnung wenig ersprießlich. Indem die Bauern in „schachbrettartiger" Formation auf den weißen Feldern aufgestellt sind, tun sich vor allem große Löcher auf den schwarzen Feldern im eigenen Lager auf.

9.g2–g3 ♕d8–a5 10.♔c1–b1 b7–b5?

Dieser Versuch eines Gegenangriffs führt zur Katastrophe.

11.e4:d5 c6:d5 12.♘c3:d5!

Dieses Figurenopfer öffnet für den weißen Angriff entscheidend die Stellung.

12. ... e6:d5 13.♕f3:d5 ♖a8–d8?

Übersieht eine wirkungsvolle Antwort des Gegners.

14.♗f1–c4!

Ein unkomplizierter, aber eleganter Zug beendet sofort den Kampf.
Schwarz gab auf.

Partie Nr. 119
Pantschenko–Gofstein
Leningrad 1976

1.e2–e4 g7–g6 2.d2–d4 ♗f8–g7 3.♘g1–f3 c7–c6

**4.♘b1–d2 d7–d5 5.h2–h3
d5:e4 6.♘d2:e4 ♘g8–f6?!**
Vorsichtiger ist 6. ... ♘d7.
7.♘e4:f6+! e7:f6
Auf 7. ... ♗:f6 ist 8.♗h6! unangenehm.
**8.♗f1–d3 0–0 9.0–0 ♘b8–d7
10.♗c1–f4 ♖f8–e8
11.♕d1–d2 ♘d7–f8
12.♖f1–e1 ♘f8–e6
13.♗f4–h6 ♗g7–h8?**
Besser ist 13. ... ♕d6.
**14.♗d3–c4 ♕d8–b6
15.d4–d5 c6:d5 16.♗c4:d5
♕b6:b2?!**
In schwieriger Lage trachtet
Schwarz nach Verwicklungen.
**17.♖a1–b1 ♕b2–a3
18.♘f3–d4! ♕a3–e7
19.♖b1–b3 ♗h8–g7?**
Ein spätes Eingeständnis des
Fehlers im 13. Zug, was dem
Gegner einen glänzenden Angriff gestattet. Hartnäckiger ist
19. ... a5, um zur Verteidigung
den a-Turm heranzuführen.
**20.♘d4–f5! g6:f5 21.♖b3–g3
♕e7–d6 22.♕d2–c3! f5–f4**
Auch andere Züge helfen nicht:
22. ... ♖e7 23.♕:f6 ♕:g3
24.♕:e7 ♕c3 25.♕e8+ ♗f8
26.♖e3 oder 22. ... ♔f8
23.♖:e6! ♗:e6 24.♗:g7+
♔e7 25.♗:e6.
**23.♕c3:f6! f4:g3 24.♖e1:e6
g3:f2+ 25.♔g1–f1**

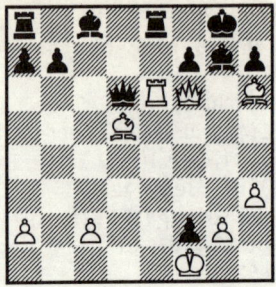

Eine prächtige Stellung. Alle Figuren von Weiß sind im
Kampf. Obwohl Schwarz am
Zug ist, kann er das Matt nicht
vermeiden.
**25. ... ♗g7–f8 26.♖e6:e8
♗c8–e6 27.♕f6–g7 matt!**
Ein glänzend geführter Angriff.

Französische Verteidigung

1.e2–e4 e7–e6
Schon Lucena erwähnte diese
populäre Eröffnung in seinem
Buch (1497). Ihren Namen erhielt sie jedoch erst nach einer
Fernpartie London–Paris
(1834), in der die französischen
Schachspieler 1. ... e6 spielten
und den Sieg errangen. Die
Idee der Eröffnung ist, das
weiße Zentrum mit c7–c5 oder
f7–f6 anzugreifen und am Damenflügel unter Ausnutzung
der c-Linie die Initiative zu
übernehmen. Die Französische
Verteidigung ist ganz sicher
eines der vielseitigsten Verteidi-
gungssysteme, stellt aber sehr
hohe strategische Anforderun-
gen an die Spieler.

Partie Nr. 120
Hedman–Romanischin
Cienfuegos 1977

**1.e2–e4 e7–e6 2.d2–d4 d7–d5
3.e4–e5 b7–b6**
Schwarz will seinen weißfeldrigen Läufer abtauschen, aber diesen Plan zu realisieren erfordert viel Zeit.
4.c2–c3 ♕d8–d7
Wenn 4. ... ♗a6?, so 5.♗:a6 ♘:a6 6.♕a4+.
5.♘g1–f3
Aktiver ist 5.f4. In der Partie Suetin–Blagidse (Vilnius 1958) folgte 5. ... ♗a6 6.♗:a6 ♘:a6 7.♕d3 ♘b8 8.♘e2 h5 9.0–0 g6 10.b3! c5 11.dc bc 12.c4! mit Vorteil für Weiß.
**5. ... ♘g8–e7 6.♗f1–d3
♗c8–a6 7.♗d3:a6 ♘b8:a6
8.♕d1–d3?**
Bedeutend stärker ist 8.a4!
**8. ... ♘a6–b8 9.♘b1–d2
♘b8–c6 10.0–0 ♘e7–g6
11.♖f1–e1 f7–f6! 12.e5:f6
g7:f6 13.♘d2–f1**
Aufmerksamkeit verdient 13.♕f5.
**13. ... 0–0–0 14.♕d3–a6+
♔c8–b8 15.a2–a4 e6–e5!
16.a4–a5 e5–e4 17.♘f3–d2
♖h8–g8 18.b2–b4?**
Weiß unterschätzt die Konterattacke des Gegners. Hartnäckiger ist 18.g3, auch wenn nach 18. ... f5! Schwarz erst einmal am Drücker bleibt.
18. ... ♗f8:b4!
Ein Figurenopfer, das Schwarz entscheidenden Vorteil sichert.
19.a5:b6 c7:b6 20.c3:b4

♘c6:b4 **21.♕a6–a4 ♕d7:a4
22.♖a1:a4 ♘b4–d3
23.♖e1–d1 ♘g6–f4**
Auf 24.♘g3 folgt 24. ... ♘:c1
25.♖:c1 ♖:g3!
Weiß gab auf.

Partie Nr. 121
Koch–Schagalowitsch
Fernpartie 1963

**1.e2–e4 e7–e6 2.d2–d4 d7–d5
3.e4–e5 c7–c5 4.c2–c3
♘b8–c6 5.♘g1–f3 ♕d8–b6
6.♗f1–e2 ♘g8–h6?!**
Besser ist 6. ... cd.
7.b2–b3?
Vorteil bringt dagegen 7.♗:h6! gh 8.♕d2 ♗g7 9.0–0. Für Schwarz gefährlich ist 7. ... ♕:b2, zum Beispiel 8.♗c1! ♕:a1 9.♕c2 cd 10.♗b5! ♗d7 11.♗:c6 bc 12.♘fd2 oder 10. ... dc 11.♘d4!, und die schwarze Dame sitzt in der Falle.
7. ... c5:d4 8.♗c1:h6
Empfehlenswerter ist 8.cd.
**8. ... g7:h6 9.c3:d4 ♗f8–b4+
10.♔e1–f1 f7–f6!**
Durch das Öffnen der f-Linie reißt Schwarz die Initiative an sich.
**11.e5:f6 0–0 12.a2–a3
♗b4–d6 13.♘b1–c3 ♖f8:f6
14.♘c3–a4 ♕b6–c7 15.b3–b4
♕c7–f7! 16.♖a1–c1 e6–e5!
17.♖c1:c6**
Oder 17.de ♘:e5 18.♘:e5 ♗:e5! (18. ... ♖:f2+? 19.♔g1 ♗:e5 20.♘f3!) 19.♗f3 ♗g4! mit Vorteil für Schwarz. Wenn 20. ♗:d5, so 20. ... ♖:f2+

21.♔e1 (21.♔g1? ♖f1+)
♗c3+! 22.♘:c3 ♖e8+
23.♘e4 ♖:e4+! 24.♗:e4
♗:d1; 20.♗:g4, so 20. ...
♖:f2+ 21.♔e1 ♖e8!
**17. ... b7:c6 18.d4:e5 ♖f6:f3
19.♗e2:f3 ♗d6:e5 20.♘a4–c5
♗c8–f5 21.♗f3–e2?**
Richtig ist 21.g4 und darauf
22.♔g2, um den im Abseits
stehenden Turm ins Spiel zu
bringen.
21. ... a7–a5!
Es droht 22. ... ab mit Öffnung
der a-Linie.
22.♕d1–a4 ♕f7–g6 23.h2–h4
Auf 23.ba wäre 23. ... ♖b8!
sehr stark.
**23. ... ♗e5–d4 24.♘c5–b3
♗f5–e4! 25.f2–f3 ♗e4–c2
26.♖h1–h3 ♖a8–e8 27.h4–h5
♕g6–d3!**

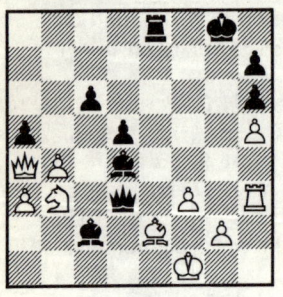

Ein wirkungsvolles Finale.
Wenn 28.♘:d4, so ♖:e2!
Weiß gab auf.

Partie Nr. 122
Pulnikow–Oserow
Togliatti 1984

**1.e2–e4 e7–e6 2.d2–d4 d7–d5
3.e4–e5 c7–c5 4.c2–c3
♘b8–c6 5.♘g1–f3 ♕d8–b6
6.♗f1–d3!?**
Eine scharfe Variante, in der
Weiß für die Initiative einen
Bauern opfert.
**6. ... c5:d4 7.c3:d4 ♗c8–d7
8.0–0!**
Bei anderen Fortsetzungen erringt Schwarz leicht ein gutes
Spiel. Wenn 8.♗c2, so 8. ...
♘b4!
**8. ... ♘c6:d4 9.♘f3:d4
♕b6:d4 10.♘b1–c3! a7–a6**
Äußerst riskant ist 10. ... ♕:e5
11.♖e1 ♕b8 12.♘:d5 ♗d6
13.♕g4 ♔f8 14.♗d2 oder
11. ... ♕d6 12.♘b5 ♕b8
13.♕f3 ♗d6 14.♕:d5! ♗:h2+
15.♔h1 ♗c6 16.♕g5.
11.♖f1–e1 ♗f8–b4?!
12.♗c1–e3! ♕d4–h4
Schlecht ist 12. ... ♕:e5? wegen 13.♗c5 ♕:e1+ 14.♕:e1
♗:c5 15.♘:d5!
**13.g2–g3 ♕h4–d8
14.♕d1–g4 ♗b4–f8 15.h2–h4
f7–f5??**
Wahrlich ein Mißgriff.
16.e5:f6 e. p. ♘g8:f6
Ein analoges Finale entsteht
auch nach 16. ... gf oder
16. ... g6; falls 16. ... ♕:f6,
gewinnt 17.♘:d5 ed (17. ...
♕e5 18.♗g6+!) 18.♗g5+
♘e7 19.♕b4 ♕f7 20.♖e5 h6
21.♗g6! ♕:g6 22.♖:e7+ ♔d8
23.♖:d7++! ♔:d7 24.♕:b7+

♔e6 25.♖e1+ ♔f5
26.♕:d5+.

17.♕g4–g6+!!
Sieht nur prachtvoller aus als
17.♗g6+. Zwei Läufer setzen
jetzt den schwarzen König
matt, der im Zentrum der eigenen Armee hilflos herumsteht.
Schwarz gab auf.

Partie Nr. 123
Oblamski–Rudnew
Minsk 1980

**1.e2–e4 c7–c5 2.c2–c3 e7–e6
3.d2–d4 d7–d5 4.e4–e5
♘g8–e7**
Besser ist 4. ... ♕b6, um den
Druck auf den Bauern d4 aufrechtzuerhalten.
5.♘g1–f3 ♘b8–d7 6.♗f1–d3
Zum Vorteil von Weiß ist auch
6.a3 ♘c6 7.b4 cd 8.cd ♕b6
9.♗b2.
**6. ... ♘e7–c6 7.0–0 f7–f6?!
8.e5:f6**
Aufmerksamkeit verdient
8.♘g5! Zum Beispiel 8. ... fg
9.♕h5+ ♔e7 10.♗:g5+.
**8. ... ♕d8:f6 9.♗c1–g5
♕f6–f7 10.♗g5–h4 ♗f8–d6?**

Vorsichtiger ist 10. ... ♗e7,
um den Punkt g5 zu kontrollie-
ren.
11.♘b1–a3
Möglich ist sofort 11.♘g5!
11. ... a7–a6
Schwarz ist völlig ahnungslos.
**12.♘f3–g5! ♕f7–f6
13.♕d1–g4 ♗d6–e7**
Zu spät kommt der Läufer aufs
richtige Feld. Weiß läßt nämlich nichts mehr anbrennen ...

**14.♘g5:e6!! ♕f6:h4
15.♕g4–g6+!**
Schwarz gab auf.

Partie Nr. 124
Mark Zeitlin–J. Wladimirow
Krasnojarsk 1981

**1.e2–e4 e7–e6 2.d2–d4 d7–d5
3.♘b1–c3 ♗f8–b4 4.♘g1–e2**
Eine Gambitfortsetzung. Nimmt
Schwarz das Bauernopfer an,
muß er eine passive Stellung in
Kauf nehmen.
4. ... d5:e4 5.a2–a3 ♗b4:c3+
Zu einem gleichen Spiel führt
5. ... ♗e7 6.♘:e4 ♘c6 7.♗e3
♘f6 8.♘2c3 oder 8.♘:f6+.
6.♘e2:c3 ♘b8–c6

103

Unnötiges Risiko geht Schwarz ein, wenn er gleich 6. ... f5 spielt. Nach 7.f3! ef 8.♕:f3 ♕:d4 9.♕g3 ♘f6 10.♕:g7 ♕e5+? 11.♗e2 ♖g8 12.♕h6 ♖g6 13.♕h4 ♗d7 14.♗g5 ♗c6 15.0–0–0 hat Weiß einen entscheidenden Angriff (Aljechin–Nimzowitsch, Bled 1931).

7.♗f1–b5 ♘g8–e7 8.♘c3:e4
Stärker ist 8.♗g5!

8. ... 0–0 9.c2–c3 ♕d8–d5?!
Eine riskante Idee. Gut ist 9. ... e5.

10.♕d1–e2 f7–f5 11.♘e4–g5 ♕d5:g2 12.♖h1–f1 e6–e5?
Übersieht einen taktischen Angriff.

13.♗b5–c4+ ♔g8–h8
Unerläßlich. Schlecht ist 13. ... ♘d5 wegen 14.♕h5 h6 15.♘f3 ♘e7 16.♖g1 oder 15. ... ♗e6 16.♖g1 ♗f7 17.♗:d5.

14.♘g5:h7!
Nicht so klar ist 14.♘f7+ oder 14.♕h5 h6 15.♘f7+ ♔h7 16.♘:h6 ♕g6.

14. ... ♖f8–e8 15.♘h7–f6!
Schwarz gab auf. 15. ... gf 16.♕h5+ ♔g7 17.♕h6 matt.

Partie Nr. 125
Tscherepkow–Chassin
Minsk 1962

1.e2–e4 e7–e6 2.d2–d4 d7–d5 3.♘b1–c3 ♗f8–b4 4.♗c1–d2
Eine weitere Gambitfortsetzung, die auch zu interessanten Verwicklungen führt.

4. ... d5:e4
Schwarz stellt sich der Heraus-forderung. Weniger aussichts-reich ist 4. ... c5, 4. ... ♘f6 oder 4. ... ♘c6.

5.♕d1–g4 ♕d8:d4 6.0–0–0
Eine andere Möglichkeit ist 6.♘f3. Zum Beispiel 6. ... ♘h6 7.♕f4 e5 8.♕:e5+ ♕:e5 9.♘:e5 ♘g4 10.♘:g4 ♗:g4 11.♘:e4 mit völligem Ausgleich.

6. ... h7–h5!? 7.♕g4–e2!
♗c8–d7 8.♘c3:e4 ♗b4:d2+ **9.♖d1:d2 ♕d4–b4 10.a2–a3 ♕b4–e7 11.♘g1–f3 ♘b8–c6**
Dieser naheliegende Entwicklungszug gestattet Weiß, durch ein originelles Damenmanöver gefährliche Drohungen zu schaffen. Besser ist 11. ... f5, um den Springer von seiner zentralen Stellung auf e4 zu vertreiben.

12.♕e2–b5! b7–b6
Der verlockende Zug 12. ... ♘d4 13.♕:b7 ♗c6 wird widerlegt durch 14.♗b5!, aber auf 12. ... 0–0–0? entscheidet 13.♘c5.

13.♘f3–e5! a7–a6
Aufmerksamkeit verdient 13. ... ♘:e5 14.♕:e5 f5!? Jetzt hingegen landet Weiß einen harten Wirkungstreffer.

14.♖d2:d7! ♕e7:d7
Auf 14. ... ab folgt elegant 15.♖:e7+ ♘c:e7 16.♗:b5+ c6 17.♘d6+ ♔f8 18.♘d7 matt. Schlecht ist auch 15. ... ♘g:e7 wegen 16.♗:b5.

15.♕b5:c6 ♕d7:c6 16.♘e5:c6
Schwarz gab auf.

Padewski–Portisch
Warna 1962

1.e2–e4 e7–e6 2.d2–d4 d7–d5
3.♘b1–c3 ♗f8–b4 4.e4–e5
b7–b6 5.♕d1–g4 ♗b4–f8
Die beste Erwiderung. Nach
5. ... g6 6.h4 liegt die Initiative
bei Weiß.

6.♗c1–g5
Interessant ist 6.♘h3!, wie Tal
in der Partie gegen Kärner (Tallinn 1979) spielte. Es folgte
6. ... ♗a6 7.♘b5 ♕d7 8.a4
♘e7 9.♘f4 ♘g6 10.♘h5
♖g8 11.♗h6! mit Angriff für
Weiß.

6. ... ♕d8–d7
Schlechter ist 6. ... ♘e7 wegen
7.♗:e7! Jetzt muß Schwarz
nämlich mit dem König wieder-
nehmen (7. ... ♔:e7), weil auf
7. ... ♕:e7? stark 8.♘:d5! folgen würde.

7.0–0–0 h7–h6 8.♗g5–h4?
Ein dummer Fehler, der eine Figur kostet. Richtig ist 8.♗f4.

8. ... g7–g5!
Auf 9.♗g3 folgt 9. ... h5 nebst
10. ... h4, und jetzt darf Weiß
nicht 10.♕:g5? spielen wegen
10. ... ♗h6 mit Damenverlust.
Weiß gab auf.

Partie Nr. 127
Smirin–Ulybin
Kirowabad 1984

1.e2–e4 e7–e6 2.d2–d4 d7–d5
3.♘b1–c3 ♗f8–b4 4.e4–e5
c7–c5 5.♕d1–g4 ♘g8–e7
6.d4:c5 ♘b8–c6

Genauer ist 6. ... ♗:c3+ mit
genügend Gegenchancen.
**7.♗c1–d2 0–0 8.♘g1–f3
f7–f5 9.♕g4–g3 d5–d4
10.♘c3–b5?!**
Aussichtsreicher ist 10.♘b1
♗:c5.

10. ... ♗b4:c5?
Richtig ist 10. ... ♗:d2+
11.♔:d2 (auf 11.♘:d2 ist
11. ... f4! unangenehm) a6
12.♘d6 ♕a5+ 13.♔d1 ♕:c5
mit deutlichem Vorteil für
Schwarz.
**11.♗f1–c4 ♘e7–d5 12.c2–c3!
d4:c3 13.♘b5:c3 ♘d5–b6
14.♗c4–b3 ♗c8–d7 15.0–0
♕d8–e7 16.♖a1–d1 a7–a6?**
Verschenkt Zeit. Der feindliche
Läufer auf b3 hätte statt dessen
von der gefährlichen Diagonale
a2–g8 vertrieben werden müssen: 16. ... ♘a5 17.♗c2
♘ac4.
17.♘c3–e2 a6–a5?
Das schwarze Gegenspiel auf
dem Damenflügel ist wenig
aussichtsreich, außerdem
kommt es auch eindeutig zu
spät.
**18.♗d2–g5 ♕e7–f7
19.♘e2–f4 ♖f8–e8**
Es drohte 20.♖:d7 nebst
21.♗:e6.
20.♗g5–f6 h7–h6
Wenn 20. ... ♔h8, so 21.♘g5
♕f8 22.♘g6+ hg 23.♕h4+.

21.♖d1:d7! ♘b6:d7
22.♘f4:e6! ♘d7:f6 23.♘e6:g7
♘f6–e4 24.♕g3–g6
Schwarz gab auf.

Partie Nr. 128
Fischer–Darga
Berlin (West) 1960

1.e2–e4 e7–e6 2.d2–d4 d7–d5
3.♘b1–c3 ♗f8–b4 4.e4–e5
c7–c5 5.a2–a3 ♗b4:c3+
6.b2:c3 ♘g8–e7 7.a3–a4
Die wichtige Diagonale a3–f8
wird für den Läufer geöffnet.
7. ... ♕d8–c7?!
Genauer ist 7. ... ♘bc6 8.♘f3
♕a5 mit gleichen Chancen.
8.♘g1–f3 b7–b6
Schwarz will seinen weißfeldrigen Läufer nach 9. ... ♗a6 abtauschen, doch Weiß steht diesem Vorhaben im Wege.
9.♗f1–b5+! ♗c8–d7
10.♗b5–d3 ♘b8–c6 11.0–0
c5–c4 12.♗d3–e2 f7–f6
13.♗c1–a3!?
Das Bauernopfer muß Schwarz
wohl oder übel annehmen.
13. ... f6:e5 14.d4:e5 ♘c6:e5
Schlecht ist 14. ... 0–0 wegen
15.♘d4! mit folgendem f2–f4.

15.♖f1–e1 ♘e7–c6 16.♘f3:e5
♘c6:e5 17.f2–f4 ♘e5–c6
18.♗e2–g4
Genauer ist 18.♗h5+ g6
19.♗g4 0–0–0 20.♗:e6 ♗:e6
21.♖:e6 ♖d7 22.♕f3 ♘d8
23.♖f6! ♖e8 24.♖d1 (Fischer).
In dieser Variante tritt nämlich
deutlich die Schwäche des Feldes f6 zutage.
18. ... 0–0–0 19.♗g4:e6
♗d7:e6 20.♖e1:e6 ♖d8–d7
21.f4–f5 ♘c6–d8 22.♖e6–e3
♕c7–f4!
Schwarz verfügt jetzt über ausreichendes Gegenspiel.
23.♖e3–f3 ♕f4–e4 24.a4–a5!
♘d8–c6?
Ein Fehler. Richtig ist 24. ...
b5. Die Öffnung der a-Linie
darf nicht zugelassen werden.
25.a5:b6 a7:b6 26.♕d1–b1!
♔c8–c7
Auch andere Züge retteten
nicht. Wenn 26. ... ♖b7, so
27.f6! gf 28.♖:f6 d4 29.♕b5
mit stärkerem Angriff.

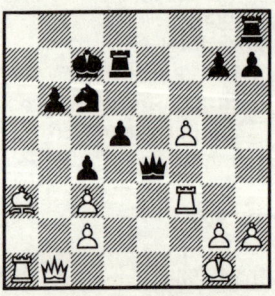

27.♗a3–c1!
Das entscheidende Manöver
des Läufers, der nach f4 will.
27. ... ♕e4–e1+ 28.♖f3–f1

♕e1:c3 29.♗c1–f4+ ♔c7–b7
30.♕b1–b5!
Schwarz gab auf.

Partie Nr. 129
Matschulski–Gurewitsch
Aluschta 1977

1.e2–e4 e7–e6 2.d2–d4 d7–d5
3.♘b1–c3 ♘g8–f6 4.♗c1–g5
♗f8–b4 5.e4–e5 h7–h6
6.♗g5–d2 ♘f6–d7
Besser ist 6. ... ♗:c3.
7.♕d1–g4 ♗b4–f8 8.♘g1–f3
c7–c5 9.d4:c5
Gut ist auch 9.♘b5! (droht
10.♘d6+ ♗:d6 11.♕:g7) g6
10.♗d3 ♖g8 11.c4! cd 12.cd
♘c5 13.♕:d4 ed 14.♘d6+!
♗:d6 15.ed ♕:d6 16.0–0 mit
gefährlichem Angriff (Neshmetdinow–Tschistjakow, Charkow
1956).
9. ... ♘d7:c5 10.b2–b4
♘c5–d7 11.♘c3–b5 g7–g6
12.♗f1–d3 h6–h5?
Die folgende wirkungsvolle
Kombination wird nicht er-
kannt. Es hätte 12. ... ♘c6 gespielt werden müssen.

13.♕g4:e6+! f7:e6

14.♗d3:g6+ ♔e8–e7
15.♗d2–g5+ ♘d7–f6
16.e5:f6+! ♔e7–d7
17.♘f3–e5 matt!

Partie Nr. 130
Frenklach–Achramenko
Mosyr 1981

1.d2–d4 d7–d5 2.♘b1–c3
♘g8–f6 3.♗c1–g5 e7–e6
4.e2–e4 ♗f8–e7 5.♗g5:f6
Stärker ist 5.e5.
5. ... ♗e7:f6 6.e4–e5 ♗f6–e7
7.♘g1–f3
Auf 7.♕g4 kann Schwarz ruhig
rochieren. Zum Beispiel 7. ...
0–0 8.♗d3 c5 9.♕h3 g6 10.dc
♘c6 11.f4 ♗:c5 12.♘f3 f6!
13.♕h6 ♖f7! (Charousek–Maróczy, 1897) oder 9.dc ♘c6
10.f4 f5 11.♕h3 ♕a5!
12.0–0–0 d4 13.♘b1 ♘b4
14.♗c4 ♘:a2+ mit deutlichem
Vorteil für Schwarz.
7. ... 0–0
Nützlicher ist der Gegenstoß
7. ... c5!
8.♗f1–d3 ♘b8–d7?
Immer noch ist Zeit für c5.
Nach dem Textzug geht Weiß
allerdings voll auf Königsangriff.
9.h2–h4!
Weiß ist bereit, den entscheidenden Schlag zu setzen:
10.♗:h7+!
9. ... f7–f6??
Nach diesem Fehlgriff erweist
sich eine ernsthafte Verteidigung als imaginär. Möglich
war 9. ... f5 oder 9. ... h6, obwohl es auch dann für Schwarz

107

schwer ist, die Stellung zu halten.

10.♘f3–g5! f6:g5
11.♗d3:h7+! ♔g8:h7
12.h4:g5+ ♔h7–g8
13.♖h1–h8+!

Das Matt-Finale wird eingeläutet.

13. ... ♔g8:h8

Oder 13. ... ♔f7 14.♕h5+ g6 15.♖h7+.

14.♕d1–h5+ ♔h8–g8
15.g5–g6!

Der Schlußzug einer feinen Kombination. Das Matt ist nicht zu verhindern.

Schwarz gab auf.

Partie Nr. 131
Werner–Kurbassow
Nowosibirsk 1976

1.e2–e4 e7–e6 2.d2–d4 d7–d5
3.♘b1–d2 ♘b8–c6

Schwarz verzichtet auf den Vorstoß seines c-Bauern. Er möchte mit dem Textzug e4–e5 provozieren, um dann f7–f6 spielen zu können.

4.♘g1–f3 ♘g8–f6 5.e4–e5
♘f6–d7 6.♗f1–b5

Gut ist auch 6.♗e2. In der Partie Dolmatow–Sisniega (Graz 1978) folgte: 6. ... f6 7.ef ♕:f6 8.♘f1 e5 9.♘e3! e4 10.♘:d5 ♕d6 11.♗c4 ef 12.♗f4 ♕g6 13.♘:c7+ ♔d8 14.♕:f3 ♘b6 15.♗d3 ♗g4 16.♕g3 ♗f5 17.♕:g6 hg 18.♘:a8 ♘:a8 19.0–0–0 mit gewonnener Stellung für Weiß.

6. ... f7–f6 7.e5:f6 ♕d8:f6
8.♘d2–f1 e6–e5?!

Besser ist 8. ... ♗d6 mit gutem Spiel.

9.♘f1–e3! e5–e4?

Es hätte gespielt werden müssen 9. ... ♘:d4 10.♘:d4 ed 11.♘:d5 ♕e5+ 12.♕e2 ♗d6, auch wenn in diesem Fall die Position von Schwarz schlechter ist.

10.♘e3:d5!

Ein genau berechnetes vorübergehendes Figurenopfer gibt Weiß einen starken Angriff.

10. ... ♕f6–d6 11.♗b5–c4
e4:f3 12.♗c1–f4 ♘d7–e5
13.d4:e5 f3:g2 14.♖h1–g1
♕d6–d8 15.♘d5–f6+!
♔e8–e7

Oder 15. ... gf 16.♕h5+ ♔d7 17.e6+ ♔e7 18.♕f7 matt.

16.♕d1–h5 ♗c8–e6
17.♘f6–g8+! ♔e7–d7

Auf 17. ... ♖:g8 folgt natürlich 18.♗g5+.

18.0–0–0+ ♗f8–d6
19.♗c4:e6+ ♔d7:e6 20.e5:d6

Schwarz gab auf.

Partie Nr. 132
Sorokin–Ulybin
Daugavpils 1986

1.e2–e4 e7–e6 2.d2–d4 d7–d5
3.♘b1–d2 ♘g8–f6 4.e4–e5
♘f6–d7 5.c2–c3 c7–c5
6.♗f1–d3 ♘b8–c6 7.♘g1–e2
c5:d4 8.c3:d4 f7–f6 9.e5:f6

Zu früh käme hier 9.♘f4. Nach 9. ... ♘:d4 10.♕h5+ ♔e7 11.♘g6+ hg 12.ef+ ♔:f6!? 13.♕:h8 ♔f7 14.0–0 ♘c5 15.♗b1 e5 16.♘b3 ♘c:b3 17.ab ♗e6 ist Schwarz im Vorteil (Barle—Portisch, Ljubljana 1973).

9. ... ♘d7:f6 10.♘d2—f3
♗f8—d6 11.0—0 ♕d8—c7
12.g2—g3?!

Plant den Abtausch der schwarzfeldrigen Läufer. Der Textzug schwächt freilich die weiße Rochadestellung. Besser ist deshalb 12.♘c3 oder 12.h3.

12. ... 0—0 13.♗c1—f4
♗c8—d7 14.♖a1—c1 ♘f6—g4
15.♗d3—b5?

Ein Fehler. 15.♕d2 bietet hingegen beiden Seiten Chancen.

15. ... ♗d6:f4 16.♘e2:f4
♖f8:f4!

Durch dieses Qualitätsopfer erhält Schwarz einen starken Angriff.

17.g3:f4 ♕c7:f4 18.♖c1—c3
♖a8—f8 19.h2—h3?

Das verliert forciert.

19. ... ♘c6—e5! 20.d4:e5
Wenn 20.hg, so 20. ... ♕:g4+
21.♔h1 ♘:f3.

20. ... ♗d7:b5 21.♖f1—e1
♘g4:f2! 22.♔g1:f2 d5—d4!!

23. ... ♕h2 matt kann nun nur auf Kosten großer materieller Verluste abgewehrt werden.

23.♖c3—d3 ♕f4—h2+
24.♔f2—f1 ♕h2—g3!
Weiß gab auf.

Partie Nr. 133
Reschewski—Waganjan
Skopje 1976

1.e2—e4 e7—e6 2.d2—d4 d7—d5
3.♘b1—d2 ♘g8—f6 4.e4—e5
♘f6—d7 5.f2—f4

Auf andere Weise kann Weiß keinen Vorteil erhoffen.

5. ... c7—c5 6.c2—c3 ♘b8—c6
7.♘d2—f3

Im Falle von 7.♘gf3 ♕b6 ist der Punkt d4 schwierig zu verteidigen.

7. ... ♕d8—a5

Richtet sich gegen den Zug 8.♗d3.

8.♔e1—f2 ♗f8—e7 9.♗f1—d3

Folgerichtiger und aussichtsreicher ist 9.g3, was dem König auf g2 einen gefahrlosen Standort garantiert.

9. ... ♕a5—b6! 10.♘g1—e2
f7—f6! 11.e5:f6

Schwarz drohte, einen Bauern zu gewinnen: 11. ... cd 12.cd fe 13.fe ♘d:e5.

11. ... ♗e7:f6 12.♔f2—g3
c5:d4 13.c3:d4 0—0
14.♖h1—e1?

Ein Fehler. Verteidigungschancen bot 14.h3!, um danach den König aus der Gefahrenzone nach h2 zu führen. Sicher war es jedoch schwer, die folgende Kaskade glänzender Opfer vorauszusehen.

109

14. ... e6–e5!!
Der Beginn einer glänzenden Kombination.
15.f4:e5
Auf 15.de folgt ebenfalls
15. ... ♞d:e5!
15. ... ♞d7:e5! 16.d4:e5
♝f6–h4+!!
Die „Würze" der Kombination. Nach Annahme des dritten Opfers gerät der weiße König ins Kreuzfeuer der gegnerischen Figuren.
17.♔g3:h4
Es darf nicht 17.♞:h4? gespielt werden wegen 17. ... ♛f2 matt.
17. ... ♜f8:f3!
Es wird buchstäblich alles hinweggefegt, was irgendwie dem weißen König Schutz bietet.
18.♜e1–f1
Zum Matt führt 18.gf ♛f2+ 19.♔g5 h6+ 20.♔f4 g5 matt oder 19.♞g3 ♛:h2+ 20.♔g5 ♛h6 matt!
18. ... ♛b6–b4+! 19.♝c1–f4
♛b4–e7+ 20.♝f4–g5
♛e7–e6 21.♝d3–f5
Eine andere Verteidigung gibt es nicht; wenn 21.h3, so 21. ... ♜:h3+.

21. ... ♜f3:f5 22.♞e2–f4
♛e6:e5
Der Ausgang des Kampfes ist damit geklärt: Schwarz verfügt über ein materielles Übergewicht, und der Angriff ist keineswegs versandet.
23.♛d1–g4 ♜f5–f7
24.♛g4–h5 ♞c6–e7!
25.g2–g4
Es verliert auch 25.♝:e7 ♜:f4+ 26.♜:f4 ♛:f4+ 27.g4 ♛:h2+.
25. ... ♞e7–g6+ 26.♔h4–g3
♝c8–d7 27.♜a1–e1 ♛e5–d6
28.♝g5–h6 ♜a8–f8
In dieser Stellung fiel das Fähnchen auf der Uhr von Weiß, die Partie war somit verloren.

Partie Nr. 134
Korsubow–Podgajezki
Charkow 1979

1.e2–e4 e7–e6 2.d2–d4 d7–d5
3.♞b1–d2 c7–c5 4.e4:d5
e6:d5 5.♝f1–b5+ ♞b8–c6
6.♞g1–f3 a7–a6?!
Zwingt den Läufer, auf c6 zu schlagen. Besser ist trotzdem 6. ... ♝d6.
7.♝b5:c6+ b7:c6 8.0–0
c5–c4?
Nach 8. ... cd 9.♜e1+ ♝e7 10.♞b3 oder 8. ... ♝d6 9.dc ♝:c5 10. ♞b3 ♝b6 11.♝e3 ist die Überlegenheit von Weiß deutlich. Der Textzug ist freilich noch schwächer.
9.♞f3–e5 ♛d8–c7
10.♛d1–e2 ♝f8–e7 11.b2–b3
c4:b3 12.♞d2:b3!
Nicht schlecht ist 12.ab oder

12.cb, aber Weiß will seine Figuren schnell ins Spiel bringen.

12. ... ♝c8–e6 13.♝c1–f4 ♛c7–c8 14.♘b3–a5 c6–c5 15.♜a1–b1! ♘g8–f6

Spät erinnert sich Schwarz daran, daß es unerläßlich ist, die Figuren des Königsflügels zu entwickeln.

16.♘e5–c6 c5:d4?

Ein Fehler in einer wahrlich schwierigen Stellung.

17.♜b1–b7 ♝e7–c5

Es gibt keine Rettung. Wenn 17. ... ♝d8, so 18.♘:d8 ♛:d8 19.♘c6 ♛c8 20.♜c7 oder 18. ... ♔:d8 19.♜c7, wobei jedesmal die Dame verlorengeht.

18.♜b7–c7!

Ein „Matt" der schwarzen Dame.

Schwarz gab auf.

Partie Nr. 135
Altschuller–Gilesetdinow
Fernpartie 1971

1.e2–e4 e7–e6 2.d2–d4 d7–d5 3.♘b1–d2 c7–c5 4.♘g1–f3 ♘b8–c6 5.♝f1–b5 c5:d4 6.0–0!?

Von Aljechin empfohlen.

6. ... ♘g8–f6

Besser ist 6. ... a6. In der Partie Puc–Matanović (Jugoslawien 1951) folgte 7.♝:c6+ bc 8.♘:d4 c5 9.♘f3 ♘f6 10.ed ed 11.♜e1+ ♝e7 12.♘e5 ♝b7 mit gleichen Chancen.

7.♘f3:d4 ♛d8–b6?

Es hätte 7. ... ♝d7 gespielt werden müssen.

8.e4:d5 ♘f6:d5

Auf 8. ... ed ist 9.♜e1+ unangenehm.

9.♘d2–c4 ♛b6–c7 10.♘c4–e5! ♝c8–d7 11.♘e5:d7 ♛c7:d7 12.c2–c4 ♘d5–b6 13.♛d1–f3! a7–a6

Der Bauernverlust ist unvermeidlich, doch es bleibt nicht dabei. Wenn 13. ... ♜c8, so 14.♜d1! ♛c7 15.♝f4.

14.♝b5:c6 b7:c6 15.♘d4:c6 ♝f8–d6 16.♜f1–d1 ♛d7–c7 17.♜d1:d6! ♛c7:d6 18.♝c1–f4 ♛d6–d7 19.♘c6–e5 ♛d7–c8 20.♝f4–e3 f7–f6 21.♛f3–h5+ ♔e8–e7 22.♛h5–f7+ ♔e7–d6 23.♜a1–d1+ ♔d6:e5 24.♛f7–h5+ f6–f5 25.♛h5–g5

Dem König ist jeder Rückweg damit abgeschnitten. Eine Alternative ist 25.♝f4+! ♔:f4 26.♛h4+ ♔e5 27.♛d4 matt oder 25. ... ♔f6 26.♝g5+ ♔e5 27.♛e2 matt.

25. ... ♘b6–d5 26.♜d1:d5+!

Anziehend ist auch ein solches Finale: 26.♝f4+! ♘:f4 27.♛:g7+ ♔e4 28.♛d4 matt.

Schwarz gab auf.

Partie Nr. 136
Ajanski–Dontschew
Warna 1978

1.e2–e4 e7–e6 2.d2–d3 d7–d5 3.♘b1–d2 ♘g8–f6 4.♘g1–f3 b7–b6 5.g2–g3 ♝c8–b7 6.e4–e5 ♘f6–d7 7.♝f1–g2 c7–c5 8.0–0 ♘b8–c6 9.♜f1–e1 ♛d8–c7 10.♛d1–e2 ♝f8–e7 11.c2–c3?

111

Ein schablonenhafter Zug, der es Schwarz ermöglicht, die Initiative zu ergreifen. Es hätte 11.♘f1 gespielt werden müssen.

11. ... g7–g5!
Jetzt droht 12. ... g4 mit Angriff auf den Bauern e5.

12.h2–h3 h7–h5 13.♘d2–b3?
Besser ist 13.♘f1. Auf dem Damenflügel befindet sich dieser Springer nämlich im Abseits.

13. ... g5–g4 14.h3:g4 h5:g4 15.♘f3–h2 ♛c7:e5 16.♘h2:g4 ♛e5–h5 17.♗c1–f4 d5–d4 18.c3:d4??
In schlechterer Stellung übersieht Weiß eine schöne, wenn auch nicht schwer zu findende Gewinnabwicklung für Schwarz. Der Läufer auf b7 demaskiert sich ...

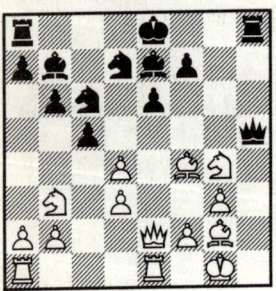

18. ... ♘c6:d4 19.♘b3:d4 ♛h5–h1+!
Weiß gab auf.

Sizilianische Verteidigung

1.e2–e4 c7–c5
Sie ist eine der populärsten Eröffnungen, vor allem, weil Schwarz nie eine ganz passive Rolle spielt. Mit dem Abtausch des c-Bauern gegen den zentralen weißen d-Bauern erhält der Nachziehende Gelegenheit, auf der c-Linie zu operieren und sie zur Übernahme der Initiative am Damenflügel zu nutzen. Weiß antwortet meistens mit einem Angriff im Zentrum und am Königsflügel. Der sich entwickelnde Kampf ist durch die Vielfalt der Möglichkeiten, Dynamik, Kompliziertheit und Schärfe charakterisiert. Bezeichnend für die heutige Beliebtheit der Sizilianischen Verteidigung ist, was Evans schrieb: „Wer sich nicht auf einen Zug gegen 1. ... c5 vorbereitet hat, sollte nicht mit 1.e2–e4 beginnen."

Partie Nr. 137
Oliver–Bennett
Aberdare 1984

1.e2–e4 c7–c5 2.d2–d4 c5:d4 3.c2–c3
Das Morra-Gambit führt zu einem scharfen Kampf.

3. ... d4:c3 4.♘b1:c3 ♘b8–c6 5.♘g1–f3 e7–e6 6.♗f1–c4 d7–d6 7.0–0 ♗f8–e7 8.♛d1–e2 a7–a6
Besser ist 8. ... ♘f6, und wenn 9.♖d1, so 9. ... e5.

9. ♖f1–d1 b7–b5?!
Natürlich schwächt das die
schwarze Stellung. Es hätte
deshalb 9. ... ♗d7 gespielt
werden müssen.
10.♗c4–b3 ♗c8–b7?
Auch hier ist richtig 10. ...
♗d7, um auf 11.♗f4 die Erwiderung 11. ... e5 zu haben.
11.♗c1–f4 ♛d8–c7
12.♖a1–c1 e6–e5
Es drohte 13.♘d5! Der Textzug
gibt den wichtigen Punkt d5
auf, der von einem weißen
Springer sofort besetzt wird.
13.♘c3–d5 ♛c7–d8
14.♗f4–e3 ♖a8–c8 15.a2–a4!
b5–b4 16.♛e2–c4!
Schwarz kann bereits nicht
mehr ohne Verlust den Punkt
f7 verteidigen und gerät in
einen vernichtenden Angriff.
16. ... ♘c6–d4 17.♘d5–c7+
Möglich ist auch 17.♘f6+
♘:f6 18.♛:f7+ ♔d7
19.♗e6+! ♘:e6 20.♘:e5 matt.
17. ... ♔e8–d7
Es folgte ein glänzendes Finale
mit einem originellen und schönen Matt.

18.♛c4–e6+!! f7:e6

19.♗b3:e6+! ♘d4:e6
20.♘f3:e5 matt!

Partie Nr. 138
Wakulenko–Beresa
Gomel 1983

1.e2–e4 c7–c5 2.♘g1–f3
e7–e6 3.d2–d4 c5:d4 4.c2–c3
Weiß bietet ein Bauernopfer
für Initiative an.
4. ... ♘g8–f6 5.e4–e5
♘f6–d5 6.c3:d4 ♘b8–c6
7.♘b1–c3 ♘d5:c3 8.b2:c3
d7–d6 9.♗f1–d3?!
Vorteil für Weiß verspricht 9.ed
♗:d6 10.♗d3. Zum Beispiel
10. ... ♛a5 11.0–0 ♛:c3?
12.♖b1 0–0 13.♖b3 ♛a5
14.♗:h7+ ♔:h7 15.♘g5+
♔g6 16.♖h3 ♗d7 17.♘e4.
Schwarz gab auf (Markland–
Klundt, Madrid 1971). Auf
12. ... h6 ist möglich 13.d5! ed
14.♗b2 ♛a5 15.♗:g7 mit Angriff.
9. ... ♛d8–c7
Eine Verzögerung in der Entwicklung ist immer gefährlich.
Aufmerksamkeit verdient daher
9. ... de 10.de ♗e7.
10.0–0! d6:e5 11.d4:e5 ♘c6:e5
Für den geopferten Bauern
wird Weiß mehr als ausreichende Kompensation haben.
12.♘f3:e5 ♛c7:e5 13.♖f1–e1
♛e5–d6
13. ... ♛:c3 ist zu riskant auch
wegen 14.♗b5+.
14.♛d1–f3 ♗f8–e7
15.♗c1–f4 ♛d6–c6
16.♗d3–e4 ♛c6–c5
17.♖a1–d1 0–0?

113

18.♗e4:h7+! ♔g8:h7
19.♖e1–e5 ♕c5:e5
Die Dame muß schon dran
glauben, andernfalls entscheidet 20.♖h5+ ♔g8 21.♕h3.
20.♗f4:e5 f7–f6 21.♗e5–c7
e6–e5 22.a2–a4 a7–a5
23.h2–h3 ♖a8–a6 24.♕f3–d5
♖a6–c6 25.♗c7:a5
Schwarz gab auf.

Partie Nr. 139
Tschiburdanidse–Andrejewa
Tbilissi 1973

1.e2–e4 c7–c5 2.c2–c3
♘g8–f6 3.e4–e5 ♘f6–d5
4.d2–d4 c5:d4 5.c3:d4 d7–d6
6.♘g1–f3 ♘b8–c6 7.♘b1–c3
♘d5:c3
Genauer ist 7. ... de, und wenn
8. de, so 8. ... ♘:c3 mit guter
Stellung.
8.b2:c3 d6:e5?
Es hätte 8. ... e6 gespielt werden müssen.
9.d4–d5! e5–e4 10.♘f3–g5!
♘c6–e5 11.♘g5:e4 ♕d8–c7
12.♕d1–d4!
Im Zentrum regiert die weiße
Dame.
12. ... ♗c8–d7 13.♗c1–a3

f7–f6 14.d5–d6 ♕c7–c6
15.d6:e7 ♗f8:e7 16.♗a3:e7
♔e8:e7 17.♕d4–b4+ ♔e7–f7
18.f2–f4! ♖h8–e8!?
Eine interessante Gegenchance.
Durch ein Figurenopfer hofft
Schwarz die Stellung des gegnerischen Königs im Zentrum
auszunutzen.
19.f4:e5 ♖e8:e5 20.0–0–0!
Der König wird aus der gefährlichen Zone abgezogen, und
gleichzeitig steht nun ein weißer Turm in der d-Linie.
20. ... ♖e5:e4 21.♖d1:d7+
♔f7–e8

22.♖d7–e7+!!
Ein elegantes Finale. Auf 22. ...
♖:e7 folgt 23.♗b5!
Schwarz gab auf.

Partie Nr. 140
Lukin–Schuschpanow
Leningrad 1981

1.e2–e4 c7–c5 2.♘g1–f3
♘g8–f6 3.e4–e5 ♘f6–d5
4.d2–d4 c5:d4 5.c2–c3
♘b8–c6 6.♗f1–c4 ♘d5–b6
7.♗c4–b3 d7–d5 8.e5:d6 e. p.
♕d8:d6

Aufmerksamkeit verdient 8. ...
e6 mit folgendem 9. ... ♗:d6.
9.0–0 d4–d3?!
Ein ungünstiger Zug. Besser ist
9. ... ♗e6!
10.♘b1–a3 ♗c8–f5?
Das Festhalten an dem Mehrbauern ist fehlerhaft, gestattet
es doch Weiß, seine Kräfte
schnell zu entfalten. Hartnäckiger ist 10. ... a6.
11.♘a3–b5 ♕d6–d7
12.♗c1–f4 ♖a8–c8
13.♘b5:a7!
Eine Kombination zum Thema
„Ablenkung".
**13. ... ♘c6:a7 14.♘f3–e5
♕d7–c7**
Auf 14. ... ♕d6 ist möglich
15.♗:f7+ ♔d8 16.♗h5, und
um Schwarz steht es sehr
schlecht.
**15.♗b3:f7+ ♔e8–d8
16.♘e5:d3 e7–e5**
Wenn 16. ... ♕d7, so 17.♘e5!
**17.♘d3:e5+ ♘b6–d7
18.♗f7–h5 ♔d8–e7
19.♗f4–g5+ ♘d7–f6**
Oder 19. ... ♔e6 20.♗f7+
♔:e5 21.♕d4 matt.
**20.♖f1–e1 ♔e7–e6
21.♕d1–b3+**
Schwarz gab auf.

Partie Nr. 141
Gersow–Schakirow
Belebej 1978

**1.e2–e4 c7–c5 2.♘g1–f3
♘b8–c6 3.b2–b4**
Genauer ist es offensichtlich,
beim zweiten Zug den b-Bauern zu opfern: 2.b4.

3. ... c5:b4
Aufmerksamkeit verdiente 3. ...
♘:b4. Nach 4.c3 ♘c6 5.d4
kann Schwarz erwidern 5. ...
d5! mit guter Stellung.
**4.d2–d4 d7–d5 5.e4:d5
♕d8:d5 6.c2–c4!**
Nur ein entschlossenes Spiel
kann das Gambit rechtfertigen.
**6. ... b4:c3 e. p. 7.♘b1:c3
♕d5–a5 8.♗c1–d2**
Auf 8.d5 hat Schwarz eine ausgezeichnete Antwort zur Verfügung: 8. ... e6!
**8. ... ♘g8–f6 9.♗f1–b5
e7–e6?**
Ein Schablonenzug. Besser ist
es, mit 9. ... a6 den Läufer zu
befragen.
**10.♘f3–e5 ♗c8–d7
11.♘e5:d7 ♘f6:d7 12.d4–d5!
e6:d5 13.♘c3:d5 ♕a5–d8
14.♕d1–e2+ ♗f8–e7 15.0–0
♘c6–d4**
Es verliert 15. ... a6 wegen
16.♗:c6 bc 17.♗a5!
16.♕e2–g4! ♘d4–e6
Wenn 16. ... ♘:b5, so
17.♕:g7 mit entscheidenden
Drohungen.
17.♘d5:e7 ♔e8:e7
Auf 17. ... ♕:e7 hätte
18.♗b4! folgen müssen.
**18.♗d2–b4+ ♘d7–c5
19.♗b4:c5+ ♘e6:c5
20.♕g4–g5+**
Schwarz gab auf.

Partie Nr. 142
Kowaljew–Obshigalow
Minsk 1981

1.e2–e4 c7–c5 2.♘g1–f3
a7–a6
Das Feld b5 verteidigend,
plante Schwarz als Antwort auf
den natürlichen Zug 3.d4 cd
4.♘:d4 ♘f6 5.♘c3 e7–e5 mit
nicht schlechten Gegenchancen. Weiß hat dennoch die
Auswahl.
3.b2–b4!?
Die Theorie empfiehlt als am
stärksten 3.c4!, aber auch der
Übergang auf die Gleise des Sizilianischen Gambits ist durchaus akzeptabel für Weiß.
3. ... c5:b4 4.d2–d4 ♘g8–f6?
Es hätte gespielt werden müssen 4. ... d5 5.ed ♘f6.
5.e4–e5 ♘f6–d5 6.♘f3–g5!
Mit Drohungen 7.♘:f7 und
7.♕f3.
6. ... e7–e6 7.♗f1–d3
♗f8–e7
Schlecht ist 7. ... h6? wegen
8.♕h5 ♕e7 9.♘:f7!
8.h2–h4 ♘b8–c6 9.♕d1–f3
♗e7:g5 10.h4:g5 g7–g6
Wenn 10. ... ♘:d4, so 11.♕e4
♘f5 12.g4.
11.♘b1–d2! ♘c6:d4
12.♕f3–e4 ♘d4–b5
Den Punkt d6 hat Schwarz unter Kontrolle genommen und
hofft so auf erfolgreiche Verteidigung. Aber eine feine Antwort des Gegners zerstört seinen Wunsch.

13.c2–c4! b4:c3 e. p.
14.♘d2–c4
Es soll folgen 15.a4 ♘c7
16.♗a3.
14. ... ♘d5–b6 15.♘c4–d6+
♘b5:d6 16.e5:d6 ♘b6–d5
17.♕e4–e5 ♖h8–g8
Auf 17. ... f6 ist möglich
18.♗:g6+ ♔f8 19.♕h2, und
Weiß hat schnell die Nase
vorn. Wenn 17. ... 0–0, so
18.♕h2 h5 19.g4 ♔g7
20.♕e5+ f6 21.♕e4 mit entscheidendem Angriff.
18.♖h1:h7 b7–b5 19.♕e5–g7!
Schwarz gab auf.

Partie Nr. 143
Jordanow–Spiridonow
Sofia 1964

1.e2–e4 c7–c5 2.♘g1–f3
♘b8–c6 3.d2–d4 c5:d4
4.♘f3:d4 g7–g6 5.♘d4:c6
Häufiger wird gespielt 5.♘c3
oder 5.c4.
5. ... b7:c6 6.♕d1–d4
♘g8–f6 7.e4–e5 ♘f6–g8
8.♗f1–c4
Zu gleichem Spiel führt 8.e6
♘f6 9.ef+.
8. ... ♗f8–g7 9.♕d4–f4?

116

Der Versuch, mit geringen Kräften anzugreifen, führt für Weiß zu einer schwierigen Stellung. Richtig ist 9.0–0.

9. ... ♕d8–a5+! 10.♔e1–f1 f7–f5 11.e5:f6 e. p. ♘g8:f6 12.♗c1–d2 ♕a5–b6 13.♘b1–c3 d7–d5!

Fehlerhaft ist 13. ... ♕:b2? wegen 14.♖b1 ♕:c2 15.♖b8!

14.♘c3–a4 ♕b6–d8 15.♗c4–d3 0–0 16.f2–f3 e7–e5! 17.♕f4–g5

Wenn 17.♕:e5?, so 17. ... ♘e4!, und die weiße Dame sitzt in der Falle.

17. ... e5–e4 18.♗d3–e2 e4:f3 19.♗e2:f3

Schlecht ist auch 19.gf ♘e4!, und Schwarz gewinnt: 20.♕:d8 ♘:d2+ 21.♔e1 ♘:f3+ oder 20.♕e3 ♗h3+ 21.♔g1 ♘:d2 22.♕:d2 ♗g5+!! 23.♕:g5 ♗d4+ 24.♕e3 ♗:e3 matt.

19. ... ♗c8–a6+ 20.♔f1–g1 ♘f6–e4! 21.♕g5–e3

Auf 21.♕:d8 natürlich 21. ... ♗d4+.

21. ... ♘e4:d2 22.♕e3:d2 ♕d8–g5! 23.♖a1–d1

Falls 23.♕f2, so entscheidet 23. ... ♖:f3!! 24.♕:f3 ♗d4+.

23. ... ♖f8:f3!! 24.♕d2:g5 ♗g7–d4+!!

Ein wirkungsvolles Finale. Auf 25.♖:d4 folgt 25. ... ♖f1 matt.

Weiß gab auf.

Partie Nr. 144
I. Saizew–Dietze
Polanica Zdrój 1970

1.e2–e4 c7–c5 2.♘g1–f3 ♘b8–c6 3.d2–d4 c5:d4 4.♘f3:d4 g7–g6 5.♘b1–c3 ♗f8–g7 6.♗c1–e3 ♘g8–f6 7.♗f1–c4 ♕d8–a5

Mit dieser taktischen Finesse begegnet Schwarz dem Plan des Gegners, nach der Damenseite zu rochieren.

8.0–0

Wenn 8.♕d2?, so 8. ... ♘:e4 9.♘:c6 ♕:c3! oder 8.f3 ♕b4! 9.♗b3 ♘:e4! 10.♘:c6 ♗:c3+ 11.bc ♕:c3+ 12.♔e2 dc (13.♗d4? e5!) 13.♕g1 ♘f6 14.♗d4 ♕b4 15.♕e3 0–0, und Schwarz hat zwei gesunde Mehrbauern.

8. ... 0–0

8. ... ♕b4 scheitert an 9.♗b3 ♘:e4? 10.♘:c6 bc 11.a3! ♘:c3 12.♕f3!

9.♗c4–b3 d7–d6 10.h2–h3 ♗c8–d7 11.f2–f4 ♖a8–c8

Genauer ist 11. ... ♘:d4 12.♗:d4 ♗c6 oder 11. ... ♕h5.

12.♘d4–f3! ♖f8–d8?

Besser ist 12. ... ♕h5.

13.♕d1–e1 ♗d7–e8 14.f4–f5! b7–b5

Wenn 14. ... gf 15.ef ♕:f5, so

16.♘h4! und danach ♘f5 mit
sehr starkem Angriff.
15.f5:g6 h7:g6 16.♕e1–h4
♘c6–e5 17.♘f3–g5 ♘e5–c4
18.♘c3–d5 ♘c4:e3
Zum Matt führte 18. ... ♘:d5?
19.♕h7+ ♔f8 20.♘e6 matt.

19.♘d5:e7+!
Mit einer Reihe effektvoller Opfer durchbricht Weiß die Kö-
nigsbastion des Gegners.
19. ... ♔g8–f8 20.♘e7:g6+!
f7:g6 21.♖f1:f6+! ♔f8–e7
Auf 21. ... ♗:f6 entscheidet
22.♕h6+ ♗g7 23.♘e6+.
22.♖f6–f2 b5–b4
23.♘g5–e6+ g6–g5
24.♕h4–h7 ♕a5–e5
25.♘e6:g7!
Schwarz gab auf.

Partie Nr. 145
Marjassin–Kapengut
Soligorsk 1983

1.e2–e4 c7–c5 2.♘g1–f3
♘b8–c6 3.d2–d4 c5:d4
4.♘f3:d4 g7–g6 5.♘b1–c3
♗f8–g7 6.♗c1–e3 ♘g8–f6
7.♗f1–c4 ♕d8–a5 8.0–0 0–0
9.♗c4–b3 d7–d6 10.h2–h3

♗c8–d7 11.♖f1–e1 ♕a5–h5
12.♕d1–d2 b7–b5 13.♘d4:c6
Wenn 13.♘d:b5, so 13. ...
♘:e4!
13. ... ♗d7:c6 14.♘c3–d5
♖f8–e8?
Auch nach 14. ... ♗:d5 hat
Weiß deutlichen Vorteil. Die
schwarze Misere begann mit
dem ungenauen Zug 11. ...
♕h5, besser ist 11. ... ♖fe8.
Nun brennt Weiß ein taktisches
Feuerwerk ab.
15.♘d5:e7+! ♖e8:e7
16.♕d2:d6 ♖a8–e8
17.♕d6:c6 ♘f6:e4
18.♖a1–d1! ♗g7:b2
19.♗e3:a7 ♗b2–c3
Die Glut des Kampfes hat den
Höhepunkt erreicht. Es scheint,
als wäre es Schwarz gelungen,
Drohungen aufzustellen, aber
Weiß löst die Probleme mit
einem genau berechneten Qualitätsopfer.
20.f2–f3! ♗c3:e1 21.♖d1:e1
♖e8–d8
Es verliert 21. ... ♘f6 22.♖:e7
♖:e7 23.♕:f6 ♖:a7 24.♕d8+
nebst 25.♕d4+ oder 21. ...
♘g5 22.♖:e7 ♖:e7 23.♕c8+
♔g7 24.♗d4+.
22.♗a7–c5! ♖e7–e8 23.f3:e4
♖d8–c8
Eine neue weiße Angriffswoge!
24.♗b3:f7+! ♔g8:f7
Die Alternative: 24. ... ♔g7
25.♗d4+ ♔:f7 26.♕f6+ und
27.♕g7 matt.
25.♕c6–d7+
Auf 25. ... ♔g8 folgt 26.♗d4
♕h6 27.♕d5+ ♔f8 28.♖f1+.
Schwarz gab auf.

Partie Nr. 146
Groten–J. Wladimirow
Graz 1981

1.c2–c4 c7–c5 2.♘g1–f3
♘b8–c6 3.d2–d4 c5:d4
4.♘f3:d4 ♘g8–f6 5.♘b1–c3
g7–g6 6.e2–e4 ♗f8–g7
7.♗c1–e3 0–0 8.♗f1–e2
d7–d6
Durch Zugumstellung ist eine
Stellung des Drachensystems
der Sizilianischen Verteidigung
entstanden, bei der Weiß die
Blockadevariante von Maróczy
anwendet.
9.0–0 ♗c8–d7 10.f2–f4?!
Im Geist der Variante wäre
10.♕d2 a6 11.f3 mit besseren
Aussichten für Weiß.
10. ... a7–a6 11.♔g1–h1
♖a8–c8 12.♖a1–c1 ♖f8–e8
13.♘d4–b3 ♘c6–a5!
Ein interessanter Plan. Schwarz
nutzt die Schwächung der Bauernstruktur und bietet ein
scharfes Opfer der Figur an.
14.e4–e5
Die Herausforderung wird angenommen.
14. ... ♘a5:c4 15.♗e3–d4
Wenn 15.♗:c4, so 15. ...
♘g4!
15. ... ♘c4:b2 16.♕d1–d2
d6:e5 17.f4:e5 ♘b2–c4
18.♗e2:c4 ♖c8:c4 19.e5:f6
e7:f6 20.♕d2–f2
Besser ist 20.♘d5!
20. ... ♗d7–c6 21.♖c1–d1
Es darf nicht gespielt werden
21.♗:f6? ♗:f6 22.♕:f6 ♕:f6
23.♖:f6 wegen 23. ... ♖:c3!
21. ... ♕d8–c7 22.♖d1–d3

Wieder geht nicht 22.♗:f6
♗:f6 23.♕:f6 wegen 23. ...
♖:c3! 24.♕:c3 ♗:g2+.
22. ... f6–f5 23.♗d4:g7
♔g8:g7 24.♘c3–d5?
Ein pseudoaktiver Zug. Es hätte
24.♕b2 gespielt werden müssen.
24. ... ♕c7–e5! 25.♕f2–d2
♖e8–d8 26.♖f1–d1 ♖c4–e4
27.h2–h3?
Ein Versehen in schwieriger
Stellung.
27. ... ♖d8:d5 28.♖d3:d5
♗c6:d5
Es wird klar, daß der geplante
Zug 29.♕:d5 zum Damenver-
lust nach 29. ... ♖e1+! führt.
Weiß gab auf.

Partie Nr. 147
Larsen–T. Petrosjan
Santa Monica 1966

1.e2–e4 c7–c5 2.♘g1–f3
♘b8–c6 3.d2–d4 c5:d4
4.♘f3:d4 g7–g6 5.♗c1–e3
♗f8–g7 6.c2–c4 ♘g8–f6
7.♘b1–c3 ♘f6–g4
Ein geistreicher Versuch, Gegenspiel zu erlangen.
8.♕d1:g4 ♘c6:d4 9.♕g4–d1
♘d4–e6 10.♕d1–d2 d7–d6
11.♗f1–e2 ♗c8–d7 12.0–0
0–0 13.♖a1–d1 ♗d7–c6
14.♘c3–d5 ♖f8–e8
Besser ist 14. ... ♘c5!, und
falls 15.♕c2, so 15. ... ♘:e4
16.♕:e4 e6; auf 15.f3 ist möglich 15. ... a5 mit gleichen
Chancen.
15.f2–f4 ♘e6–c7 16.f4–f5!
♘c7–a6 17.♗e2–g4

119

Nach Ansicht Larsens ist 17.b4 stärker, was die Überführung des Springers nach c5 verhindert.

17. ... ♘a6–c5 18.f5:g6 h7:g6
19.♕d2–f2 ♖e8–f8 20.e4–e5!
Ein feines Bauernopfer, das die weitere Aktivierung der weißen Figuren fördert.

20. ... ♗g7:e5 21.♕f2–h4
♗c6:d5 22.♖d1:d5 ♘c5–e6?
Ein entscheidender Fehler. Doch um ihn auszunutzen, war ein glänzendes Spiel erforderlich. Richtig ist 22. ... e6, zum Beispiel 23.♕:d8 ♖f:d8 24.♖:e5 de 25.♗:c5 f5, und der Kampf setzt sich fort.

23.♖f1–f3 ♗e5–f6
Hartnäckiger ist 23. ... f5.

24.♕h4–h6 ♗f6–g7

25.♕h6:g6!!
Die Quintessenz des Planes.

25. ... ♘e6–f4
Es verlor 25. ...fg 26.♗:e6+ ♔h7 27.♖h3+ ♗h6 28.♗:h6 g5 29.♗:f8+ ♔g6 30.♖h6 matt; 28. ... ♖f5 29.♖:f5 gf 30.♗f7!

26.♖f3:f4 f7:g6 27.♗g4–e6+ ♖f8–f7

Oder 27. ... ♔h7 28.♖h4+ ♗h6 29.♗:h6 g5 30.♖:g5 ♕b6+ 31.c5!

28.♖f4:f7 ♔g8–h8
29.♖d5–g5! b7–b5
30.♖g5–g3
Schwarz gab auf.

Partie Nr. 148
Bukić–Romanischin
Moskau 1977

1.d2–d4 g7–g6 2.c2–c4 c7–c5
3.♘g1–f3 c5:d4 4.♘f3:d4
♘b8–c6 5.e2–e4 ♘g8–f6
6.♘b1–c3 d7–d6 7.♗f1–e2
♘c6:d4 8.♕d1:d4 ♗f8–g7
9.♗c1–g5 ♗c8–e6 10.0–0
0–0 11.♕d4–d2
Es drohte 11. ... ♘d5.

11. ... ♖a8–c8 12.b2–b3
b7–b5?!
Das sieht zweifellos vielversprechend aus, denn 13.♘:b5 geht nicht wegen 13. ... ♘:e4, auf 13.cb ist 13. ... ♖:c3! stark. In seinen Überlegungen hat Schwarz einen kräftigen Zwischenzug des Partners übersehen. Besser ist 12. ... ♕a5.

13.e4–e5!
Jetzt ist auf 13. ... de 14.♕:d8 ♖f:d8 15.♘:b5 mit besserer Stellung für Weiß möglich.

13. ... b5–b4
Diese Fortsetzung bringt Schwarz in eine schwierige Lage.

14.e5:f6 e7:f6 15.♗g5–e3
b4:c3 16.♕d2:c3 f6–f5
17.♗e3–d4 ♗g7:d4
18.♕c3:d4 ♕d8–a5
19.♖f1–d1!

Verfrüht ist 19.♕:d6 wegen
19. ... ♖fd8 mit Gegenspiel.
**19. ... ♖f8–d8 20.♗e2–f3
♖c8–c5 21.♕d4–f6! ♖d8–d7**
Schlecht ist 21. ... ♖e5 22.c5!
♖:c5 23.b4!, und Weiß ge-
winnt. Der Textzug schwächt
freilich die schwarze Grundreihe sträflich.

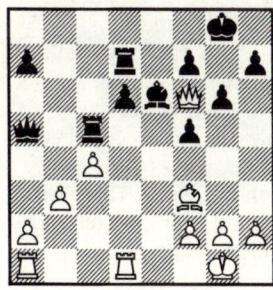

22.b3–b4!!
Dieses Bauernopfer gestattet es
Weiß, den Umstand gewinn-
bringend auszunutzen.
**22. ... ♕a5:b4 23.♖d1–b1
♕b4:c4**
Es scheint so, als ob Schwarz
sich einen Schutzwall auf der
c-Linie aufbaut, aber es folgt
eine neuerliche Überraschung
mit bösen Folgen ...
24.♗f3–e2!
Wenn nun 24. ... ♕c3, so
25.♖b8+ ♖c8 26.♕:c3, aber
auf 24. ... ♕c2 folgt 25.♗d3!
Schwarz gab auf.

Partie Nr. 149
Malanjuk–Mordassow
Alma-Ata 1980

**1.e2–e4 c7–c5 2.♘g1–f3
d7–d6 3.d2–d4 c5:d4
4.♕d1:d4 a7–a6 5.♗c1–e3
♘b8–c6 6.♕d4–d2 ♘g8–f6
7.♘b1–c3 e7–e6 8.0–0–0
b7–b5?**
Ohne die Entwicklung zu beenden, leitet Schwarz einen Angriff am Damenflügel ein. Richtig war 8. ... ♗e7.
9.e4–e5!
Ein wirkungsvoller Gegenangriff im Zentrum widerlegt die
riskante Taktik des Gegners.
**9. ... d6:e5 10.♕d2:d8+
♘c6:d8**

11.♘c3:b5!!
Darauf kam es an. Obwohl die
Damen getauscht sind, erhält
Weiß eine gefährliche Initiative.
11. ... a6:b5
Die Annahme des Opfers ist erzwungen.
**12.♗f1:b5+ ♗c8–d7
13.♖d1:d7! ♘f6:d7
14.♖h1–d1 ♖a8–a5**
Es drohte 15.♖:d7!

15.♗b5:d7+ ♔e8–e7
16.c2–c4! e5–e4 17.♘f3–g5
♕d8–b7 18.♗d7–c6 ♘b7–d6
19.c4–c5! ♘d6–f5 20.♘g5:e4
Die Lage von Schwarz ist hoffnungslos. Wenn 20. ... ♘:e3,
so 21.♖d7+ ♔e8 22.♖a7+.
20. ... ♖a5–a7 21.♗e3–f4
f7–f6 22.♗f4–b8
Schwarz gab auf.

Partie Nr. 150
Pugatschew–Desjatkow
Kurgan 1982

1.e2–e4 c7–c5 2.♘g1–f3
d7–d6 3.d2–d4 c5:d4
4.♘f3:d4 ♘g8–f6 5.♘b1–c3
e7–e5?!
Ein Zug, der keinen guten Ruf
genießt, obwohl man ihm bei
wichtigen Wettkämpfen begegnet.
6.♗f1–b5+ ♘b8–d7
7.♘d4–f5 a7–a6 8.♗b5–a4
Prinzipieller ist 8.♗:d7+ ♕:d7
9.♗g5!
8. ... b7–b5 9.♗a4–b3
♘d7–c5 10.♗c1–g5 ♗c8:f5
11.e4:f5 ♗f8–e7 12.♗g5:f6
♗e7:f6 13.♗b3–d5 ♖a8–c8
14.b2–b4?
Nach dem Rückzug des
schwarzen Springers hofft
Weiß das Feld e4 zu beherr-
schen, doch der Zwischenzug
des Gegners zerstört diese Illusion.
14. ... e5–e4! 15.♘c3–e2
♘c5–a4
Möglich war auch 15. ...
♗:a1. Beispielsweise 16.♕:a1
♘d7 17.♕:g7 ♕f6 18.♗:f7+

♔e7 19.♕:f6+ ♘:f6 mit besseren Chancen für Schwarz.
16.♖a1–b1 0–0 17.0–0
Aber nicht 17.♗:e4? wegen
17. ... ♖e8 18.♗d3 ♘c3 oder
18.f3 d5! 19.♕:d5 ♕:d5
20.♗:d5 ♘c3.
17. ... ♕d8–e7 18.♖b1–b3
♖f8–e8 19.♘e2–f4 ♕e7–d7
Stärker ist 19. ... ♘c3!, und
wenn 20.♕h5, so 20. ... ♗e5
21.♘g6 ♕f6 oder sogar 20. ...
e3! mit großem Vorteil.
20.♕d1–h5 ♖e8–e5?
Hier war für den Nachziehenden, 20. ... ♘c3 unerläßlich,
wodurch der weiße Turm auf
b3 nicht am Königsflügel wirksam werden kann.

21.♕h5:h7+!!
Ein schönes Damenopfer. Im
Falle von 21. ... ♔:h7
22.♖h3+ ♔g8 23.♘g6! ver-
mag Schwarz nicht dem Matt
zu entrinnen.
21. ... ♔g8–f8 22.♖b3–h3
♘a4–b6? 23.♕h7–g8+!
Wenn 23. ... ♔:g8, so
24.♘g6!, und das Matt ist
nicht zu verhindern.
Schwarz gab auf.

Partie Nr. 151
Begun–Marjassin
Minsk 1967

1.e2–e4 c7–c5 2.♘g1–f3
d7–d6 3.d2–d4 c5:d4
4.♘f3:d4 ♘g8–f6 5.♘b1–c3
g7–g6 6.f2–f4
Eine Angriffsidee von Löwen-
fisch. Weiß ist im Begriff, die
Initiative durch den Durchbruch e4–e5 zu erobern.
6. ... ♗f8–g7?!
Richtig ist 6. ... ♘c6! Aber
Schwarz will sich scheinbar die
Sache zur Abschreckung vor-
führen lassen.
7.e4–e5 d6:e5
Auf 7. ... ♘fd7 ist 8.e6! unangenehm.
8.f4:e5 ♘f6–d5?
Besser ist 8. ... ♘fd7. Zum Beispiel 9.e6 ♘e5 10.♗b5+
♘ec6 11.ef+ ♔f8 12.♘:c6
♕:d1+ 13.♘:d1 ♘:c6 mit
verteidigungsfähiger Stellung.
9.♗f1–b5+ ♔e8–f8 10.0–0
e7–e6
Wenn 10. ... ♗:e5, so
11.♗h6+ ♗g7 (11. ... ♔g8?
12.♘:d5 ♕:d5 13.♘f5! ♕c5+
14.♗e3 ♕c7 15.♘h6+ mit
Matt) 12.♗:g7+ ♔:g7
13.♘:d5 ♕:d5 14.♘f5+.
11.♕d1–f3 f7–f5 12.e5:f6 e. p.
♘d5:f6 13.♗c1–e3 ♔f8–f7
14.♖a1–d1 ♕d8–e7
15.♘c3–e4 h7–h6 16.g2–g4!
g6–g5
Sonst entscheidet 17.g5!
17.♗b5–c4 ♘b8–d7
Darauf forciert Weiß den Gewinn durch eine wirkungsvolle

Kombination, Rettung gab es
allerdings nicht mehr.

18.♘d4:e6 ♘d7–e5
19.♘e6:g5+ ♔f7–g6
20.♕f3–f5+! ♗c8:f5
21.g4:f5+ ♔g6–h5
22.♘e4–g3+ ♔h5–h4
Oder 22. ... ♔g4 23.♖f4+!
♔:g5 24.h4 matt.
23.♖f1–f4+
Auf 23. ... ♘fg4 wäre gefolgt
24.♖:g4+! ♘:g4 25.♘f3+
♔h3 26.♗f1 matt.
Schwarz gab auf.

Partie Nr. 152
Germanow–Judin
Grosny 1984

1.e2–e4 c7–c5 2.♘g1–e2
d7–d6 3.d2–d4 c5:d4
4.♘e2:d4 ♘g8–f6 5.♘b1–c3
g7–g6 6.♗c1–g5
Genauer ist 6.♗e3, wodurch
der Punkt d4 gestärkt wird.
6. ... ♗f8–g7 7.♕d1–d2
♘b8–c6 8.♗f1–b5?! ♗c8–d7
9.♘d4–b3 0–0 10.0–0–0
♕d8–b6 11.f2–f3 ♖f8–c8
Schwarz hat zielstrebig gleiches
Spiel erreicht.

123

12.♗g5–h6 ♗g7–h8!
13.♗b5:c6 ♗d7:c6 14.h2–h4
a7–a5! 15.h4–h5?
Weiß überschätzt seine Chancen am Königsflügel.
15. ... a5–a4 16.h5:g6 a4:b3!
17.g6:h7+ ♘f6:h7 18.♕d2–f4
♘h7–f8!
Eine ausgezeichnete Verteidigung. Schlecht ist sofort 18. ...
♗e5? wegen 19.♕g4+ ♔h8
20.♗f8!, und die Drohung
21.♖:h7+ entscheidet.
19.♗h6:f8
Es scheint, daß der Erfolg Weiß
begleitet. Nun droht 20.♕g5+,
19. ... ♖:f8 führt nach
20.♖:h8+! zum Matt. Doch zu
Wort meldet sich „der zentrale
Verteidiger".

19. ... ♗h8–e5!!
Ein hervorragender Platz für
diesen Läufer, der seinem König wahrhaft treu zur Seite
steht. Den Ausgang des Duells
entscheidet nun der schwarze
Gegenangriff.
20.♖h1–h8+
Wenn 20.♕h6, so 20. ...
ba.
20. ... ♗e5:h8 21.♗f8:e7

b3:a2 22.♕f4–g5+ ♗h8–g7
23.♗e7–f6
Bis zum Matt verbleibt nur ein
Zug, aber dazu hat Weiß keine
Möglichkeit mehr.
23. ... a2–a1♕+ 24.♔c1–d2
♕b6–f2+ 25.♔d2–d3
Oder 25.♘e2 ♕a5+ mit Damentausch.
25. ... ♕a1–a6+
Weiß gab auf.

Partie Nr. 153
Plaskett–Watson
Brighton 1983

1.e2–e4 c7–c5 2.♘g1–f3
d7–d6 3.d2–d4 c5:d4
4.♘f3:d4 ♘g8–f6 5.♘b1–c3
g7–g6 6.♗c1–e3 ♗f8–g7
7.f2–f3 0–0 8.♕d1–d2
♘b8–c6 9.g2–g4
Jetzt darf nicht folgen 9. ... d5
wegen 10.g5 ♘h5 11.ed ♘:d4
12.♗:d4 ♗:d4 13.♕:d4 e6
14.h4 mit gefährlichem weißem
Angriff.
9. ... ♗c8–e6! 10.0–0–0
♘c6:d4 11.♗e3:d4 ♕d8–a5
12.a2–a3 ♖f8–c8 13.h2–h4
♖a8–b8 14.h4–h5 b7–b5
15.h5–h6?
Es hätte 15.♘d5 gespielt werden müssen.
15. ... b5–b4!!
Ein glänzender Plan. Schwarz
schreckt nicht vor Opfern zurück, sondern sucht selbst konsequent seine Chance im Angriff.

16.h6:g7
Wenn 16.ab, so 16. ... ♛a1+
17.♘b1 ♝a2. Besser ist
16.♘d5 ♝:d5! (16. ... ♘:d5?
17.hg!) 17.ed ♝f8!, aber auch
hier sind die Chancen von
Schwarz besser. Nicht zufriedenstellend ist 17.hg wegen
17. ... ♛a4! mit nicht abzuwehrenden schwarzen Drohungen.
**16. ... b4:a3 17.♛d2–h6
a3:b2+ 18.♔c1–d2**
Es scheint, als würde Weiß den
Erfolg erringen, aber es folgt
ein weiteres im voraus geplan-
tes Figurenopfer des Nachziehenden.
18. ... ♝e6:g4!! 19.♝d4:f6
Auf 19.fg ist 19. ... e5! stark.
**19. ... ♝g4–h5 20.♝f6–d4
e7–e5 21.♖h1:h5 g6:h5
22.♛h6–g5 ♛a5–b4
23.♝f1–d3 ♛b4:d4
24.♘c3–d5**
Mit Drohungen 25.♘f6 oder
25.♘e7 matt.
**24. ... ♛d4–f2+ 25.♝d3–e2
♖c8:c2+! 26.♔d2:c2
♛f2:e2+ 27.♔c2–c3 ♛e2:f3+
28.♔c3–c4**
Ein Versehen, aber es verlor

auch 28.♔c2 ♛b3+ 29.♔d2
♛:d1+! oder 28.♖d3 ♛:d3+!
28. ... ♛f3–b3 matt!

Partie Nr. 154
van der Wiel–Sax
Plowdiw 1983

**1.e2–e4 c7–c5 2.♘g1–f3
d7–d6 3.d2–d4 c5:d4
4.♘f3:d4 ♘g8–f6 5.♘b1–c3
g7–g6 6.♝c1–e3 ♝f8–g7
7.f2–f3 ♘b8–c6 8.♛d1–d2
0–0 9.0–0–0 ♘c6:d4
10.♝e3:d4 ♝c8–e6
11.♔c1–b1!**
Wenn jetzt 11. ... ♛a5, folgt
stark 12.♘d5!
**11. ... ♛d8–c7 12.h2–h4
♖f8–c8 13.h4–h5! ♛c7–a5**
Wenn 13. ... ♘:h5?, so
14.♝:g7 ♔:g7 15.g4 ♘f6
16.♛h6+ ♔g8 17.e5! de 18.g5
mit sehr starkem Angriff. In der
Partie Evans–Zuckerman (USA
1967) folgte 18. ... ♘h5
19.♝d3 e4 20.♖:h5! gh
21.♘:e4 ♛f4 22.♘f6+! ef
23.♝:h7+ ♔h8 24.♝f5+
♔g8 25.♛h7+ ♔f8 26.♛h8+
♔e7 27.gf matt.
**14.h5:g6 h7:g6 15.a2–a3
♖a8–b8 16.♝f1–d3 b7–b5**
Die Drohungen sehen gefährlich aus, aber Weiß kommt
eher zum Zuge.
**17.♛d2–g5! ♛a5–c7
18.e4–e5 d6:e5 19.♝d4:e5
♛c7–c5 20.f3–f4! ♖b8–b7?**
Hartnäckiger ist 20. ... ♖b6,
um auf 21.♝:g6 fortzufahren
21. ... fg 22.♛:g6 ♘e8 mit
der Drohung 23. ... ♝a2+.

125

21.♗d3:g6! f7:g6 22.♕g5:g6
♗e6–f7 23.♖h1–h8+!
Auf 23. ... ♔:h8 folgt 24.♕:f7
♖g8 25.♗:f6.
Schwarz gab auf.

Partie Nr. 155
Golenjew–Lochanin
Moskau 1966

1.e2–e4 c7–c5 2.♘g1–f3
d7–d6 3.d2–d4 c5:d4
4.♘f3:d4 ♘g8–f6 5.♘b1–c3
g7–g6 6.♗c1–e3 ♗f8–g7
7.♗f1–c4 ♘b8–c6 8.f2–f3
♕d8–b6
Mit der Doppeldrohung 9. ...
♕:b2 und 9. ... ♘g4.
9.♘d4–f5!?
Die Herausforderung wird angenommen. Eine Alternative ist
9.♗b5 mit kompliziertem Spiel.
9. ... ♕b6:b2 10.♘f5:g7+
♔e8–f8 11.♘c3–d5 ♘f6:d5
12.♕d1:d5?!
Eine verlockende, doch riskante
Fortsetzung. Besser ist der ein-
fache Zug 12.♗:d5, und Weiß
hat eine gefährliche Initiative.
12. ... ♕b2:a1+ 13.♔e1–f2
♕a1–f6
Möglich ist auch 13. ... ♕:g7
14.♗h6 ♗e6 15.♗:g7+ ♔:g7
mit genügend Kompensation
für die Dame.
14.♗e3–h6 ♔f8–g8
15.♘g7–e8 ♕f6–d4+
16.♕d5:d4 ♘c6:d4
17.♘e8–c7 ♖a8–b8
18.♖h1–d1!
Ein normaler Zug, der dennoch
eine verborgene Drohung enthält.

18. ... ♘d4–c6?
Das führt auf paradoxe Weise
zum Verlust. Es hätte gespielt
werden müssen 18. ... b5!, und
Schwarz müßte den Angriff abwehren.

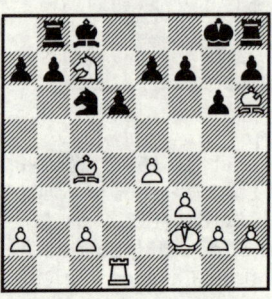

19.♖d1:d6!!
Eine selten schöne Kombination. Ungeachtet des gewaltigen Materialvorteils ist
Schwarz nicht in der Lage, den
König zu verteidigen.
19. ... e7:d6
Wenn 19. ... ♗e6, so
20.♖:e6!; 19. ... ♗f5 20.♘d5!
mit der Drohung 21.♖:c6.
20.♘c7–e8!
Das Matt auf f6 ist unvermeidlich.
Schwarz gab auf.

Partie Nr. 156
Karpow–Kortschnoi
Moskau 1974

1.e2–e4 c7–c5 2.♘g1–f3
d7–d6 3.d2–d4 c5:d4
4.♘f3:d4 ♘g8–f6 5.♘b1–c3
g7–g6 6.♗c1–e3 ♗f8–g7
7.f2–f3 ♘b8–c6 8.♕d1–d2
0–0 9.♗f1–c4 ♗c8–d7

126

10.h2–h4 ♖a8–c8 11.♗c4–b3
♘c6–e5 12.0–0–0 ♘e5–c4
13.♗b3:c4 ♖c8:c4 14.h4–h5!
♘f6:h5 15.g2–g4 ♘h5–f6
16.♘d4–e2!
Ein spitzfindiger Zug. Ehe Weiß
zum Angriff am Königsflügel
schreitet, trifft er Vorsorge gegen ein mögliches schwarzes
Qualitätsopfer auf c3. Der
Springer kann von e2 aus auch
in den Angriff einbezogen werden.
16. ... ♕d8–a5
Analysen ergaben, daß die
Drohung 17.e5 besser abzuwehren ist durch 16. ... ♖e8,
um auf 17.♗h6 den für die
Verteidigung wichtigen Läufer
durch den Zug 17. ... ♗h8 zu
erhalten. Wenn 17.e5, so
17. ... ♘:g4! 18.fg ♗:g4, und
bei Materialgleichheit liegt die
Initiative bei Schwarz.
17.♗e3–h6 ♗g7:h6
18.♕d2:h6 ♖f8–c8
19.♖d1–d3!
Verfrüht wäre 19.g5 wegen
19. ... ♘h5 20.♘g3 ♖:c3!,
und Weiß erleidet Schiffbruch.
19. ... ♖c4–c5?
Der falsche Weg, um 20.g5 zu
verhindern. Hartnäckiger ist
19. ... ♕d8.
20.g4–g5! ♖c5:g5
21.♖d3–d5! ♖g5:d5
22.♘c3:d5 ♖c8–e8
23.♘e2–f4 ♗d7–c6
Oder 23. ... ♗e6 24.♘:e6 fe
25.♘:f6+ ef 26.♕:h7+ ♔f8
27.♕:b7 ♕g5+ 28.♔b1 ♖e7
29.♕b8+ ♖e8 32.♕:d6+
(Karpow).

24.e4–e5!!
Nur dieser Zug führt zum Ziel.
Naheliegend ist 24.♘:f6+ ef
25.♘h5, doch nach 25. ...
♕g5+ 26.♕:g5 fg 27.♘f6+
♔g7 28.♘:e8+ ♗:e8 gibt es
ein unklares Endspiel.
24. ... ♗e6:d5
Wenn 24. ... de, so entscheidet
25.♘:f6+ ef 26.♘h5! mit unvermeidlichem Matt.
25.e5:f6 e7:f6 26.♕h6:h7+
♔g8–f8 27.♕h7–h8+
Auf 27. ... ♔e7 folgt
28.♘:d5+ ♕:d5 29.♖e1+.
Schwarz gab auf.

Partie Nr. 157
Upart–Kashdan
Minsk 1975

1.e2–e4 c7–c5 2.♘g1–f3
d7–d6 3.d2–d4 c5:d4
4.♘f3:d4 ♘g8–f6 5.♘b1–c3
a7–a6 6.♗c1–g5 ♘b8–d7
7.♗f1–c4 ♕d8–a5 8.♕d1–d2
e7–e6
Nichts verspricht 8. ... b5 wegen 9.♗d5! ♘:d5 10.♘:d5
♕:d2+ 11.♔:d2 ♖a7 12.♘c6
♖b7 13.♗:e7.
9.0–0–0 b7–b5 10.♗c4:e6?!

127

Ein verlockendes Opfer, doch bei genauer Verteidigung kann Schwarz die Drohungen abwehren.

10. ... f7:e6 11.♘d4:e6 b5–b4?

Eine fehlerhafte Entscheidung. Richtig ist 11. ... ♔f7. In der Partie Tal–Kolarow (Reykjavik 1957) folgte 12.♘:f8 ♖:f8 13.♕:d6 b4 14.♘d5 ♕:a2 15.♖he1 ♔g8 16.♗:f6, und nach 16. ... ♘:f6 17.♘e7+ ♔f7 18.e5 ♗g4! 19.♕c7 (19.ef ♖fd8 20.♕:d8 ♕a1+) ♘e8 vermochte Schwarz den Angriff abzuwehren.

12.♘c3–d5 ♕a5:a2

Der verzweifelte Gegenangriff erfolgt mit recht schwachen Kräften und mißlingt natürlich.

13.♕d2–d4! ♘f6:d5 14.e4:d5 ♔e8–f7 15.♖d1–d3 ♘d7–e5

Schlecht ist 15. ... ♕a1+ 16.♔d2 ♕:h1 wegen 17.♖f3+ ♔g8 18.♖:f8+! und 19.♕:g7 matt!

16.♖d3–f3+! ♔f7–e8

Es gibt keine andere Wahl. Wenn 16. ... ♘:f3, so 17.♕f4+ ♔e8 18.♘c7+ ♔d7 19.♕f7+ ♗e7 20.♕:e7 matt; 17. ... ♔g6 18.♕e4+ ♔h5 19.g4 matt!

17.♘e6–c7+ ♔e8–d7 18.♘c7:a8 ♗c8–b7

Oder 18. ... ♘:f3 19.♕g4+ ♔e8 20.♕:c8+ ♔f7 21.♕e6 matt!

19.♖f3–f7+! ♔d7–c8

Der Turm ist nach wie vor unverwundbar: 19. ... ♘:f7 20.♕g4+ und 21.♕e6+.

20.♖f7–c7+ ♔c8–b8 21.♗g5–e3!

Schwarz gab auf.

Partie Nr. 158
Zimmermann–Hübner
BRD 1977

1.e2–e4 c7–c5 2.♘g1–f3 d7–d6 3.d2–d4 c5:d4 4.♘f3:d4 ♘g8–f6 5.♘b1–c3 a7–a6 6.♗c1–g5 e7–e6 7.f2–f4 b7–b5

Diese Variante führte Polugajewski in die Turnierpraxis ein.

8.e4–e5 d6:e5 9.f4:e5 ♕d8–c7

Schlecht ist 9. ... ♗c5 wegen 10.♘d:b5!

10.e5:f6 ♕c7–e5+ 11.♗f1–e2 ♕e5:g5 12.♕d1–d3 ♕g5:f6 13.0–0–0 ♖a8–a7?

Ein Fehler, der schwerwiegende Folgen hat. 13. ... ♗c5 bietet dagegen eine perspektivreiche Stellung.

14.♕d3–g3 ♘b8–d7 15.♘d4–c6 ♖a7–b7 16.♘c3–e4 ♕f6–h6+

Hoffnungslos ist 16. ... ♕g6 17.♘d6+ ♗:d6 18.♕:d6, und Schwarz steht hilflos.

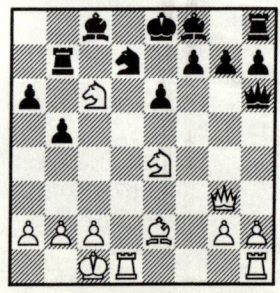

17.♔c1–b1 e6–e5
Sonst entscheidet ja doch
18.♘d6+.
18.♕g3:e5+! ♕h6–e6
19.♘e4–f6+!!
Wenn 19. ... gf, so 20.♕:e6+
fe 21.♗h5 matt, und was für
ein schönes!
Schwarz gab auf.

Partie Nr. 159
Korsunski–Scheer
Alma-Ata 1979

1.e2–e4 c7–c5 2.♘g1–f3
d7–d6 3.d2–d4 c5:d4
4.♘f3:d4 ♘g8–f6 5.♘b1–c3
a7–a6 6.♗c1–g5 e7–e6
7.f2–f4 ♕d8–b6
Eine prinzipielle Fortsetzung.
Schwarz unternimmt einen Gegenangriff am Damenflügel.
Ziel ist der Bauer b2.
8.♕d1–d2!
Verbreitet ist auch 8.♘b3.
8. ... ♕b6:b2 9.♘d4–b3
♕b2–a3! 10.♗f1–d3 ♘b8–c6
11.0–0 ♗f8–e7 12.♖a1–e1
0–0?
Schwarz verhindert nicht 13.e5
und gerät so in einen gefährlichen Angriff. Es hätte gespielt
werden müssen 12. ... h6 und
auf 13.♗h4 ♕b4! In der Partie Beljawski–Pinter (Luzern
1982) folgte 14.♗f2! (14.e5? de,
und der Läufer auf h4 hängt)
14. ... ♘a5 15.a3! ♘:b3 16.cb
♕a5 17.b4 ♕d8 18.e5! de
19.fe ♘d5 20.♘e4 mit komplizierter Stellung.
13.e4–e5 d6:e5?
Hartnäckiger ist 13. ... ♘e8.

14.f4:e5 ♘f6–d7 15.♗g5–f6!!
♗e7:f6
Wenn 15. ... gf, so 16.♕h6 f5
17.♖:f5!
16.e5:f6 ♘c6–e5
Schlecht ist 16. ... ♘:f6 wegen
17.♖:f6! gf 18.♘e4! mit entscheidenden Drohungen.
17.♖e1–e3! ♘d7:f6
Schwarz opfert eine Figur, aber
auch andere Fortsetzungen retten nichts mehr.
18.♖e3:e5 ♕a3–c7
19.♕d2–g5 h7–h6
20.♕g5–h4 ♖f8–e8
21.♖e5–e3 ♗c8–d7
22.♖e3–g3 ♔g8–f8
23.♖g3–f3
Schwarz gab auf.

Partie Nr. 160
Posnjak–Nassikan
Fernpartie 1975

1.e2–e4 c7–c5 2.♘g1–f3
d7–d6 3.d2–d4 c5:d4
4.♘f3:d4 ♘g8–f6 5.♘b1–c3
a7–a6 6.♗c1–g5 e7–e6
7.f2–f4 ♕d8–b6 8.♕d1–d2
♕b6:b2 9.♘d4–b3
Ein anderer populärer Plan für
Weiß ist 9.♖b1 ♕a3 10.f5 mit
Initiative für den Bauern.
9. ... ♕b2–a3! 10.♗g5:f6
g7:f6 11.♗f1–e2 ♕a3–b4?!
Besser ist ... ♘c6.
12.♕d2–e3
Mit dem Ziel, die Beweglichkeit
der schwarzen Dame einzu-
schränken. Doch perspektivreicher ist 12.0–0. Beispielsweise
12. ... ♗e7 13.♔h1 ♕b6
14.♗h5! ♘c6 15.f5 ♘e5

129

16.♘d4 ♘c4 17.♕f2 ♕b4
18.♕g3 mit Angriff.
**12. ... ♘b8–d7 13.♖a1–b1
h7–h5 14.0–0 ♗f8–e7?**
Wenn, dann schon 14. ...
♕b6!
15.f4–f5 ♘d7–c5?
Das führt forciert zu einer Ver-
luststellung.
**16.♘b3–d2! ♕b4–a5
17.♘d2–c4 ♕a5–c7
18.♘c4–b6 ♖a8–b8 19.f5:e6
f7:e6 20.♕e3–g3 ♗e7–d8**
Schwarz hat zwar seine Dame
gerettet, doch diese Aufgabe
war nur eine Seite des Übels,
das nun vollends hereinbricht ...

**21.♗e2:h5+! ♖h8:h5
22.♕g3–g8+ ♔e8–e7
23.♖f1:f6! ♔e7:f6
24.♖b1–f1+ ♔f6–e5**
„Zu Fuß aufs Schafott", aber
kaum besser ist 24. ... ♖f5
**25.♖:f5+ ef 26.♘bd5+ ♔e5
27.♘:c7 ♗:c7 28.♕g7+.**
25.♕g8–g3+
Wenn 25. ... ♔d4, so
26.♘e2+ ♔:e4 27.♕f4 matt.
Schwarz gab auf.

Partie Nr. 161
Šibarević–Bukić
Banja Luka 1977

**1.e2–e4 c7–c5 2.♘g1–f3
d7–d6 3.d2–d4 c5:d4
4.♘f3:d4 ♘g8–f6 5.♘b1–c3
a7–a6 6.♗c1–g5 e7–e6
7.f2–f4 ♘b8–d7 8.♕d1–f3
♕d8–c7 9.0–0–0 b7–b5?!**
Aussichtsreicher ist 9. ... ♗e7.
10.♗f1:b5!?
Ein scharfes Opfer, das
Schwarz komplizierte Aufgaben
stellt.
10. ... a6:b5 11.e4–e5
Stärker ist 11.♘d:b5. In der
Partie Kengis–Dwoiris (Kislowodsk 1982) folgte 11. ... ♕b8
12.e5 ♗b7 13.♕e2 de 14.♕c4
mit gefährlichen Drohungen.
11. ... ♕c7–b8?
Ein Fehler, der es Weiß ermöglicht, einen schönen Angriff
durchzuführen. Richtig ist
11. ... ♗b7 und auf 12.♘d:b5
dann 12. ... ♕c8! mit guten
Chancen für eine erfolgreiche
Verteidigung.
**12.e5:f6 g7:f6 13.♖h1–e1!
h7–h5**
Schlecht ist 13. ... fg wegen
14.♘c6 mit der Drohung
15.♖:e6+! fe 16.♕h5 matt.
14.♕f3–h3 e6–e5
Auf 14. ... fg entscheidet
15.♘:e6!
**15.♘c3–d5 f6:g5 16.♘d4–c6
♕b8–b7**

17.♖e1:e5+!
Ein glänzender Angriff. Wie
man sich leicht überzeugen
kann, führt die Eroberung des
Turmes zum Matt: 17. ... ♘:e5
18.♘f6 matt!; 17. ... de
18.♘f6+! ♘:f6 19.♖d8 matt!
**17. ... ♗f8–e7 18.♖e5:e7+
♔e8–f8 19.♕h3–f5 ♘d7–e5
20.♕f5–f6 ♖h8–h7**
Ohne 21.♖e8+ abzuwarten,
gab Schwarz auf.

Partie Nr. 162
Tschiburdanidse–Dwoiris
Tallinn 1980

**1.e2–e4 c7–c5 2.♘g1–f3
d7–d6 3.d2–d4 c5:d4
4.♘f3:d4 ♘g8–f6 5.♘b1–c3
a7–a6 6.♗c1–g5 e7–e6
7.f2–f4 ♘b8–d7 8.♕d1–f3
♕d8–c7 9.0–0–0 b7–b5?!
10.♗f1–d3 ♗c8–b7
11.♖h1–e1 ♕c7–b6
12.♘c3–d5!**
Ein glänzendes Vorhaben, dessen Idee beim folgenden Zug
von Weiß offenbar wird.

12. ... e6:d5
Auf 12. ... ♕:d4 konnte folgen
13.♗:f6 gf 14.♗:b5 mit gefährlicher Initiative für die Figur.
13.♘d4–c6!!
Unerwartet und äußerst stark.
Wenn gleich 13.ed+, so flüch-
tete der König auf den Damenflügel: 13. ... ♔d8 14.♘c6+
♔c7.
**13. ... ♗b7:c6 14.e4:d5+
♗f8–e7**
Jetzt ist 14. ... ♔d8 bereits
schlecht wegen 15.dc ♘c5
16.c7+.
**15.d5:c6 ♘d7–c5 16.♗g5:f6
g7:f6 17.♗d3–f5 ♕b6–c7
18.b2–b4 ♘c5–e6**
Wenn 18. ... ♘a4, so
19.♗d7+ ♔f8 20.♕e4, und
Weiß gewinnt.
**19.♕f3–h5 ♘e6–g7
20.♗f5–d7+ ♔e8–f8
21.♕h5–h6 d6–d5 22.♖e1:e7!**
Alles hat Stil!
**22. ... ♔f8:e7 23.♖d1–e1+
♔e7–f8**
Oder 23. ... ♘e6 24.♗:e6 fe
25.♕g7+ ♔d6 26.♖:e6+.
**24.♕h6:f6 ♔f8–g8
25.♖e1–e7 ♖a8–f8**

Eine schöne Stellung. Der schwarze König ist in einer tragikomischen Lage, aber wie soll Weiß diese Festung knakken?

26.♗d7−e6!

Das ist ein überzeugendes Argument! Wegen 27.♗:f7+ ist Schwarz gezwungen, seine Dame zu opfern. Trotzdem hat er weiterhin Materialübergewicht, was freilich nicht mehr interessiert. Seinen entscheidenden Auftritt hat nämlich jetzt der weiße c-Bauer.

26. ... ♛c7:e7 27.♛f6:e7 f7:e6

Noch schlechter ist 27. ... ♘:e6 28.f5 und 29.c7.

28.c6−c7 h7−h5 29.♛e7:f8+!

Schwarz gab auf.

Partie Nr. 163
Jakubenja−Gelfand
Minsk 1980

1.e2−e4 c7−c5 2.♘g1−f3 d7−d6 3.d2−d4 c5:d4 4.♘f3:d4 ♘g8−f6 5.♘b1−c3 a7−a6 6.♗c1−g5 e7−e6 7.f2−f4 ♗f8−e7 8.♛d1−e2

Aussichtsreicher ist 8.♛f3.

8. ... ♘b8−d7 9.0−0−0 ♛d8−c7 10.g2−g4 b7−b5 11.♗f1−g2 ♗c8−b7 12.a2−a3?

Ist nicht nur ein unnötiger Tempoverlust, sondern schwächt die Rochade-Stellung. Richtig 12.♖he1!, und wenn 12. ... b4, so ist gut 13.♘d5!

12. ... ♘d7−b6 13.♗g5−h4

Wenn 13.e5?!, so 13. ... de 14.fe ♘fd5.

13. ... ♘b6−c4 14.g4−g5 ♘f6−d7 15.♗g2−h3?

Weiß unterschätzt die Drohung des Gegners. Aufmerksamkeit verdient 15.♗e1.

15. ... d6−d5! 16.♖h1−f1

Zu Materialverlust führte 16.♛f3 de 17.♘:e4 ♘c5.

16. ... ♘c4:b2! 17.♔c1:b2 ♗e7:a3+! 18.♔b2−b3

Das ist ganz schlecht, aber auch nach 18.♔:a3 ♛:c3+ 19.♘b3 ♛:h3 20.ed ♗:d5 21.♖:d5 ♘b6 siegt Schwarz. Zum Beispiel 22.♖d4 ♛:h4 23.f5 ♛:g5 24.fe ♛e7+! 25.♔a2 0−0!

18. ... ♛c7−a5! 19.♖d1−b1

Vor dem Matt gibt es keine Rettung für Weiß. Wenn 19.♔a2, so 19. ... ♗b4+ 20.♔b1 ♗:c3 21.♘b3 ♛a3.

19. ... ♘d7−c5+

Weiß gab auf.

Partie Nr. 164
Kir. Georgiew−Larion
Brăila 1979

1.e2−e4 c7−c5 2.♘g1−f3 d7−d6 3. d2−d4 c5:d4 4.♘f3:d4 ♘g8−f6 5.♘b1−c3 a7−a6 6.♗c1−g5 e7−e6 7.f2−f4 ♗f8−e7 8.♛d1−f3 h7−h6 9.♗g5:f6

Die übliche Fortsetzung ist 9.♗h4, aber auch der Textzug hat seine Vorzüge.

9. ... ♗e7:f6 10.0−0−0 ♛d8−c7 11.g2−g4 ♘b8−d7 12.h2−h4 b7−b5 13.g4−g5 ♗f6−e7?

Richtig ist 13. ... b4! mit scharfem Spiel.

14.g5–g6!
Weiß setzt nun voll auf Angriff.

14. ... b5–b4
Da kommt er zu spät.

15.g6:f7+ ♔e8:f7 16.♘d4:e6!! ♔f7:e6
Es gibt bereits keine Wahl mehr.

17.♘c3–d5 ♛c7–a5

18.♛f3–h5 ♘d7–f6

19.♗f1–h3+
Das Matt ist unvermeidlich.
Schwarz gab auf.

Partie Nr. 165
Kriwow–Ljuzko
Minsk 1978

1.e2–e4 c7–c5 2.♘g1–f3 d7–d6 3.d2–d4 c5:d4

4.♘f3:d4 ♘g8–f6 5.♘b1–c3 a7–a6 6.♗c1–g5 e7–e6

7.f2–f4 ♗f8–e7 8.♛d1–f3 ♛d8–c7 9.0–0–0 ♘b8–d7

10.♗f1–e2 h7–h6
Aufmerksamkeit verdient
10. ... b5!

11.♗g5–h4 ♖h8–g8?!
Schwarz plant 12. ... g5, um den wichtigen zentralen Punkt e5 zu erobern. Trotzdem ist auch hier 11. ... b5 besser.

12.♗h4–g3! b7–b5 13.e4–e5 ♗c8–b7 14.♘d4:e6!?
Ein kühnes Figurenopfer, was die Situation selbstverständlich zuspitzt. Ob es aber wirklich korrekt ist?

14. ... f7:e6 15.♛f3–d3 d6:e5

16.♛d3–g6+ ♔e8–f8

17.♖d1:d7!
Das zweite Opfer, diesmal der Qualität, lag zwar in der Luft, aber man muß auch den Mut dazu haben.

17. ... ♛c7:d7
17. ... ♘:d7 scheitert an
18.♗h5 mit unvermeidlichem Matt.

18.f4:e5 ♛d7–e8 19.♛g6–d3 g7–g6
Mit der Absicht, den König aus der Gefahrenzone zu bringen.

20.e5:f6 ♗e7:f6 21.♖h1–f1 ♔f8–g7 22.♖f1:f6!
Die schwarze Majestät war fast in Sicherheit, aber das erneute Opfer nimmt ihm alle Chancen, den rettenden Hof zu erreichen.

22. ... ♔g7:f6 23.♛e3–d4+ ♔f6–f7 24.♛d4–f4+ ♔f7–g7

25.♛f4–c7+ ♛e8–f7

26.♗g3–e5+ ♔g7–f8

27.♛c7–c5+ ♔f8–e8

28.♘c3–b5!
Auf dem Altar des Angriffs wird die vierte Figur geopfert!

28. ... a6:b5 29.♗e2:b5+ ♔e8–d8
Es scheint, daß es nichts mehr zu opfern gibt und Weiß sich mit Dauerschach zufriedengeben muß: 30.♛d6+ ♔c8 31.♛c5+. Der logische Gang der Ereignisse ist jedoch unerbittlich.

30.♗e5–f6+!
Das fünfte (!) Opfer beseitigt
schließlich den Widerstand. Auf
30. ... ♛:f6 folgt 31.♕d6+
♚c8 32.♗d7+ ♚d8 33.♗c6+
♚c8 34.♕d7+ und 35.♕:b7
matt!
Schwarz gab auf.

Partie Nr. 166
Unzicker–Fischer
Warna 1962

**1.e2–e4 c7–c5 2.♘g1–f3
d7–d6 3.d2–d4 c5:d4
4.♘f3:d4 ♘g8–f6 5.♘b1–c3
a7–a6 6.♗f1–e2 e7–e5
7.♘d4–b3 ♗c8–e6 8.0–0
♘b8–d7 9.f2–f4 ♕d8–c7
10.f4–f5 ♗e6–c4 11.a2–a4**
Gerichtet gegen b7–b5.
**11. ... ♗f8–e7 12.♗c1–e3
0–0 13.a4–a5**
Äußerst riskant ist 13.g4 wegen
des Gegenangriffs 13. ... d5!
**13. ... b7–b5 14.a5:b6 e. p.
♘d7:b6 15.♗e3:b6?**
In der Hoffnung, die Schwäche
des Punktes d5 ausnutzen zu
können, unterschätzt Weiß die
Chancen des Gegners. Besser
ist 15.♚h1.

**15. ... ♕c7:b6+ 16.♚g1–h1
♗c4–b5! 17.♗e2:b5**
Notwendig ist 17.♘:b5, und
die ungleichfarbigen Läufer ga-
rantieren etwa gleiche Chancen.
**17. ... a6:b5 18.♘c3–d5
♘f6:d5 19.♕d1:d5 ♖a8–a4!**
Damit ist die Initiative an
Schwarz übergegangen.
**20.c2–c3 ♕b6–a6 21.h2–h3
♖f8–c8 22.♖f1–e1 h7–h6!**
Ein spitzfindiger vorbeugender
Zug. Ehe Schwarz entscheidende Handlungen in Angriff
nimmt, befreit es seine Figuren
von der Pflicht, die eigene
Grundreihe zu verteidigen.
**23.♚h1–h2 ♗e7–g5
24.g2–g3? ♕a6–a7!
25.♚h2–g2 ♖a4–a2
26.♚g2–f1**
Es drohte 26. ... ♖:b2+ oder
26. ... ♖:c3! Doch die Verteidigung erweist sich als ungenügend.

26. ... ♖c8:c3!
Weiß gab auf. Falls 27.♖:a2,
so 27. ... ♖f3+ 28.♚e2
♖f2+ 29.♚d3 ♕:a2 30.♖a1
♕:b2 (hier also wurde das

Luftloch h7! gebraucht), und Schwarz setzt den König matt!

Partie Nr. 167
Cholmow–Bannik
Minsk 1962

1.e2–e4 c7–c5 2.♘g1–f3 d7–d6 3.d2–d4 c5:d4 4.♘f3:d4 ♘g8–f6 5.♘b1–c3 a7–a6 6.♗f1–e2 g7–g6 7.0–0 ♗f8–g7 8.f2–f4 ♘b8–d7
Wenn sofort 8. ... 0–0, so ist 9.e5! unangenehm.
9.♔g1–h1 0–0 10.♗c1–e3 ♛d8–c7 11.a2–a4 b7–b6 12.♘c3–d5! ♘f6:d5 13.e4:d5 ♗c8–b7 14.c2–c4 a6–a5 15.♘d4–b5 ♛c7–c8 16.♛d1–d2 ♘d7–c5 17.♖a1–a3 ♗b7–a6 18.♘b5–d4!
Der passive Läufer ist dem weißen Springer nicht gleichwertig. Klar, daß der Anziehende den angebotenen Abtausch dankend ablehnt.
18. ... ♖f8–e8?
Das schwächt die schwarze Königsstellung. Besser ist 18. ... ♘e4 mit möglicher Fortsetzung 19.♛c2 ♘f6 20.♘c6 ♛d7 21.♗:b6 e6! und Verwicklungen (Cholmow).
19.f4–f5! ♘c5–e4 20.♛d2–c2 ♘e4–f6 21.♖a3–c3!
Ein richtiger Zug zur richtigen Zeit: Prophylaxe gegen 21. ... ♘:d5 22.cd ♗:d4!, gleichzeitig wird schon mal 22.fg hg 23.♘e6! geplant.
21. ... ♘f6–d7 22.f5:g6 h7:g6 23.♗e2–g4! ♗g7–f6

Es drohte 24.♖:f7!
24.♗g4–e6! ♔g8–g7
Weiß beendet die Partie mit einer glänzenden Opferserie.

25.♗e3–h6+! ♔g7:h6 26.♘d4–f5+! g6:f5
Oder 26. ... ♔h7 27.♖h3+ ♔g8 28.♘:d6!
27.♛c2–d2+! ♗f6–g5
Zum Matt führt 27. ... ♔g7 28.♖g3+ ♔h7 29.♗:f5+.
28.♖c3–h3+ ♔h6–g6 29.♗e6:f5+
Schwarz gab auf.

Partie Nr. 168
Parma–Hamann
Kiel 1978

1.e2–e4 c7–c5 2.♘g1–f3 d7–d6 3.d2–d4 c5:d4 4.♘f3:d4 ♘g8–f6 5.♘b1–c3 a7–a6 6.a2–a4 e7–e6 7.♗f1–e2 ♘b8–c6 8.♗c1–e3 ♗c8–d7 9.f2–f4 ♗f8–e7 10.0–0 0–0 11.♔g1–h1 ♛d8–c7 12.♛d1–e1 ♘c6:d4 13.♗e3:d4 ♗d7–c6 14.♛e1–g3 g7–g6?
Das schwächt gefährlich die Rochade-Stellung. Es hätte ge-

135

spielt werden müssen 14. ...
b6! Beispielsweise 15.♕e3
♕b7 16.♗f3 b5 mit einem guten Spiel.

15.f4–f5!
Sofort wird der Fehler des Gegners ausgenutzt.

15. ... e6–e5
Schlecht ist 15. ... ♘:e4? wegen 16.♘:e4 ♗:e4 17.f6 ♗d8
18.♕h4! mit den Drohungen
19.♕:e4 und 19.♕h6.

**16.♗d4–e3 b7–b5 17.♗e3–h6
♖f8–c8 18.♗e2–d3 b5–b4**
Dieser Zug bietet sich zwar an, aber das eröffnet Weiß die Chance, sich kombinatorisch zu beweisen.

19.♗d3–c4! ♔g8–h8
Es drohte 20.fg hg 21.♕:g6+;
auf 19. ... ♘h5 ist möglich
20.♕g4 ♘f6 21.fg ♘:g4
22.♗:f7+ ♔h8 23.g7 matt!

**20.♗c4:f7 b4:c3 21.f5:g6 h7:g6
22.♗h6–g7+! ♔h8:g7
23.♕g3:g6+ ♔g7–f8
24.♗f7–e6 ♗c6:e4**
Oder 24. ... ♗d8 25.♕g8+
♔e7 26.♕f7 matt.

25.♕g6–f7 matt!

Partie Nr. 169
Letzelter–Preissmann
Frankreich 1975

1.e2–e4 c7–c5 2.♘g1–f3
♘b8–c6 3.d2–d4 c5:d4
4.♘f3:d4 ♘g8–f6 5.♘b1–c3
e7–e5 6.♘d4–b5 d7–d6
7.♗c1–g5 a7–a6 8.♘b5–a3
b7–b5 9.♘c3–d5 ♗f8–e7
10.c2–c4?

Eine falsche Einschätzung der Stellung. Richtig ist 10.♗:f6
♗:f6 11.c3 mit Überführung des Springers a3 nach c2 und einem Angriff am Damenflügel mit a2–a4.

**10. ... ♘f6:d5! 11.♕d1:d5
♗e7:g5 12.♕d5:c6+ ♗c8–d7
13.♕c6:d6**
Was ist ein Bauerngewinn wert, wenn der eigene König dafür in einen vernichtenden Angriff gerät ...

**13. ... ♕d8–a5+ 14.♔e1–e2
0–0–0! 15.f2–f3**
Es drohte 15. ... ♗g4+.

15. ... ♗d7–e6 16.♕d6–c5+
Wenn 16.♕:e5, so 16. ... ♕d2 matt.

**16. ... ♔c8–b7 17.♔e2–f2
♖d8–d2+ 18.♗f1–e2**
Der einzige Zug.

**18. ... ♖d2:e2+! 19.♔f2:e2
♕a5–d2+ 20.♔e2–f1
♗g5–e3 21.♕c5–e7+
♔b7–b8 22.♕e7–h4**
Weiß ist es gelungen, die Mattdrohung abzuwehren, aber aufgrund der schlechten Figurenstellung ist die Partie nicht zu retten.

**22. ... ♕d2–d3+ 23.♔f1–e1
♗e3–d2+ 24.♔e1–f2 g7–g5!**
Der Schlußangriff. Auf 25.♕g3 folgt 25. ... ♗f4, und auf 25.♕h5 entscheidet 25. ...
♗e3+ 26.♔g3 ♗f4+ 27.♔f2
♕d2+ 28.♔f1 ♗e3.
Weiß gab auf.

Partie Nr. 170
Kriwow–Deiko
Minsk 1982

1.e2–e4 c7–c5 2.♘g1–f3
e7–e6 3.d2–d4 c5:d4 4.♘f3:d4
♘b8–c6 5.♘b1–c3 d7–d6
6.♗c1–e3 ♘g8–f6 7.♗f1–e2
♗f8–e7 8.0–0 0–0 9.f2–f4
a7–a6
Auch sofort 9. ... ♗d7 ist
möglich. Beispielsweise
10.♕e1 ♘:d4 11.♗:d4 ♗c6
12.♕g3 g6 mit gleichen Chancen.
10.♕d1–e1 ♕d8–c7
11.♕e1–g3 ♗c8–d7
Häufiger ist 11. ... ♘:d4
12.♗:d4 b5 13.a3 ♗b7 anzutreffen.
12.♖a1–d1?!
Am besten ist 12.♔h1, ohne
zunächst die Stellung der
Türme festzulegen, doch Weiß
hat sich anders entschieden.
12. ... b7–b5 13.e4–e5
♘f6–e8 14.♗e2–f3 ♖a8–c8
15.♔g1–h1 ♘c6–a5?
Die Stellung ist voller Spannung und erfordert äußerste
Aufmerksamkeit. Dieser leicht-
sinnige Springerzug an den
Brettrand ist falsch und führt
zur Katastrophe. Es hätte geschehen müssen 15. ... de.
16.♘d4–f5!
Weiß versetzt den ersten
„Stich". Wenn 16. ... ef, so
17.♘d5 ♕d8 18.♗b6 mit Ge-
winn.
16. ... ♗d7–c6
Als ob die Drohung damit abzuwehren wäre. Weiß faßt je-

denfalls kräftig nach, und siehe
da ...
17.♗e3–b6!
Schwarz gab auf.

Partie Nr. 171
Geller–Anikajew
Minsk 1979

1.e2–e4 c7–c5 2.♘g1–f3
e7–e6 3.d2–d4 c5:d4 4.♘f3:d4
♘g8–f6 5.♘b1–c3 d7–d6
6.♗f1–e2 ♗f8–e7 7.0–0 0–0
8.f2–f4 ♘b8–c6 9.♗c1–e3
a7–a6 10.a2–a4 ♗c8–d7
11.♗e2–f3 ♘c6–a5?
Schwarz will diesen Springer
auf c4 etablieren, doch das ist
mit Zeitverlust verbunden. Besser daher 11. ... ♘:d4 mit folgendem 12. ... ♗c6. Wenn
dann 13.g4, so 13. ... d5.
12.♕d1–e2 ♕d8–c7
13.g2–g4! ♖f8–c8
Auf 13. ... ♘c4 konnte folgen
14.g5 ♘e8 15.♘f5! ♗d8
16.♗d4 ef 17.♘d5 ♕c8
18.♖ae1 mit sehr starkem Angriff (Geller).
14.g4–g5 ♘f6–e8 15.f4–f5
♘a5–c4 16.♗f3–h5 g7–g6
Es drohte 17.♗:f7+ ♔:f7
18.fe++.
17.f5:g6 f7:g6 18.♕e2–f2
♘c4–e5 19.♘d4–f3!
Für einen erfolgreichen Angriff
ist es unerläßlich, den Haupt-
verteidiger der Stellung zu beseitigen – hier ist es der Springer e5.
19. ... ♘e8–g7
Schlecht ist 19. ... gh 20.♘:e5
de 21.♕f7+ ♔h8 22.♕:e7.

20.♘f3:e5 ♖c8-f8 21.♘c5-f7
♘g7:h5

22.♘c3-d5!
Der Beginn einer glänzenden
Kombination. Das Ziel des
Springeropfers ist es, den
schwarzen Bauern von der e-Linie zu nehmen, damit dieser
nicht mehr die Diagonale
a1-h8 überwacht (e6-e5).
22. ... e6:d5 23.♘f7-h6+
♔g8-g7
Oder 23. ... ♔h8 24.♗d4+
♘g7 25.♗:g7+ ♔:g7
26.♕d4+.
24.♕f2-f7+! ♖f8:f7
25.♖f1:f7+ ♔g7-h8
26.♗e3-d4+ ♗e7-f6
27.♖f7:f6!
Möglich war jetzt folgendes Finale: 27. ... ♘g7 28.♖f7 ♖g8
29.♗:g7+ ♖:g7 30.♖f8+
♖g8 31.♖:g8 matt!
Schwarz gab auf.

Partie Nr. 172
Perenyi-Schnaider
Ungarn 1978

1.e2-e4 c7-c5 2.♘g1-f3
d7-d6 3.d2-d4 c5:d4
4.♘f3:d4 ♘g8-f6 5.♘b1-c3
a7-a6 6.♗c1-e3 e7-e6
7.g2-g4!?
Häufiger begegnet man 7.f4.
Der Textzug verschärft den
Kampf.
7. ... e6-e5?!
Schwarz nimmt die Herausforderung an, vorsichtiger wäre
7. ... h6 gewesen.
8.♘d4-f5 g7-g6 9.g4-g5
g6:f5 10.e4:f5!
Weiß opfert eine Figur und erhält dafür eine gefährliche Initiative. Dagegen hätte der ein-
fache Zug 10.gf nach 10. ... f4!
Schwarz Vorteil gebracht.
10. ... d6-d5!
Die beste Erwiderung. Wenn
10. ... ♘g8, so 11.♘d5 ♘d7
12.♕f3, und es ist nicht zu erkennen, wie Schwarz seine
Kräfte entfalten soll.
11.♕d1-f3 ♘f6-e4
12.♘c3:e4 d5:e4 13.♕f3:e4
♘b8-c6 14.♗f1-c4 ♗c8-d7
15.0-0-0 ♕d8-c7
16.♖h1-e1 f7-f6?
16. ... 0-0-0 war natürlich
notwendig.

17.🗊d1:d7!!
Ein ausgezeichnetes Opfer.
Schwarz hat jetzt zwar einen
Turm mehr, aber der eigene
König ist nicht zu verteidigen.
**17. ... ♛c7:d7 18.g5:f6
♝f8–d6**
Es geht nicht 18. ... 0–0–0?
wegen 19.♝e6.
**19.♝c4–e6 ♛d7–c7
20.f6–f7+ ♚e8–d8
21.🗊e1–d1 🗊a8–c8
22.♛e4:e5!!**
Ein wirkungsvoller Schlußangriff. Wenn 22. ... ♞:e5, so
23.♝g5+ ♛e7 24.🗊:d6+
♚c7 25.♝:e7.
Schwarz gab auf.

Partie Nr. 173
Kapengut–J. Nikitin
Vilnius 1965

**1.e2–e4 c7–c5 2.♞g1–f3
d7–d6 3.d2–d4 c5:d4
4.♞f3:d4 ♞g8–f6 5.♞b1–c3
♞b8–c6 6.♝c1–e3 e7–e6
7.f2–f4 ♝f8–e7 8.♞d4–b3
0–0 9.♛d1–f3 a7–a6
10.a2–a3 ♛d8–c7 11.♝f1–d3
b7–b5 12.0–0 ♝c8–b7
13.♛f3–h3! g7–g6?!**

Eine riskante Entscheidung.
14.f4–f5! e6:f5
Schlecht ist 14. ... e5 wegen
15.♞d5!, und wenn 15. ...
♞:d5, so 16.ed und 17.f6;
15. ... ♛d8 16.♞:e7+ ♞:e7
17.♝g5.
**15.e4:f5 ♞c6–e5 16.♝e3–h6
🗊f8–e8 17.f5:g6 h7:g6
18.♚g1–h1 ♞f6–g4
19.♝h6–f4 ♚g8–g7**
Schwarz will die h-Linie für
einen Gegenangriff ausnutzen.
**20.♞b3–d4! 🗊e8–h8
21.♝f4:e5+ ♞g4:e5**
Wenn 21. ... de, so 22.♛:g4
ed 23.🗊:f7+!

22.🗊f1:f7+!!
Ein glänzendes Opfer, nach dem
für Schwarz nichts mehr geht.
22. ... ♚g7:f7
Oder 22. ... ♞:f7 23.♞e6+
♚g8 24.♛g3!
**23.🗊a1–f1+ ♚f7–g8
24.♛h3–e6+ ♚g8–g7
25.🗊f1–f7+!**
Dem Beispiel des ersten Turmes
folgt auch der zweite!
**25. ... ♞e5:f7 26.♛e6:g6+
♚g7–f8 27.♞d4–e6+
♚f8–e8 28.♞e6:c7+**
Weiß gewann.

Partie Nr. 174
Zeschkowski–Kasparow
Frunse 1981

1.e2–e4 c7–c5 2.♘g1–f3
e7–e6 3.d2–d4 c5:d4 4.♘f3:d4
♘g8–f6 5.♘b1–c3 d7–d6
6.g2–g3 ♘b8–c6 7.♗f1–g2
♗c8–d7 8.0–0 ♗f8–e7
9.a2–a4
Aussichtsreicher ist 9.♘ce2 mit
folgendem c2–c4.
9. ... 0–0 10.♘c3–e2 ♖a8–c8
11.c2–c3 a7–a6 12.h2–h3
♛d8–c7 13.g3–g4 d6–d5!
14.e4:d5
Umsichtiger ist 14.♘:c6 ♗:c6
15.e5!, um die Öffnung des
Zentrums zu verhindern.
14. ... ♘f6:d5 15.♗g2:d5?!
Die Entscheidung, diesen Läufer abzutauschen, ist doch sehr
riskant, weil die Rochadestellung dadurch ernsthaft geschwächt wird.
15. ... e6:d5 16.♘e2–f4
♗e7–c5! 17.♘d4–b3
Mehr Chancen für die Verteidigung bot 17.♗e3.
17. ... ♗c5–a7! 18.♛d1:d5
Auf 18.♗e3 ist stark 18. ...
♗b8! und es droht 19. ... g5.
18. ... ♗d7–e6!!
Glänzend gespielt! Schwarz opfert den zweiten Bauern und
organisiert einen stürmischen
Angriff auf die Stellung des
gegnerischen Königs.
19.♘f4:e6 f7:e6 20.♛d5–e4
Schlecht ist 20.♛:e6+. Zum
Beispiel 20. ... ♔h8 21.♛e4
♖ae8 22.♛g2 ♖:f2! 23.♖:f2
♖e1+ 24.♛f1 ♛g3+ 25.♔h1

♖:f1+ und 26. ... ♛:h3 matt.

20. ... ♖f8:f2! 21.♖f1:f2
♛c7–g3+ 22.♛e4–g2
♗a7:f2+ 23.♔g1–f1?
Hartnäckiger ist 23.♔h1, auch
wenn in diesem Fall nach
23. ... ♛d3! 24.♗f4 (24.♛:f2
♖f8! 25.♛e3 ♛f1+ 26.♔h2
♖f2+ 27.♔g3 ♖g2+ 28.♔h4
♛f6+ 29.g5 ♘e7!! 30.♘d4
♛:d4+!) ♖f8! 25.♗h2 ♗a7
der schwarze Angriff wohl
durchschlägt (Kasparow).
23. ... ♛g3–e5! 24.♗c1–f4
Oder 24.♔:f2 ♖f8+ 25.♔g1
♛e1+ 26.♔h2 ♖f2.
24. ... ♛e5:f4 25.♛g2:f2
♛f4–c4+
Weiß gab auf.

Partie Nr. 175
Ivanović–Ermenkow
Plowdiw 1983

1.e2–e4 c7–c5 2.♘g1–f3
d7–d6 3.d2–d4 c5:d4
4.♘f3:d4 e7–e6 5.c2–c4
♘g8–f6 6.♘b1–c3 a7–a6
7.♗f1–d3 ♗f8–e7 8.0–0 0–0
9.♛d1–e2 b7–b6 10.b2–b3

&c8–b7 11.&c1–b2 ♘b8–c6
12.♘d4:c6 &b7:c6
13.♖a1–d1
Wenn 13.f4, so 13. ... ♘d7!,
auf 14.♖ad1 ist 14. ... b5! gut.
13. ... ♛d8–b8 14.a2–a3
♖f8–d8?
Eine Ungenauigkeit. Besser ist
14. ... ♖e8, denn damit wird
der Läufer e7 gedeckt, und
außerdem droht nun d6–d5!
15.f2–f4 ♘f6–d7?!
16.♘c3–d5! &e7–f8
17.♖f1–f3! ♖d8–e8
Schlecht ist 17. ... ed 18.ed
&b7 19.♖h3 g6 20.&:g6!
oder 19. ... h6 20.♖:h6!, und
Schwarz ist verloren.
18.♖f3–h3! g7–g6
Wieder ist der Springer unver-
letzbar: 18. ... ed 19.♛h5! h6
20.ed &b7 21.♛f5.
19.♛e2–g4 ♛b8–d8
20.♖d1–f1! &f8–g7
20. ... ed 21.ed &b7 22.♖:h7!
♔:h7 23.f5! oder 22. ... ♘f6
23.&:g6!! mit Mattangriff.
21.&b2:g7 ♔g8:g7 22.f4–f5!
e6:f5
Hoffnungslos ist nach wie vor
22. ... ed 23.ed ♘e5 24.♛f4!
mit nicht abzuwehrenden Drohungen. Wenn 23. ... &b7, so
24.♖:h7+!
23.e4:f5 &c6:d5
Schließlich beseitigt Schwarz
doch den aufdringlichen Springer, aber für Weiß ist bereits
alles gelaufen.
24.♖h3:h7+! ♔g7:h7
25.f5:g6+ ♔h7–h6
26.♛g4–h3+
Schwarz gab auf.

Partie Nr. 176
Fischer–Dely
Skopje 1967

1.e2–e4 c7–c5 2.♘g1–f3
d7–d6 3.d2–d4 c5:d4
4.♘f3:d4 ♘g8–f6 5.♘b1–c3
♘b8–c6 6.&f1–c4 e7–e6
7.&c4–b3 a7–a6 8.f2–f4!
Eine energische Fortsetzung.
8. ... ♛d8–a5?!
Dieser Versuch verläuft weniger glücklich. Schlecht ist auch
8. ... ♛c7. Am besten scheint
zu sein 8. ... &e7.
9.0–0 ♘c6:d4? 10.♛d1:d4
d6–d5?!
Der Damenabtausch 10. ...
♛c5 11.♛:c5 dc 12.a4! ist zum
Vorteil für Weiß.
Die unsichere Stellung des
schwarzen Königs, der sich
noch in der Brettmitte aufhält,
gestattet es Fischer, zum Angriff überzugehen. Mehr Chancen bewahrt 10. ... &e7.
11.&c1–e3 ♘f6:e4 12.♘c3:e4
d5:e4 13.f4–f5! ♛a5–b4?
Ein Versuch, durch Damenabtausch die Lage zu entschärfen, aber es gelingt nicht mehr.
14.f5:e6 &c8:e6 15.&b3:e6
f7:e6

16. ♖f1:f8+!! ♛b4:f8
17.♛d4–a4+!
Der K. o.-Schlag! Auf 17. ...
b5 gewinnt leicht 18.♛:e4;
wenn 17. ... ♚d8, so
18. ♖d1+ ♚c8 19.♛d7+ ♚b8
20.♗b6!
Schwarz gab auf.

Partie Nr. 177
A. Sokolow–Tukmakow
Lwow 1984

1.e2–e4 c7–c5 2.♘g1–f3
d7–d6 3.d2–d4 c5:d4
4.♘f3:d4 ♘g8–f6 5.♘b1–c3
♘b8–c6 6.♗f1–c4 e7–e6
7.♗c1–e3 a7–a6 8.♛d1–e2
♛d8–c7 9.0–0–0 ♘c6–a5
Gefährlich ist sofort 9. ... b5
wegen 10.♘:c6; 10. ... ♛:c6
11.♘:b5 ♗:e4 12.♘a7 ♛b7
13.♘:c8 ♛:c8 14.♗b3; oder
10. ... bc 11.♛:c4 ♗b7
12.♘e5 ♛:c4 13.♘:c4 ♘:e4
14.♘:e4 ♗:e4 15.f3 ♗d5
16.♘b6.
10.♗c4–d3 b7–b5
11.♗e3–g5! ♗f8–e7 12.a2–a3
♖a8–b8 13.♛e2–e1!
Ein spitzfindiger Zug. Vom Feld
e1 verhindert die Dame nicht

nur das schwarze Gegenspiel,
sondern vermag gleichzeitig,
den Bauernangriff und den der
Figuren im Zentrum und auf
dem Königsflügel zu unterstüt-
zen.
13. ... ♘a5–c4
Zum Vorteil für Weiß wäre
13. ... b4 wegen 14.ab ♖:b4
15.♗:f6 ♗:f6 16.♘d5 ed
17.ed+ ♚d8 18.♛:b4 ♗:d4
19.♗:a6!, aber nicht 19.♛:d4?
♘b3+!
14.f2–f4 ♗c8–b7 15.♖h1–f1
♖b8–c8
Aufmerksamkeit verdient
15. ... h6.
16.♗d3:c4 ♛c7:c4 17.e4–e5
d6:e5 18.f4:e5 ♘f6–e4?
Das führt zum Verlust, doch
auch nach 18. ... ♘d5 19.♘e4
fällt es Schwarz schwer, sich zu
verteidigen.
19.♗g5:e7 ♘e4:c3
20.♛e1–f2!
Ein starker Zwischenzug, der
von Weiß von vornherein in
Betracht gezogen war, entscheidet den Ausgang der Partie.
20. ... f7–f5 21.e5:f6 e. p.
♘c3:d1 22. ♖f1:d1!
Fehlerhaft ist 22.fg? ♘:f2
23.gh♛+ ♚d7, und Schwarz
gewinnt.
22. ... g7–g6 23.♗e7–b4
♚e8–f7 24.b2–b3 ♛c4–c7
Wenn 24. ... ♛d5, so 25.♘f3
mit nicht abzuwehrenden Drohungen.
25.♘d4:e6!
Der krönende weiße Schlußangriff!
Schwarz gab auf.

Partie Nr. 178
Burow–Libow
Klaipeda 1984

1.e2–e4 c7–c5 2.♘g1–f3
♘b8–c6 3.d2–d4 c5:d4
4.♘f3:d4 ♘g8–f6 5.♘b1–c3
d7–d6 6.♗f1–c4 ♛d8–b6
7.♘d4–b5 a7–a6 8.♗c1–e3
♛b6–a5 9.♘b5–d4 e7–e6
Es ist gefährlich, den Bauern zu
gewinnen. Auf 9. ... ♘:e4
könnte folgen 10.♛f3 f5
(10. ... ♘e5 11.♗:f7+)
11.♘:c6 bc 12.0–0–0! d5
13.♘:d5! cd 14.♗:d5 ♖b8
15.♗c6+ ♔f7 16.♗:e4 e6
17.♖d5! ed 18.♗:d5+ ♔e8
19.♗d2 ♗b4 20.♛h5+ mit
entscheidendem Angriff (Bed-
narski–Minew, Bern 1975).
10.0–0 ♗f8–e7 11.♗c4–b3
0–0 12.f2–f4 ♘c6:d4
13.♗e3:d4 e6–e5 14.♗d4–e3
Eine Ungenauigkeit. Richtig ist
14.fe de 15.♗e3. Wenn 15. ...
♘g4?!, so 16.♛d5! mit großer
Überlegenheit für Weiß.
14. ... ♘f6–g4 15.♘c3–d5?
Das ist nun schon ein Fehler,
der zu Materialverlust führt.
Nach 15.♛d3 ist es für
Schwarz dagegen riskant, die
Qualität zu gewinnen: 15. ...
ef 16.♗:f4 ♛c5+ 17.♔h1
♘f2+ 18.♖:f2 ♛:f2 19.♘d5
mit folgendem ♖f1, und Weiß
erhält einen starken Angriff.
15. ... ♘g4:e3 16.♘d5:e7+?
Besser ist 16.♘:e3 ♛c5
17.♛d3 ef 18.♖:f4 ♗g5
19.♖f3 ♗g4 20.♖g3 h5
21.♔h1 ♗f4 22.♘:g4 ♗:g3

23.♘h6+ mit gewissen Gegenchancen für die Qualität.
16. ... ♔g8–h8 17.♛d1:d6
♖f8–d8 18.♛d6:e5 ♛a5–d2!
Schwarz entscheidet die Sache
mit einem stürmischen Gegenangriff zu seinen Gunsten.
19.♖f1–f2
Wenn 19.♛g5, so 19. ... ♗g4.
19. ... ♛d2–d1+ 20.♖f2–f1
♛d1–e2!
Weiß gab auf.

Partie Nr. 179
Kupreitschik–Radulow
Plowdiw 1980

1.e2–e4 c7–c5 2.♘g1–f3
♘b8–c6 3.d2–d4 c5:d4
4.♘f3:d4 ♘g8–f6 5.♘b1–c3
d7–d6 6.♗f1–c4 ♛d8–b6
7.♘d4–b3 e7–e6 8.♗c1–g5
a7–a6 9.0–0 ♗f8–e7
10.♗g5:f6 g7:f6 11.♛d1–h5
♘c6–e5 12.♗c4–e2 0–0
13.♔g1–h1 ♔g8–h8
14.a2–a4! ♗c8–d7 15.a4–a5
♛b6–c7 16.♘b3–d2!
Weiß hat den wichtigen Punkt
c4 unter Kontrolle genommen.
16. ... ♘e5–g6
Sonst kommt der f-Bauer mit
Tempo vorwärts. Nichts bringt
16. ... b5 wegen 17.ab e. p.
♛:b6 18.♖a2!, gefolgt von
f2–f4.
17.♘d2–c4 ♖a8–d8
Am besten war 17. ... ♘f4,
um durch Abtausch die Situation zu entschärfen.
18.f2–f4 d6–d5?
Dieser Versuch, aktiv zu werden, wird schön widerlegt.

Chancen zur Verteidigung bietet 18. ... ♖g8. Beispielsweise 19.f5 ♘e5 20.♗:e5 de 21.♕:f7 ♖g7 22.♕h5 ef mit komplizierter Stellung.

19.e4:d5 ♘g6:f4 20.♕h5–h6 ♘f4:e2 21.d5–d6!
Diesen Zwischenzug hat Schwarz nicht einkalkuliert.

21. ... ♗e7:d6 22.♘c4:d6 ♕c7:d6 23.♘c3–e4! ♕d6–c7
In der Hoffnung, nach 24.♘:f6 sich vor dem Matt mit 24. ... ♕:c2 zu verteidigen.

24.♖f1–f5!!
Wenn 24. ... ef, so 25.♘:f6, und das Matt ist unvermeidlich.
24. ... ♖f8–g8 25.♘e4:f6 ♖g8–g7 26.♖f5–g5!
Auf 26. ... ♖dg8 folgt 27.♕:h7+! und 28.♖:g8 matt! Schwarz gab auf.

Partie Nr. 180
Dely–Donner
Budapest 1961

1.e2–e4 c7–c5 2.♘g1–f3 e7–e6 3.d2–d4 c5:d4 4.♘f3:d4 a7–a6 5.♘b1–c3 b7–b5?!
Die Initiative auf dem Damenflügel wird gesucht, obwohl

sich damit Figurenentwicklung und Rochade bei Schwarz verzögern. Besser ist 5. ... ♕c7.
6.g2–g3 ♗c8–b7 7.♗f1–g2 ♕d8–c7 8.0–0 d7–d6 9.♖f1–e1 ♘b8–d7?!
Eine solche einseitige Entwicklung ist gefährlich. Allerdings auch nach 9. ... ♘f6 erreichte Weiß in der Partie Herberg–Kotow (Schweden 1959) eine Angriffsstellung: 10.♘d5! ed 11.ed+ ♔d8 12. ♗g5 ♘d7 13.c4. Mehr Möglichkeiten zur Verteidigung bot 9. ... ♗e7.
10.a2–a4! b5:a4
10. ... b4 11.♘a2 a5 12.c3! zum Vorteil für Weiß.
11.♖a1:a4 ♘g8–f6 12.♘c3–d5!
Ein typisches Opfer für ähnliche Stellungen.

12. ... e6:d5 13.e4:d5+ ♘d7–e5
Schwarz gibt Material zurück, um dem weißen Angriff den Schwung zu nehmen.
14.f2–f4 0–0–0 15.f4:e5 d6:e5 16.♖e1:e5! ♗f8–d6
Schlecht ist 16. ... ♕:e5
17.♖c4+ ♔d7 18.♗f4 mit

entscheidendem Angriff für Weiß.

17.☐e5-e3 ☗c8-b8
18.☐e3-c3 ♛c7-d7
19.♘d4-c6+ ♝b7:c6
20.☐a4:a6!

Ein grober Fehler ist 20.☐:c6? wegen 20. ... ♛:c6 21.dc ♝c5+.

20. ... ♝c6:d5 21.☐a6-b6+! ♝d5-b7

Wenn 21. ... ♔a7, so 22. ♝e3.

22.♛d1:d6+!

Eine schöne Mattkombination.

22. ... ♛d7:d6 23.☐b6:b7+ ♔b8-a8 24.☐b7-b4+!

Auf 24. ... ♔a7 folgt 25.☐a3+ ♛a6 26.☐b7+ ♔a8 27.☐:a6 matt!

Schwarz gab auf.

Partie Nr. 181
Sanakojew–Schaposchnikow
Fernpartie 1965

1.e2-e4 c7-c5 2.♘g1-f3 ♞b8-c6 3.d2-d4 c5:d4 4.♘f3:d4 e7-e6 5.♘b1-c3 ♛d8-c7 6.g2-g3 a7-a6 7.♝f1-g2 ♞g8-f6 8.0-0 ♝f8-e7 9.♝c1-e3 0-0 10.♔g1-h1 ☐f8-d8?!
11.f2-f4 d7-d6 12.♝g2-f3

Sofort 12.g4 ging nicht wegen 12. ... ♘:d4 13.♝:d4 e5.

12. ... ☐a8-b8

Besser ist 12. ... ♘:d4 13.♝:d4 e5 14.♝e3 b5 mit Gegenchancen. Jetzt gelingt es nämlich Weiß, im Angriff die Gunst der Stunde zu nutzen.

13.♛d1-e2 ♞c6-a5?

13. ... ♘:d4 war immer noch das beste.

14.g3-g4! b7-b5 15.g4-g5 ♞f6-e8 16.f4-f5 b5-b4

Schwarz rechnete anscheinend mit dem Rückzug des angegriffenen Springers, doch dieser Schimmel auf c3 denkt überhaupt nicht daran. Im Gegenteil, er bleibt trotz des Angriffs 11 Züge lang bis zum Ende der Partie auf seinem Platz ...

17.f5:e6! f7:e6

Schlecht ist 17. ... bc wegen 18.ef+ ♔:f7 19.♝h5++ ♔g8 20.♝f7+ ♔h8 21.♛h5 mit Gewinn für Weiß.

18.♝f3-h5! g7-g6 19.♛e2-f2 ♞e8-g7

19. ... gh? 20.♛f7+ ♔h8 21.♘:e6 ♝:e6 22.♝d4+ ♞f6 23.☐:f6!

20.♛f2-f7+ ♔g8-h8
21.♝h5:g6! ♞a5-c4

Ein letzter Versuch, der natürlich viel zu spät kommt, das Blatt zu wenden. Weiß findet eine glänzende Methode, dieses zu verhindern. Es verlor auch 21. ... bc 22.♘f5! ef 23.♝d4 ☐g8 24.♝:h7! oder 21. ... hg 22.☐f4 ♞h5 23.♘:e6!

22.♘d4–c6!! ♘c4–e5

Vier weiße Figuren sind angegriffen, aber es darf keine genommen werden! Beispielsweise 22. ... ♘:e3 23.♘:e7 ♘:f1 24.♖:f1 ♗b7 25.♕:g7+! ♔:g7 26.♖f7+ ♔h8 27.♖:h7 matt; oder 22. ... ♕:c6 23.♕:e7 ♗b7 24.♖f7 ♕e8 25.♕f6 ♕g8 26.♗:h7! ♕:h7 27.g6!

23.♘c6:e5 ♗c8–b7

Auf 23. ... de folgt 24.♗:h7! ♗d6 25.♕g6 ♖b7 26.♕h6 ♘e8 27.♖f8+! ♗:f8 28.♕:f8 ♔:h7 29.g6+! ♔:g6 30.♖g1+. Jetzt gibt es auch ein effektvolles Finale.

24.♕f7:g7+ ♔h8:g7

25.♖f1–f7+ ♔g7–h8

Oder 25. ... ♔g8 26.♗:h7+ ♔h8 27.♘g6 matt!

26.♖f7:h7+ ♔h8–g8

27.♘e5–g4!

Schwarz gab auf.

Partie Nr. 182
Tal–N. N.
Berlin 1974
(Simultanvorstellung)

1.e2–e4 c7–c5 2.♘g1–f3
e7–e6 3.d2–d4 c5:d4 4.♘f3:d4
a7–a6 5.♗f1–d3 ♘g8–f6
6.0–0 ♕d8–c7 7.♔g1–h1
d7–d6 8.f2–f4 ♘b8–d7
9.♘b1–d2 ♗f8–e7
10.♘d2–f3 0–0 11.♕d1–e2
♘d7–c5 12.e4–e5 d6:e5
13.f4:e5 ♘f6–d7 14.♗c1–g5!
♘d7:e5?

Schwarz kann der Versuchung nicht widerstehen und verleibt

sich den „vergifteten" Bauern ein. Übrigens war es nicht leicht, die nachfolgende originelle Kombination vorauszusehen. Richtig ist anstelle des Textzuges 14. ... ♘b6.

15.♗g5:e7 ♘e5:f3

Die damit verbundene Drohung 16. ... ♕:h2 matt veranlaßte Schwarz offensichtlich, das Bauernopfer anzunehmen. Doch der Plan des Ex-Weltmeisters ist etwas tiefgründiger.

16.♖f1:f3 ♕c7:e7

17.♗d3:h7+! ♔g8:h7

18.♖f3–h3+ ♔h7–g8

Jetzt führt der schablonenhafte Zug 19.♕h5 wegen 19. ... f6! nicht zum Ziel. Aber Weiß demonstriert einen eleganten Weg.

19.♘d4–f5! ♕e7–g5

20.♕e2–h5!!

Ein glänzendes Finale. Auf 20. ...f6 folgt 21.♘e7 matt, wenn 20. ... ♕:h5, so 21.♘e7+ ♔h7 22.♖:h5 matt. Schwarz gab auf.

Partie Nr. 183
Trupan–Babanow
Krasnodar 1984

1.e2–e4 c7–c5 2.♘g1–f3
♘b8–c6 3.d2–d4 c5:d4
4.♘f3:d4 ♘g8–f6 5.♘b1–c3
d7–d6 6.♗c1–g5 a7–a6?!
7.♗g5:f6 g7:f6 8.♘d4–b3
e7–e6
Aufmerksamkeit verdient 8. ...
♗d7 mit folgendem 9. ...
♖c8.
9.♗f1–e2 ♗c8–d7 10.0–0
♛d8–c7 11.♗e2–h5!
♘c6–e5?
Jetzt gewinnt der Angriff von
Weiß ungestümen Charakter,
während die Hoffnungen von
Schwarz auf ein Gegenspiel
sich nicht erfüllen.
12.f2–f4! ♛c7–b6+
13.♔g1–h1 ♘e5–c4 14.f4–f5!
♔e8–e7
Auf 14. ... ♘e3 wäre gefolgt
15.♛f3 ♘:f1 16.fe! ♗:e6
17.♛:f6 mit vernichtendem Angriff.
15.f5:e6 f7:e6

16.♖f1:f6!
Eine Kombination, deren

Schönheit durch die folgenden
beiden Züge unterstrichen
wird.
16. ... ♗e7:f6 17.♛d1–g4!!
Ein stiller Zug, der dem
schwarzen König alle Wege
zum Rückzug nimmt.
17. ... ♛b6–f2
Es drohte in erster Linie
18.♛h4+ und 19.♛g5 matt
sowie 18.♖f1+. Wenn 17. ...
♛e3, so 18.♘d5+ ed
19.♖f1+.
18.e4–e5+!
Das beendet den Kampf.
18. ... ♔f6:e5
Unbestritten erzwungen.
19.♛g4–g5+ ♛f2–f5
20.♖a1–e1+
Und matt mit dem folgenden
Zug.
Schwarz gab auf.

Partie Nr. 184
Sudnikow–Weber
Lwow 1969

1.e2–e4 c7–c5 2.♘g1–f3
d7–d6 3.d2–d4 c5:d4
4.♘f3:d4 ♘g8–f6 5.♘b1–c3
♘b8–c6 6.♗c1–g5 e7–e6
7.♛d1–d2 a7–a6 8.0–0–0
h7–h6 9.♗g5:f6
Dieser Abtausch bereitet
Schwarz keine besonderen Probleme. Besser ist 9.♗h4 oder
9.♗f4.
9. ... ♛d8:f6 10.♘d4:c6
Oder 10.♘b3 b5 11.f4 ♛d8
mit guten Gegenchancen für
Schwarz.
10. ... b7:c6 11.f2–f4 ♛f6–d8
12.♗f1–c4 d6–d5?

147

Ein offensichtlicher Fehler – Schwarz öffnet die Stellung, obwohl der König noch im Zentrum placiert ist. Die Strafe für solche Fahrlässigkeit folgt unverzüglich.

13.e4:d5 c6:d5 14.♖h1–e1
Möglich ist auch sofort 14.♘:d5.

14. ... ♗f8–e7 15.♘c3:d5! e6:d5 **16.♗c4:d5 ♖a8–a7**
17.♕d2–e3! ♕d8–c7
18.♗d5–c6+ ♔e8–f8
19.♕e3:a7! ♕c7:a7
20.♖d1–d8+! ♗e7:d8
21.♖e1–e8 matt!

Partie Nr. 185
Gawrikow–Tukmakow
Jerewan 1982

1.e2–e4 c7–c5 2.♘g1–f3 d7–d6 3.d2–d4 c5:d4
4.♘f3:d4 ♘g8–f6 5.♘b1–c3 ♘b8–c6 6.♗c1–g5 e7–e6
7.♕d1–d2 a7–a6 8.0–0–0 h7–h6 9.♗g5–f4 ♗c8–d7
10.♘d4:c6 ♗d7:c6
11.♕d2–e1
Bevorzugt wird 11.f3, worauf möglich ist 11. ... d5.

11. ... ♕d8–a5 12.♗f1–c4
Nichts bringt 12.♗:d6 ♗:d6 13.♖:d6 ♗:e4!

12. ... ♗f8–e7 13.f2–f3
Wenn 13.♘d5, so 13. ... ♕:e1 14.♘:f6+ ♗:f6 15.♖h:e1 ♗g5! Ein Fehler wäre 13.♗:d6 ♗:d6 14.♖:d6 wegen 14. ... ♕c5!

13. ... b7–b5 14.♗c4–b3 ♕a5–c7 15.♘c3–e2?!
Der Beginn eines fragwürdigen

Planes. Weiß hätte im Zentrum mit dem Zug e5 Druck machen müssen.

15. ... 0–0 16.g2–g4 a6–a5!
17.a2–a3?
Damit geht die Initiative gänzlich an Schwarz über. Besser ist 17.♘d4, um nach 17. ... a4 auf den Gegenangriff 18.♗:e6! zu setzen.

17. ... ♖f8–c8 18.♔c1–b1
Bereits hier war es für 18.♘d4 zu spät wegen 18. ... e5 19.♘:c6 ♕:c6, und auf den Rückzug des Läufers entscheidet dann 20. ... a4.

18. ... a5–a4 19.♗b3–a2 b5–b4! 20.a3:b4
Ganz schlecht ist 20.♕:b4 e5 21.♗g3 ♗:e4! 22.fe ♕:c2+ nebst 23. ... ♕:e2.

20. ... ♗c6:e4 21.f3:e4 ♕c7:c2+ 22.♔b1–a1 a4–a3
23.♖d1–b1 ♕c2:e4!
24.♗f4–d2 ♘f6–d5
25.♘e2–c1
Oder 25.♘c3 ab+ 26.♔:b2 ♘:c3 27.♗:c3 ♖:a2+! 28.♔:a2 ♕c2+.

25. ... ♕e4:e1 26.♖h1:e1 ♗e7–f6 27.♖e1–d1 ♖c8–c2
28.♘c1–d3 ♘d5–b6
29.♗d2–c1
Auf 29.♗c3 gewinnt 29. ... ♖:c3!

29. ... ♘b6–c4!
Alle Figuren von Schwarz greifen „die Achillesferse" der Stellung – den Punkt b2 – an. Das Finale ist eindrucksvoll.

30.b4–b5
Auf 30.♖f1, um den Turm auf f6 zu opfern, könnte fol-

gen: 30. ... ab+ 31.♖:b2
(31.♗:b2 ♘d2!; 31.♘:b2 ♖c3!
32.♘a4 ♖:c1+ 33.♘b2 ♖c3!
und 34. ... ♖ca3) ♘:b2
32.♗:b2 ♗:b2+ 33.♘:b2
♖:h2.
30. ... ♘c4–a5!
Es gibt keine Verteidigung gegen 31. ... ♘b3+ 32.♗:b3 ab
matt. Wenn 31.♗d5, so 31. ...
♘b3+! 32.♔a2 ♘:c1+
33.♖b:c1 ab+ 34.♔b3 bc♕.
Weiß gab auf.

Partie Nr. 186
Zeschkowski–Kupreitschik
Minsk 1979

1.e2–e4 c7–c5 2.♘g1–f3
d7–d6 3.d2–d4 c5:d4
4.♘f3:d4 ♘g8–f6 5.♘b1–c3
♘b8–c6 6.♗c1–g5 e7–e6
7.♕d1–d2 ♗f8–e7 8.0–0–0
0–0 9.f2–f4 h7–h6
10.♗g5–h4
Keinen Vorteil bietet 10.♗:f6
♗:f6 11.♘:c6 bc 12.♕:d6
♕b6 13.e5 ♖d8 14.♕a3
♕e3+ 15.♔b1 ♖:d1+
16.♘:d1 ♕:a3 17.ba ♗e7.
**10. ... ♗c8–d7 11.♘d4–f3
♕d8–a5 12.♗f1–c4?**
Auf diesen Zug hält Schwarz
eine taktische Erwiderung bereit. Am besten ist 12.♔b1.
**12. ... b7–b5! 13.♗c4:b5
♖f8–c8 14.♗b5–c4**
Falls 14.♗:c6 ♖:c6 15.♔b1
♖a6!, so hat es Weiß schwer,
die Drohungen in den offenen
Linien abzuwehren.
14. ... ♘c6–b4 15.♕d2–e2
Auf 15.♗b3 setzt Schwarz

den Angriff mit dem Qualitätsopfer 15. ... ♖:c3! fort. Wenn
16.♕:c3, so 16. ... ♖c8
17.♕e3 ♘g4 18.♕d2 ♗a4
19.a3 ♗:b3 20.♕:b4 ♕:b4
21.ab ♗:h4 22.♘:h4 ♘f2;
oder 16.bc ♘:e4 17.♕d4
♘:c3! 18.♔b2 ♘b5, und in
beiden Varianten hat Schwarz
das bessere Ende für sich.

**15. ... ♖c8:c4! 16.♕e2:c4
♖a8–c8 17.♕c4–b3 ♘f6:e4!
18.a2–a3 ♘b4:c2!!**
Im Bemühen, den feindlichen
König zur Strecke zu bringen,
wartet Schwarz mit einer glänzenden Opferserie auf.
19.♕b3:c2
Es darf nicht gespielt werden
19.♔:c2 wegen 19. ... ♗a4.
**19. ... ♘e4:c3 20.♗h4–e1
♗e7–f6 21.♘f3–e5 ♗d7–a4
22.♗e1:c3**
Das führt forciert zu einem ge-
wonnenen Endspiel für
Schwarz. Nicht besser fährt
Weiß mit 22.b3 wegen 22. ...
de 23.ba e4.
**22. ... ♗a4:c2 23.♗c3:a5
♗c2:d1+ 24.♔c1:d1 d6:e5
25.f4:e5 ♗f6:e5 26.b2–b4**

149

☖c8–c3 27.a3–a4 ☖c3–a3
28.♔d1–c2 ♘e5–d4
29.☖h1–d1 e6–e5
Weiß gab auf.

Partie Nr. 187
Kowaljew–Bassin
Minsk 1981

1.e2–e4 c7–c5 2.♘g1–f3
♘b8–c6 3.♘b1–c3 d7–d6
4.d2–d4 c5:d4 5.♘f3:d4
♘g8–f6 6.♗c1–g5 e7–e6
7.♕d1–d2 ♗f8–e7 8.0–0–0
0–0 9.f2–f4 h7–h6
10.♗g5–h4 ♗c8–d7
11.♘d4–f3 ♕d8–a5
12.♕d2–e1 ☖a8–c8
13.♔c1–b1
Aufmerksamkeit verdient der
prophylaktische Zug 13.a3.
13. ... ♘c6–b4 14.a2–a3
Es drohte 14. ... ☖:c3.
14. ... ♘b4:c2! 15.♔b1:c2
♗d7–a4+ 16.♔c2–d2
Gefährlich ist 16.♔b1 wegen
16. ... ☖:c3 17.bc ♗:d1
18.♕:d1 ♘:e4. Wenn 16.b3,
so 16. ... ♘:e4!
16. ... ☖c8:c3!!
In diesem neuen Opfer ist die
Idee der Kombination enthalten. Dem weißen König stehen
schwere Prüfungen bevor.
17.b2:c3 ♗a4:d1 18.♔d2:d1
♕a5–a4+ 19.♔d1–e2
♕a4:e4+ 20.♔e2–f2
Noch ein Zug, und der König
hat das schützende Feld g1 erreicht. Aber, o weh, die Hoffnungen erfüllen sich nicht ...
20. ... ♘f6–g4+!
Es wird klar, daß 21.♔g1

♗:h4!! fürchterliche Folgen
für Weiß hat: Wenn 22.♕:e4,
so 22. ... ♗f2 matt. Glänz-
zend!
21.♔f2–g3 ♗e7:h4+
22.♔g3:h4 ♕e4:f4 23.♕e1–g3
g7–g5+ 24.♔h4–h5
Mit dem Mut der Verzweiflung.
Schlecht ist 24.♔h3 wegen
24. ... ♘f2+! 25.♕:f2 g4+
26.♔h4 g3+, und Schwarz gewinnt die Dame.
24. ... ♕f4–f5 25.♗f1–d3
Es drohte 25. ... ♕g6+
26.♔:g4 h5+ 27.♔h3 ♕f5+.
25. ... ♕f5:d3
Noch einfacher ist 25. ... ♔g7,
26.♕:g4 ♕g6+!
26.♔h5:g4 ♕d3–f5+
27.♔g4–h5 ♕f5–g6+
28.♔h5–g4 h7–h5+
Weiß gab auf.

Partie Nr. 188
Korsubow–Chotjaschow
Minsk 1982

1.e2–e4 c7–c5 2.♘g1–f3
d7–d6 3.d2–d4 c5:d4
4.♘f3:d4 ♘g8–f6 5.♘b1–c3
♘b8–c6 6.♗c1–g5 e7–e6
7.♕d1–d2 ♗f8–e7 8.0–0–0
0–0 9.f2–f4 h7–h6
10.♗g5–h4 ♗c8–d7
11.♘d4–f3
Auf 11.♘db5 könnte folgen
11. ... ♘:e4 12.♗:e7 ♘:d2
13.♗:d8 ♘:f1 14.♗c7 ♘e3
mit gleichen Chancen.
11. ... ♕d8–a5 12.♔c1–b1
☖f8–d8 13.♕d2–e1 ♗d7–e8
14.♗f1–d3 ☖a8–c8
15.☖h1–g1 ♘c6–b4

16.a2–a3 ♘b4:d3 17.c2:d3
♕a5–b6?
Verliert ein wichtiges Tempo.
Richtig ist 17. ... ♕c7, um den
Gegenangriff mittels b7–b5
und a7–a5 zu starten.
18.♗h4–f2! ♕b6–a6
19.g2–g4 ♘f6–d7 20.g4–g5
h6:g5 21.♗f2–d4!
Weiß hat einen sehr starken
Angriff.
21. ... e6–e5?
Das führt zu einem eleganten
Finale, doch die Stellung ist
kaum zu verteidigen.
22.♘c3–d5! ♗e7–f8
23.♘f3:g5 g7–g6 24.♕e1–h4
♗f8–g7 25.♘d5–e7+
♔g8–f8 26.♘g5–h7 matt!

Partie Nr. 189
Gipslis–Saigin
Rézekne 1963

1.e2–e4 c7–c5 2.♘g1–f3
♘b8–c6 3.d2–d4 c5:d4
4.♘f3:d4 ♘g8–f6 5.♘b1–c3
d7–d6 6.♗c1–g5 e7–e6
7.♕d1–d2 a7–a6 8.0–0–0
♗c8–d7 9.f2–f4 ♗f8–e7
10.♕d2–e1
Mehr Probleme gibt es für
Schwarz nach 10.♘f3.
10. ... ♕d8–c7
Aktiver ist 10. ... h6. Zum Beispiel 11.♗h4 g5! 12.fg ♘g4
13.♘:c6 ♗:c6 14.♗g3 hg mit
scharfem Kampf.
11.♘d4–f3 h7–h6?!
Hier ist dieser Zug schon ungünstig, da Weiß a tempo den
angegriffenen Läufer auf das
Feld f2 überführt.

12.♗g5–h4 0–0–0 13.e4–e5!
♘f6–e8 14.♗h4–f2!
Droht unangenehm 15.♘a4!
14. ... ♕c7–a5 15.♘f3–d2
d6–d5 16.♘d2–b3 ♕a5–c7
Schlecht ist ebenfalls 16. ...
♕b4 wegen 17.g3, und um
seine Dame zu retten, muß
Schwarz sich von Material
trennen. Zum Beispiel 17. ...
♗f8 18.a3 ♕e7 19.♗c5; oder
17. ... ♘a5 18.♘:a5 ♕:a5
19.♘:d5!

17.♖d1:d5!! e6:d5 18.♘c3:d5
♕c7–b8 19.♕e1–c3!
Jetzt droht 20.♘:e7+, auf
19. ... ♗f8 folgt 20.♘a5 und
danach ♗:a6 mit Gewinn.
19. ... ♗e7–d6
Ein untauglicher Versuch, sich
durch ein Figurenopfer freizu-
kaufen.
20.♘d5–b6+ ♔c8–c7
21.e5:d6+ ♘e8:d6 22.♘b3–c5
♗d7–f5 23.♘b6–d5+
♔c7–c8 24.♘c5:a6!
Schwarz gab auf.

Partie Nr. 190
Tobor–Scheer
Fernpartie 1983

1.e2–e4 c7–c5 2.♘g1–f3
d7–d6 3.d2–d4 c5:d4
4.♘f3:d4 ♘g8–f6 5.♘b1–c3
♘b8–c6 6.♗c1–g5 e7–e6
7.♕d1–d2 a7–a6 8.0–0–0
h7–h6 9.♗g5–f4 ♗c8–d7
10.♘d4:c6 ♗d7:c6 11.f2–f3
d6–d5 12.♕d2–e1 ♗f8–b4
13.a2–a3 ♗b4–a5!
Der Abtausch auf c3 ist nur für
Weiß von Nutzen.
14.b2–b4 ♗a5–b6 15.e4:d5
♗c6:d5!
Schlecht ist 15. … ♘:d5?
16.♘:d5 ♗:d5 17.c4.
16.♗f4–e5 0–0 17.♕e1–g3
Die Stellung scheint für Weiß
aussichtsreich zu sein. Nicht zu
übersehen ist jedoch, daß der
eigene König luftig steht. Dort
einzuhaken, darin liegen für
Schwarz ernste Gegenchancen.
17. … ♖a8–c8 18.♘c3–e4?
Der letzte Schutzbefohlene ver-
läßt die weiße Festung, die nun
offen wie ein Scheunentor ist.
Natürlich läßt sich da Schwarz
nicht zweimal bitten …

18. … ♖c8:c2+!! 19.♔c1:c2
Wenn 19.♔b1, so 19. …
♗a2+.
19. … ♗d5–b3+! 20.♔c2:b3
Oder 20.♔b2 ♕:d1 21.♘:f6+
♔h8 mit entscheidenden Drohungen: 22.♗d3 ♕d2+!
23.♔:b3 ♕:d3+.
20. … ♕d8–d1+ 21.♔b3–b2
♗b6–d4+ 22.♗e5:d4
♕d1:d4+ 23.♔b2–a2 ♘f6:e4
24.f3:e4 ♕d4–d2+
25.♔a2–b3 ♕d2–d1+
26.♔b3–b2 ♖f8–d8!
Weiß gab auf.

Partie Nr. 191
Dolmadjan–Angelow
Sofia 1977

1.e2–e4 c7–c5 2.♘g1–f3
d7–d6 3.♗f1–b5+ ♗c8–d7
4.♗b5:d7+ ♕d8:d7 5.0–0
♘b8–c6 6.c2–c3 ♘g8–f6
7.d2–d4
Ein interessantes Bauernopfer,
das zu einem scharfen Kampf
führt. Möglich ist auch der ru-
hige Zug 7.♕e2 oder 7.♖e1.
7. … ♘f6:e4 8.d4–d5
♘c6–e5?!
Schwarz gibt den Mehrbauern
zurück und hofft die Entwicklung zu beenden. Doch die
Stellung erweist sich für
Schwarz bereits als schwierig.
Konsequenter ist 8. … ♘b8
mit kompliziertem Kampf.
9.♘f3:e5 d6:e5 10.♖f1–e1
♘e4–f6 11.♖e1:e5 e7–e6
12.c3–c4 0–0–0 13.♗c1–g5
♗f8–e7 14.♘b1–c3 h7–h6
15.♗g5–h4 g7–g5

15. ... ♘:d5 16.cd ♗:h4
17.♕g4 ♗f6 18.de fe
19.♖:c5+ ist für Schwarz wenig empfehlenswert.
16.♗h4–g3 e6:d5 17.♘c3–b5!
Dieser Springer setzt das Signal
für den entscheidenden Angriff.
17. ... b7–b6 18.♕d1–a4
a7–a5
Wenn 18. ... dc, so 19.♕a6+
♕b7 20.♘:a7+.
19.♖a1–e1 ♖h8–e8

20.♖e5:e7! ♖e8:e7
21.♘b5–d6+! ♔c8–b8
Schlecht ist 21. ... ♕:d6 wegen 22.♖:e7! ♕:e7 23.♕c6+
mit Matt.
22.♖e1:e7! ♕d7:a4
23.♘d6–b5+ ♖d8–d6
Nur so ist es möglich, dem unmittelbaren Matt zu entrinnen.
24.♗g3:d6+ ♔b8–c8
25.b2–b3
Ein stiller Zug beendet die
Kombination. Auf 25. ... ♕:a2
oder ♕b4 folgt das Matt in
drei Zügen.
Schwarz gab auf.

Partie Nr. 192
Dworezki–Szilagyi
Budapest 1978

1.e2–e4 c7–c5 2.♘g1–f3
d7–d6 3.♗f1–b5+ ♗c8–d7
4.♗b5:d7+ ♘b8:d7 5.0–0
♘g8–f6 6.♕d1–e2 e7–e6
Auf 6. ... g6 folgt 7.c3 ♗g7
8.d4 mit Initiative für Weiß.
7.b2–b3 ♗f8–e7 8.♗c1–b2
0–0 9.c2–c4
Wenn 9.d4, dann ist 9. ... d5!
gut.
9. ... a7–a6
Eine Ungenauigkeit. Richtig ist
9. ... e5!
10.d2–d4 c5:d4 11.♘f3:d4
♖f8–e8 12.♘b1–c3 ♕d8–a5
13.♖a1–d1 ♖a8–d8 14.f2–f4
♘d7–f8 15.♔g1–h1 ♕a5–h5
Schwarz hat kein Gegenspiel
und bemüht sich deshalb, die
Lage durch Damentausch zu
erleichtern. Im Endspiel hat
Weiß allerdings klare Vorteile.
16.♕e2:h5 ♘f6:h5 17.g2–g3
♘h5–f6 18.♔h1–g2 d6–d5
Schwarz hat es satt, sich passiv
zu verteidigen, und unternimmt
den Versuch, sich aus der positionellen Umklammerung zu
befreien. Aber der Augenblick
dafür ist ungünstig gewählt.
19.e4:d5 e6:d5 20.♘d4–f5!
♗e7–c5 21.c4:d5 g7–g6?
22.♘c3–e4!
Der entscheidende Angriff.
Wenn 22. ... ♘:e4, so 23.♘h6
matt!
22. ... ♖e8:e4 23.♗b2:f6
g6:f5 24.♗f6:d8
Schwarz gab auf.

1.e2–e4 c7–c5 2.♘g1–f3
d7–d6 3.♗f1–b5+ ♗c8–d7
4.a2–a4 g7–g6
Besser ist 4. ... ♘c6.
5.d2–d4 ♗f8–g7? 6.d4:c5!
d6:c5 7.0–0 ♘b8–c6
8.♘b1–c3 ♘g8–f6 9.♗c1–e3
b7–b6?
Ein normaler Zug, der jedoch
eine starke Erwiderung findet.
Hartnäckiger ist 9. ... a6, obgleich auch dann nach 10.♗c4
b6 11.h3 Schwarz eine schwierige Stellung hat.
10.e4–e5 ♘f6–g4 11.e5–e6!
Weiß zerstört durch dieses
feine Bauernopfer die gegnerische Stellung.
11. ... f7:e6 12.♘f3–g5
♘g4–e5
Wenn 12. ... ♘ce5?, so
13.♘:e6! Unbefriedigend ist
ebenfalls 12. ... ♘:e3 wegen
13.fe ♕c7 14.♕f3. Beispielsweise 14. ... ♖f8 15.♘:e6!
♖:f3 16.♘:c7+ oder 14. ...
0–0–0 15.♗a6+ ♔b8 16.♘b5
♕e5 17.♘f7.
13.f2–f4 h7–h6
Auf 13. ... ♘f7 folgt natürlich
14.♘:e6!
14.f4:e5 h6:g5 15.♕d1–f3
♘c6:e5
Im Falle 15. ... ♖f8 entscheidet wirkungsvoll 16.♕:c6!
16.♗b5:d7+!
Wenn 16. ... ♔:d7, so
17.♖d1+ ♔c7 18.♘b5+.
Schwarz gab auf.

1.e2–e4 c7–c5 2.♘g1–f3
♘b8–c6 3.♗f1–b5 g7–g6
4.0–0 ♗f8–g7 5.c2–c3
♘g8–f6 6.♖f1–e1 0–0
7.d2–d4 c5:d4 8.c3:d4 d7–d5
9.e4–e5 ♘f6–e4 10.♗b5:c6
Besser ist 10.♘c3.
10. ... b7:c6 11.♘b1–d2
c6–c5!
Schwarz rechnet auf die Kraft
des Läuferpaars und öffnet deshalb das Zentrum.
12.♘d2:e4 d5:e4 13.♖e1:e4
♗c8–b7 14.♖e4–h4
Bei geöffnetem Zentrum haben
die weißen Angriffsaktionen am
Königsflügel wenig Erfolgsaussichten.
14. ... c5:d4 15.♗c1–h6
Auf 15.♖:d4 ist 15. ... ♕b6
möglich.
15. ... ♗g7:h6 16.♖h4:h6
f7–f6 17.♘f3:d4 ♕d8–d5
18.♕d1–g4?
Auf den ersten Blick scheint es,
als ob es Weiß dennoch gelungen ist, gefährliche Drohungen
zu schaffen. Es verliert zum
Beispiel 18. ... ♔–g7?
wegen 19.♘e6+ ♔:h6 20.♕h4
matt. Doch bereits die Erwiderung des Gegners zerstreute die
Illusionen. Hartnäckiger ist
18.♘f3.
18. ... ♕d5:e5!
Das dürfte für Weiß in der
Tat überraschend kommen,
denn Schwarz läßt ♖:g6+ zu,
um allerdings selbst auf der

g-Linie entscheidend zu kontern.

19.♖h6:g6+
Es taugt auch nicht 19.♘e6 wegen 19. … ♗c8.

19. … ♔g8–h8 20.♖g6–h6 ♖f8–g8 21.♕g4–f5
Die Einladung zum Damentausch lehnt Schwarz natürlich ab!

21. … ♖g8:g2+ 22.♔g1–f1 ♖g2–g1+!
Auf 23.♔:g1 folgt 23. … ♖g8+ 24.♔f1 ♗a6+.
Weiß gab auf.

Partie Nr. 195
Los–Rudnew
Minsk 1983

1.e2–e4 c7–c5 2.f2–f4 d7–d5 3.e4:d5 ♕d8:d5 4.♘b1–c3 ♕d5–d8 5.♘g1–f3 g7–g6?
Besser ist 5. … ♘f6.

6.d2–d4 c5:d4 7.♕d1:d4! ♕d8:d4 8.♘f3:d4 ♘g8–f6 9.♘d4–b5 ♘b8–a6 10.♗c1–e3 b7–b6 11.0–0–0 ♗f8–g7
Schlecht ist 11. … ♗b7 wegen 12.♘:a7!

12.♗f1–e2 ♗c8–b7?
Das verliert sofort. Aber auch nach dem relativ besseren 12. … ♗g4 13.♗:g4 ♘:g4 14.♗d4 hat Schwarz eine schwierige Stellung.

13.♘b5:a7! ♖a8:a7 14.♗e2–b5+
Schwarz gab auf.

Partie Nr. 196
Wuttke–Neukirch
Erfurt 1981

1.e2–e4 c7–c5 2.♘b1–c3 ♘b8–c6 3.f2–f4 g7–g6 4.♘g1–f3 ♗f8–g7 5.♗f1–c4 e7–e6 6.f4–f5!? ♘c6–e5!?
Eine originelle Taktik. Einige Schwächen des weißen Königsflügels nutzend, aktiviert Schwarz in einem frühen Stadium des Kampfes seine Figuren.

7.♘f3:e5?
Eine mißlungene Reaktion auf den unerwarteten Zug. Besser ist 7.d3.

7. … ♗g7:e5 8.♕d1–f3 g6:f5! 9.d2–d3?
Es hätte rochiert werden müssen. Jetzt verschafft sich Schwarz doch ein klares Übergewicht.

9. … ♕d8–h4+ 10.♔e1–e2 ♘g8–e7 11.♗c1–e3 ♗e5:c3!
Der Läufer hat seine Schuldigkeit getan, aber sein „Abgang" kommt Weiß teuer zu stehen.

12.b2:c3 f5:e4 13.d3:e4 f7–f5!
Eine konsequente Strategie.

14.g2–g3
Schlecht, aber was geht sonst? Wenn zum Beispiel 14.♗d3, so 14. … d5!, und auf 15.ed oder 15.ef folgt 15. … c4! mit Figurengewinn.

14. … f5:e4 15.♕f3–g2 ♕h4–g4+ 16.♔e2–d2 ♘e7–f5 17.♗e3:c5 e4–e3+ 18.♔d2–d3 b7–b5!
Natürlich nicht 19.♕:a8 wegen 19. … bc oder ♕:c4 matt!

19.♗c4:b5 ♖a8–b8
20.♖a1–b1
Auf 20.♗c4 entscheidet 20. ...
♛:c4+! 21.♔:c4 ♗a6 matt.
20. ... ♖b8:b5! 21.♖b1:b5
♗c8–a6 22.c3–c4 d7–d5!
Weiß gab auf.

Partie Nr. 197
Malissow–Itkis
Jewpatorija 1982

1.e2–e4 c7–c5 2.♘b1–c3
e7–e6 3.f2–f4 ♘g8–f6
4.♘g1–f3 ♗f8–e7 5.d2–d3
0–0 6.g2–g3 ♘b8–c6
7.♗f1–g2 ♖a8–b8 8.0–0
b7–b5 9.a2–a3 b5–b4?!
Schwarz führt geradlinig die
Offensive am Damenflügel,
aber die eigene Stellung wird
dabei auch geschwächt. Aufmerksamkeit verdient 9. ... a5
oder 9. ... d5 mit beiderseitigen Chancen.
10.a3:b4 c5:b4 11.♘c3–a4
d7–d6 12.b2–b3 e6–e5
13.♛d1–e2 ♗c8–g4
14.♗c1–b2 e5:f4 15.g3:f4
d6–d5 16.e4–e5
Logischer ist 16.♖ae1, um
den Druck im Zentrum zu er-
höhen.
16. ... ♘f6–h5 17.♛e2–e3
♛d8–d7 18.♘f3–d4 ♖b8–c8
19.♖f1–f2 ♗e7–h4
20.♖f2–d2 ♘c6–e7
21.♗g2–f3 g7–g6?
Schwarz ist begeistert von der
Idee, die Kontrolle über die
weißen Felder zu haben, und
übersieht dabei eine unerwartete Kombination des Gegners.

Es hätte gespielt werden müssen 21. ... f5 mit beiderseitigen
Chancen. Auf 22.♗h1, um den
schwarzen Läufer mit dem Zug
23.h3 zu fangen, ist der Gegenangriff 22. ... g5 möglich mit
der Drohung, nach 23. ... gf
die weiße Dame zu gewinnen.
22.e5–e6!
Eine unangenehme Überra-
schung.
22. ... ♗g4:e6 23.♗f3:h5
g6:h5 24.♖d2–g2+ ♘e7–g6
25.♛e3–e5!
Das Geschehen läuft forciert ab.
25. ... ♗e6–g4
Damit sollen die unmittelbaren
Drohungen neutralisiert werden, doch der folgende wirkungsvolle Angriff beweist die
Illusion einer Verteidigung. Um
der Wahrheit willen muß bemerkt werden, daß Schwarz
praktisch aber keine anderen
Züge hat.

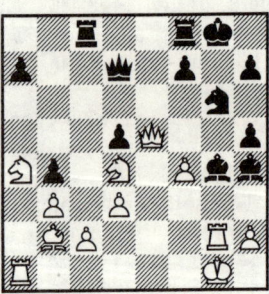

26.♛e5–g7+!!
Ein glänzendes Finale der Kombination, die mit dem Zug
22.e6! begann. Auf 26. ...
♔:g7 folgt 27.♘f5++ ♔g8
28.♘h6 matt.
Schwarz gab auf.

Geschlossene Spiele

Damengambit

1.d2–d4 d7–d5 2.c2–c4

Wie viele andere alte, berühmte Eröffnungen ist auch das Damengambit bereits in der Göttinger Handschrift (1490) enthalten. Die Bezeichnung ist symbolisch, weil Weiß den geopferten Bauern leicht zurückzugewinnen vermag. Der Versuch, ihn zu verteidigen, ist für Schwarz eher ungünstig.

Die Hauptidee des Damengambits ist der Kampf um das Zentrum. Die vertiefte theoretische Erschließung dieser Eröffnung führte dazu, daß einige Systeme zu selbständigen Spielanfängen avancierten. Dazu gehören heute das angenommene Damengambit, die Orthodoxe Verteidigung, die Tarrasch-Verteidigung, die Slawische Verteidigung, die Tschigorin-Verteidigung, die Ragosin-Verteidigung und Albins Gegengambit.

Partie Nr. 198
Michalewski–Bassin
Minsk 1980

1.d2–d4 d7–d5 2.c2–c4
♗c8–f5?! **3.♕d1–b3**
Eine bessere Stellung bekommt Weiß nach 3.♘f3. Zum Beispiel 3. … e6 4.♕b3 ♘c6 5.c5 ♖b8 6.♘c3 e5 7.e4! ed 8.ef dc 9.♗b5 ♗:c5 10.0–0 ♘f6 11.♕:c3.
3. … e7–e5!?
Schwarz opfert einen Bauern, um die Initiative zu erobern. Schlechter ist 3. … e6 4.♕:b7 ♘d7 5.♘d2 mit Vorteil für Weiß.

4.♕b3:b7 ♘b8–d7
5.♘b1–c3?
Ein fehlerhafter Zug. Richtig ist 5.♘f3.
5. … e5:d4 6.♘c3:d5 ♗f8–d6
7.♗c1–f4
Es drohte 7. … ♘c5, worauf jetzt folgt 8.♕c6+ ♗d7 9.♘:c7+.
7. … ♗d6:f4 8.♘d5:f4 c7–c5!
9.♘f4–d5 ♖a8–b8
10.♘d5–c7+ ♔e8–f8
11.♕b7:a7 ♘g8–e7
12.♘c7–b5 ♘e7–c6
Obwohl der Anziehende zwei Mehrbauern hat, ist seine Situation nicht befriedigend, denn fast alle seine Figuren befinden

sich noch in der Ausgangsstellung.

13.♛a7–a6 ♜b8–b6
14.♛a6–a4 ♞c6–b4
15.♜a1–c1 ♜b6–a6
16.♛a4–d1

Eine traurige Rückkehr der stolzen weißen Dame. Die einzige entwickelte Figur des Anziehenden – der Springer auf b5 – bleibt ein teilnahmsloser Zeuge der kommenden Ereignisse.

16. ... ♜a6:a2 17.♛d1–d2 ♛d8–a5!

Gegen die Drohung 18. ... ♜:b2! gibt es keine Verteidigung.

18.e2–e4

Wenn 18.♔d1, so 18. ... ♛a4+ 19.♔e1 ♞c2+.

18. ... ♜a2:b2!

Weiß gab auf.

Partie Nr. 199
Awschalumow–Rosentālis
Leningrad 1979

1.d2–d4 d7–d5 2.♞g1–f3 ♞g8–f6 3.c2–c4 c7–c6 4.♞b1–c3 e7–e6 5.♗c1–g5 ♞b8–d7 6.e2–e3 ♛d8–a5

Der schwarzfeldrige weiße Läufer hat den Damenflügel verlassen. Schwarz ist deshalb bestrebt, diese Situation für einen Angriff auf den Punkt c3 auszunutzen.

7.c4:d5 ♞f6:d5

Schwächer ist 7. ... ed 8.♗d3 ♞e4 9.0–0!, und nach Aljechin ist es für Schwarz nun ungünstig, das Bauernopfer anzunehmen: 9. ... ♞:c3 10.bc ♛:c3

11.e4! de 12.♜e1 f5 13.♜c1 ♛a3 14.♞h4 mit Angriff.

8.♛d1–b3 c6–c5?!

Im Sinn der Eröffnung war 8. ... ♗b4!, denn auf 9.♜c1 sichert nun 9. ... e5! Schwarz ein ausgezeichnetes Spiel. Zum Beispiel 10.de? ♞c5 11.♛c2 ♞a4; oder 10.♞:e5 ♞:e5 11.de ♗e6 12.a3 ♞:c3 13.ab ♛:e5 14.♗f4 ♛:b3 15.♗:e5 ♞a2.

9.♗f1–d3 ♗f8–e7

Besser ist 9. ... cd mit nachfolgendem 10. ... ♗b4.

10.♗g5:e7 ♞d5:e7 11.0–0 c5:d4 12.♞f3:d4 e6–e5?

Damit zieht Schwarz das Feuer auf sich. Vor allem angesichts der unsicheren Stellung des Königs ist eine solche Taktik nicht gerechtfertigt.

13.♞c3–e4! 0–0

Schwarz darf natürlich nicht 13. ... ed spielen wegen 14.♞d6+, aber befriedigende Fortsetzungen gibt es schon nicht mehr. Möglich ist eine solche Variante: 13. ... ♛d5 14.♗c4! ♛:e4 15.♗:f7+ ♔d8 16.♞e6 matt; falls 15. ... ♔f8, so 16.♞e6+ ♔:f7 17.♞g5++.

14.♘d4–e6! h7–h6
15.♘e4–d6 ♘d7–c5
16.♗d3–h7+!
Ein schönes Finale. Auf 16. ...
♔h8 folgt 17.♘:f8! ♘:b3
18.♘:f7 matt.
Schwarz gab auf.

Angenommenes Damengambit

1.d2–d4 d7–d5 2.c2–c4 d5:c4
Die Annahme des Gambits verfolgt nicht das Ziel, einen Bauern zu gewinnen. Schwarz gibt vorübergehend das Zentrum auf, um möglichst schnell die Entwicklung zu beenden und anschließend das Zentrum des Gegners anzugreifen.

Partie Nr. 200
Buchman–Bagirow
Dnepropetrowsk 1970

1.d2–d4 d7–d5 2.c2–c4 d5:c4
3.e2–e4 e7–e5
Andere Möglichkeiten sind weniger ratsam. Wenn 4.de,
so 4. ... ♛:d1+ 5.♔:d1 ♘c6
6.f4 f6 mit aktiver schwarzer
Stellung.
4.♘g1–f3 e5:d4 5.♘f3:d4?!
Besser ist 5.♗:c4 oder 5.♛:d4.
5. ... ♗f8–c5 6.♗c1–e3
♘g8–f6 7.♛d1–a4+
Wenn 7.f3, so 7. ... ♘c6!, auf
7.♘c3 ist 7. ... ♘g4! unangenehm.
7. ... ♘b8–d7 8.♘b1–c3?

Es hätte 8.f3 gespielt werden müssen.
8. ... 0–0 9.♛a4:c4
Es drohte 9. ... ♘b6.
9. ... ♘f6–g4! 10.♛c4–e2
Auf 10.♗f4 ist 10. ... ♛f6
11.♘ce2 ♘de5! stark.
10. ... ♘g4:e3 11.♛e2:e3
♘d7–f6 12.♖a1–d1 ♘f6–g4
13.♛e3–d2 ♛d8–f6 14.f2–f3
♖f8–d8 15.♘c3–d5

15. ... ♖d8:d5! 16.e4:d5
♛f6–e5+ 17.♗f1–e2
Oder 17.♛e2 ♗b4+ 18.♖d2
♗:d2+ 19.♔:d2 ♛:d4+,
17.♘e2 ♗f2 matt!
17. ... ♘g4–e3 18.♔e1–f2
♘e3–f5!
Weiß gab auf.

Partie Nr. 201
Kertschew–Maltschew
Sofia 1960

1.d2–d4 d7–d5 2.c2–c4 d5:c4
3.♘g1–f3 a7–a6 4.e2–e3
♗c8–g4 5.♗f1:c4 e7–e6
6.♛d1–b3 ♘b8–c6?!
7.♗c1–d2
Schlecht ist 7.♛:b7? wegen
7. ... ♘a5 8.♛e4 ♗f5.

7. ... b7–b5 8.♗c4–d3

Stärker ist 8.♗e2! mit Vorteil
für Weiß.

**8. ... ♘g8–f6 9.♘f3–e5?!
♘c6:e5 10.d4:e5 ♘f6–d7
11.♗d3–e4 ♖a8–b8
12.♗e4–c6 ♗f8–e7 13.f2–f3
♗g4–h5 14.♕b3–d3**

Weiß lockt den Turm auf b6
und hofft, darauf mit dem Zug
♗a5 Zeit zu gewinnen. Dieses
Manöver hat freilich seinen
Preis: Der Anziehende bleibt
mit der Entwicklung seiner Figuren weit zurück.

14. ... ♖b8–b6 15.♕d3–c2

Hier bot sich die Chance, die
Stellung zu vereinfachen:
15.♕:d7+!

**15. ... 0–0 16.♗d2–a5?
♖b6:c6!**

Ein nachhaltiges Qualitätsopfer,
mit dem Schwarz einen effektvollen Königsangriff einleitet.

17.♕c2:c6 ♘d7:e5 18.♕c6–c2

Schlecht ist 18.♕:c7 wegen
18. ... ♗h4+ 19.g3 ♘:f3+.

**18. ... ♗e7–h4+ 19.♔e1–f1
♘e5:f3! 20.g2:f3 ♗h5:f3
21.♖h1–g1 ♕d8–f6
22.♖g1–g3**

Mit diesem Qualitätsopfer versucht Weiß das Schlimmste abzuwehren. Es verliert 22.♗c3
wegen 22. ... ♗e2++
23.♔:e2 ♕f2+ 24.♔d3 ♖d8+
25.♗d4 ♕:g1 26.♕:c7 ♕d1+
27.♔e4 ♖:d4+ 28.ed ♕e2+
mit nicht abzuwehrenden Drohungen.

**22. ... ♗h4:g3 23.h2:g3
♖f8–d8 24.♘b1–c3 ♕f6–h6!
25.♕c2–f2 ♕h6–h1+**

**26.♕f2–g1 ♕h1–h5
27.♕g1–f2 ♖d8–d2!!**

Eine wirkungsvolle Invasion des
Turmes!

28.♕f2–g1

Wenn 28.♕:d2, so 28. ...
♕h1+ 29.♔f2 ♕g2+ 30.♔e1
♕g1 matt!

28. ... ♖d2:b2

Möglich ist auch 28. ... ♕h3+
29.♔e1 ♖g2 30.♕f1 ♕:g3+.

29.♔f1–e1 b5–b4

Weiß gab auf.

Partie Nr. 202
G. Garcia–Frey
Caracas 1982

**1.d2–d4 d7–d5 2.c2–c4 d5:c4
3.♘g1–f3 ♘g8–f6 4.e2–e3
e7–e6 5.♗f1:c4 c7–c5 6.0–0
c5:d4**

Mit diesem Abtausch muß
Schwarz sich nicht beeilen. Besser ist 6. ... a6.

**7.e3:d4 ♗f8–e7 8.♘f3–e5
0–0 9.♘b1–c3 ♘b8–c6
10.♗c1–e3 ♘c6–a5?**

Schwarz unterschätzt die gegnerischen Initiativen am Königsflügel. Besser ist 10. ... ♘:e5.

11.♗c4–d3 b7–b6 12.♕d1–f3 ♗c8–b7 13.♕f3–h3
Über der Stellung des schwarzen Königs verdichten sich die Wolken.
13. ... ♖a8–c8 14.♖a1–d1 ♖f8–e8
Der Versuch, die Kräfte für die Verteidigung umzugruppieren, scheitert. Die Lage von Schwarz ist jedoch bereits schwierig. Wenn 14. ... g6, so 15.♗h6 ♖e8 16.♗b5 ♘c6 17.♖fe1 mit starken Drohungen.
15.♖f1–e1 ♗e7–f8
16.♗e3–g5! h7–h6
Es verlor auch 16. ... g6 wegen 17.♗b5 ♘c6 18.d5! ed 19.♘g4 ♖:e1+ 20.♖:e1 ♗g7 21.♗:f6 ♗:f6 22.♖e8+!
17.♘e5–g4!
Ein eleganter Zug, der den Sieg forciert. Auf 17. ... ♗e7 folgt 18.♘:h6+!
Schwarz gab auf.

Partie Nr. 203
Petran–Schutz
Ungarn 1983

1.d2–d4 d7–d5 2.c2–c4 d5:c4 3.♘g1–f3 ♘g8–f6 4.e2–e3 a7–a6 5.♗f1:c4 e7–e6 6.a2–a4 c7–c5 7.♘b1–c3 ♘b8–c6 8.0–0 c5:d4?!
Besser ist 8. ... ♗e7, und die Spannung im Zentrum bleibt erhalten.
9.e3:d4 ♗f8–e7 10.♗c1–g5 0–0 11.♖f1–e1 ♘f6–d5?!
Ein schablonenhaftes Manöver. Aufmerksamkeit verdient 11. ... ♘b4.

12.♗c4:d5! ♗e7:g5?
Ein Fehler, nach dem Schwarz in eine schwierige Lage gerät. Besser ist 12. ... ed.
13.♗d5:c6! b7:c6 14.♘f3–e5 ♕d8–b6 15.♘c3–e4 ♗g5–e7 16.♖a1–c1 ♗e7–b4
Wenig verspricht auch 16. ... ♕:b2 17.♘:c6. Nach dem Textzug schaltet sich hingegen der weiße Turm in den Angriff ein.
17.♖e1–e3! a6–a5?
Das führt zu einer forcierten Niederlage.

18.♘e4–f6+! ♔g8–h8
Wenn 18. ... gf, so 19.♕g4+ ♔h8 20.♖g3.
19.♕d1–h5 h7–h6
20.♕h5:f7!!
Ein wirkungsvoller Schlußzug. Das Matt ist nun unvermeidlich: 20. ... ♖:f7 21.♘:f7 matt oder 20. ... gf 21.♘g6 matt!
Schwarz gab auf.

Partie Nr. 204
Matschulski–Schalnew
Odessa 1981

1.d2–d4 d7–d5 2.c2–c4 d5:c4 3.♘g1–f3 ♘g8–f6 4.e2–e3

e7–e6 5.♗f1:c4 c7–c5 6.0–0
a7–a6 7.a2–a4

Das soll den Zug b7–b5 verhindern, schwächt aber das
Feld b4.

**7. ... ♘b8–c6 8.♕d1–e2
c5:d4 9.♖f1–d1 ♗f8–e7
10.e3:d4 0–0 11.♘b1–c3
♘c6–b4 12.♘f3–e5 ♘b4–d5
13.♖d1–d3!**

Dieser Turm kommt rasch zum
Königsflügel und stärkt das Angriffspotential von Weiß erheb-
lich.

**13. ... ♗c8–d7 14.♖d3–g3
♖f8–e8?**

Schwarz unterschätzt die Drohung des Gegners. Unbedingt
geboten ist 14. ... g6.

15.♕e2–f3 ♘d5:c3?

Läßt einen schönen Angriff zu.
Es gibt freilich keine Verteidigung mehr. Wenn 15. ... ♗f8,
so ist 16.♗g5! sehr stark, und
Schwarz kann einem Verlust
nicht entrinnen.

**16.♖g3:g7+! ♔g8:g7
17.♕f3–g3+**

Schwarz gab auf.

Partie Nr. 205
Balaschow–Miles
Bugojno 1978

**1.d2–d4 d7–d5 2.♘g1–f3
♘g8–f6 3.c2–c4 d5:c4
4.♘b1–c3 a7–a6 5.e2–e4**

Eine Gambit-Fortsetzung, die
zu einem komplizierten Kampf
führt. Möglich ist auch der ru-
hige Zug 5.a4.

**5. ... b7–b5 6.e4–e5 ♘f6–d5
7.a2–a4 ♘d5:c3 8.b2:c3
♕d8–d5**

Die Alternative 8. ... ♗b7 be-
antwortet Weiß kraftvoll mit
9.e6!

**9.g2–g3 ♗c8–e6 10.♗f1–g2
♕d5–b7 11.0–0 ♗e6–d5
12.e5–e6!?**

Weiß opfert noch einen Bauern
und verhindert damit die Entwicklung des Königsflügels seines Gegners.

**12. ... ♗d5:e6 13.♘f3–g5
♗e6–d5 14.♗g2:d5 ♕b7:d5
15.a4:b5 a6:b5?**

Schlecht ist auch 15. ... ♕:b5
wegen 16.♕f3, doch Verteidigungschancen bewahrt 15. ...
e6.

**16.♖a1:a8 ♕d5:a8
17.♕d1–g4 ♘b8–c6**

Wenn 17. ... ♘d7, so
18.♘:f7!, aber auf 17. ... e6 ist
18.♘:e6! stark.

**18.♕g4–f3 f7–f6 19.♘g5–e6
♕a8–b7 20.♕f3–d5 g7–g5**

Damit will der Nachziehende
verhindern, daß sich der weiße
Läufer in den Angriff einschaltet. Und doch ist's vergebliche
Liebesmüh ...

21.♗c1–f4!! ♗f8–h6
Auf 21. ... gf folgt 22.♕h5+
♔d7 23.♘c5+, und die Dame
wird gewonnen.
22.♖f1–e1! ♕b7–b6
23.♘e6:c7+ ♔e8–f8
24.♖e1–e6 g5:f4 25.♖e6:c6
♕b6–b8 26.♘c7–e6+
♔f8–e8 27.♖c6–c7 ♔e8–f7
28.♘e6:f4+ ♔f7–f8
29.♕d5–c5!
Schwarz gab auf.

Orthodoxe Verteidigung

1.d2–d4 d7–d5 2.c2–c4 e7–e6
3.♘b1–c3 ♘g8–f6 4.♗c1–g5
Eines der Hauptsysteme im ab-
gelehnten Damengambit.
Schwarz befestigt den Punkt
d5, um sich allmählich harmo-
nisch zu entwickeln und die positionellen Drohungen von
Weiß zu neutralisieren. Das
Hauptproblem der Verteidigung ist die Aktivierung des
weißfeldrigen Läufers c8, der
vom Bauern e6 eingesperrt ist.
Es kann entweder durch Fian-
chettierung des Läufers auf das
Feld b7 oder den Bauernvor-
stoß e6–e5 gelöst werden.

Partie Nr. 206
Farago–Welikow
Albena 1983

1.d2–d4 d7–d5 2.c2–c4 c7–c6
3.♘b1–c3 ♘g8–f6 4.♘g1–f3
e7–e6 5.♗c1–g5 ♗f8–e7
6.e2–e3 ♘b8–d7 7.♖a1–c1
0–0 8.♗f1–d3 d5:c4 9.♗d3:c4
♘f6–d5
Das sogenannte Entlastungssy-
stem, das von Capablanca in die
Turnierpraxis eingeführt wurde.
Ungeachtet der folgenden großen Vereinfachungen muß
Schwarz weiterhin sehr genau
spielen, um nicht entscheidend
in Nachteil zu geraten.
10.♗g5:e7 ♕d8:e7 11.0–0
♘d5:c3 12.♖c1:c3 e6–e5
13.♕d1–c2 e5:d4 14.e3:d4
♕e7–d6?
Richtig ist 14. ... ♘b6. Der un-
aufmerksame Zug mit der
Dame bietet Weiß die Möglichkeit, zum Angriff überzugehen.
15.♘f3–g5 ♘d7–f6
16.♖c3–f3! g7–g6 17.♕c2–b3
♘f6–d5
In der Hoffnung gespielt, auf
Kosten eines Bauern das weiße
Angriffstempo zu bremsen. Es
rettet nicht 17. ... ♕e7, worauf 18.♘:f7 folgt, und wenn
nun 18. ... ♖:f7, so 19.♗:f7+
♕:f7 20.♖:f6!
18.♘g5–e4 ♕d6–d8
19.♗c4:d5 c6:d5 20.♘e4–f6+
♔g8–g7 21.♕b3–e3!
Bedeutend stärker als das prosaische 21.♕:d5.
21. ... h7–h5 22.♕e3–e5
♔g7–h6 23.♘f6:h5!

163

Eine Kombination vollendet logisch die zielstrebige weiße Attacke.

23. ... ♗c8–g4

Auf 23. ... gh gewinnt
24.♖f6+.

24.♕e5–g7+ ♔h6–g5

Wenn 24. ... ♔:h5, so
25.♕h7+ ♔g5 26.h4 matt!

25.♖f3–g3

Schwarz gab auf.

Partie Nr. 207
Polugajewski–Saidy
Tallinn 1973

**1.c2–c4 ♘g8–f6 2.♘b1–c3
e7–e6 3.♘g1–f3 d7–d5
4.d2–d4 ♗f8–e7 5.♗c1–g5
0–0 6.e2–e3 h7–h6 7.♗g5–h4
b7–b6 8.♗f1–d3 ♗c8–b7
9.♗h4:f6 ♗e7:f6 10.c4:d5
e6:d5 11.0–0 ♘b8–d7?**

Eine Ungenauigkeit. Richtig ist
11. ... c5 mit gleichem Spiel.

**12.♕d1–b3 c7–c6 13.♖a1–d1
♖f8–e8**

Anscheinend der selbstverständlichste Zug, doch durch spitzfindiges Spiel gelingt es Weiß, die mit ihm verbundene Schwächung des Punktes f7 auszunutzen. Eine überzeugende Demonstration der Gefahr naheliegender schablonenhafter Fortsetzungen!

14.♗d3–b1!

Der Beginn eines originellen Angriffsplanes.

14. ... ♕d8–b8?

Schwarz erahnt nicht den Plan des Partners. In Erwartung des Durchbruchs e3–e4 führt der Nachziehende seine Dame von der d-Linie, doch dabei entfernt sich die stärkste Figur vom geschwächten Königsflügel.

**15.♖f1–e1 ♗f6–e7 16.a2–a3!
♗e7–d6**

Wenn 16. ... ♘f6, so 17.e4 de
18.♘e5! mit zahlreichen Drohungen.

**17.e3–e4 d5:e4 18.♘c3:e4
♖e8–e7 19.♗b1–a2!**

Der Aufbau einer weittragenden Batterie auf der Diagonale a2–g8 ist erfolgreich abgeschlossen. Schwarz verfügt bereits über keine befriedigende Verteidigung.

19. ... ♕b8–c7 20.♘e4–g5!

Mit einer Kombination wird die überlegene Strategie gekrönt. Jetzt gibt es für den Punkt f7 keinen ausreichenden Schutz mehr.

**20. ... ♘d7–f6 21.♖e1:e7
♕c7:e7 22.♕b3:f7+ ♔g8–h8
23.♘f3–e5!**

Schwarz gab auf.

Partie Nr. 208
Magerramow–Kasparow
Baku 1977

**1.♘g1–f3 ♘g8–f6 2.d2–d4
e7–e6 3.c2–c4 d7–d5
4.♘b1–c3 ♗f8–e7 5.♗c1–g5
h7–h6 6.♗g5–h4 0–0 7.e2–e3
b7–b6 8.♕d1–b3 ♗c8–b7
9.♗h4:f6 ♗e7:f6 10.c4:d5
e6:d5 11.♖a1–d1 c7–c5!?**

Im Streben nach Initiative bietet Schwarz ein Bauernopfer an.

12.d4:c5 ♘b8–d7 13.c5–c6

Interessanter ist 13.cb, und Schwarz muß beweisen, daß das Bauernopfer gerechtfertigt ist.

13. ... ♗b7:c6 14.♘f3–d4?
Weiß unterschätzt die Gefahr, die seinem König im Zentrum droht. Besser ist 14.♗e2.

14. ... ♗f6:d4! 15.♖d1:d4 ♘d7–c5 16.♛b3–d1 ♘c5–e6 17.♖d4–d2 d5–d4! 18.e3:d4
Oder 18.♘e2 ♛g5! 19.♘:d4 ♘:d4 20.♖:d4 ♖ad8! mit schwieriger Stellung für Weiß.

18. ... ♖f8–e8! 19.f2–f3
Ein Versuch, den König aus der Gefahrenzone zu evakuieren. Wenn 19.d5, so erhält Schwarz nach 19. ... ♘f4+ 20.♗e2 ♘:g2+ 21.♔f1 ♗d7! einen sehr starken Angriff, beispielsweise 22.♔:g2 ♛g5+ 23.♔f1 ♗h3+ 24.♔e1 ♛g2 (Kasparow). Dennoch schlägt der Blitz jetzt in die weiße Stellung ein!

19. ... ♗c6:f3!! 20.g2:f3 ♛d8–h4+ 21.♖d2–f2 ♘e6:d4+ 22.♗f1–e2
Oder 22.♘e2? ♘:f3 matt!

22. ... ♘d4:f3+ 23.♔e1–f1 ♛h4–h3+ 24.♖f2–g2

♘f3–h4 25.♖h1–g1 ♖a8–d8 26.♛d1–e1?
Das führt zu einem pikanten Finale. Relativ besser ist 26:♛a4, worauf Kasparow vorbereitet hatte 26. ... ♘:g2 27.♖:g2 ♖e5 28.♛g4 ♛:g4 29.♗:g4 f5 30.♗f3 g5 mit guten Erfolgsaussichten.

26. ... ♖d8–d3! 27.♛e1–f2 ♘h4–f3!
Eine schöne Stellung. Ungeachtet der Mehrfigur ist Weiß völlig hilflos und hat keinen brauchbaren Zug.

28.♖g1–h1
Wenn 28.♗:d3, so ♘:h2 matt. Den gleichen Ausgang nimmt die Partie nach 28.♘b5 ♖d1+ 29.♗:d1 ♘:h2 matt!

28. ... ♖d3–e3 29.♖h1–g1 ♔g8–h8 30.♖g1–h1 b6–b5!
Weiß gab auf.

Partie Nr. 209
Psachis–Geller
Jerewan 1982

1.d2–d4 d7–d5 2.c2–c4 e7–e6 3.♘b1–c3 ♗f8–e7 4.♘g1–f3 ♘g8–f6 5.♗c1–g5 h7–h6 6.♗g5–h4 0–0 7.e2–e3 b7–b6 8.♗h4:f6 ♗e7:f6 9.c4:d5 e6:d5 10.♛d1–d2 ♗c8–e6 11.♖a1–d1 ♛d8–e7!
Eine Neuheit Gellers, die Erfolg in dieser Partie brachte. Sie ist mit einem tiefgründigen und originellen Plan verbunden, Gegenspiel zu erlangen.

12.g2–g3 c7–c5! 13.d4:c5
Weiß nimmt das Bauernopfer an. Vorsichtiger war 13.♗g2

♘c6 14.0–0 mit gleichen Chancen.

13. ... ♖f8–d8 14.c5:b6?
Folgerichtig, aber das Risiko ist zu groß. Es hätte 14.♗g2 gespielt werden müssen mit anschließender Rochade.

14. ... d5–d4!
Die Kraft dieses Angriffs unterschätzt Weiß offensichtlich. Schlecht ist jetzt 15.♘:d4 wegen 15. ... ♗:d4 16.ed ♗d5+, auf 15.♘e4 entscheidet hingegen 15. ... ♗d5 16.♘:f6+ ♕:f6 17.♕:d4 ♕:f3 18.b7 ♖d7!! 19.ba♕ ♗:a8.

15.♗f1–g2 ♘b8–c6
16.♘f3:d4 ♘c6:d4 17.e3:d4
Oder 17.♗:a8 ♖:a8 18.ed ♗d5+.

17. ... ♗e6–h3+ 18.♔e1–f1 ♖d8:d4 19.♕d2–e3 ♕e7–b7!
20.f2–f3 ♖d4:d1+ 21.♘c3:d1 ♕b7–a6+ 22.♔f1–g1
♖a8–d8 23.♘d1–f2 ♗f6–d4
24.♕e3–e1 ♗d4:f2+
Wenn nun 25.♔:f2, so 25. ... ♕:b6+ 26.♔f1 ♗c8! mit der entscheidenden Drohung ♗a6+.
Weiß gab auf.

Partie Nr. 210
Hernandez–Schumacher
Luzern 1982

1.d2–d4 e7–e6 2.♘g1–f3
d7–d5 3.c2–c4 ♘g8–f6
4.♘b1–c3 ♗f8–e7 5.♗c1–g5
♘b8–d7 6.e2–e3 0–0
7.♕d1–c2 c7–c5 8.0–0–0
Ein scharfer Plan. Zu einem ruhigeren Spiel führt 8.cd.

8. ... d5:c4 9.♗f1:c4 ♕d8–a5
10.♔c1–b1 c5:d4 11.♖d1:d4!?
In der bekannten Partie Keres–Fichtl (Prag 1943) erkämpfte Weiß eine bessere Stellung nach 11.ed ♘b6 12.♗b3 ♗d7 13.♘e5 ♖ac8 14.♕e2. Der Textzug stellt Schwarz vor neue Probleme.

11. ... e6–e5?
Eine ernsthafte Schwächung der Stellung, die es Weiß ermöglicht, einen stürmischen Angriff zu entwickeln.

12.♖d4–h4! g7–g6
Schlecht ist 12. ... h6 wegen 13.♗:h6; wenn 13. ... gh, so 14.♕g6+.

13.♗g5–h6 ♘f6–e8
Bringt sich der angegriffene Turm in Sicherheit, so entscheidet 14.♘g5!

14.♖h4–g4! ♘e8–g7

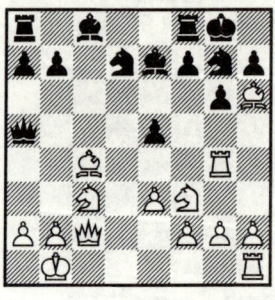

Nun greift der Turm kraftvoll in den Angriff ein.

15.♖g4:g6! h7:g6 16.♕c2:g6
Die Stellung des schwarzen Königs ist zerschmettert!

16. ... ♗e7–f6 17.♘f3–g5!
Wenn 17. ... ♖d8, so
18.♕:f7+ ♔h8 19.♗:g7+

♗:g7 20.♕h5+, und Matt mit dem nächsten Zug.
Schwarz gab auf!

Partie Nr. 211
Kornejewez–Tarima
Kobrin 1982

1.d2–d4 d7–d5 2.c2–c4 e7–e6
3.♘g1–f3 ♘g8–f6 4.♘b1–c3
♗f8–e7 5.♗c1–f4 a7–a6?!
6.e2–e3 0–0 7.♕d1–c2
♘b8–d7 8.c4:d5 e6:d5
9.♗f1–d3 ♖f8–e8 10.0–0
c7–c6
Faktisch ein Eingeständnis, daß 5. ... a6 ein Zeitverlust war.
11.h2–h3 ♘d7–f8 12.♘f3–e5
♘f8–g6 13.♗f4–h2 ♗e7–d6
14.f2–f4 ♗c8–d7 15.♖a1–d1
♖a8–c8
Danach kann Weiß das Zentrum öffnen.
16.♘e5:d7! ♘f6:d7
Erzwungen. Es verbietet sich
16. ... ♕:d7 wegen 17.♗f5.
17.e3–e4 d5:e4 18.♘c3:e4
♗d6–e7 19.f4–f5 ♘g6–f8
20.♕c2–b3! ♕d8–b6?
Die einzige Möglichkeit, der Katastrophe auf dem Punkt f7 zu entgehen, war 20. ... b5.

21.♕b3:f7+!!
Weiß opfert die Dame und erkämpft sich die entscheidende Überlegenheit.
21. ... ♔g8:f7
Wenn 21. ... ♔h8, so 22.♗c4.
22.♗d3–c4+ ♘f8–e6
23.f5:e6++ ♔f7–g8
Oder 23. ... ♔g6 24.ed ♖f8
25.dc♕ mit gewonnener Stellung.
24.e6:d7+ ♔g8–h8
25.♖f1–f7 ♗e7–f6 26.♘e4:f6
g7:f6 27.d7:c8♕ ♖e8:c8
28.♖f7:f6 ♖c8–e8
Eine letzte Falle, wenn
29.♗e5?, so 29. ... ♖:e5!
29.♖f6–f8+!
Nun ist das Matt unvermeidlich.
Schwarz gab auf.

Partie Nr. 212
Adorján–Behling
Lugano 1983

1.c2–c4 e7–e6 2.♘b1–c3
d7–d5 3.d2–d4 ♘g8–f6
4.♘g1–f3 ♗f8–e7 5.♗c1–f4
0–0 6.e2–e3 c7–c5 7.d4:c5
♗e7:c5 8.a2–a3 d5:c4

Mit dem Abtausch lohnt es sich nicht, sich zu beeilen. Besser ist 8. ... ♘c6.

9.♕d1–c2!
Nur zu einer gleichen Stellung führt 9.♗:c4 ♕:d1+ 10.♖:d1 a6.

9. ... ♘f6–d5?
Ein naheliegender Zug, der sich dennoch als falsch erweist.

10.0–0–0! ♕d8–a5 11.♘c3:d5 e6:d5 12.♘f3–g5 g7–g6 13.♖d1:d5!
Diese Riposte unterschätzte Schwarz. Durch ein Qualitätsopfer erhält Weiß einen vernichtenden Angriff.

13. ... ♗c5:e3+ 14.f2:e3 ♕a5:d5 15.♗f1:c4 ♕d5–f5 16.♕c2–c3 ♘b8–c6
Auf 16. ... ♗e6 entscheidet 17.g4 ♕:g4 18.♗:e6 fe 19.♕c7; falls 16. ... ♘d7, so 17.♖f1 b5 18.e4 ♕f6 19.♗d5! ♕:c3+ 20.bc ♘b6 21.♗:a8 ♘:a8 22.♗d6 ♖e8 23.♖:f7 h6 24.♖:a7 (Adorján).

17.g2–g4! ♕f5–a5
Wenn 17. ... ♕:g4, so 18.♘:f7! ♖:f7 19.♕f6.

18.b2–b4 ♕a5–d8 19.♘g5–e4
Die Stellung des schwarzen Königs ist nicht zu verteidigen.

19. ... ♖f8–e8 20.♘e4–f6+ ♔g8–f8 21.♖h1–d1!
Schwarz gab auf.

Tarrasch-Verteidigung

1.d2–d4 d7–d5 2.c2–c4 e7–e6 3.♘b1–c3 c7–c5
Eine populäre aktuelle Eröffnung, die durch den bekannten deutschen Schachmeister Siegbert Tarrasch ausgearbeitet wurde. Schwarz nimmt das Entstehen eines isolierten Bauern d5 in Kauf und erhält dafür ein freies Spiel mit guten Aussichten. Soll hingegen der Isolani vermieden werden, kann Schwarz fortsetzen mit 3. ... ♘f6 4.♘f3 c5 und auf 5.cd mit 5. ... ♘:d5 erwidern. Es entsteht auf diese Weise die „Verbesserte Tarrasch-Verteidigung".

Partie Nr. 213
Bachturin–Sholudew
Aktjubinsk 1974

1.d2–d4 d7–d5 2.c2–c4 e7–e6 3.♘b1–c3 c7–c5 4.c4:d5 c5:d4
Das Schara-Hennig-Gambit. Schwarz opfert einen Bauern, um Tempi für die Entwicklung zu gewinnen.

5.♕d1:d4 ♘b8–c6 6.♕d4–d1 e6:d5 7.♕d1:d5 ♗c8–d7 8.♘g1–f3 ♘g8–f6 9.♕d5–d1 ♗f8–c5 10.e2–e3 ♕d8–e7 11.♗f1–e2 0–0–0 12.0–0 g7–g5 13.b2–b4!?
Weiß gibt den Bauern zurück und plant, die scheinbar schwache Stellung des schwarzen Königs auszunutzen.

13. ... ♝c5:b4 14.♝c1–b2
g5–g4 15.♘f3–d4 ♘c6:d4
16.e3:d4 ♝d7–c6!?
Folgerichtig gespielt. Bei anderen Fortsetzungen beherrschte Weiß die Szene.
17.♝e2:g4 ♘f6:g4
18.♛d1:g4+ ♚c8–b8
19.♛g4–f4+?
Es hätte 19.d5 gespielt werden müssen, und wenn 19. ...
♖hg8, so 20.♛f4+ ♝d6
21.♛f3.
19. ... ♝b4–d6 20.♛f4–e3
Mit dem Damenabtausch würde Weiß fraglos wichtige Zeit für die Verteidigung gewinnen, aber eine unangenehme Überraschung steht bevor.
20. ... ♖h8–g8!
Nun scheitert 21.♛:e7? an
21. ... ♖:g2+ 22.♚h1
♖:h2++ 23.♚g1 ♖h1 matt!
21.g2–g3?
Dieser selbstverständliche Verteidigungszug erweist sich als Fehler. Obligatorisch war 21.d5.

21. ... ♝d6:g3!! 22.h2:g3
♛e7:e3 23.f2:e3 ♖g8:g3+
Eine interessante Stellung. Ungeachtet des Damenabtausches

und der Mehrfigur vermag Weiß nicht seinen König zu verteidigen.
24.♚g1–h2 ♖g3–g2+
25.♚h2–h3 ♖d8–g8
26.♖f1:f7 ♖g8–g3+
27.♚h3–h4 ♖g3–g6
28.♚h4–h3 ♖g6–h6 matt!

Partie Nr. 214
Potipajew–Schadrin
Fernpartie 1968

1.c2–c4 e7–e6 2.d2–d4 d7–d5
3.♘b1–c3 c7–c5 4.c4:d5 e6:d5
5.♘g1–f3 ♘g8–f6?
Eine wesentliche Ungenauigkeit. Richtig ist 5. ... ♘c6.
6.♝c1–g5!
Eine unangenehme Fesselung.
6. ... ♝c8–e6 7.♝g5:f6
♛d8:f6 8.e2–e4! c5:d4
Auf 8. ... de hatte Aljechin den richtigen Weg demonstriert:
9.♝b5+ ♝d7 10.♘:e4 ♛b6
11.♝:d7+ ♘:d7 12.0–0 mit Überlegenheit für Weiß (Aljechin–Kusman, New York 1924).
9.♝f1–b5+ ♘b8–c6
10.♘c3:d5 ♛f6–d8 11.0–0
a7–a6 12.♝b5–a4 ♝e6:d5
13.e4:d5 ♛d8:d5 14.♖f1–e1+
♚e8–d8
Auf 14. ... ♝e7 ist möglich
15.♘:d4 b5 16.♘:b5! ♛:d1
17.♖a:d1 ab 18.♝:b5 ♖c8
(18. ... ♖:a2 19.♝:c6+ ♚f8
20.♖d8+!) 19.♖d6! mit gewonnener Stellung.
15.♘f3:d4! ♝f8–d6
Wenn 15. ... ♛:d4, so
16.♖e8+!
16.♝a4:c6 b7:c6

17. ♖e1–e5!!
Ein wirkungsvoller Abschluß.
Schwarz gab auf.

Partie Nr. 215
Kiwiacho–Legland
Fernpartie 1973

**1.d2–d4 d7–d5 2.c2–c4 e7–e6
3.♘b1–c3 c7–c5 4.c4:d5 e6:d5
5.♘g1–f3 ♘b8–c6 6.g2–g3**
Der Schlechter-Rubinstein-An-
griff. Weiß fianchettiert den
Läufer und verstärkt so den
Druck auf den isolierten zentralen Bauern d5.
**6. ... ♘g8–f6 7.♗f1–g2
♗f8–e7 8.0–0 0–0 9.♗c1–g5
♗c8–e6 10.♖a1–c1**
Mehr Chancen bietet 10.dc.
10. ... c5:d4
Aktiver ist 10. ... ♘e4, was bereits Tarrasch empfohlen hatte.
**11.♘f3:d4 h7–h6 12.♗g5–e3
♘f6–g4 13.♗e3–f4 ♗e7–d6
14.♘d4:e6?!**
Weiß wählt eine verlockende
Variante, doch bemerkt er dabei nicht den Gegenangriff des
Kontrahenten. Richtig ist
14.♗:d6 ♕:d6 15.e4!, was das
Übergewicht garantiert.

**14. ... f7:e6 15.♗f4:d6
♕d8:d6 16.e2–e4?**
Das wirkt stark, denn wegen
der Drohung 17.♕:g4 und
17.ed scheint Schwarz nicht
dem Verlust entkommen zu
können. Doch der hat einen
ausgesprochenen Kraftzug in
petto ...
16. ... ♘e4:f2!!
Das Springeropfer verändert
die Lage. Der weiße König gerät nämlich in einen vernichtenden Angriff.
**17.♖f1:f2 ♖f8:f2 18.♔g1:f2
♕d6–c5+ 19.♔f2–f3**
Oder 19.♔e1 ♕g1+ 20.♗f1
♖f8 21.♕e2 ♘d4 22.♕g2
♕e3+ 23.♔d1 ♖f2. Wenn
21.♔d2, so 21. ... d4!
**19. ... ♘c6–e5+ 20.♔f3–f4
d5–d4 21.♘c3–d5 ♕c5:c1+!**
Weiß gab auf.

Partie Nr. 216
Kasparow–Begun
Minsk 1978

**1.d2–d4 d7–d5 2.c2–c4 e7–e6
3.♘b1–c3 ♘g8–f6 4.♘g1–f3
c7–c5 5.c4:d5 ♘f6:d5 6.e2–e3
♘b8–c6 7.♗f1–d3 ♗f8–e7
8.0–0 0–0 9.♘c3:d5 ♕d8:d5
10.e3–e4 ♕d5–d8**
Aktiver sieht 10. ... ♕h5 aus.
11.d4:c5 ♗e7:c5
Wenn 11. ... ♘b4, so 12.♗e2
♗:c5 13.a3 ♘c6 14.b4 mit
Vorteil für Weiß.
12.e4–e5! ♗c5–e7
Es drohte ein Läuferopfer auf
h7.
13.♕d1–e2 ♘c6–b4?

170

Vorzuziehen ist natürlich der mögliche Springerabtausch nach 13. ... ♘d4.
14.♗d3–b1 ♗c8–d7 15.a2–a3 ♘b4–d5 16.♕e2–e4 g7–g6 17.♗c1–h6 ♖f8–e8 18.h2–h4 ♕d8–b6 19.h4–h5!
Über der schwarzen Rochadestellung ziehen sich Wolken zusammen. Mit dem folgenden Zug plant der Nachziehende jedoch, die Lage zu entspannen.
19. ... f7–f5?
Sieht nicht schlecht aus, denn nach 20.ef e. p. ♘:f6 wird der Bauer h5 gewonnen. Doch was ist ein Bauer gegen ein Königreich angesichts der katastrophalen Schwäche der schwarzen Königsstellung ...
20.e5:f6 e. p.! ♘d5:f6 21.♕e4–e1! ♘f6:h5 22.♘f3–e5 ♗d7–b5

23.♗b1:g6! ♘h5–f6
Es verliert auch 23. ... hg 24.♕e4 ♗f8 25.♕:g6+ ♘g7 26.♘g4.
24.♗g6:h7+!
Ein glänzendes Opfer beendet den Kampf. Zum Matt führt 24. ... ♔:h7 25.♕b1+ ♔h8

26.♕g6 oder 24. ... ♘:h7 25.♕e4 ♘f8 26.♕g4+.
Schwarz gab auf.

Ragosin-Verteidigung

1.d2–d4 d7–d5 2.c2–c4 e7–e6 3.♘b1–c3 ♘g8–f6 4.♘g1–f3 ♗f8–b4
Die Hauptidee der Anfang der 30er Jahre von dem sowjetischen Großmeister Ragosin ausgearbeiteten Verteidigung besteht in der Durchsetzung des Vorstoßes e6–e5 sowie der Organisation des Figurenspiels im Zentrum und am Königsflügel.

Partie Nr. 217
Assejew–Nowikow
Vilnius 1984

1.d2–d4 ♘g8–f6 2.c2–c4 e7–e6 3.♘g1–f3 d7–d5 4.♗c1–g5 h7–h6 5.♗g5–h4
Besser ist sofort 5.♗:f6 ♕:f6 6.♘c3.
5. ... ♗f8–b4+ 6.♘b1–c3 d5:c4 7.a2–a4 c7–c6 8.♕d1–c2 b7–b5!
Das sieht wie ein Versehen aus, aber in Wirklichkeit handelt es sich um eine äußerst originelle und effektive Idee.
9.♗g5:f6 ♕d8:f6! 10.a4:b5 c6:b5 11.♕c2–e4
Es scheint so, als ob der Kampf zugunsten von Weiß beendet ist, denn wie soll Schwarz seinen Turm auf a8 retten. Nun,

es folgt ein unerwarteter Gegenangriff ...

11. ... ♛f6–f5!! 12.♛e4:a8?
Die Annahme des Opfers verliert, aber auch die Alternative 12.♛:f5 ist wenig befriedigend.
12. ... ♛f5–c2!
Es wird klar, daß die Gegendrohungen von Schwarz bedeutend gefährlicher sind.
13.♛a8:b8
Das rettet den Freund nicht mehr ...
13. ... ♝b4:c3+ 14.b2:c3
♛c2:c3+ 15.♔e1–d1
♛c3:a1+ 16.♔d1–d2 c4–c3+
17.♔d2–d3 0–0 18.g2–g4
Auch 18.♛:b5? scheitert an
18. ... ♝a6!
18. ... ♝c8–a6
Weiß gab auf.

Partie Nr. 218
Uhlmann–Kovačević
Vinkovci 1982

1.c2–c4 ♞g8–f6 2.♞b1–c3
e7–e6 3.♞g1–f3 d7–d5
4.d2–d4 ♝f8–b4 5.c4:d5 e6:d5
6.♝c1–g5 ♞b8–d7 7.e2–e3
c7–c5 8.♛d1–a4

Dieser Damenausfall bringt keinen Nutzen. Besser ist 8.♝d3.
8. ... 0–0 9.♝f1–d3
♛d8–b6!?
Schwarz nimmt das Zentrum aufs Korn.
10.0–0 c5:d4 11.e3:d4
Nichts verspricht 11.♞:d4 wegen 11. ... ♝:c3 12.bc ♞c5!
11. ... ♝b4:c3 12.b2:c3
♞f6–e4 13.♝g5–e7?
Dieses erfolglose Manöver des Läufers führt zu unnötigem Zeitverlust. Richtig ist 13.♛c2.
13. ... ♜f8–e8 14.♝e7–b4
a7–a5 15.♜f1–e1
15.♞e5? wird nach 15. ... ab! widerlegt: 16.♛:a8 ♞:e5 17.de ♝d7!
15. ... ♞d7–f6 16.♝b4–a3
♝c8–g4 17.♞f3–e5?

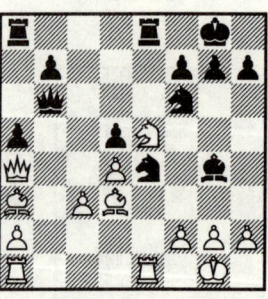

17. ... ♜e8:e5! 18.d4:e5
♛b6:f2+ 19.♔g1–h1
♝g4–f3! 20.g2:f3
Der Angriff von Schwarz ist nicht abzuwehren. Wenn
20.♝f1, so 20. ... ♞g4
21.♝e7 ♞g3+! 22.hg ♛:g3
oder 21.♜:e4 ♝:e4 22.♛d4
♛h4 23.h3 ♛:h3+. Auf
20.♜g1 entscheidet 20. ...

♘g4! mit der Drohung 21. ...
♛h4.
**20. ... ♛f2:f3+ 21.♔h1–g1
♛f3–g4+! 22.♔g1–f1
♘e4–d2+**
Weiß gab auf.

Slawische Verteidigung

1.d2–d4 d7–d5 2.c2–c4 c7–c6
Ohne den Läufer c8 einzusperren, löst Schwarz eines der
wichtigen Probleme des Damengambits. Nachteilig ist jedoch, daß die Sprengung des
Zentrums durch c6–c5 mit
Tempoverlust verbunden wäre.
Daher wurden für die Slawische Verteidigung originelle
Schemata mit dem Abtausch
d5:c4 und einem Gegenspiel
am Damenflügel ausgearbeitet.

Partie Nr. 219
Andrianow–Imanalijew
Sotschi 1980

**1.d2–d4 d7–d5 2.♘g1–f3
♘g8–f6 3.c2–c4 c7–c6
4.c4:d5 c6:d5 5.♘b1–c3
♘b8–c6 6.♗c1–f4 ♗c8–f5
7.e2–e3 e7–e6 8.♗f1–b5
♘f6–d7**
Nach 8. ... ♗b4 erringt Weiß
durch den Zug 9.♘e5! die
Überlegenheit. Weiter folgte in
der Partie Botwinnik–Pomar
(Amsterdam 1966): 9. ... ♛a5
10.♗:c6+ bc 11.0–0 ♗:c3
12.bc ♖c8 13.c4 0–0 14.g4!

♗g6 15.c5 ♘e4 16.f3 ♘d2
17.♖f2 ♘c4 18.♘:c4 dc
19.♗d6 ♖fe8 20.e4! mit kla-
rem Vorteil.
**9.♛d1–a4! ♛d8–b6
10.♘f3–h4! ♗f5–g6**
Aufmerksamkeit verdient
10. ... ♗g4.
**11.♘h4:g6 h7:g6 12.e3–e4
d5:e4?**
Ein ernster Fehler. Es hätte
12. ... ♗b4 oder 12. ... ♘f6
gespielt werden müssen.
13.d4–d5! ♘d7–c5
Ein Versuch, die Stellung zu
komplizieren. Zu materiellem
Verlust führt 13. ... ed
14.♘:d5 oder 13. ... ♘cb8
14.♗:b8.
14.d5:c6! b7:c6
Es verbietet sich 14. ... ♘:a4
wegen 15.cb+ und 16.ba♛.
**15.♗b5:c6+ ♔e8–e7
16.0–0–0! ♘c5:a4**
Traurig, aber wahr. Nichts anderes bleibt nämlich Schwarz
übrig ...
17.♖d1–d7+ ♔e7–e8
Oder 17. ... ♔f6 18.♘:e4+
♔f5 19.♖:f7+ ♔g4 20.♗:a4
mit folgendem ♗d1+.
**18.♗c6:a4 ♗f8–e7
19.♖d7:a7+**
Schwarz gab auf.

Partie Nr. 220
Fokin–Suetin
Daugavpils 1978

**1.d2–d4 d7–d5 2.c2–c4 c7–c6
3.♘g1–f3 ♘g8–f6 4.♘b1–c3
e7–e6 5.e2–e3 ♘b8–d7
6.♗f1–d3 d5:c4 7.♗d3:c4**

b7–b5 8.♗c4–d3 a7–a6
9.e2–e4 c6–c5 10.d4–d5
c5–c4

Riskant ist 10. ... ed 11.e5!
♘g4 12.♗g5 mit gefährlicher
Initiative für Weiß.

11.d5:e6

Wenn 11.♗c2, so 11. ... ♘c5!
mit ausgezeichneter Stellung.

11. ... f7:e6 12.♗d3–c2
♛d8–c7 13.♗c1–g5?

Ein wenig sinnvoller Zug. Richtig ist 13.♘g5 mit beiderseitigen Chancen.

13. ... ♗f8–c5 14.♛d1–e2
♗c8–b7 15.0–0 0–0
16.♖a1–d1?

Leichtsinnig gespielt. Weiß vermutet nicht die drohende Gefahr.

16. ... ♘f6–g4!

Es droht 17. ... ♖:f3!

17.h2–h3 ♘d7–e5! 18.♘f3:e5

Schlecht ist 18.hg wegen
18. ... ♘:f3+ 19.gf ♛g3+!
oder 18.♘d4 ♗:d4 19.♖:d4
♘f3+ und 20. ... ♛h2 matt!

18. ... ♘g4:f2!

Der entscheidende Angriff.

19.♖d1–d7 ♛c7:e5
20.♗g5–e3 ♘f2:h3+

Weiß gab auf.

Partie Nr. 221
Portisch–Ribli
Montpellier 1985

1.d2–d4 ♘g8–f6 2.c2–c4
e7–e6 3.♘g1–f3 d7–d5
4.♘b1–c3 c7–c6 5.e2–e3
♘b8–d7 6.♛d1–c2

Wenn jetzt 6. ... dc, so ist der
Läufer a tempo auf c4.

6. ... ♗f8–d6 7.b2–b3 0–0
8.♗f1–e2 e6–e5 9.c4:d5
♘f6:d5 10.♘c3:d5 c6:d5
11.d4:e5 ♘d7:e5 12.0–0?

Dieser natürliche Entwicklungszug erweist sich als falsch. Es hätte 12.♗b2 gespielt werden müssen. In der Partie Lombardy–Nogueiras (Mexiko 1980) folgte weiter 12. ...
♗b4+ 13.♔f1 ♘:f3 14.♗:f3
♗e6 15.♛d3 ♗e7 16.h4! ♗f6
17.♗d4, und Weiß errang eine sehr gute Stellung.

12. ... ♘e5:f3+ 13.♗e2:f3
♛d8–h4! 14.h2–h3

Es gibt keine Wahl, wenn
14.g3, so 14. ... ♛f6! mit doppeltem Angriff auf Läufer und Turm.

14. ... ♗c8:h3! 15.♖f1–d1

Das schafft Platz für den Rückzug der weißen Majestät. Nach
15.♗:d5 ♗f5 oder 15.gh ♛:h3
gewinnt Schwarz sofort.

15. ... ♗d6–h2+! 16.♔g1–f1
♛h4–f6!

Droht sowohl 17. ... ♛:a1 als
auch 17. ... ♛:f3. Eine befriedigende Verteidigung hat Weiß nicht mehr.

17.♗f3:d5 ♗h3−f5 18.e3−e4
♗f5−g4 19.♗c1−a3 ♕f6−a6+
Weiß gab auf.

Partie Nr. 222
Jussupow−Ehlvest
St. John 1988

1.d2−d4 d7−d5 2.♘g1−f3
♘g8−f6 3.c2−c4 d5:c4
4.♘b1−c3 c7−c6 5.a2−a4
♗c8−f5 6.e2−e3 e7−e6
7.♗f1:c4 ♗f8−b4 8.0−0
♘b8−d7 9.♘f3−h4 0−0
Mit 9. ... ♗g6 oder 9. ... ♗g4
kann Schwarz den folgenden
Abtausch vermeiden.
10.♘h4:f5!
Großmeister Polugajewski empfiehlt 10.f3, doch hat gerade
das sofortige Öffnen der Diagonale c4−f7 für den Königsläufer viel für sich.
10. ... e6:f5 11.f2−f3 ♘d7−b6
12.♗c4−b3 ♕d8−d7 13.a4−a5
♘b6−d5 14.♕d1−d3 ♗b4−e7
15.e3−e4 ♘d5−b4 16.♕d3−c4
Eine interessante Idee zur Ver-
stärkung des Druckes gegen f7.
16. ... ♖a8−d8 17.♗c1−e3
b7−b5 18.a5:b6 e. p. a7:b6
19.♔g1−h1 b6−b5 20.♕c4−e2
♖d8−a8
Schwarz ist in eine schwierige
Verteidigung gedrängt.
21.♖a1−d1 ♖a8−b8
22.d4−d5!
Geschickt und nachhaltig öffnet
Weiß das Zentrum. Danach
kommt sein Läuferpaar zu großer Wirkung.
22. ... c6:d5 23.e4−e5 ♘f6−e8
24.♘c3:d5 ♘b4:d5 25.♖d1:d5

♕d7−c6 26.♖f1−c1 ♕c6−a6
27.♖d5−d7 ♖b8−b7
28.♕e2−d3 g7−g6
29.♕d3−d5! ♖b7:d7
Erzwungen. Das weiße Übergewicht nimmt danach schnell
entscheidende Ausmaße an.
30.♕d5:d7 ♗e7−b4
Der folgende abermalige Vorstoß eines weißen Bauern im
Zentrum bereitet zwingend
lehrreiche Mattwendungen vor,
die wieder auf den übermächti-
gen Läufern beruhen.

31.e5−e6! f7:e6 32.♗b3:e6+
♔g8−h8 33.♗e3−d4+
Gewinnt auf prosaische Weise,
fürs Auge schöner ist 33.♕:e8!
33. ... ♘e8−f6 34.♗d4:f6+
Auch so gibt es natürlich keine
Rettung mehr: 34. ... ♖:f6
35.♖c8+ ♗f8 36.♖:f8+ ♖:f8
37.♕d4+!
Schwarz gab auf.

Partie Nr. 223
Torre−Timman
Hamburg 1982

1.d2−d4 d7−d5 2.c2−c4 c7−c6
3.♘b1−c3 ♘g8−f6 4.♘g1−f3

175

d5:c4 5.a2–a4 ♗c8–f5
6.♘f3–e5 ♘b8–d7 7.♘e5:c4
♛d8–c7 8.g2–g3!
Sehr stark. Schwächer ist 8.f3
wegen 8. ... e5 9.e4 ed
10.♛:d4 ♗e6, und Schwarz
hat keine Schwierigkeiten.
8. ... e7–e5 9.d4:e5 ♘d7:e5
10.♗c1–f4 ♖a8–d8
11.♛d1–c1 ♗f8–d6
12.♘c4:d6+ ♛c7:d6
13.♗f1–g2 0–0 14.0–0
Aufmerksamkeit verdient 14.a5.
14. ... a7–a5 15.♛c1–e3
♘f6–d7 16.♖a1–d1 ♛d6–e6
17.♛e3–a7
Die weiße Dame wird am Damenflügel aktiv. Wie antwortet
wohl der Gegner darauf?!
17. ... ♗f5–c2!
Zu früh käme 17. ... ♛b3? wegen 18.♗:e5 ♘:e5 19.♖:d8
♖:d8 20.♛:a5 ♖e8 21.f4, und
Weiß gewinnt.
18.♖d1–d2 ♛e6–b3
19.♖f1–c1 ♗c2–f5 20.♗f4:e5
Diese Operation bringt keinen
Nutzen. Besser ist 20.♘e4 mit
aktiver Stellung.
20. ... ♘d7:e5 21.♖d2:d8
♖f8:d8 22.♛a7:a5 ♖d8–e8
23.♘c3–d1 ♗f5–g4
24.♗g2–f1 f7–f6
25.♛a5–c7?!
Sehr optimistisch gespielt, doch
hier steht die weiße Dame total
abseits. Möglich ist 25.♖a1 mit
folgender Überführung der
Dame nach c3, wobei die weißen Verteidigungschancen nicht
schlecht stehen.
25. ... ♛b3–b4 26.a4–a5?
Weiß ist völlig ahnungslos.

26. ... ♛b4–e1! 27.♖c1–b1
Geplant ist nun 28.♘c3, aber
die Ereignisse auf dem Brett
überschlagen sich ...

27. ... ♘e5–f3+!
Eine unangenehme Überra-
schung! Auf 28.ef folgt 28. ...
♛:f1+! 29.♔:f1 ♗h3+
30.♔g1 ♖e1 matt!
28.♔g1–g2 ♛e1:f1+!!
Auf 29.♔:f1 gibt Schwarz ein
Bilderbuchmatt: 29. ... ♗h3!
Weiß gab auf.

Partie Nr. 224
Schneider–Dworezki
Frunse 1983

1.d2–d4 d7–d5 2.c2–c4 c7–c6
3.♘g1–f3 ♘g8–f6 4.♘b1–c3
e7–e6 5.♗c1–g5 d5:c4
Mit diesem Zug beginnt das
von Botwinnik ausgearbeitete
System, das zu einem scharfen
Kampf führt.
6.e2–e4 b7–b5 7.e4–e5 h7–h6
8.♗g5–h4 g7–g5 9.♘f3:g5
h6:g5 10.♗h4:g5 ♘b8–d7
11.e5:f6 ♗c8–b7!
Aber nicht 11. ... ♘:f6? wegen
12.♛f3 ♗e7 13.♘:b5.

12.g2–g3 c6–c5 13.d4–d5
♗f8–h6 14.♗g5:h6 ♖h8:h6
15.♗f1–g2 b5–b4 16.♘c3–a4
Aufmerksamkeit verdient
16.♘e4.
16. ... ♘d7:f6 17.♘a4:c5
♗b7:d5 18.0–0
Sehr riskant ist 18.♕a4+ ♔f8
19.♕:b4. Nach 19. ... ♔g7! ist
keine Verteidigung gegen die
zahlreichen Drohungen zu sehen. Beispielsweise 20.♗:d5
♕:d5 21.0–0 ♖:h2! oder
20.♖d1 ♕b6 21.♕:b6 ab
22.♗:d5 ed.
18. ... ♗d5:g2 19.♔g1:g2
♕d8–b6 20.♕d1–a4+?
Richtig ist 20.♕f3 mit beiderseitigen Chancen.
20. ... ♔e8–e7 21.♘c5–a6
Nun stehen zwei wichtige
weiße Figuren auch noch am
Rande des Brettes, was den
Gegner zu einem Angriff gera-
dezu ermutigt.
21. ... ♘f6–d5! 22.♖a1–e1?
Unerläßlich ist 22.♖ad1, um
die Überführung der schwarzen
Dame auf den Königsflügel zu
verhindern. Jetzt geht dort alles
blitzschnell für Weiß zu Ende.
22. ... ♖a8–h8 23.h2–h4

23. ... ♖h6:h4! 24.g3:h4
♖h8–g8+ 25.♔g2–h3
♕b6–d4!
Die Dame greift, wie angekün-
digt, jetzt entscheidend ein.
26.♕a4–d1 ♘d5–f4+
27.♔h3–h2 ♕d4–f6!
Weiß gab auf.

Tschigorin-Verteidigung

1.d2–d4 d7–d5 2.c2–c4
♘b8–c6
Eine originelle Eröffnung, die
vom legendären russischen
Schachspieler Tschigorin ausgearbeitet wurde. Schwarz ist von
den ersten Zügen an um ein
aktives Figurenspiel im Zentrum bemüht. Die Tschigorin-
Verteidigung galt von der Idee
her als Vorläufer vieler moder-
ner Eröffnungen (der Grünfeld-
Indischen Verteidigung, der
Nimzowitsch-Indischen Verteidigung u. a.).

Partie Nr. 225
Henley–Miles
Surakarta 1982

1.d2–d4 ♘b8–c6 2.♘g1–f3
d7–d5 3.c2–c4 ♗c8–g4
4.c4:d5 ♗g4:f3
Wenn 4. ... ♕:d5, so 5.♘c3
♕a5 6.d5! mit Überlegenheit
für Weiß.
5.d5:c6 ♗f3:c6 6.♘b1–c3
♘g8–f6 7.f2–f3?!
Weiß will sich ein starkes Bau-

ernzentrum schaffen, aber dieser Plan erscheint doch etwas schwerfällig. Genauer ist 7.♗g5.
7. ... e7−e5! 8.d4:e5 ♘f6−d7! 9.e2−e4 ♗f8−b4 10.♕d1−b3 ♕d8−h4+ 11.g2−g3 ♕h4−e7 12.♗f1−e2 ♘d7:e5
Stärker ist 12. ... 0−0−0!, um die lange Rochade des Gegners zu verhindern.
13.♗c1−f4! ♘e5−g6
Es drohte 14.♗:e5 mit Gewinn einer Figur.
14.0−0−0 ♘g6:f4 15.g3:f4 ♖a8−d8 16.♖d1:d8+ ♔e8:d8 17.♘c3−d5 ♕e7−c5+ 18.♔c1−b1 ♗b4−a5?
Schwarz überschätzt seine Möglichkeiten. Richtig ist 18. ... ♗:d5 19.♖d1 ♔c8! mit gleichen Chancen.
19.♖h1−c1 ♕c5−d6?
Das verliert forciert, aber die Stellung von Schwarz ist bereits unbefriedigend. Relativ besser ist 19. ... ♗:d5 20.♖:c5 ♗:b3 21.♖:a5 ♗e6 22.♖:a7.
20.♖c1−d1! ♔d8−e8 21.♗e2−b5! ♖h8−f8
Sonst entscheidet 22.♗:c6+, und wenn 22. ... ♕:c6, so 23.♕a3!, 22. ... bc 23.♕b8+!
22.♕b3−a4 ♗c6:b5 23.♕a4:a5 ♕d6−c5 24.♕a5:b5+! ♕c5:b5 25.♘d5:c7+
Schwarz gab auf.

Partie Nr. 226
Kagan−Radtschenko
Sotschi 1978

1.d2−d4 d7−d5 2.c2−c4 ♘b8−c6 3.♘g1−f3 ♗c8−g4 4.c4:d5 ♗g4:f3 5.d5:c6 ♗f3:c6 6.♘b1−c3 ♘g8−f6 7.f2−f3 e7−e5! 8.d4:e5 ♘f6−d7 9.♕d1−d4 ♗f8−c5 10.♕d4−g4 ♘d7:e5 11.♕g4:g7

11. ... ♗c5−f2+!
Auf dieses wirkungsvolle Opfer ist der Plan von Schwarz aufgebaut.
12.♔e1:f2 ♕d8−d4+ 13.♔f2−g3
Notgedrungen wird der König kühn, doch beim Rückzug nach e1 oder 13.e3 wird die Dame eingebüßt: 13. ... ♘d3+ und 14. ... ♕:g7!
13. ... 0−0−0 14.e2−e3?
Der entscheidende Fehler. Unbedingt erforderlich ist 14.♗g5, beispielsweise 14. ... ♖hg8 15.♕f6 ♖d6 16.♕f4 ♖:g5+ 17.♕:g5 ♖g6 18.h4 f6 19.♕:g6 hg mit unklarer Stellung.

14. ... ♛d4–d6!
Damit schnappt die Falle zu, in
die die Dame geraten ist.
15.♔g3–f2 ♖d8–g8
16.♛g7:h8 ♖g8:h8 17.e3–e4
♛d6–b4 18.♖a1–b1 f7–f5!
19.a2–a3 ♛b4–b3 20.♗f1–e2
f5:e4 21.f3:e4 ♖h8–f8+
22.♔f2–e1 ♛b3–c2
Weiß gab auf.

Albins Gegengambit

1.d2–d4 d7–d5 2.c2–c4 e7–e5
Ein echtes Gambit, in dem
Schwarz im Interesse seines Angriffs einen zentralen Bauern
opfert. Es wurde von dem ru-
mänischen Meister Adolf Albin
in die Praxis eingeführt und
nach ihm benannt.

Partie Nr. 227
Djurić–Jokčić
Vrnjačka Banja 1978

**1.d2–d4 d7–d5 2.c2–c4 e7–e5
3.d4:e5 d5–d4 4.e2–e4?!**
Eine problematische Fortsetzung. Aussichtsreicher ist
4.♘f3.
**4. ... f7–f6! 5.e5:f6 ♘g8:f6
6.♗f1–d3 ♘b8–c6
7.♘g1–e2?!**
Besser ist 7.f4.
7. ... ♗f8–b4+ 8.♗c1–d2
Auf 8.♘d2 ist 8. ... ♘e5! unangenehm.
**8. ... 0–0 9.0–0 ♘f6–g4
10.h2–h3**

Nach 10.♗f4 ♗d6 hat
Schwarz eine gefährliche Initiative.
10. ... ♘g4–e5 11.♗d2–f4

11. ... ♗c8:h3!!
Ein glänzendes Opfer, wonach
Schwarz einen sehr starken Angriff erhält.
12.g2:h3 ♛d8–h4 13.♗f4–g3
Schlecht ist 13.♗:e5 ♘:e5
14.f4 wegen 14. ... ♛:h3!
15.fe ♖:f1+ 16.♛:f1 ♛:d3,
und ungeachtet der Mehrfigur
ist Weiß nicht in der Lage, die
Stellung zu verteidigen.
**13. ... ♛h4:h3 14.f2–f4
♘e5–g4 15.♖f1–f2**
Es droht die Überführung des
schwarzen Turmes von f8 nach
h6.
15. ... ♘c6–e5!
Der Springer schaltet sich entscheidend in den Angriff ein.
16.♛d1–f1
Oder 16.♛b3 ♘:f2 17.♔:f2
♘g4+ 18.♔g1 ♘e3 mit un-
vermeidlichem Matt.
**16. ... ♘g4:f2 17.♛f1:f2
♘e5:d3 18.♛f2–g2**
Es darf nicht 18.♛:d4? gespielt
werden wegen 18. ... ♗c5.

18. ... ♕h3:g2+ 19.♔g1:g2
♘d3:b2 20.♘e2:d4 ♘b2:c4
21.a2–a3 ♗b4–a5 22.♘d4–e6
♖f8–f6 23.♘e6–c5 ♖f6–b6
24.a3–a4 ♖a8–d8 25.♗g3–f2
♖b6–b2 26.e4–e5 ♖d8–d1
Weiß gab auf.

Katalanische Eröffnung

1.d2–d4 d7–d5 2.c2–c4 e7–e6
3.♘g1–f3 ♘g8–f6 4.g2–g3
Diese Eröffnung wurde zum ersten Male im Turnier von Bar-
celona 1929 angewandt und
von Tartakower in die Praxis
eingeführt. Weiß verknüpft damit Ideen des Damengambits
mit der Flankenentwicklung
des Königsläufers, wie sie für
das Réti-System bezeichnend
ist. Die Katalanische Eröffnung
findet ihre Anhänger vor allem
im Lager der Vertreter des positionellen Spiels.

Partie Nr. 228
Tschernin–Judassin
Swerdlowsk 1984

1.d2–d4 ♘g8–f6 2.c2–c4
e7–e6 3.g2–g3 d7–d5
4.♗f1–g2 d5:c4 5.♘g1–f3
b7–b5
Das ist die prinzipielle Fortsetzung. Schwarz verteidigt den
Gambit-Bauern, für den Weiß
Initiative erhält.
6.a2–a4 c7–c6 7.a4:b5 c6:b5
8.♘f3–e5 ♘f6–d5 9.♘b1–c3

♗f8–b4 10.0–0 ♗b4:c3
11.e2–e4!
Schlechter ist 11.bc ♘d7 12.e4
♘:c3 13.♕f3 ♘:e5 14.♕:c3
♘d3 15.♗a3 ♗b7 16.♖ad1
a5 mit Vorteil für Schwarz (Ge-
reben–Enklaar, Wijk aan Zee
1972).
11. ... ♗c3:b2! 12.e4:d5!
Um des Angriffs willen geizt
Weiß nicht mit Opfern. Zu
einer unklaren Stellung führte
12.♗:b2.
12. ... ♗b2:a1 13.♗c1–a3!
a7–a5!
Schlecht ist 13. ... ed wegen
14.♕h5! g6 15.♕f3 f6 (15. ...
♗e6 16.♖e1!) 16.♖e1 mit
nicht abzuwehrenden Drohungen.
14.♕d1–g4 b5–b4 15.♕g4:g7
♖h8–f8 16.♖f1:a1 b4:a3
17.d5:e6 ♗c8:e6
Wenn 17. ... ♖a7, so 18.ef+
♖a:f7 19.♘:f7 ♕e7 (19. ...
♖:f7 20.♖e1+ ♖e7 21.♕g8+
♔d7 22.♗h3+ ♔c7
23.♖:e7+ ♕:e7 24.♕:c8+)
20.♕e5!
18.♗g2:a8 ♕d8:d4
19.♖a1–b1 ♘b8–d7
20.♗a8–c6 ♕d4–d6?
Ein entscheidender Fehler.
Nach 20. ... a2! 21.♗:d7+
♗:d7 (21. ... ♔e7? 22.♘c6+)
22.♖b8+ ♔e7 23.♕:f8+ ♔e6
24.♕:f7+ ♔:e5 25.♕e7+
♗e6 26.♖b5+ ♔e4
27.♕:e6+ ♔d3 bieten die Freibauern Schwarz durchaus Ret-
tungschancen.
21.♗c6:d7+ ♗e6:d7
22.♘e5:c4 ♕d6–c5

23.♖b1−b8+ ♗d7−c8
24.♖b8:c8+!
Schwarz gab auf.

Partie Nr. 229
Raschkowski−Beljawski
Vilnius 1981

1.♘g1−f3 ♘g8−f6 2.c2−c4
e7−e6 3.g2−g3 d7−d5 4.d2−d4
d5:c4 5.♗f1−g2 c7−c5
6.♕d1−a4+ ♘b8−c6 7.0−0
♗c8−d7 8.d4:c5 ♘c6−e5!?
Eine interessante Fortsetzung.
Im Falle 8. ... ♗:c5 9.♕:c4
♗e7 10.♘c3 ♖c8 11.♖d1
oder 8. ... ♘a5 9.♕c2 ♗:c5
10.♘e5 ♖c8 11.♘c3 ♘c6
12.♘:c4 hat Weiß ein gewisses
Übergewicht.
9.♕a4−c2 ♘e5:f3+ 10.♗g2:f3
♕d8−c8 11.♗c1−e3 ♗f8:c5
12.♗f3:b7 ♕c8:b7 13.♗e3:c5
♖a8−c8! 14.♗c5−a3 h7−h5!
Schwarz verzichtet auf die Rochade und setzt voll auf Königsangriff. Dazu soll schnell-
stens der Turm h8 aktiviert
werden.
15.h2−h4 ♕b7−e4 16.♕c2−d2
Zum Ausgleich führt 16.♕:e4,
doch Weiß hofft die Stellung
des feindlichen Königs im Zentrum zu nutzen.
16. ... ♗d7−c6 17.f2−f3
♕e4−e5 18.♔g1−f2 ♖c8−d8
19.♕d2−b4 ♖d8−d7
20.♖f1−d1
Aufmerksamkeit verdient
20.♘d2!
20. ... a7−a5 21.♕b4−e1
Möglich ist ebenfalls 21.♕c3:
21. ... ♕f5 22.♖:d7 ♘e4+

23.♔g2 ♘:c3 24.♖e7+ ♔f8!
25.♘:c3 ♔g8 26.♖d1 mit
scharfem Spiel.
21. ... ♖h8−h6 22.♖d1:d7

22. ... ♘f6−g4+!
Ein unerwarteter Zwischenzug!
Nun verbietet sich 23.gf wegen
23. ... ♖f6+ 24.♔g1 ♕e3+
25.♔h2 ♖f2+ mit schnellem
Matt.
23.♔f2−f1 ♗c6:d7 24.e2−e4
♕e5−f6 25.♔f1−e2?
Richtig ist 25.♔g2.
25. ... ♕f6−d4!
Der tödliche Streich.
26.f3:g4 ♖h6−f6 27.♘b1−d2
♕d4−d3+ 28.♔e2−d1
♗d7−a4+!
Weiß gab auf.

Partie Nr. 230
Motschalow−Begun
Minsk 1982

1.c2−c4 e7−e6 2.g2−g3 d7−d5
3.♗f1−g2 ♘g8−f6 4.♘g1−f3
♗f8−e7 5.0−0 0−0 6.d2−d4
c7−c6 7.♕d1−c2
Aufmerksamkeit verdient
7.♘c3, und wenn 7. ... b6, so
8.♘e5 mit Initiative für Weiß.

7. ... b7–b6 8.♖f1–d1
♗c8–a6 9.b2–b3 ♘b8–d7
10.♘b1–d2 c6–c5 11.e2–e4
c5:d4 12.♘f3:d4 ♖a8–c8
13.e4:d5 e6:d5 14.♕c2–f5
Schwarz besitzt eine solide, ge-
festigte Position, die keine An-
griffspunkte bietet. Weiß sucht
deshalb ganz bewußt Komplikationen heraufzubeschwören.
Kleine Nadelstiche – hier mit
der Dame – sind in solchen Situationen das geeignete Mittel,
den Gegner zu beunruhigen.
14. ... g7–g6 15.♕f5–h3
d5:c4?
Ein Fehler. Nach 15. ... ♘e5
erhält Schwarz dagegen gute
Gegenchancen. Jetzt gelingt es
Weiß, die Schwäche des Punktes c6 auszunutzen.
16.♘d2:c4 ♗a6:c4 17.b3:c4
♕d8–c7
Es darf nicht 17. ... ♖:c4? gespielt werden wegen 18.♘c6
♕e8 19.♖e1.
18.♘d4–c6 ♗e7–d6
Sonst kommt unangenehm
19.♗f4!
19.♘c6:a7! ♕c7:a7 20.♖d1:d6
♖c8:c4 21.♗c1–b2
Weiß verfügt über ein überwäl-
tigendes positionelles Übergewicht.
21. ... b6–b5 22.♖a1–d1!
Es ist Genauigkeit erforderlich.
Wenn 22.♗:f6 ♘:f6 23.♖:f6?,
so 23. ... ♕d4, und Schwarz
gewinnt, da beide weißen
Türme hängen.
22. ... ♘f6–g4 23.♗b2–d4
♕a7–c7

24.♖d6:g6+!!
Ein effektvolles Turmopfer, das
den Gewinn forciert.
24. ... f7:g6 25.♗g2–d5+
♖f8–f7 26.♗d5:f7+ ♔g8:f7
27.♕h3:h7+
Schwarz gab auf.

Damenbauernspiel

1.d2–d4 d7–d5
Zu dieser Eröffnung gehören
Entwicklungssysteme, in denen
Weiß nicht durch den 2. Zug
c4 ein Gambit anbietet, so das
Colle-System 1.d4 d5 2.♘f3
♘f6 3.e3. Es wird nicht gleich
mit den ersten Zügen ein
Druck im Zentrum erzeugt,
sondern der Anziehende über-
läßt dem Gegner eine größere
Auswahl an Fortsetzungen.
Schwarz kommt dabei gewöhn-
lich leicht zum Ausgleich.

Partie Nr. 231
Krylenko–Sinjawskaja
Leningrad 1984

1.d2–d4 d7–d5 2.♘g1–f3
♘g8–f6 3.♗c1–f4 e7–e6
4.e2–e3 ♗f8–e7 5.h2–h3 0–0
6.♘b1–d2 ♘b8–d7
Aktiver ist 6. ... c5 mit folgender Entwicklung des Springers
nach c6.
7.♗f1–d3 ♖f8–e8 8.0–0
♘d7–f8 9.♘f3–e5 ♘f6–d7
Schwarz spielt die Eröffnung
passiv und ist einzig bemüht,
durch Abtausche die Lage zu
erleichtern.
10.♕d1–h5 g7–g6
Logischer ist es, gleich auf e5
zu nehmen, anstatt die Rochade-Stellung zu schwächen.
11.♕h5–h6 ♗e7–f6
12.♘e5:d7 ♗f6–g7?
Auf diesen Zwischenzug, der den
Damenabtausch erzwingen soll,
setzt Schwarz die Hoffnungen.
Doch unerwartet erfolgt ein
glänzendes Damenopfer.

13.♕h6:g7+!! ♔g8:g7
14.♗f4–e5+ ♔g7–h6
15.♘d7–f6!

Nach dem Opfer ein stiller Zug,
der tödlich 16.♘g8+ droht.
15. ... ♘f8–d7 16.♘f6–g4+
♔h6–h5
Ganz schlecht ist 16. ... ♔g5
17.♗f4+ ♔h5 18.♘f6+ ♕:f6
19.♗e2+ ♔h4 20.♗g4 oder
18. ... ♘:f6 19.♗e2+ ♔h4
20.♔h2.
17.♗e5–g7! ♖e8–g8
Es retteten auch nicht andere
Fortsetzungen: 17. ... g5
18.♘f6+! ♘:f6 19.g4+ ♘:g4
20.hg+ ♔:g4 21.♔g2 f5 (es
drohte 22.f3+ und 23.♖h1
matt) 22.♗e2+ ♔h4 23.♖h1
matt oder 17. ... f5 18.♗e2 fg
19.♗:g4+ ♔g5 20.♘f3 matt,
18. ... g5 19.♘e5+ g4 20.hg+
fg 21.♗:g4+.
18.♘g4–f6+! ♘d7:f6
19.♗d3–e2+ ♔h5–h4
Wenn 19. ... ♔g5, so 20.f4+
♔f5 21.♗d3+ ♘e4 22.g4
matt; 20. ... ♔h4 21.♔h2
♘h5 22.♘f3 matt!
20.♘d2–f3+ ♔h4–h5
21.♘f3–e5+ ♔h5–h4
22.g2–g3+ ♔h4:h3 23.♗g7:f6
♕d8:f6 24.♗e2–g4 matt!

Partie Nr. 232
Jussupow–Scheeren
Plowdiw 1983

1.d2–d4 ♘g8–f6 2.♘g1–f3
e7–e6 3.e2–e3 c7–c5
4.♗f1–d3 d7–d5 5.b2–b3
♘b8–d7
Aktiver ist 5. ... ♘c6.
6.♗c1–b2 b7–b6
Aufmerksamkeit verdient 6. ...
b5!? Wenn 7.♗:b5?, so 7. ...

♕a5+ 8.♘c3 ♘e4 9.0–0
♘:c3 10.♗:d7+ ♗:d7 11.♕d2
cd 12.♘:d4 ♖c8, und Schwarz
gewinnt.
**7.0–0 ♗c8–b7 8.♘f3–e5
a7–a6**
Besser ist 8. ... ♗e7, womit
Schwarz die Figurenentwicklung abschließt.
**9.♘b1–d2 b6–b5?! 10.♘e5:d7
♕d8:d7**
Auf 10. ... ♘:d7 ist 11.c4! mit
Öffnung des Zentrums unangenehm.
**11.d4:c5 ♗f8:c5 12.♕d1–f3!
♗c5–e7 13.♕f3–g3 0–0
14.♘d2–f3**
Auch 14.e4 sieht nicht schlecht
aus.
14. ... ♖a8–c8?
Schwarz unterschätzt die Angriffsmöglichkeiten des Gegners. Es hätte 14. ... h6 gespielt werden müssen.
15.♘f3–g5! g7–g6
Ansonsten entscheidet
16.♘:h7!
16.♕g3–h4 h7–h5
Auf 16. ... ♘h5? wäre
17.♕:h5! gefolgt.
17.♖a1–d1 ♘f6–h7?
Ein Versehen in schwieriger
Stellung.

18.♕h4:h5!! ♗e7:g5
Auf 18. ... gh natürlich
19.♗:h7 matt!
**19.♗d3:g6! f7–f6 20.f2–f4
♕d7–g7 21.f4:g5 ♘h7:g5
22.h2–h4 ♘g5–e4 23.♗g6:e4
d5:e4 24.♖f1–f4!**
Schwarz gab auf.

Partie Nr. 233
Waganjan–Kupreitschik
Leningrad 1974

**1.d2–d4 ♘g8–f6 2.♗c1–g5
c7–c5 3.d4–d5 ♕d8–b6?!**
Sofort wird der Bauer b2 angegriffen, aber der Plan von
Schwarz ist mit Tempoverlust
verbunden. Stärker ist 3. ...
♘e4! mit guten Gegenchancen.
**4.♘b1–c3! ♕b6:b2 5.♗g5–d2
♕b2–b6 6.e2–e4 d7–d6
7.f2–f4 g7–g6?**
Unerläßlich ist 7. ... e6, um
Gegenspiel im Zentrum zu be-
kommen.
8.e4–e5! d6:e5
Oder 8. ... ♘fd7 9.♘f3 ♗g7
10.♖b1 ♕d8 11.e6! fe
12.♘g5! ♘f8 13.♗b5+ ♗d7
14.de ♗:b5 15.♘:b5 ♕c8
16.0–0 a6 17.♗c3! mit ent-

184

scheidendem Übergewicht für Weiß, Waganjan–Jansa (Kragujevac 1974).
9.f4:e5 ♘f6–d7 10.♘g1–f3 ♗f8–g7 11.♖a1–b1 ♕b6–d8 12.e5–e6! f7:e6 13.♘f3–g5! ♘d7–f6 14.♗f1–b5+ ♔e8–f8
Erzwungen; wenn 14. ... ♗d7?, so 15.♘:e6.
15.d5:e6 a7–a6 16.♗d2–e3!
Das erdrückende Übergewicht in der Entwicklung sichert Weiß den entscheidenden Angriff.
16. ... ♕d8–a5
Hoffnungslos ist 16. ... ♕:d1+ 17.♖:d1 ab 18.♖d8+ ♘e8 19.0–0+ ♗f6 20.♖:c8 ♔g7 21.♘f7.
17.0–0! h7–h6
17. ... ab 18.♖:b5 ♕c7 19.♘d5 ♕e5 20.♗:c5 ♘c6 21.♘:e7, und Schwarz ist verloren.
18.♕d1–d3! ♔f8–g8
Zum Matt führt 18. ... hg 19.♕:g6!, und die Mattfelder f7 bzw. e8 sind nicht gleichzeitig zu decken.
19.♕d3:g6 ♗c8–e6 20.♘g5:e6 ♖h8–h7 21.♖f1:f6! ♘b8–d7 22.♗b5:d7
Schwarz gab auf.

Partie Nr. 234
Tschepukaitis–Jakowlew
Leningrad 1981

1.d2–d4 ♘g8–f6 2.♗c1–g5 ♘f6–e4 3.♗g5–h4 d7–d5 4.f2–f3 g7–g5 5.f3:e4 g5:h4 6.e4:d5 ♕d8:d5 7.♘b1–c3 ♕d5–a5 8.♘g1–f3

Aktiver ist 8.e4, und wenn 8. ... ♘c6, so 9.♘c4! mit Initiative.
8. ... h4–h3! 9.g2–g3 ♗f8–h6 10.♕d1–d3 ♘b8–c6 11.e2–e4
Ein unangebrachter Zug, der die weiße Stellung nur schwächt. Besser ist 11.♕b5. In der Partie Diaz–Smyslow (Biel 1976) folgte weiter 11. ... ♕:b5 12.♘:b5 ♘b4 mit beiderseitigen Chancen.
11. ... ♗c8–g4 12.♘f3–d2?
Das führt zu einer unerwartet originellen Lösung. Es hätte 12.♗e2 geschehen müssen.
12. ... ♘c6–b4 13.♕d3–b5+

13. ... c7–c6!!
Ein stiller Zug, der über vernichtende Kraft verfügt. Weiß steht vor der Alternative: entweder nach 14.♕:a5 ♘:c2+ 15.♔f2 ♗e3 matt gesetzt zu werden oder die Dame zu verlieren.
Weiß gab auf.

Partie Nr. 235
Figler–Sideif-Sade
Fernpartie 1983

1.d2–d4 ♘g8–f6 2.♘g1–f3
c7–c5 3.d4–d5 e7–e6
4.♘b1–c3 b7–b5!? 5.♗c1–g5
Aufmerksamkeit verdient 5.de
fe 6.♘:b5 d5 7.e4!
5. ... b5–b4! 6.♘c3–e4
♗c8–b7 7.c2–c4 b4:c3 e. p.
8.♘e4:c3?
Ein Fehler, der es Schwarz ermöglicht, die Initiative zu ergreifen. Besser ist 8.♗:f6 gf
9.♘:c3.
8. ... ♗b7:d5! 9.♘c3:d5 e6:d5
10.♗g5:f6 ♕d8:f6 11.♕d1:d5
♕f6:b2 12.♖a1–d1 c5–c4!
13.♕d5–e4+
Schlecht ist 13.♕:a8 wegen
13. ... ♗b4+ 14.♘d2 0–0,
und der Marsch des c-Bauern
entscheidet das Schicksal der
Partie. Wenn 13.♕:c4, so
13. ... ♗b4+ 14.♘d2 0–0,
und die Stellung von Weiß ist
schwer zu verteidigen.
13. ... ♔e8–d8! 14.♘f3–d2
♗f8–b4! 15.♕e4:a8?
Die Eroberung des Turmes verliert forciert. Hartnäckiger ist
15.e3 mit der möglichen Fortsetzung 15. ... c3 16.♕:a8 c2!
17.♕:b8+ ♔e7 18.♕:b4+
♕:b4 19.♖c1 ♕b2 20.♘b3
♕c3+ 21.♔e2 ♖b8!, obwohl
auch hier die Chancen von
Schwarz besser sind.
15. ... ♗b4:d2+ 16.♖d1:d2
♕b2–b1+ 17.♖d2–d1
♕b1–b4+ 18.♖d1–d2 c4–c3
19.♕a8:a7

Gegen die Drohung c3–c2 ist
kein Kraut gewachsen.
19. ... c3–c2! 20.♕a7:b8+
♕b4:b8 21.♖d2:c2 h7–h5
Weiß gab auf.

Weressow-Eröffnung

1.d2–d4 d7–d5 2.♘b1–c3
Diese Eröffnung ist dank den
Untersuchungen des belorussischen Meisters Weressow populär geworden, der sie erfolgreich in seiner Turnierpraxis anwandte. Eine charakteristische
Eigenart der Eröffnung ist,
daß sie einen Grenzfall zwischen geschlossenen und halb-
offenen Spielen darstellt. Dies
spiegelt sich in einer ihrer strategischen Ideen wider, und
zwar in der Vorbereitung des
Zuges e2–e4.

Partie Nr. 236
Weressow–Dementej
Minsk 1966

1.d2–d4 d7–d5 2.♘b1–c3
♗c8–f5 3.♗c1–g5 c7–c6
4.e2–e3 ♕d8–b6 5.♖a1–b1
♘b8–d7 6.♘g1–f3 ♘g8–f6
7.♗f1–d3 ♗f5–g4
Der Abtausch 7. ... ♗:d3 8.cd
nutzt nur Weiß.
8.h2–h3 ♗g4–h5 9.0–0 e7–e6
10.e3–e4!
Ein perspektivreiches Bauernopfer, wonach die Initiative bei
Weiß liegt.

10. ... ♗h5:f3 11.♕d1:f3
♕b6:d4 12.e4:d5 ♘f6:d5
Gefährlich ist 12. ... cd wegen
13.♗b5.
13.♖b1–d1 ♘d5:c3?
Ein Fehler. Angesagt ist natürlich 13. ... ♘e5.

14.♗d3–g6! ♘c3–e2+
Ein Versuch, die Dame vom
Punkt f7 abzulenken.
15.♕f3:e2 ♕d4–e5
Damit wird die Drohung
16.♕:e6+ pariert, aber Weiß
hat noch einen weiteren
Giftpfeil im Köcher ...
16.♗g6:f7+!
Schwarz gab auf.

Partie Nr. 237
Dydyschko–Timoschtschenko
Leningrad 1967

1.d2–d4 d7–d5 2.♘b1–c3
♘g8–f6 3.♗c1–g5 ♘b8–d7
4.e2–e3 e7–e6 5.♘g1–f3
c7–c5 6.♗f1–e2 h7–h6
7.♗g5–h4 ♗f8–e7 8.0–0 0–0
9.a2–a4 b7–b6
Nach 9. ... ♘e4 10.♘:e4 de
11.♗:e7 ♕:e7 12.♘d2 ♘f6 ist
die Stellung von Weiß besser.

10.a4–a5! b6:a5 11.♖a1–a2
♗c8–b7
Interessant ist 11. ... ♖b8.
12.♘f3–d2 c5–c4?!
Schwarz nimmt den Druck vom
Punkt d4. Aufmerksamkeit verdient 12. ... cd.
13.e3–e4! g7–g5?
Es drohte 14.e5 mit folgendem
Läuferabtausch. Weiß würde
den Bauern dann zurückgewin-
nen und bedeutendes positionelles Übergewicht erhalten.
Die mit dem Textzug verbundene Schwächung des Königsflügels gestattet es jedoch
Weiß, schnell zum Sturm zu
blasen.
14.♗h4–g3 ♕d8–b6 15.e4–e5
♘f6–e8 16.♘c3–a4!
Der Bauer d4 ist selbstverständlich tabu; wenn 16. ... ♕:d4?,
so 17. c3, und unerwartet sitzt
die Dame in der Falle.
16. ... ♕b6–c6 17.f2–f4!
Damit wird die schwarze Festung in ihren Grundmauern
erschüttert.
17. ... ♘e8–g7 18.f4:g5 h6:g5
19.♘d2–f3 ♘g7–f5
20.♕d1–d2 ♘d7–b6
21.♘a4–c5! g5–g4
Schlecht ist 21. ... ♘:d4 wegen 22.♘:d4 ♕:c5 23.♖f6!,
und Schwarz ist verloren.
22.♘c5:b7 g4:f3 23.♘b7:a5
♕c6–c8 24.♖f1:f3 ♘f5:d4
Die letzte Hoffnung, aber der
Gang der Dinge läßt sich nicht
mehr ändern.
25.♖f3–f6! ♖f8–d8
Oder 25. ... ♗:f6 26.ef ♘f5
27.♕g5+ ♔h7 28.♗g4.

26.♕d2–g5+ ♔g8–f8
27.♖f6:f7+!
Ein krönendes Opfer, das alles
für Weiß klar macht.
27. ... ♔f8:f7 28.♗e2–h5+
♔f7–f8 29.♕g5–g6 ♘d4–f3+
30.♔g1–h1! ♘f3–g5
Nach 31.♖a1 mit der Drohung
32.♖f1+ ist das Matt unvermeidlich.
Schwarz gab auf.

Partie Nr. 238
Strugatsch–Ljuzko
Minsk 1978

1.d2–d4 ♘g8–f6 2.♘b1–c3
d7–d5 3.♗c1–g5 ♘b8–d7
4.♘g1–f3 g7–g6 5.e2–e3
♗f8–g7 6.♗f1–d3 0–0 7.0–0
b7–b6 8.♘f3–e5 ♗c8–b7
9.f2–f4 ♘f6–e8?
Mit der Absicht, die weißen Figuren aus dem Zentrum durch
den Zug f6 zu vertreiben. Das
ist freilich ein Trugschluß, wie
der Anziehende glänzend nach-
weist.

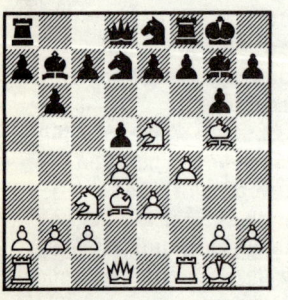

10.♗d3–a6!
Die Schwäche des Feldes c6 ist
nämlich der alles entscheidende

Faktor. Schwarz ist bereits verloren.
10. ... ♗b7:a6
Hoffnungslos ist ebenfalls
10. ... ♘:e5 11.♗:b7 ♖b8
12.de ♖:b7 13.♘:d5.
11.♘e5–c6
Der K.-o.-Schlag, denn die
stärkste schwarze Figur ist in
der Falle.
11. ... f7–f6 12.♗g5–h4
♗a6:f1 13.♕d1:f1 g6–g5
14.♗h4–f2 e7–e6 15.♘c6:d8
♖a8:d8 16.f4–f5! e6:f5
17.♘c3:d5 ♖f8–f7 18.♗f2–g3
♘d7–e5 19.d4:e5 ♖d8:d5
20.♕f1:f5
Schwarz gab auf.

Partie Nr. 239
Goldenow–Bagirow
Minsk 1961

1.d2–d4 ♘g8–f6 2.♘b1–c3
d7–d5 3.♗c1–g5 ♘b8–d7
4.♘g1–f3 g7–g6 5.♕d1–d3
Ein interessanter Plan. Weiß
bereitet einen Angriff im Zentrum mit dem Zug e2–e4 und
die lange Rochade vor.
5. ... ♗f8–g7 6.e2–e4 d5:e4
7.♘c3:e4 ♘f6:e4 8.♕d3:e4
♘d7–f6 9.♕e4–e3 h7–h6?
Schwarz unterschätzt die Gefahren, die mit der Schwächung des Königsflügels und
dem Tempoverlust verbunden
sind.
10.♗g5:f6! ♗g7:f6 11.♗f1–c4
♗f6–g7 12.♘f3–e5 e7–e6
12. ... 0–0? scheitert an
13.♘:g6!
13.0–0–0 c7–c6

Vergeblich bemüht sich Schwarz, einen Durchbruch des Anziehenden im Zentrum zu verhindern.

14.d4–d5! ♛d8–b6
Auf 14. ... cd wäre gefolgt 15.♖:d5, und 15. ... ed verbietet sich wegen 16.♘c6+!
15.♛e3–f4 0–0 16.d5:e6 ♝c8:e6 17.♝c4:e6 f7:e6
18.♛f4–g4! ♖f8–f5
19.♛g4:g6 ♖f5:e5
20.♖d1–d7
Der Kampf ist entschieden. Schwarz bemüht sich noch, durch ein Turmopfer im trüben zu fischen, jedoch ohne Erfolg.
20. ... ♖e5–e1+ 21.♖h1:e1 ♛b6:b2+ 22.♔c1–d1 ♖a8–f8 23.♖e1:e6 ♛b2–b1+
Wenn 23. ... ♖:f2, so 24.♖e8+ ♖f8 25.♖:f8+ ♔:f8 26.♛f7 matt!
24.♔d1–e2 ♛b1–b5+
25.♛g6–d3 ♛b5–h5+
26.♔e2–f1 ♛h5:h2
27.♖d7:g7+! ♔g8:g7
28.♖e6–g6+ ♔g7–f7
29.♛d3–f5+ ♔f7–e8
30.♖g6–e6+
Schwarz gab auf.

Partie Nr. 240
Wockenfuß–Timman
Bad Lauterberg 1977

1.d2–d4 ♘g8–f6 2.♘b1–c3 d7–d5 3.♝c1–g5 ♘b8–d7 4.f2–f3 c7–c5 5.d4:c5 ♛d8–a5 6.♝g5:f6 ♘d7:f6
Ungünstig ist 6. ... ef. In der Partie Rossetto–Reschewski (Mar del Plata 1966) folgte 7.a3 ♛:c5 8.♛:d5 ♛b6 9.0–0–0 ♝c5 10.♛e4+ ♔f8 11.♘a4 mit deutlicher Überlegenheit von Weiß.
7.♛d1–d4 e7–e5!
Schwarz opfert einen Bauern für Entwicklung und Initiative.
8.♛d4:e5+ ♝c8–e6 9.e2–e4 ♝f8:c5 10.♝f1–b5+?
Ein Fehler, denn nun hat Schwarz den Hebel d4 parat. Besser ist 10.0–0–0.
10. ... ♔e8–f8 11.0–0–0 ♝c5–e3+ 12.♔c1–b1 d5–d4 13.♛e5–d6+ ♔f8–g8
14.b2–b4
Die einzige Möglichkeit, um die Figur zu retten, doch dabei wird die Rochadestellung katastrophal geschwächt.
14. ... ♛a5–a3 15.♘c3–d5 ♘f6:d5 16.e4:d5 ♝e6–f5 17.♘g1–e2
Es drohte 17. ... d3 18.♝:d3 ♝d4, aber auf 17.♝d3 entscheidet 17. ... a5!!
17. ... a7–a5 18.♘e2:d4 a5:b4 19.♝b5–c4 ♝e3:d4 20.♖d1:d4

189

20. ... ♗f5:c2+! 21.♔b1:c2
b4–b3+
Weiß gab auf.

Partie Nr. 241
Nikolajew–Jakowlew
Charkow 1968

1.d2–d4 ♘g8–f6 2.♘b1–c3
c7–c5 3.d4:c5
Dem Spiel wird ein offener
Charakter verliehen.
3. ... e7–e6?!
Besser ist 3. ... ♛a5, um den
Vormarsch des weißen e-Bauern zu verhindern.
4.e2–e4 ♗f8:c5?
Schwarz will ins taktische Fahr-
wasser, doch überschätzt dabei
seine Möglichkeiten. Richtig ist
immer noch 4. ... ♛a5.
5.e4–e5! ♛d8–b6
Diese Gegenattacke findet eine
energische Erwiderung.

6.e5:f6! ♗c5:f2+ 7.♔e1–e2
♗f2:g1 8.♖h1:g1! ♛b6:g1
9.♛d1–d6 g7:f6 10.♗c1–e3
♛g1–h1
Das Endergebnis der Operation
ist für Schwarz jämmerlich,
seine Dame steht im Abseits.
Der Anziehende hat jetzt natürlich leichtes Spiel ...
11.♘c3–e4 h7–h6
12.♘e4:f6+ ♔e8–d8
13.♖a1–d1!
In der Partie Marjassin–Bortni-
kow (Liepāja 1974) spielte Weiß
13.♘d5 und errang den Erfolg:
13. ... ♘c6 14.♗:h6! ♘d4+
15.♔f2 ♘f5 16.♗g5+ f6
17.♛e5! ♖f8 18.♗:f6+ ♘e7
19.♗b5!, und Schwarz gab
auf. Doch der Textzug ist noch
überzeugender, denn jetzt befindet sich Schwarz in einer
völlig hilflosen Lage.
13. ... b7–b6
Andere Züge sind nicht zu erkennen; wenn 13. ... e5, so
14.♘d5 ♘c6 15.♛f6+ ♔e8
16.♛:h8 matt.
14.♔e2–f2
Es droht 15.♗b5.
14. ... e6–e5 15.♘f6–d5
Schwarz gab auf.

190

Blackmar-Diemer-Gambit

1.d2–d4 d7–d5 2.e2–e4
Durch ein Bauernopfer, das
nicht ganz korrekt ist, bemüht
sich Weiß, die Initiative zu erobern. Diese Eröffnung ist so
interessant und ideenreich mit
vielen irreführenden Möglichkeiten, daß man sie kennen
sollte. Wer aber für ein über-
scharfes Spiel nichts übrig hat,
sollte einen großen Bogen um
dieses Gambit machen.

Partie Nr. 242
Stapelfeld–Stock
Fernpartie 1980

**1.d2–d4 d7–d5 2.e2–e4 d5:e4
3.♘b1–c3 ♘g8–f6**
Ein gutes Spiel für Schwarz
bietet 3. ... e5!
4.f2–f3 e4:f3 5.♘g1:f3 c7–c6
Besser ist 5. ... g6. Beispielsweise 6.♗c4 ♗g7 7.0–0 0–0,
und Weiß hat es nicht leicht,
Kompensation für den geopferten Bauern nachzuweisen.
6.♗f1–c4 ♘b8–d7
Vorsichtiger ist 6. ... e6.
7.♘f3–g5 ♘f6–d5?
Unbedingt erforderlich ist 7. ...
e6.
8.♘c3:d5 c6:d5 9.♘g5:f7!
Diese Möglichkeit wurde offensichtlich von Schwarz nicht berücksichtigt. Sein König befindet sich unerwartet in einer
Mattfalle.
9. ... ♔e8:f7 10.♕d1–h5+

Wenn 10. ... g6, so 11.♕:d5+
♔g7 12.♕f7 matt!
Schwarz gab auf.

Grünfeld-Indische Vertei-
digung

**1.d2–d4 ♘g8–f6 2.c2–c4
g7–g6 3.♘b1–c3 d7–d5**
Die Eröffnung ist ein Geistes-
kind des österreichischen Großmeisters Grünfeld, der sie erstmals 1922 anwandte. Schwarz
läßt die Bildung eines starken
weißen Bauernzentrums zu, um
es danach mit seinen Figuren
und Bauern anzugreifen. In den
letzten Jahren hat dieses solide
und zuverlässige Verteidigungs-
system große Verbreitung ge-
funden, was vor allem Garri
Kasparow zu verdanken ist.

Partie Nr. 243
Polowodin–Kalinski
Charkow 1982

**1.d2–d4 ♘g8–f6 2.c2–c4
g7–g6 3.♘b1–c3 d7–d5
4.c4:d5 ♘f6:d5 5.e2–e4
♘d5:c3 6.b2:c3 ♗f8–g7
7.♘g1–f3 c7–c5 8.♖a1–b1
0–0 9.♗f1–e2 ♕d8–a5**
Aufmerksamkeit verdient 9. ...
♘c6, und wenn 10.d5, so
10. ... ♘e5.
**10.0–0 ♕a5:a2 11.♗c1–g5!
♕a2–e6 12.e4–e5! ♖f8–d8
13.♕d1–a4 ♘b8–c6**
Schwarz übersieht den Dolch-

stoß des weißen d-Bauern. Als hartnäckiger erweist sich fraglos 13. … ♛c6, obwohl auch dann die Initiative des Anziehenden gefährlich ist.

14.d4–d5!!
Unerwartet und stark. Schwarz kann Materialverlust nicht vermeiden.
14. … ♜d8:d5
Ganz schlecht ist 14. … ♛:d5 wegen 15.♜bd1 ♛e6 16.♜:d8+ ♘:d8 17.♛e8+ ♗f8 18.♗h6.
15.♗e2–c4 ♛e6–d7?
Auch 15. … h6 rettet hier nichts mehr: 16.♗:h6! ♗:h6 17.♛a2 usw.
16.♗c4:d5 ♛d7:d5 17.♜f1–d1 ♛d5–e6 18.♜d1–d8+!
Die schwarze Grundreihenschwäche führt zum Matt:
18. … ♘:d8 19.♛e8+ ♗f8 20.♗h6.
Schwarz gab auf.

Partie Nr. 244
Tschiburdanidse–Malanjuk
Odessa 1982

1.d2–d4 ♘g8–f6 2.c2–c4 g7–g6 3.♘b1–c3 d7–d5 4.c4:d5 ♘f6:d5 5.e2–e4 ♘d5:c3 6.b2:c3 ♗f8–g7 7.♘g1–f3 c7–c5 8.♜a1–b1 0–0 9.♗f1–e2 ♛d8–a5 10.0–0!
Ein kühnes Bauernopfer, für das Weiß eine aktive Stellung erhält.
10. … ♛a5:c3 11.d4–d5 ♛c3–a5 12.♗c1–g5 ♛a5–c7 13.♛d1–c1! ♗c8–g4 14.♗g5–f4 ♛c7–c8 15.e4–e5 ♘b8–d7 16.♜f1–e1
Das Zentrum wird gestärkt, was Weiß gute Perspektiven sichert.
16. … ♘d7–b6 17.d5–d6 e7:d6 18.e5:d6 ♜f8–e8?
Hier steht der Turm nicht gut, außerdem wird der neuralgische Punkt f7 geschwächt. Aufmerksamkeit verdient 18. … ♗e6.
19.h2–h3 ♗g4–d7
Mehr Chancen hat Schwarz nach 19. … ♗f5.
20.♗f4–h6 ♗g7–h8 21.♘f3–g5 ♗d7–f5
Jetzt kommt dieser Zug bereits zu spät und gestattet es Weiß, forciert zu gewinnen.

22.♖b1:b6! a7:b6 23.♗e2–c4
♗f5–e6 24.♖e1:e6! f7:e6
Es rettet nicht 24. ... ♖:e6,
beispielsweise 25.♘:e6 fe
26.♕e3 ♔f7 27.♕f4+ ♗f6
28.g4 g5 29.♕f5! oder 27. ...
♔g8 28.♗b5 mit erdrücken-
dem weißem Übergewicht.
25.♕c1–f4 ♕c8–d7
26.♗c4–b5!
Der krönende Schlußpunkt
einer herrlichen Kombination.
Schwarz gab auf.

Partie Nr. 245
Jussupow–Morenz
Graz 1981

1.d2–d4 ♘g8–f6 2.c2–c4
g7–g6 3.♘b1–c3 d7–d5
4.c4:d5 ♘f6:d5 5.e2–e4
♘d5:c3 6.b2:c3 c7–c5
7.♗f1–b5+ ♘b8–c6?
Richtig ist 7. ... ♗d7.
8.d4–d5! ♕d8–a5 9.♕d1–a4!
♕a5:c3+ 10.♔e1–e2 ♗c8–d7
11.d5:c6 b7:c6 12.♗b5:c6
♖a8–d8!
Eine kritische Stellung, die offensichtlich beide Partner ange-
strebt haben. Auf den ersten
Blick scheint es, daß Schwarz

den Gegner überlistet hat. Auf
den selbstverständlichen Zug
13.♖b1 gibt es eine wahrlich
tückische Antwort: 13. ...
♕d3+!!, und auf 14.♔:d3
folgt 14. ... ♗:c6+ und 15. ...
♗:a4.

13.♕a4–b3!!
Ein glänzender Zug, den
Neshmetdinow bereits 1951 (!)
in einer Simultanpartie anwandte. Weiß opfert zwei
Türme und erhält einen ge-
winnbringenden Angriff.
13. ... ♕c3:a1
Schlecht ist 13. ... ♕:b3 wegen des Zwischenzuges
14.♗:d7+!
14.♗c1–b2 ♕a1–b1
15.♘g1–f3! ♕b1:h1
16.♘f3–e5
Ungeachtet des ungeheuren
Materialübergewichts ist
Schwarz völlig hilflos.
16. ... e7–e6 17.♗c6:d7+
♖d8:d7 18.♕b3–b8+!
♖d7–d8
Wenn 18. ... ♔e7, so 19.♘c6
matt!
19.♕b8–b5+ ♔e8–e7
20.♕b5–b7+ ♔e7–f6

21.♕b7:f7+ ♔f6–g5
22.♘e5–f3+
Das Matt ist unvermeidlich:
22. ... ♔h5 23.g4+! ♔:g4
24.♕:e6+ ♔f4 25.♗e5+
♔:e4 26.♗g3 matt!
Schwarz gab auf.

Partie Nr. 246
Drejew–Jepischin
Tallinn 1986

**1.d2–d4 ♘g8–f6 2.♘g1–f3
g7–g6 3.c2–c4 ♗f8–g7
4.♘b1–c3 d7–d5 5.♗c1–f4
c7–c5!?**
Das führt zu interessanten Verwicklungen.
**6.d4:c5 ♕d8–a5 7.c4:d5
♘f6:d5 8.♕d1:d5 ♗g7:c3+
9.♗f4–d2 ♗c8–e6!**
Aber nicht 9. ... ♗:d2+
10.♕:d2 ♕:c5? 11.♖c1.
Schwarz geizt nicht mit Opfern
und rechnet damit, den Entwicklungsvorsprung auszunutzen.
10.♕d5:b7
Umsichtiger ist 10.♕d3. Beispielsweise 10. ... ♗:d2+
11.♕:d2 ♕:c5 12.♖c1 ♕b6
13.♕d4 mit gleichen Chancen.
**10. ... ♗c3:d2+ 11.♘f3:d2
0–0! 12.e2–e4**
Schlecht ist 12.♕:a8? wegen
12. ... ♖d8 13.♖d1 ♗d5. Auf
12.b4 folgte in der Partie Grigorjan–Zeschkowski (Baku
1977) 12. ... ♕a4! 13.e4 ♘d7
14.♕b5 ♕a3 15.c6 ♘f6
16.♗e2, und hier war nun
möglich 16. ... ♕c3 17.♖d1
♖fd8 18.f3 a5! mit gefährlicher

Initiative für Schwarz (Analyse
Beljawski).

12. ... ♘b8–c6!
Ein ausgezeichneter Zug. Jetzt
schalten sich alle schwarzen Figuren in den Angriff ein.
13.♕b7–a6
Im Falle 13.♕:c6? ♖ad8!
(13. ... ♖fd8? 14.♗d3!)
14.♖d1 ♖:d2 15.♖:d2 ♖d8
ist Weiß verteidigungsunfähig.
**13. ... ♕a5:c5 14.♕a6–b5
♕c5–d6 15.♘d2–c4 ♕d6–d4!
16.♗f1–e2 ♖f8–c8 17.0–0
♖a8–b8 18.♕b5–a4 ♕d4:e4
19.♖f1–e1 ♘c6–d4
20.♗e2–f1 ♕e4–f4!**
Es droht 21. ... ♗:c4 22.♗:c4
♖:c4! 23.♕:c4 ♘f3+.
21.b2–b3 ♖c8–c5!
Dieser Turm wird zum Match-
winner!
**22.♕a4:a7 ♖c5–h5 23.h2–h3
♖h5:h3! 24.♕a7:b8+**
Oder 24.gh ♘f3+ 25.♔g2
♗:h3+ 26.♔:h3 ♕h4+
27.♔g2 ♕g4+.
**24. ... ♕f4:b8 25.g2:h3
♘d4–f3+ 26.♔g1–g2
♗e6–d5**
Weiß gab auf.

Partie Nr. 247
Schereschewski–Nekrassow
Minsk 1984

1.d2–d4 ♘g8–f6 2.c2–c4
g7–g6 3.♘b1–c3 d7–d5
4.♘g1–f3 ♗f8–g7 5.c4:d5
♘f6:d5 6.♗c1–d2 0–0
Robert Fischer wählte in einer
Partie mit Tigran Petrosjan
(Belgrad 1970) 6. ... c5, und
nach 7.♖c1 ♘:c3 8.♗:c3 cd
9.♘:d4 0–0 10.e3 ♕d5 hatte
Schwarz Ausgleich erreicht.
7.♖a1–c1 ♘d5–b6 8.♗d2–g5
h7–h6 9.♗g5–f4!
Im Falle von 9.♗h4 g5 10.♗g3
c5 11.e3 ♘c6! 12.d5 ♗c3+
13.♖:c3 ♕:d5 14.♕:d5 ♘:d5
15.♖:c5 ♗e6 hat Weiß kein
Übergewicht.
9. ... c7–c5?!
Der sofortige Gegenangriff
wirkt verlockend, doch Weiß
entdeckt eine starke Erwiderung. Geeigneter ist deshalb
9. ... ♘c6.
10.d4:c5 ♘b6–d7 11.e2–e4
♘b8–c6 12.♕d1–d2 ♘d7:c5
13.♕d2–e3!
Bedeutend stärker als 13.♗:h6,
wonach 13. ... ♕:d2+
14.♗:d2 ♗:c3 15.♗:c3 ♘:e4
gleiches Spiel sichert.
13. ... ♕d8–a5 14.♗f4:h6
♗g7:h6 15.♕e3:h6 ♘c5:e4
16.♗f1–c4! ♗c8–f5
Es drohte 17.♕:g6+.
17.0–0 ♘e4–f6 18.♘f3–g5
Über der Stellung des schwarzen Königs haben sich drohende Wolken zusammengezo-
gen.

18. ... ♖a8–d8 19.♖c1–d1
e7–e6 20.g2–g4! ♗f5–c2
Auf 20. ... ♗:g4 folgt natürlich 21.♘ce4!
21.♖d1:d8 ♕a5:d8
Wenn 21. ... ♖:d8, so
22.♘:e6!; 21. ... ♘:d8
22.♖c1.
22.♖f1–c1 ♕d8–d4
23.♗c4–e2 ♘c6–b4 24.a2–a3
♘b4–d3 25.♘c3–e4 ♖f8–d8
26.♖c1:c2 ♘d3–f4
Schwarz schafft sogar eine
Mattdrohung: 27. ... ♕d1+!
28.♗f1 ♕:f1+ 29.♔:f1 ♖d1
matt, aber das alles ist halt
doch eine Seifenblase, die mit
dem nächsten weißen Zug zerplatzt.
27.♖c2–d2!
Schwarz gab auf.

Partie Nr. 248
A. Petrosjan–Grigorjan
Jerewan 1980

1.d2–d4 ♘g8–f6 2.c2–c4
g7–g6 3.♘b1–c3 d7–d5
4.c4:d5 ♘f6:d5 5.g2–g3
♗f8–g7 6.♗f1–g2 ♘d5–b6
7.♘g1–f3 0–0 8.0–0 ♘b8–c6
9.d4–d5 ♘c6–a5!?
Möglich ist auch 9. ... ♘b8.
Zum Beispiel 10.e4 c6 11.♕b3
cd 12.♘:d5 ♘:d5 13.ed ♘d7
mit gleichen Chancen.
10.e2–e4 c7–c6 11.♗c1–g5
h7–h6 12.♗g5–f4 ♘a5–c4
13.b2–b3!
Ein interessanter Plan. Das vor-
übergehende Figurenopfer ermöglicht es Weiß, seine Kräfte
schnell zu mobilisieren.

195

13. ... ♗g7:c3 14.♖a1–c1!
♘c4–d6
Das führt zu ernsten Schwierigkeiten. Besser ist 14. ... ♘b2
15.♕c2 ♗g7 16.♗e5! ♗:e5
17.♘:e5 cd 18.ed ♘:d5
19.♕:b2.
15.♖c1:c3 ♘d6:e4
16.♖c3–d3! ♘b6:d5
17.♗f4:h6 ♖f8–e8
18.♕d1–a1! ♘e4–f6
19.♖f1–e1 ♗c8–f5
20.♖d3–d4 e7–e5?
Material wird zurückgegeben,
Schwarz hofft so auf Gegenchancen. Im weiteren Verlauf
wirkt sich jedoch die Schwäche
der Diagonale a1–h8 nachteilig
aus.
21.♖e1:e5 ♖e8:e5 22.♘f3:e5
♕d8–a5?
Der entscheidende Fehler. Hartnäckiger ist 22. ... ♕e7.

23.♖d4:d5!! ♘f6:d5
Oder 23. ... cd 24.♘c6!
24.♗g2:d5!
Genauigkeit bis zum Schluß.
Wenn gleich 24.♘:c6 folgt, so
24. ... ♕c3!
24. ... ♔g8–h7 25.♘e5–c4
Schwarz gab auf.

Partie Nr. 249
Moskalenko–Jermolinski
Odessa 1981

1.d2–d4 ♘g8–f6 2.♘g1–f3
g7–g6 3.c2–c4 ♗f8–g7
4.♘b1–c3 d7–d5 5.♕d1–b3
d5:c4 6.♕b3:c4 0–0 7.e2–e4
a7–a6
Schwarz sucht seine Chance am
Damenflügel. Der Zug b7–b5
wird vorbereitet.
8.h2–h4?!
Der direkte Angriff der schwarzen Rochadestellung hat hier
noch keine gute Basis.
8. ... b7–b5 9.♕c4–b3 c7–c5!
Ein energisches Spiel im Zentrum ist die logische und sehr
starke Antwort auf den Flan-
kenangriff des Gegners.
10.e4–e5
Weiß spürt die Labilität seiner
Lage und bemüht sich, den Damenabtausch zu forcieren. Sein
Vorhaben erfährt aber eine
unerwartete Erwiderung. Besser ist 10.dc, um auf 10. ...
♗b7 dann 11.♗e3 zu erwi-
dern.
10. ... ♘f6–g4 11.♕b3–d5?
c5:d4!
Da ist sie schon, die unangenehme Überraschung. Das
Turmgeschenk muß angenom-
men werden, doch dadurch gerät der König in einen tödlichen Angriff.
12.♕d5:a8 d4:c3 13.♕a8:b8
c3:b2 14.♗c1:b2 ♕d8–a5+
15.♘f3–d2
Oder 15.♔e2 ♗e6 16.♕a7
♗c4+ 17.♔d1 ♖d8+ 18.♔c2

♕a4+ 19.♔c3 ♗:f1 mit den
Drohungen 20. ... ♕c4 matt
und 20. ... ♖d3 matt.
15. ... ♘g4:f2!
Wenn nun 16.♔:f2, so 16. ...
♕:d2+ 17.♗e2 ♗g4, und
nichts geht mehr.
Weiß gab auf.

Partie Nr. 250
Gurewitsch–Kasparow
Moskau 1988

1.d2–d4 ♘g8–f6 2.♘g1–f3
g7–g6 3.c2–c4 ♗f8–g7
4.♘b1–c3 d7–d5 5.♕d1–b3
d5:c4 6.♕b3:c4 0–0 7.e2–e4
♘b8–a6
Die Renaissance dieser eine
Zeitlang aus der Mode gekom-
menen und doch sehr inhalts-
reichen Variante ist vor allem
Garri Kasparow zu verdanken.
8.♗f1–e2 c7–c5 9.d4–d5
e7–e6 10.0–0 e6:d5 11.e4:d5
♖f8–e8 12.♗c1–f4 ♗c8–f5
13.♖a1–d1 ♘f6–e4
14.♗e2–d3
Das führt zu interessanten Verwicklungen.
14. ... ♗g7:c3! 15.b2:c3
b7–b5 16.♕c4:b5 ♘e4:c3
Im Hinblick auf den d-Freibau-
ern ist hier 17.♕c4 ein wohl
spielbares Qualitätsopfer. Der
Anziehende wählt aber eine
scheinbar weniger riskante
Spielweise ...

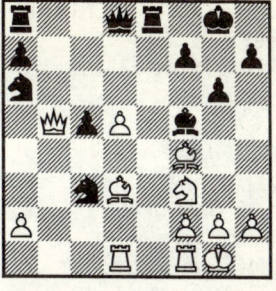

17.♕b5:a6 ♗f5:d3 18.♕a6:d3
♘c3–e2+ 19.♔g1–h1 ♘e2:f4
20.♕d3–c4 ♕d8–d6
21.♖f1–e1?
Bei 21.g3 ♘h5 22.♖fe1 ♘f6
23.♖:e8+ ♖:e8 24.♖c1 ♘e4
25.♔g2 f5 müßte sich Schwarz
mit leichter Initiative begnügen,
während er nach dem naheliegenden Tauschangebot zu
einem viel nachhaltigeren Gegenangriff gelangt.
21. ... ♖e8:e1+ 22.♘f3:e1
♖a8–b8!
Nun zeigt sich der Haken von
21.♖fe1. Der schwarze Turm
dringt unabwendbar und sehr
wirksam in die weiße Stellung
ein. Wenn 23.♘d3, so eventu-
ell 23. ... ♘:d3 24.♕:d3 ♖b2
25.♖d2 c4! 26.♕e2 ♕f4! –
eine sehr elegante Variante!
23.a2–a3 ♖b8–b2 24.f2–f3
♕d6–e5 25.♕c4–e4
Oder 25.d6 ♖e2 26.♘c2 ♕g5
beziehungsweise 26.♕c1 ♖f2.
25. ... ♕e5–g5 26.g2–g3
♕g5–h5 27.h2–h4 ♘f4–e2
28.♕e4–e8+ ♔g8–g7
29.d5–d6
Zu spät kommt dieser Frei-
bauer zum Vorrücken.

29. ... ♘e2:g3+ 30.♔h1–g1
♘g3–e2+ 31.♔g1–f1
♛h5–f5! 32.♛e8:e2 ♛f5–h3+
Weiß gab auf!

Partie Nr. 251
Knaak–Forintos
Skopje 1972

1.d2–d4 ♘g8–f6 2.c2–c4
g7–g6 3.♘b1–c3 d7–d5
4.♘g1–f3 ♗f8–g7 5.♗c1–g5
♘f6–e4 6.c4:d5 ♘e4:g5
Möglich ist auch 6. ... ♘:c3
7.bc ♛:d5.
7.♘f3:g5 e7–e6 8.♛d1–a4+?!
Das ruft Verwicklungen hervor,
die dennoch für Schwarz von
Nutzen sind. Besser ist 8.♘f3
oder 8.♛d2 mit gleichem
Spiel.
8. ... c7–c6 9.d5:c6 ♘b8:c6
10.♘g5–f3 ♗c8–d7 11.0–0–0
0–0
Aber nicht gleich 11. ... ♘:d4?
wegen 12.♖:d4 ♗:a4
13.♖:d8+ ♖:d8 14.♘:a4
♖c8+ 15.♔b1 b5 16.♘c3
♗:c3 17.bc ♖:c3 18.e3 ♔e7
19.♗e2 ♖hc8 20.♖d1 mit
sehr guten Chancen für Weiß.
12.e2–e3?
Leichtsinn. Es ist natürlich le-
bensnotwendig, die Dame auf
c2 oder b3 zurückzuziehen.

12. ... ♘c6:d4! 13.♖d1:d4
Nicht erfreulich für Weiß ist
auch 13.♛a3 ♘:f3 14.gf ♛c8.
13. ... ♗d7:a4 14.♖d4:d8
♖f8:d8! 15.♘c3:a4 ♖a8–c8+
16.♘a4–c3 ♗g7:c3 17.b2:c3
♖c8:c3+ 18.♔c1–b2
♖d8–c8!
Gegen das Eindringen der
schwarzen Türme in die zweite
Reihe ist Weiß machtlos.
19.♘f3–d4
Oder 19.♘e1 ♖3c6 20.♘d3
♖b6+ mit Gewinnstellung.
19. ... e6–e5 20.♘d4–b3
♖c3–c2+ 21.♔b2–b1 ♖c2:f2
22.♘b3–c1 e5–e4! 23.♗f1–b5
Nach 23. ... ♖cc2 24.♗a4
♖b2+ 25.♔a1 ♖:g2 ist die
Stellung für den Anziehenden
hoffnungslos.
Weiß gab auf.

Partie Nr. 252
Roisman–Michlin
Minsk 1966

1.♘g1–f3 d7–d5 2.g2–g3
♘g8–f6 3.♗f1–g2 g7–g6
4.0–0 ♗f8–g7 5.d2–d4 0–0
6.c2–c4 c7–c6 7.c4:d5 c6:d5
8.♘b1–c3 ♘b8–c6

Eine Ungenauigkeit. 8. ... ♘e4! bietet gleiche Chancen.

9.♘f3–e5 ♘c6:e5 10.d4:e5 ♘f6–g4 11.♘c3:d5 e7–e6?

Ein Fehler, der zu einer schwierigen Stellung führt. Richtig ist 11. ... ♘:e5.

12.♘d5–f6+!

Diese Möglichkeit wurde von Schwarz offensichtlich unterschätzt.

12. ... ♗g7:f6

Schlecht ist auch 12. ... ♘:f6 wegen 13.♕:d8 ♖:d8 14.♗g5!

13.e5:f6 ♕d8:f6

Im Falle eines Damenabtausches ist das Endspiel für Schwarz nicht viel wert.

14.♕d1–a4 ♘g4–e5 15.♖f1–d1 ♖f8–d8 16.♗c1–f4 ♖d8:d1+ 17.♖a1:d1

Weiß verfügt über ein erdrückendes positionelles Übergewicht.

17. ... ♘e5–c6

Es drohte 18.♕e8+ und 19.♖d8.

18.♗g2:c6 e6–e5

Ein verzweifelter Versuch, den Kampf irgendwie zu verschärfen.

19.♗f4–h6 g6–g5

Oder 19. ... bc 20.♕:c6! ♕:c6 21.♖d8+.

20.♕a4–b4! ♗c8–h3

Zum Verlust der Dame führt 20. ... ♕:h6 21.♖d8+ ♔g7 22.♕f8+ ♔g6 23.♖d6+ ♗e6 24.♖:e6+ fe 25.♗e4+ ♔h5 26.g4+.

21.♕b4:b7

Schwarz gab auf.

Königsindische Verteidigung

1.d2–d4 ♘g8–f6 2.c2–c4 d7–d6

Eines der populärsten Eröffnungssysteme. Heutzutage umfaßt die Königsindische Verteidigung einen ganzen Komplex schwieriger Systeme mit verschiedensten Plänen der Spielführung. Große Bedeutung kommt dabei dem „königsindischen" Läufer g7 zu, der Druck auf der langen Diagonale ausübt und das wichtige Zentralfeld d4 kontrolliert.

Partie Nr. 253
Malzew–Asmaiparaschwili
Leningrad 1982

1.d2–d4 d7–d6 2.c2–c4 e7–e5 3.♘g1–f3 e5:d4 4.♕d1:d4

Besser ist 4.♘:d4. Der Textzug schenkt Schwarz ein Tempo für die Entwicklung der Figuren.

4. ... ♘b8–c6 5.♕d4–d2

Der schwarzfeldrige Läufer soll fianchettiert werden.

5. ... ♗c8–e6 6.e2–e4?!

Vorsichtiger ist 6.e3.

6. ... ♘g8–f6 7.♘b1–c3 ♘c6–e5! 8.b2–b3

Wenig verspricht 8.♘:e5 de.

8. ... ♘e5:f3+ 9.g2:f3 g7–g6 10.♗c1–b2 ♗f8–g7 11.♗f1–e2 0–0 12.0–0–0 a7–a5 13.♔c1–b1 ♖f8–e8 14.h2–h4 h7–h5 15.♕d2–g5?

Weiß muß ohne Verzögerung

den gegnerischen Königsflügel angreifen, aber der gewählte Weg ist nicht der beste. 15.f4! garantiert beiderseitig scharfes Spiel.

15. ... ♞f6–d7! 16.♛g5–g3
Nach dem Damenabtausch wäre die Stellung von Schwarz deutlich besser.

16. ... ♞d7–c5 17.f3–f4 a5–a4! 18.f4–f5?
Dieser naheliegende Zug findet eine schöne Widerlegung, aber auch bei anderen Fortsetzungen hat es Weiß schwer, den Angriff zu stoppen.

18. ... ♞c5:e4! 19.♞c3:e4 ♝e6:f5 20.f2–f3 a4:b3!

21.a2–a3
Erzwungen. Sofort verliert Weiß nach 21.ab wegen 21. ... ♝:b2 22.♔:b2 ♝:e4 23.fe ♛f6+.

21. ... ♜a8:a3!! 22.♝e2–d3
Auf 22.♝:a3 entscheidet ♛f6!
22. ... ♛d8–a8 23.♞e4–f6+ ♝g7:f6 24.♝b2:f6 ♝f5:d3+
Wenn 25.♜:d3, so 25. ... ♜a1+! 26.♝:a1 ♛a2+ 27.♔c1 ♛c2 matt!
Weiß gab auf.

200

Partie Nr. 254
Ivkov–Kagan
Rio de Janeiro 1979

1.d2–d4 d7–d6 2.c2–c4 g7–g6 3.♞b1–c3 ♝f8–g7 4.e2–e4 e7–e5?!
Besser ist 4. ... ♞f6.
5.d4:e5 d6:e5 6.♛d1:d8+ ♔e8:d8 7.f2–f4
Zum Vorteil für Weiß führt auch 7.♝g5+ f6 8.♜d1+ ♞d7 9.♝e3.
7. ... ♞b8–d7 8.♞g1–f3 c7–c6 9.♝f1–e2 f7–f6
Auf 9. ... ♔e8 folgte in der Partie Tal–Klarić (Sotschi 1977) 10.0–0 ♞e7 11.♝d2 ef 12.♝:f4 ♞c5 13.♜ac1 ♝g4 14.b4 ♝:f3 15.gf ♞e6 16.♝e3 mit Übergewicht für Weiß.
10.0–0 ♞g8–h6 11.f4:e5 ♞d7:e5 12.♞f3:e5 f6:e5 13.♝c1–g5+ ♔d8–e8 14.♜a1–d1 ♞h6–f7 15.♝g5–e3 ♝g7–f8?
Ein Fehler. Notwendig ist 15. ... ♝e6, um den Springer auf f7 zu decken sowie auf 16.c5 mit 16. ... ♜d8 zu antworten.
16.c4–c5! ♝f8–e7
Jetzt ist die Stellung von Schwarz schon schwer zu verteidigen. Wenn 16. ... ♝e6, so 17.♜f6 ♔e7 18.♜df1 mit der Drohung 19.♜:e6+.

17.♘c3–b5!
Forciert den Gewinn.
17. ... c6:b5
Oder 17. ... ♗d8 18.♗c4!
18.♗e2:b5+ ♚e8–f8
19.♗e3–h6+
Auf 19. ... ♚g8 entscheidet
20.♗c4.
Schwarz gab auf.

Partie Nr. 255
Lasarew–Sheljandinow
Moskau 1966

1.d2–d4 ♘g8–f6 2.c2–c4
g7–g6 3.♘b1–c3 ♗f8–g7
4.e2–e4 d7–d6 5.f2–f4 c7–c5
6.d4–d5
Möglich ist auch 6.♘f3, um die
Spannung im Zentrum auf-
rechtzuerhalten.
6. ... 0–0 7.♗f1–d3 e7–e6
8.d5:e6 ♗c8:e6 9.f4–f5?!
In der Partie Rei–Polugajewski
(Sotschi 1976) kam Weiß zu
einer sehr guten Stellung nach
9.♘f3 ♘c6 10.f5! ♗d7 11.0–0
♖e8 12.♗g5.
9. ... ♗e6–d7 10.♘g1–f3
♘b8–c6?
Besser ist 10. ... gf 11.ef
♖e8+.

11.♗c1–g5 ♛d8–a5 12.0–0
♖a8–e8 13.♛d1–d2 ♘c6–b4
Schwarz hat keinen rechten
Plan.
14.♗d3–b1 ♗d7–c6?
Das gestattet es Weiß, die Partie mit Hilfe einer schönen
Kombination zu entscheiden.
15.a2–a3 ♘b4–a6
Es drohte 16.ab ♛:a1 17.b5
♗d7 18.♗a2 mit Gewinn der
Dame.
16.♛d2:d6 ♘f6:e4 17.♗b1:e4
♗c6:e4 18.f5–f6 ♗g7–h8
19.♗g5–h6 ♗e4:f3 20.♖f1:f3
♖e8–d8 21.♘c3–d5!
Ein wirkungsvoller Angriff.
Wenn 21. ... ♖fe8, so
22.♛f8+!
Schwarz gab auf.

Partie Nr. 256
Catalan–Saeed
Dubai 1983

1.d2–d4 ♘g8–f6 2.c2–c4
g7–g6 3.♘b1–c3 ♗f8–g7
4.e2–e4 d7–d6 5.f2–f4 0–0
6.♘g1–f3 c7–c5 7.d4–d5
e7–e6 8.♗f1–e2 e6:d5
9.e4–e5!?
Das führt zu großen Verwicklungen.
9. ... ♘f6–g4 10.c4:d5 d6:e5
11.h2–h3 e5–e4! 12.h3:g4
e4:f3 13.g2:f3 ♖f8–e8
14.f4–f5 ♘b8–d7 15.♗c1–h6
♗g7:h6 16.♖h1:h6 ♘d7–e5
17.♚e1–f2
Wehrt die Drohung 17. ...
♘:f3+ ab und öffnet gleichzeitig den Weg für die schweren
Figuren auf der h-Linie. Um

diese Stellung zu halten, ist
von Schwarz ein findiges und
genaues Spiel erforderlich.

17. ... g6:f5!
Eine kühne und richtige Entscheidung. Jetzt wird es auch
für den weißen König unge-
mütlich. Schwächer ist hingegen 17. ... ♛g5, worauf
18.♛c1! folgt.

18.♛d1–c2!
Schlechter ist 18.♛h1 wegen
18. ... fg! 19.♖:h7 ♘g6
20.♛h6 ♛f6 mit Vorteil für
Schwarz.

**18. ... ♛d8–g5 19.♖a1–h1
♘e5–g6 20.♖h6:h7 f5:g4?**
Schade, denn Schwarz hat hier
die Möglichkeit zu 20. ...
♛e3+! mit guten Gegenchancen.

**21.♖h7–h8+! ♘g6:h8
22.♛c2–h7+ ♔g8–f8
23.♛h7:h8+ ♔f8–e7
24.d5–d6+ ♔e7–d8**

**25.♛h8:e8+!! ♔d8:e8
26.♖h1–h8+ ♔e8–d7
27.♗e2–b5+ ♔d7–e6
28.♖h8–e8+ ♔e6:d6**
Die Dame ist nicht zu retten.
Wenn 28. ... ♔f5, so
29.♗d3+ ♔f4 30.♘e2 matt!

**29.♘c3–e4+ ♔d6–c7
30.♘e4:g5**
Schwarz gab auf.

Partie Nr. 257
Schwedtschikow–Jermolinski
Odessa 1981

**1.c2–c4 g7–g6 2.♘b1–c3
♗f8–g7 3.d2–d4 ♘g8–f6
4.e2–e4 d7–d6 5.f2–f3 0–0
6.♗c1–e3 a7–a6 7.♗f1–d3**
Besser ist 7.♛d2.

7. ... c7–c5! 8.d4–d5?!
Eine schablonenhafte Entscheidung, nach der Schwarz eine
bequeme Stellung erhält. Besser ist 8.dc dc 9.e5! ♘fd7
10.f4. In der Partie Sawon–Dydyschko (Minsk 1980) folgte
10. ... ♘c6 11.♘f3 ♘d4!
12.♗e4 (12.♘:d4 ♘:e5!)
12. ... f6 mit beiderseitig scharfem Spiel.

**8. ... e7–e6 9.♘g1–e2 e6:d5
10.e4:d5 ♘b8–d7 11.b2–b3?**
Richtig ist hier 11.0–0.

**11. ... ♘d7–e5 12.♗d3–c2
b7–b5!**
Die Bauernstruktur von Weiß
wird gesprengt, wonach die
Stellung rasch zusammenfällt.

13.c4:b5 a6:b5 14.♘c3:b5
Dieser Bauerngewinn beschleunigt nur die Lösung.

14. ... ♛d8–e8!
Ein ausgezeichneter Zug, der
den Auftakt für ein Bilderbuch-
finale gibt.

15.♘b5–c7
Weiß gerät in die Hauptvariante der schönen Kombination, aber es gibt keine Rettung.

15. ... ♘e5:f3+ 16.g2:f3
Auf 16.♔f2 folgt 16. ...
♘g4+.
16. ... ♕e8:e3 17.♘c7:a8
Wenn 17.♕d3, so 17. ...
♘:d5!

17. ... ♘f6–e4!! 18.♕d1–d3
Oder 18.♗:e4 ♗c3+! 19.♔f1
♗h3 matt.
18. ... ♗g7–c3+!
Weiß gab auf.

Partie Nr. 258
Salow–Majorow
Jurmala 1983

1.d2–d4 ♘g8–f6 2.c2–c4
g7–g6 3.♘b1–c3 ♗f8–g7
4.e2–e4 d7–d6 5.f2–f3 0–0
6.♗c1–e3 ♘b8–c6 7.♘g1–e2
♖f8–e8?!
Ein prophylaktischer Zug, der
das Ziel hat, den Läufer g7 vor
dem Abtausch zu schützen,
aber er ist mit Tempoverlust
verbunden. Meistens wird
gleich 7. ... a6 gespielt.
8.♕d1–d2 a7–a6
Bereitet b7–b5 vor.
9.h2–h4! h7–h5 10.♗e3–h6
♗g7–h8 11.0–0–0 ♖a8–b8?

Schwarz zögert, energischer ist
11. ... b5 oder 11. ... e5.
12.g2–g4! e7–e5
Nach 12. ... hg erhält Weiß
einen starken Angriff. Beispielsweise 13.h5! ♘:h5 14.♖:h5!
gh 15.♕g5+ ♔h7 16.♕:h5
oder 13. ... gf 14.hg fe 15.g7!
ed♕+ 16.♘:d1, und Schwarz
verliert.
13.♗h6–g5! e5:d4 14.♘e2:d4
h5:g4 15.♘d4:c6 b7:c6
16.h4–h5! g4:f3 17.h5:g6 f7:g6
18.♕d2–h2 ♔g8–f7
Auch auf 18. ... ♗g7 entscheidet 19.e5.

19.e4–e5!
Einfach, aber mit durchschla-
gendem Erfolg. Schwarz verliert eine Figur, denn 19. ...
♖:e5 scheitert an 20.♕:e5.
19. ... ♗c8–g4 20.e5:f6
♗g4–h5 21.♗f1–d3 ♗h8:f6
22.♕h2–f4 ♔f7–g7
23.♖h1:h5!
Ein wirkungsvoller „Todesstoß".
23. ... g6:h5 24.♗g5:f6+
Zum Verlust der Dame führt
nun 24. ... ♕:f6 25.♖g1+
♔f7 26.♗g6+.
Schwarz gab auf.

Partie Nr. 259
Uhlmann–Petruschin
Leipzig 1980

1.c2–c4 ♘g8–f6 2.♘b1–c3
g7–g6 3.e2–e4 d7–d6 4.d2–d4
♗f8–g7 5.♗f1–e2 0–0
6.♗c1–g5 c7–c5 7.d4–d5
Wenn 7.dc, so 7. … ♛a5!, und
wegen der Drohung 8. …
♘:e4 gewinnt Schwarz den
Bauern mit guter Stellung zurück.
7. … h7–h6 8.♗g5–f4
♛d8–b6?!
Häufiger begegnet man 8. …
e6 mit scharfem Spiel.
9.♛d1–d2 ♔g8–h7 10.h2–h4!
Ein schlauer Zug, der für einen
wirkungsvollen Angriff gegen
den schwarzen Königsflügel
den Grundstein legt.
10. … e7–e6 11.d5:e6 ♗c8:e6
12.♘g1–f3 ♘b8–c6?
Notwendig war 12. … ♘e8,
um 13.h5 mit 13. … g5 zu erwidern. Nun kann Weiß seinen
Angriffsplan realisieren.

13.♘f3–g5+! h6:g5
Unbefriedigend ist 13. … ♔g8
wegen 14.♘:e6 fe 15.♗:h6

♗:h6 16.♛:h6 ♛:b2
17.♛:g6+ ♔h8 18.♛h6+ und
19.♛c1.
14.h4:g5+ ♔h7–g8
Auf 14. … ♘h5 folgt 15.g4.
15.g5:f6 ♗g7:f6 16.0–0–0
♘c6–d4 17.♗e2–d3 ♖f8–e8
18.♖h1–h2! ♛b6–d8
19.♖d1–h1 a7–a6 20.e4–e5!!
Auf Kosten eines Bauern räumt
Weiß a tempo das Feld e4, damit der Springer entscheidend
in den Angriff eingreifen kann.
20. … d6:e5 21.♗f4–g5!
Es droht 22.♘e4, 21. … ♗:g5
scheitert an 22.♖h8+ ♔g7
23.♖1h7+ ♔f6 24.♘e4+
♔e7 25.♛:g5+ ♔d7 26.♘f6+
oder 24. … ♔f5 25.♘:g5+.
21. … ♘d4–e2+ 22.♗d3:e2
♗f6:g5 23.♖h2–h8+
♔g8–g7 24.♖h1–h7+
♔g7–f6 25.♘c3–e4+ ♔f6–f5
26.g2–g4+
Wenn 26. … ♔:e4, so 27.f3
matt.
Schwarz gab auf.

Partie Nr. 260
Bassin–Parmon
Minsk 1983

1.d2–d4 ♘g8–f6 2.c2–c4
g7–g6 3.♘b1–c3 ♗f8–g7
4.e2–e4 d7–d6 5.♗f1–e2 0–0
6.♗c1–g5 c7–c6
Soll den Bauernvormarsch
b7–b5 vorbereiten, aber damit
ist das Zentrum fest in weißer
Hand.
7.f2–f4 ♛d8–a5 8.♛d1–d2
e7–e5 9.f4:e5 d6:e5 10.d4–d5
b7–b5

Dieses Bauernopfer verschärft den Kampf. Bei ruhigen Fortsetzungen erhält Weiß allerdings positionelles Übergewicht.

11.c4:b5 c6:b5 12.♗g5:f6
Geschieht sofort 12.♗:b5, so ist 12. ... ♘:e4! unangenehm.

12. ... ♗g7:f6 13.♘c3:b5 ♛a5–b6 14.a2–a4 a7–a6 15.a4–a5?
Weiß sieht nicht die Antwort des Gegners voraus. Richtig ist 15.♘a3.

15. ... a6:b5!!
Ein ausgezeichnetes Damenopfer. Schwarz erhält danach einen gewaltigen Angriff.

16.a5:b6 ♖a8:a1+ 17.♗e2–d1
Oder 17.♔f2 ♗d8 18.b7 ♗:b7 19.♗d1 f5.

17. ... ♗f6–d8! 18.b6–b7 ♗c8:b7 19.♘g1–f3 ♗d8–b6 20.h2–h4
Der Versuch eines Konters. Falls 20.♘:e5 ♘a6 21.♔e2 ♘c5, so ist die weiße Stellung schwer zu verteidigen.

20. ... ♘b8–d7 21.h4–h5 ♘d7–f6 22.♖h1–h4 ♖f8–c8 23.h5:g6 f7:g6 24.♛d2–g5

Es scheint, als hätte Weiß sein Ziel erreicht, doch ...

24. ... ♖c8–c2!
Der entscheidende Knaller! Es droht 25. ... ♗f2+.

25.♘f3–d2 ♗b6–a5!
Der Schlußangriff. Wenn 26.♛:f6, so 26. ... ♗:d2+ 27.♔f1 ♖:d1+ 28.♔e2 ♗g5+.
Weiß gab auf.

Partie Nr. 261
Donner–Gligorić
Niederlande 1968

1.d2–d4 ♘g8–f6 2.c2–c4 g7–g6 3.♘b1–c3 ♗f8–g7 4.e2–e4 d7–d6 5.♘g1–f3 0–0 6.♗f1–e2 e7–e5 7.d4–d5
Das Petrosjan-System. Nichts erreicht Weiß mit 7.de de 8.♛:d8 ♖:d8 9.♗g5 ♖e8, und Schwarz gleicht mühelos aus.

7. ... ♘b8–d7 8.♗c1–e3?!
Besser ist 8.♗g5. Jetzt bekommt Schwarz eine aktive Stellung.

8. ... ♘f6–g4 9.♗e3–g5 f7–f6 10.♗g5–h4 ♘g4–h6 11.♘f3–d2 g6–g5 12.♗h4–g3 f6–f5 13.e4:f5 ♘d7–f6! 14.♘d2–e4 ♘f6:e4 15.♘c3:e4 ♗c8:f5 16.f2–f3 g5–g4! 17.♗g3–f2?
Besser 17.0–0!

17. ... g4:f3 18.g2:f3
Erzwungen, denn auf 18.♗:f3 folgt 18. ... ♗:e4 19.♗:e4 ♖:f2! 20.♔:f2 ♛h4+ 21.♔e3 ♘g4+ 22.♔d2 ♘f2, und Weiß kann getrost aufgeben.

18. ... ♘h6–g4! 19.♗e2–d3

♘g4:f2 20.♘e4:f2 ♛d8–h4
21.0–0 e5–e4!
Ein kräftiges Bauernopfer, um
den schwarzfeldrigen Lang-
schreiter ins Spiel zu bringen.
22.♘f2:e4
Bei 22.♗:e4 entscheidet sofort
22. ... ♗e5.
**22. ... ♗f5–h3 23.♖h1–e1
♗g7–e5 24.♛d1–e2**
Es drohte 24. ... ♗g4!
24. ... ♔g8–h8 25.♔g1–h1

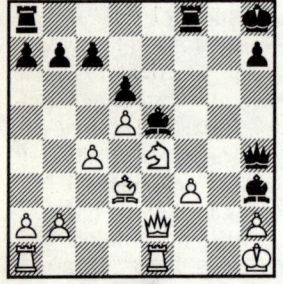

25. ... ♖f8:f3!!
Schwarz beendet die ausgezeichnet durchgeführte Partie
mit einer wirkungsvollen Kombination.
**26.♛e2:f3 ♗h3–g4 27.♛f3–f2
♗g4–f3+ 28.♔h1–g1
♗e5:h2+!**
Der Schlußpunkt. Wenn
29.♛:h2, so 29. ... ♖g8+.
Weiß gab auf.

Partie Nr. 262
Dorfman–Kupreitschik
Klaipeda 1980

**1.d2–d4 ♘g8–f6 2.♘g1–f3
g7–g6 3.c2–c4 ♗f8–g7
4.♘b1–c3 0–0 5.e2–e4 d7–d6**

**6.♗f1–e2 e7–e5 7.0–0
♘b8–c6 8.d4–d5 ♘c6–e7
9.♗c1–d2 ♘f6–h5 10.g2–g3
f7–f5 11.e4:f5 ♘e7:f5
12.♘c3–e4**
Ungünstig ist 12.g4 wegen
12. ... ♘d4! 13.gh ♘:e2+
14.♛:e2 ♗g4.
**12. ... ♘h5–f6 13.♗e2–d3
♗g7–h6! 14.♗d2–c3
♘f5–g7!**
Dieser Springer wird nach h5
überführt, um das Zusammen-
spiel der schwarzen Figuren zu
koordinieren.
**15.♘f3–d2 ♘g7–h5
16.♖f1–e1 ♗c8–f5
17.c4–c5?!**
Besser ist 17.♘:f6+, um durch
Abtausch das schwarze An-
griffspotential zu reduzieren.
**17. ... ♛d8–d7 18.c5:d6 c7:d6
19.f2–f3**
Das schwächt die weiße Rochade-Stellung.
**19. ... ♖f8–f7 20.♘d2–c4
♗f5:e4! 21.f3:e4 b7–b5
22.♘c4–a3**
Auch bei anderen Rückzügen
des Springers ist das folgende
Opfer wirkungsvoll.

22. ... ♘h5:g3!!

Eine Kombination, bei der Schwarz ausnutzt, daß die weißen Figuren im Abseits stehen und nichts zur Verteidigung des Königs tun können.

23.h2:g3 ♛d7–h3 24.♛d1–f3 ♞f6–g4 25.♛f3–g2 ♛h3–h5 26.♛g2–h1

Es hilft nicht 26.♖e2 wegen 26. ... ♖af8 mit nicht abzuwehrenden Drohungen.

26. ... ♖f7–f3!

Noch stärker als der naheliegende Zug 26. ... ♛:h1+ 27.♔:h1 ♞f2+.

27.♛h1:h5

Zum Matt führt 27.♛:f3 ♛h2+ 28.♔f1 ♖f8 29.♛:f8+ ♔:f8 30.♖e2 ♛h1 matt.

27. ... ♖f3:g3+ 28.♔g1–h1

Hoffnungslos ist auch 28.♔f1 ♖f8+ 29.♛f5 (29.♔e2 ♖f2+ 30.♔d1 ♖:d3+) 29. ... gf 30.♗:b5 fe+ 31.♔e2 ♖f2+ 32.♔d1 ♞e3+.

28. ... g6:h5 29.♗d3–e2 ♖g3–h3+

Nun ist das Ende mit Schrecken nicht mehr aufzuhalten: 30.♔g1 ♗e3+ 31.♔g2 ♖h2+ 32.♔g3 ♗f4+ 33.♔f3 ♖f2 matt oder 32.♔f3 ♖f8+ 33.♔g3 ♗f2 matt!

Weiß gab auf.

Partie Nr. 263
Foigel–Schwidenko
Kiew 1978

1.d2–d4 ♞g8–f6 2.c2–c4 g7–g6 3.♞b1–c3 ♗f8–g7 4.e2–e4 d7–d6 5.h2–h3 0–0

6.♗c1–e3 ♞b8–d7 7. ♗f1–d3 e7–e5 8.d4–d5 a7–a5?

Besser ist 8. ... ♞e8, um das Zentrum mit dem Zug f7–f5 zu attackieren.

9.♞g1–e2 ♞d7–c5 10.♗d3–c2 c7–c6 11.a2–a3 c6:d5 12.c4:d5 ♞f6–h5?!

Ein Versuch, das Spiel durch ein Bauernopfer zu verschärfen.

13.g2–g4 ♞h5–f4 14.♞e2:f4 e5:f4 15.♗e3:f4 f7–f5 16.g4:f5 g6:f5 17.♖h1–g1 ♔g8–h8

Es scheint, als hätte Schwarz Gegenchancen erhalten. Doch durch ein überraschendes Qualitätsopfer macht sich Weiß unnachgiebig die aussichtslose Lage des gegnerischen Königs zunutze.

18.♖g1:g7! ♔h8:g7 19.e4–e5! ♖f8–e8 20.♛d1–h5 ♖e8:e5+

Wenn 20. ... de, so 21.♗h6+ ♔h8 22.♗g5.

21.♔e1–d2!

In der entstandenen Lage ist der Läufer bei weitem stärker als der schwarze Turm.

21. ... ♔g7–h8 22.♖a1–g1 ♗c8–d7 23.♗f4–g5

207

Auf 23. ... ♛f8 entscheidet
24.♛h4.
Schwarz gab auf.

Partie Nr. 264
T. Petrosjan–Spasski
Moskau 1966

1.♘g1–f3 ♘g8–f6 2.g2–g3
g7–g6 3.c2–c4 ♝f8–g7
4.♝f1–g2 0–0 5. 0–0
♘b8–c6 6.♘b1–c3 d7–d6
7.d2–d4 a7–a6 8.d4–d5
♘c6–a5 9.♘f3–d2 c7–c5
10.♛d1–c2
Ein Fehler ist sofort 10.b3? wegen 10. ... ♘:d5!
10. ... e7–e5 11.b2–b3
♘f6–g4 12.e2–e4 f7–f5
13.e4:f5 g6:f5 14.♘c3–d1
b7–b5 15.f2–f3
Umsichtiger ist 15.♝b2, um
erst danach den Springer
mit dem Zug f2–f3 zu verdrängen.
15. ... e5–e4! 16.♝c1–b2
e4:f3 17.♝g2:f3 ♝g7:b2
18.♛c2:b2 ♘g4–e5
19.♝f3–e2 f5–f4?!
Dieser Vormarsch muß doch
vorbereitet werden, und zwar
durch das Manöver
♜a8–a7–g7.
20.g3:f4
Genauer ist vielleicht 20.♜:f4.
20. ... ♝c8–h3?
Ein naheliegender Zug, der jedoch eine wirkungsvolle Widerlegung erfährt. Richtig ist
20. ... ♜:f4 21.♜:f4 ♛g5+
22.♔h1 ♛:f4 mit besseren
Chancen für Schwarz.
21.♘d1–e3!

Weiß opfert eine Qualität und
erhält einen starken Angriff.
21. ... ♝h3:f1
Wenn 21. ... ♜:f4, so 22.♜:f4
♛g5+ 23.♜g4! ♝:g4
24.♘:g4 ♘:g4 25.♝:g4
♛:g4+ 26.♔h1, und der
schwarze König ist in Gefahr.
22.♜a1:f1 ♘e5–g6
23.♝e2–g4! ♘g6:f4
24.♜f1:f4! ♜f8:f4
25.♝g4–e6+ ♜f4–f7
26.♘d2–e4 ♛d8–h4
27.♘e4:d6 ♛h4–g5+
Oder 27. ... ♛e1+ 28.♔g2
♛:e3 29.♝:f7+ ♔f8
30.♛h8+ ♔e7 31.♘f5+ ♔:f7
32.♛:h7+; 31. ... ♔d7
32.♝e6+, und Weiß gewinnt
die Dame.
28.♔g1–h1 ♜a8–a7
Das führt zu einem glänzenden
Finale, doch es gibt keine Rettung.
29.♝e6:f7+ ♜a7:f7
30.♛b2–h8+!!

Schwarz gab auf.

208

Partie Nr. 265
Tal—Motschalow
Jurmala 1980

1.c2—c4 g7—g6 2.d2—d4
♝f8—g7 3.e2—e4 c7—c5
4.d4—d5 d7—d6 5.♘b1—c3
♘g8—f6 6.h2—h3 b7—b5?!
Schwarz opfert einen Bauern
und hofft so, die a- und b-Linie
auf dem Damenflügel zu öffnen und die Figuren zu aktivie-
ren.
7.c4:b5 a7—a6 8.a2—a4 0—0
9.♘g1—f3 a6:b5 10.♝f1:b5
♝c8—a6 11.♝c1—g5 h7—h6
12.♝g5—e3 ♘b8—d7 13.0—0
♘f6—e8 14.♕d1—d2 ♔g8—h7
15.♖f1—b1! ♝a6:b5
Es drohte 16.♖a3 mit folgendem b2—b4, was Weiß gestattet, die Stellung zu stabilisie-
ren und das Materialübergewicht
zu bewahren.
16.a4:b5! ♘d7—b6 17.♖a1:a8
♕d8:a8 18.b2—b4! ♕a8—a3
Es scheint, daß es Schwarz gelungen ist, seinen Plan umzu-
setzen, aber der folgende glänzende Zug des Exweltmeisters
zerstreut die Illusionen.

19.b4:c5!
Ein unerwartetes Figurenopfer,
das für das tiefe Erfassen der
Situation spricht. Wenn 19. ...
♝:c3, so 20.♕c1! ♕:c1
21.♖:c1 ♘a4 22.c6 ♝a5
23.♖a1; 22. ... ♘c7 23.b6
♘b5 24.b7, und dieser Bauer
ist nicht aufzuhalten (es droht
25.♝a7!, und auf 24. ... ♘c5
entscheidet 25.♖b1). Auf
19. ... ♘c4 ist 20.♕a2! ♕:c3
21.♖c1 möglich.
19. ... d6:c5 20.e4—e5 ♘e8—c7
21.♕d2—c2 ♘b6—c4
Schlecht ist 21. ... ♘c:d5 wegen 22.♘:d5 ♘:d5 23.♝:c5.
22.♝e3—f4 ♖f8—d8 23.b5—b6
Schwarz gab auf.

Partie Nr. 266
Begun—Kapengut
Minsk 1978

1.♘g1—f3 ♘g8—f6 2.b2—b3
g7—g6 3.♝c1—b2 ♝f8—g7
4.g2—g3 d7—d6 5.d2—d4 c7—c5
6.c2—c4?!
Das führt zu Schwierigkeiten.
Besser ist 6.dc oder 6.♝g2.
6. ... ♘f6—e4! 7.♝f1—g2
♕d8—a5+ 8.♔e1—f1
Auf 8.♘bd2 ist 8. ... ♘c6 unangenehm.
8. ... ♘b8—c6 9.e2—e3 0—0
10.♘f3—e1
Mit dem Ziel, den aufdringlichen Springer e4 zu vertreiben,
aber Weiß macht die Rechnung
ohne den Gegner ...
10. ... f7—f5 11.f2—f3?
Nötig ist 11.♘c2, um den
Punkt d4 zu stärken.

11. ... c5:d4! 12.e3:d4
Es verliert 12.fe fe+ 13.♔g1
♝g4! 14.♕d2 ♝h6!
12. ... e7–e5 13.f3:e4?
Der letzte Fehler in einer schon
schwierigen Stellung. Auf 13.de
folgt 13. ... ♝e6! Nichts verspricht auch 13.d5 wegen
13. ... ♕b6 14.♘d3 ♘b4!
13. ... f5:e4+ 14.♔f1–g1
♝c8–g4! 15.♕d1–d2
Wenn 15.♝c3, so 15. ... ♝:d1
16.♝:a5 ed! 17.♝d2 d3
18.♝c3 d2!

15. ... ♝g7–h6!!
Ein schönes Finale!
Weiß gab auf.

Nimzowitsch-Indische
Verteidigung

1.d2–d4 ♘g8–f6 2.c2–c4
e7–e6 3.♘b1–c3 ♝f8–b4
Die Grundidee der von Großmeister Nimzowitsch ausgearbeiteten Verteidigung besteht
darin, mit Figuren und Bauern
auf das Zentrum einzuwirken.
Die Nimzowitsch-Indische Verteidigung genießt den Ruf einer

flexiblen und zuverlässigen Eröffnung mit mannigfaltigen
strategischen Methoden der
Kampfesführung in verschie-
denartigen Systemen.

Partie Nr. 267
Balaschow–Gawrikow
Tallinn 1983

1.d2–d4 ♘g8–f6 2.c2–c4
e7–e6 3.♘b1–c3 ♝f8–b4
4.e2–e3 c7–c5 5.♝f1–d3
♘b8–c6 6.a2–a3 ♝b4:c3+
7.b2:c3 0–0 8.♘g1–f3 d7–d6
9.e3–e4 ♕d8–a5
Dieses Damenmanöver bringt
keinen Nutzen und erweist sich
schließlich als Zeitverlust. Besser ist sofort 9. ... e5.
10.♝c1–d2 e6–e5 11.0–0
h7–h6 12.♘f3–e1! ♕a5–d8
13.d4–d5 ♘c6–e7 14.♘e1–c2
♝c8–d7 15.♘c2–e3 ♕d8–c8
16.a3–a4 ♘f6–g4 17.♘e3:g4
♝d7:g4 18.f2–f3 ♝g4–d7
19.f3–f4 e5:f4?
Nach der unmotivierten Öffnung des Zentrums erhält Weiß
einen starken Angriff. Hartnäk-
kiger ist deshalb 19. ... f6.
20.♝d2:f4 ♕c8–b8
Erzwungen. Ganz schlecht ist
20. ... ♕c7 wegen 21.e5!, und
21. ... de? scheitert an 22.d6!
mit Figurengewinn.
21.♕d1–h5 ♘e7–g6
22.♝f4:h6!
Weiß opfert eine Figur und zerstört den feindlichen Königsflügel.

22. ... g7:h6 23.e4–e5!
Macht das Schußfeld für den
weißen Läufer frei.
23. ... ♘g6:e5
Auf 23. ... de entscheidet
24. ♖f6! mit der Drohung
25. ♖:g6+.
24. ♖f1–f6! ♖f8–c8
25. ♖f6:h6 f7–f5
Oder 25. ... ♔f8 26. ♖h8+
♔e7 27. ♕g5+ f6 28. ♕g7+
♘f7 29. ♖e1+.
26. ♕h5–g5+
Schwarz gab auf.

Partie Nr. 268
Torre–Unzicker
Wijk aan Zee 1981

1.d2–d4 ♘g8–f6 2.c2–c4
e7–e6 3.♘b1–c3 ♗f8–b4
4.e2–e3 0–0 5.♘g1–e2 d7–d5
6.a2–a3 ♗b4–e7 7.c4:d5
e6:d5
Nicht schlecht ist ebenfalls
7. ... ♘:d5.
8.g2–g3 ♘b8–d7
Wenn 8. ... c5?, so 9.dc ♗:c5
10.♗g2 ♗e6 11.♘f4!
9.♗f1–g2 c7–c6 10.0–0
♖f8–e8 11.h2–h3 ♘d7–f8
12.b2–b4 a7–a6 13.♘e2–f4
♘f8–g6 14.♘f4:g6
Besser ist 14.♘d3!
14. ... h7:g6 15.g3–g4?!
Weiß strebt nach Aktivität auf
dem Königsflügel, aber dieser
Plan schwächt die Position der
eigenen Majestät.
15. ... ♗e7–d6! 16.f2–f3
a6–a5 17.♖a1–b1 a5:b4
18.a3:b4 ♗d6–c7 19.♕d1–c2
♕d8–d6 20.♘c3–e2?

Ein wirkungsvoller taktischer
Schlag wird übersehen. Anstelle des Textzuges muß
20. ♖d1 erfolgen.

20. ... ♗c8:g4!! 21.♕c2–c5
Ebenso schlecht ist es, das Opfer anzunehmen: 21.hg ♕h2+
22.♔f2 ♕h4+ 23.♔g1 ♗h2+
oder 21.fg ♕h2+ 22.♔f2
♘e4+ 23.♔f3 ♘g5+ 24.♔f2
♘:h3+ 25.♔f3 ♘g5+ 26.♔f2
♕h4+ 27.♔g1 ♗h2+.
21. ... ♕d6–h2+ 22.♔g1–f2
♗g4:h3 23.♖f1–g1 ♖a8–a2
24.♖b1–b2 ♖a2:b2
25.♗c1:b2 ♗h3:g2 26.♖g1:g2
♕h2–h4+
Weiß gab auf.

Partie Nr. 269
Hort–Ligterink
Amsterdam 1983

1.d2–d4 ♘g8–f6 2.c2–c4
e7–e6 3.♘b1–c3 ♗f8–b4
4.e2–e3 c7–c5 5.♘g1–e2
c5:d4 6.e3:d4 0–0 7.a2–a3
♗b4–e7 8.♘e2–f4
Zu einem schärferen Kampf
führt 8.d5!?
8. ... d7–d5 9.c4:d5 ♘f6:d5

211

10.♘c3:d5 e6:d5 11.♗f1–d3
♗e7–g5?!
Besser ist 11. ... ♘c6.
12.0–0 ♘b8–c6 13.♖f1–e1
g7–g6 14.♗d3–c2 ♗g5–f6
15.♗c1–e3 ♖f8–e8
16.♗c2–a4 ♛d8–d6?
Ein Fehler. Es muß 16. ... ♖e4
gespielt werden.
17.♛d1–f3!
Ein starker Zug, der das Übergewicht von Weiß festmacht.
Jetzt ist schlecht 17. ... ♗e6
18.♘:g6 oder 17. ... ♖d8
18.♘:d5 ♛:d5 19.♛:f6.
17. ... ♘c6:d4
Schwarz nimmt das Bauernopfer an, obwohl der Gegner danach alle Angriffstrümpfe in
der Hand hat.
18.♗e3:d4 ♖e8:e1+
19.♖a1:e1 ♗f6:d4
20.♖e1–e8+ ♔g8–g7
21.♛f3–g3! ♛d6–c5
Es drohte 22.♘h5+, auf 21. ...
♗c5 entscheidet 22.b4!
22.h2–h4! h7–h6
Wehrt das Matt in zwei Zügen
ab: 23.♘h5+ und 24.♛g5
matt. Nichts bringt das Zwi-
schenschach 22. ... ♛c1+,
denn nach 23.♔h2 h6
24.♘:g6! fg 25.♛d6 ist
Schwarz verloren.
23.♘f4–h5+ ♔g7–h7
24.♛g3–f4!
Gegen die Mattdrohungen gibt
es keine Rettung.
24. ... f7–f5
Ansonsten macht 25.♘f6+ alles klar.
25.b2–b4!
Auf den Rückzug der Dame

folgt 26.♖e7+ nebst 27.♛:h6.
Schwarz gab auf.

Partie Nr. 270
Waisser–Tschetscheljan
Alma-Ata 1979

1.d2–d4 ♘g8–f6 2.c2–c4
e7–e6 3.♘b1–c3 ♗f8–b4
4.e2–e3 b7–b6 5.♘g1–e2
♗c8–a6 6.♘e2–g3!
Eine äußerst starke Fortsetzung.
6. ... 0–0 7.e3–e4 ♘f6–e8?!
Aktiver ist 7. ... ♘c6.
8.♗f1–d3 ♘b8–c6 9.0–0
e6–e5 10.♘c3–d5! ♗b4–d6
Ein schwerer Fehler ist 10. ...
ed wegen 11.♛a4!, und
Schwarz büßt eine Figur ein.
11.d4:e5 ♘c6:e5 12.b2–b3
c7–c6 13.♘d5–e3 ♘e5:d3
14.♛d1:d3 ♗d6–e5
15.♖a1–b1 d7–d6 16.f2–f4
♗e5–f6 17.♘g3–h5 b6–b5
18.♘e3–f5 b5:c4 19.b3:c4
♗a6–c8 20.♘h5:f6+ ♘e8:f6?
Schwarz rechnet mit der Variante 21.♘:d6 ♘:e4!, doch
Weiß hat etwas ganz anderes
im Sinn. Hartnäckiger ist 20. ...
♛:f6, auch wenn in diesem
Fall nach 21.♗b2 ♛e6 22.♖f3
Schwarz eine schwere Stellung
hat.

21.♘f5:g7! ♔g8:g7
22.♕d3-g3+ ♔g7-h8
23.♗c1-b2 ♖f8-e8
Nichts ändert auch 23. ... ♖g8
24.♕h4 ♖g6 25.f5.
24.♕g3-g5 ♖e8-e6
25.♖f1-f3 ♖e6-e5
26.f4:e5 ♕d8-b6+
27.♔g1-h1 ♘f6:e4
28.e5-e6+
Schwarz gab auf.

Partie Nr. 271
Portisch–Bobozow
Skopje 1972

1.d2-d4 ♘g8-f6 2.c2-c4
e7-e6 3.♘b1-c3 ♗f8-b4
4.e2-e3 c7-c5 5.♗f1-d3
b7-b6?!
Besser ist 5. ... 0-0.
6.♘g1-e2! ♗c8-b7 7.0-0
c5:d4
Der Läufer b4 kann damit wieder zurückziehen. Auf 7. ...
0-0 ist 8.d5! stark.
8.e3:d4 ♗b4-e7
Ungeeignet wäre 8. ... d5? wegen 9.♕a4+ ♘c6 10.cd ed
11.♗b5 ♕d6 12.♗f4.
9.d4-d5? e6:d5 10.c4:d5
♘f6:d5?

In sehr schlechter Lage entscheidet Schwarz, dieses Bauernopfer anzunehmen. Dem Gegner ist's freilich recht, gewinnt
er doch Zeit, seinen Angriff auf
Touren zu bringen.
11.♘c3:d5 ♗b7:d5
12.♘e2-f4! ♗d5-b7
Es verliert 12. ... ♗e6 wegen
13.♘:e6 fe (13. ... de 14.♗e4)
14.♕h5+ ♔f8 15.♕f3+.
13.♖f1-e1 ♘b8-c6
Sofort zu Ende geht's nach
13. ... 0-0 14.♕h5 g6 (14. ...
h6 15.♕f5 g6 16.♘:g6)
15.♘:g6! fg 16.♗:g6 hg
17.♕:g6+ ♔h8 18.♖e5; hartnäckiger ist 13. ... ♔f8.
14.♘f4-h5! ♔e8-f8
Auf 14. ... 0-0 entscheidet
15.♘:g7! ♔:g7 16.♕g4+
♔h8 17.♕f5. Schlecht ist auch
14. ... g6 wegen 15.♘f6+ und
16.♗h6 matt!

15.♘h5:g7! h7-h6
Auf 15. ... ♔:g7 folgt
16.♕g4+ ♔f8 17.♗h6+ ♔e8
18.♕g7 ♖f8 19.♕:f8 matt!
16.♘g7-f5 ♗e7-g5
17.♘f5-d6 ♕d8-c7
18.♗d3-g6!

Kein komplizierter, doch eleganter Angriff. Wenn 18. ... fg, so forciert 19.♕f3+ das Matt.

18. ... ♘c6–e7 19.♗g6:f7
♖h8–h7 20.♗f7–b3 ♕c7–c6
21.♘d6:b7 ♕c6:b7 22.♗c1:g5
h6:g5 23.♕d1–d3 ♖h7–g7
24.♖e1:e7! ♔f8:e7
Oder 24. ... ♖:e7 25.♗d5
♕c8 26.♕f3+.
25.♗b3–d5
Schwarz gab auf.

Partie Nr. 272
Ehlvest–Waisser
Wolgodonsk 1983

1.d2–d4 e7–e6 2.♘g1–f3
♘g8–f6 3.c2–c4 b7–b6
4.♘b1–c3 ♗f8–b4 5.e2–e3
♘f6–e4 6.♕d1–c2 ♗c8–b7
7.♗f1–d3 f7–f5 8.0–0
♗b4:c3
Anders kann die Kontrolle über den Punkt e4 nicht gehalten werden. Schlecht ist 8. ... d5 9.♕a4+ ♘c6 10.cd, und Schwarz kann materielle Verluste nicht abwenden. Auch nach 8. ... ♘:c3 9.bc ♗:f3 10.gf ♕g5+ 11.♔h1 ♗d6 12.f4 sind die Chancen von Weiß besser.
9.b2:c3 0–0 10.♘f3–e1
♕d8–h4 11.f2–f3 ♘e4–g5
12.c4–c5!
Ein ausgezeichneter Zug, wonach Weiß die Initiative ergreift.
12. ... b6:c5 13.♖a1–b1
♗b7–c6
Natürlich nicht 13. ... ♗a6? wegen 14.♖:b8!

14.♗c1–a3 ♖f8–f6
15.♕c2–f2! ♕h4–h5
Nach 15. ... ♕:f2+ 16.♖:f2 kann Schwarz nicht auf d4 wegen der Drohung 17.♖fb2! schlagen.
16.d4:c5!
So werden maximale Hindernisse geschaffen, um die in der Brettecke herumstehenden beiden schwarzen Figuren gänzlich vom Spiel auszuschließen.
16. ... e6–e5 17.♗d3–c4+
♔g8–f8 18.♕f2–g3 f5–f4
Es geht nicht 18. ... d6? wegen 19.cd cd 20.♕:e5!
19.e3:f4 e5:f4 20.♕g3–g4!
Ein scharfsinniger Zug, der eine geistreiche Falle ist, in die Schwarz tappt.

20. ... ♘g5:f3+? 21.g2:f3
♖f6–g6
Es scheint, als ob die Rechnung tatsächlich aufgeht, wäre da nicht ein stiller Zug mit „lauten" Folgen.
22.♘e1–g2! ♖g6:g4 23.f3:g4
Wegen der Matt-Drohungen muß Schwarz nun die Dame zurückgeben.
Schwarz gab auf.

Partie Nr. 273
O. Rodriguez–Olafsson
Las Palmas 1978

1.d2–d4 ♘g8–f6 2.c2–c4
e7–e6 3.♘b1–c3 ♗f8–b4
4.e2–e3 c7–c5 5.♗f1–d3 0–0
6.♘g1–f3 d7–d5 7.0–0
♘b8–c6 8.a2–a3 ♗b4:c3
9.b2:c3 d5:c4 10.♗d3:c4
♕d8–c7 11.♖f1–e1 e6–e5
12.d4–d5 ♘c6–a5!
Schwächer ist 12. ... e4, beispielsweise 13.dc ef 14.♕:f3
♗g4 15.♕g3 ♕:c6 16.e4 ♗h5
17.e5 ♘d5 18.a4 mit Überlegenheit für Weiß (Reschewski–
Euwe, Zürich 1953).
13.d5–d6
Wenn 13.♗a2?, so 13. ... e4
14.d6 ♕d7 15.♘e5 ♕f5.
13. ... ♕c7–d8 14.♘f3:e5
♘a5:c4 15.♘e5:c4 ♗c8–e6
16.♕d1–d3?
Zum Ausgleich führt 16.♘b2
♘e4 17.f3 ♘:d6 18.e4. Jetzt
gelingt es Schwarz, die Initiative zu erobern.
16. ... ♘f6–g4!
Unerwartet und stark. Es droht
17. ... ♘:f2! oder 17. ... ♕h4.
17.♖e1–e2?
Hartnäckiger ist 17.g3, auch
wenn es dann nach 17. ... b5!
für Weiß nicht einfach wird,
sich zu verteidigen.
17. ... ♗e6:c4 18.♕d3:c4
♕d8:d6 19.g2–g3 ♘g4–e5
20.♕c4–a2 ♕d6–g6 21.e3–e4
Verhindert 21. ... ♕e4.
21. ... ♖a8–d8 22.♗c1–f4
♘e5–f3+ 23.♔g1–g2
♕g6–g4 24.h2–h3 ♘f3–h4+

25.♔g2–h2 ♕g4–f3!
26.♖a1–g1
Läßt ein elegantes Finale zu,
aber Rettung gab es sowieso
nicht.

26. ... ♕f3–g2+!!
Ein glänzender Abschluß. Auf
27.♖:g2 folgt 27. ... ♘f3+
28.♔h1 ♖d1+ mit unvermeidlichem Matt.
Weiß gab auf.

Partie Nr. 274
Portisch–Balaschow
Rio de Janeiro 1979

1.d2–d4 ♘g8–f6 2.c2–c4
e7–e6 3.♘b1–c3 ♗f8–b4
4.e2–e3 0–0 5.♗f1–d3 c7–c5
6.♘g1–f3 d7–d5 7.0–0 d5:c4
8.♗d3:c4 ♘b8–d7 9.♕d1–e2
a7–a6 10.a2–a4 ♕d8–c7
Sehr häufig wird 10. ... cd gespielt.
11.♘c3–a2 b7–b5!?
12.♗c4–d3!
Das ist stärker als das unmittelbare 12.ab ab 13.♗:b5 ♗b7,
was Schwarz für den Bauern
ein aktives Spiel gibt.
12. ... ♗b4–a5 13.a4:b5 a6:b5

14.♗d3:b5 ♗c8–b7
15.♖f1–d1 ♖a8–b8?
Richtig ist 15. ... ♖fb8 mit genügend Gegenchancen. In der Partie Karpow–Portisch (Moskau 1981) folgte weiter 16.h3 ♗b4 17.♗:d7 ♘:d7 18.♗d2 ♗:d2 19.♕:d2 ♗:f3 20.gf ♕b7 21.♔g2 ♕:b2 22.♕:b2 ♖:b2 mit schnellem Remis.
16.d4:c5! ♗b7:f3 17.g2:f3 ♘d7:c5 18.b2–b4 ♘c5–b3
19.♖a1–b1 ♕c7–e5 20.b4:a5 ♖b8:b5 21.♔g1–h1 ♕e5–b8
22.♗c1–a3! ♖f8–c8
23.♗a3–d6 ♕b8–b7
24.a5–a6!
Das entscheidende Wort des Freibauern.
24. ... ♕b7–b6
Wenn 24. ... ♕:a6, so
25.♖:b3!

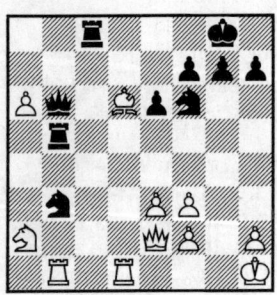

25.♗d6–c7!!
Ein schöner Zug. Man kann sich leicht davon überzeugen, daß der Läufer tabu ist (25. ... ♖:c7 26.♖d8+; 25. ... ♕:c7 26.♕:b5).
25. ... ♕b6–c6 26.a6–a7!
h7–h6 27.♗c7–b8 ♘f6–d7
28.♖d1–d6 ♕c6–b7

29.♖d6:d7! ♕b7:d7
30.a7–a8♕
Der Triumphmarsch des Bauern hat sich vollendet.
Schwarz gab auf.

Partie Nr. 275
Agrest–Barsow
Dnepropetrowsk 1984

1.d2–d4 ♘g8–f6 2.c2–c4
e7–e6 3.♘b1–c3 ♗f8–b4
4.e2–e3 c7–c5 5.♗f1–d3
d7–d5 6.a2–a3 c5:d4 7.e3:d4
d5:c4 8.♗d3:c4 ♗b4–e7
9.♘g1–f3 ♘b8–c6 10.0–0
0–0 11.♖f1–e1 b7–b6
12.♗c4–d3 ♗c8–b7
13.♗d3–c2 ♖a8–c8?!
Eine Ungenauigkeit. Es muß gespielt werden 13. ... ♖e8 mit der möglichen Fortsetzung 14.♕d3 g6 15.♗f4 und verwikkeltem Kampf. Interessant ist auch 13. ... ♗a6. In der Partie Juferow–Roisman (Minsk 1979) folgte 14.♗g5 ♖c8 15.♕d2 ♘d5 16.♘:d5 ♕:d5 17.♗:e7 ♘:e7 mit guter Stellung für Schwarz.
14.♕d1–d3 ♖c8–c7?
Ein Fehler. Richtig ist 14. ... g6.
15.d4–d5!
Dieser Durchbruch im Zentrum sichert Weiß eine drohende Initiative.
15. ... ♖c7–d7
Schlecht ist 15. ... ed 16.♗g5 g6 17.♖:e7! oder 16. ... ♘e4 17.♘:d5.
16.♘c3–e4 g7–g6
17.♗c1–h6! ♖d7:d5

216

18.♕d3-c3 ♖f8-e8
19.♖a1-d1
Die Schwäche der langen Diagonale a1-h8 ist für Schwarz tödlich. Durch diese hohle Gasse wird Weiß kommen ...
19. ... ♘c6-b8
Es drohte 20.♖:d5 ed 21.♘:f6+ ♗:f6 22.♖:e8+.
20.♗c2-b3 ♖d5-d7
Oder 20. ... ♖:d1 21.♖:d1 ♗d5 22.♗a4!
21.♘f3-g5! ♗b7-d5
Danach verliert Schwarz ausgesprochen schön, aber sonst entschied 22.♘:f7!
22.♗b3:d5 ♖d7:d5 23.♖d1:d5 e6:d5 24.♕c3:f6!!

Schwarz gab auf.

Partie Nr. 276
Kunsztowicz–Roisin
Fernpartie 1973

1.d2-d4 ♘g8-f6 2.c2-c4 e7-e6 3.♘b1-c3 ♗f8-b4 4.e2-e3 0-0 5.♗f1-d3 d7-d5 6.♘g1-f3 c7-c5 7.0-0 ♘b8-c6 8.a2-a3 ♗b4:c3 9.b2:c3 ♕d8-c7 10.c4:d5 e6:d5 11.♘f3-h4

Mit der Absicht f2-f3 und ♕e1 zu spielen, um die Initiative auf dem Königsflügel zu erobern. Schwarz muß diesem Plan energisch entgegenwirken.
11. ... ♘c6-e7
Jetzt geht nicht 12.f3? wegen
12. ... g5!
12.g2-g3 ♗c8-h3 13.♖f1-e1 ♘e7-g6
Aufmerksamkeit verdient
13. ... ♕d7!? In der Partie Lerch–Roisman (Fernpartie 1982) folgte 14.f3 ♘g6 15.♘g2 ♗f5 16.♗f1 h5!, und Schwarz hat eine aussichtsreiche Stellung.
14.♘h4-g2 ♖f8-e8
15.♗c1-b2?!
Besser ist 15.f3.
15. ... c5-c4 16.♗d3-c2 ♖e8-e6 17.f2-f3 ♖a8-e8
18.♕d1-d2 ♗h3:g2
19.♔g1:g2 h7-h5 20.h2-h4?
Eine ernste Schwächung des Königsflügels. Unbedingt nötig ist 20.♗f5.
20. ... ♕c7-e7! 21.♗b2-c1?
Übersieht die folgende Kombination.

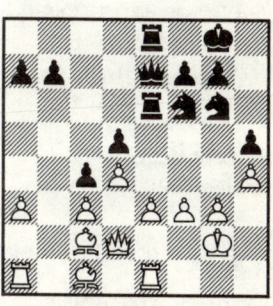

21. ... ♘f6-e4! 22.f3:e4 ♘g6:h4+! 23.♔g2-h1

217

Die Annahme des zweiten Opfers führt zur Katastrophe:
23.gh ☐g6+ 24.♔h3 ♛f6!
25.♛e2 ☐g4 oder 24.♔f1
♛:h4.
23. ... ♘h4–f3 24.♛d2–f2
d5:e4! 25.a3–a4 ☐e6–f6
26.♗c1–a3 ♛e7–e6
27.♛f2–g2 ♛e6–g4
Gegen die Drohung h5–h4 gibt
es keine Verteidigung.
Weiß gab auf.

Partie Nr. 277
Taimanow–Browne
Wijk aan Zee 1981

1.d2–d4 ♘g8–f6 2.c2–c4
e7–e6 3.♘b1–c3 ♗f8–b4
4.e2–e3 c7–c5 5.♘g1–f3 0–0
6.♗f1–d3 d7–d5 7.0–0 c5:d4
8.e3:d4 d5:c4 9.♗d3:c4 b7–b6
10.♗c1–g5 ♗c8–b7
11.☐a1–c1
Häufiger begegnet man
11.♛e2 oder 11.♛d3.
11. ... ♘b8–d7 12.♛d1–e2
☐a8–c8 13.♘f3–e5 h7–h6?!
Aussichtsreicher ist 13. ...
♗e7.
14.♘e5:d7 ♛d8:d7 15.♗g5:f6
g7:f6 16.☐f1–d1 ♛d7–c6?
Spekuliert auf Gegenspiel in
Verbindung mit dem Angriff
auf den Punkt g2, doch
Schwarz zieht dabei nicht die
scharfsinnige Antwort des Gegners ins Kalkül.
17.♛e2–g4+ ♔g8–h7
18.♘c3–d5!
Darum geht es! Jetzt verbietet
sich 18. ... ed wegen
19.♗d3+, aber auf 18. ...

☐g8 folgt 19.♘:f6+ ♔h8
20.♘:g8 ☐:g8 21.d5!
18. ... f6–f5 19.♘d5–f6+
♔h7–h8 20.♛g4–h3 ♔h8–g7
21.♘f6–h5+ ♔g7–h8
22.♛h3–g3 ☐f8–g8
23.♛g3–e5+f7–f624.♛e5:f6+
♔h8–h7 25.d4–d5!
Neutralisiert die gegnerische
Batterie auf der Diagonale
a8–h1.
25. ... ♛c6–e8
Wenn 25. ... ed, so 26.♗:d5
♛:c1 27.♗:g8+.
26.♘h5–f4 ♗b4–d6 27.d5:e6!
☐g8–f8
Oder 27. ... ♗:f4 28.☐d7+.
28.♛f6–h4 ♛e8–c6
29.♗c4–f1 ♛c6:c1
30.☐d1:d6!
Gegen die Drohungen
31.☐d7+ und 31.e7 gibt es
nichts mehr.
Schwarz gab auf.

Partie Nr. 278
Kasparow–Karpow
Moskau 1985

1.d2–d4 ♘g8–f6 2.c2–c4
e7–e6 3.♘b1–c3 ♗f8–b4
4.♘g1–f3 0–0 5.♗c1–g5
c7–c5?!
Nach dem Textzug nimmt das
Mittelspiel einen mehr offenen
Charakter an.
6.e2–e3 c5:d4 7.e3:d4 h7–h6
8.♗g5–h4 d7–d5 9.☐a1–c1
d5:c4 10.♗f1:c4 ♘b8–c6
11.0–0 ♗b4–e7
Damit ist eine Stellung aus
dem angenommenen Damen-
gambit entstanden, wobei

Schwarz jedoch zwei Züge mit dem Königsläufer getan hat.

12.♖f1–e1 b7–b6 13.a2–a3
Weiß will die Spannungen nicht auflösen.

13. ... ♗c8–b7 14.♗h4–g3 ♖a8–c8?! 15.♗c4–a2
Weiß liebäugelt mit dem Aufbau ♕d3 und ♗b1, ändert aber bald seine Absicht.

15. ... ♗e7–d6 16.d4–d5!? ♘f6:d5 17.♘c3:d5 ♗d6:g3
18.h2:g3 e6:d5 19.♗a2:d5 ♕d8–f6 20.♕d1–a4 ♖f8–d8
21.♖c1–d1
Verteidigt weiter indirekt den Bauern b2.

21. ... ♖d8–d7?!
Eine erste kleine Unachtsamkeit von Schwarz. Genauer ist
21. ... ♖d6 mit der Absicht
22. ... ♖cd8.

22.♕a4–g4!
Das Damenmanöver beinhaltet eine Falle, in die der Nachziehende hineinpurzelt.

22. ... ♖c8–d8??
Gestattet eine nicht sehr schwierige Kombination. Weiß opfert einfach seine Dame und gewinnt!

27.♕g4:d7! ♖d8:d7
24.♖e1–e8+ ♔g8–h7
25.♗d5–e4+
Schwarz gab auf.

Partie Nr. 279
Kakageldyjew–Makarytschew
Iwano-Frankowsk 1982

1.d2–d4 e7–e6 2.c2–c4 ♘g8–f6 3.♘b1–c3 ♗f8–b4
4.♕d1–c2 c7–c5 5.d4:c5 0–0
6.a2–a3 ♗b4:c5 7.♘g1–f3
Es ist falsch, sofort 7.♗g5? zu spielen wegen 7. ... ♗:f2+!

7. ... b7–b6 8.♗c1–g5 ♗c8–b7 9.e2–e3
Aktiver ist 9.e4!

9. ... h7–h6 10.♗g5–h4 ♗c5–e7 11.♗f1–e2 a7–a6
12.0–0 d7–d6 13.♖f1–d1 ♕d8–c7 14.♖a1–c1 ♘b8–d7
15.h2–h3 ♖a8–c8 16.♗h4–g3 ♕c7–b8 17.b2–b4?
Weiß läßt jetzt ganz bewußt eine Schwächung der eigenen Rochadestellung zu, der Preis dafür ist freilich hoch. Besser ist 17.♘d2, auch wenn Schwarz in diesem Fall ein gutes Spiel hat.

17. ... ♗b7:f3! 18.g2:f3 ♘d7–e5 19.♕c2–a4 ♕b8–a8
20.c4–c5?
Weiß unterschätzt die Gefahr, der sein König ausgesetzt ist. Es hätte unbedingt der aktive Springer auf e5 getauscht werden müssen: 20.♗:e5.

20. ... ♘e5:f3+ 21.♗e2:f3 ♕a8:f3 22.c5:d6
Es scheint, als ob die Rechnung aufging, aber ...

22. ... 🔲e7:d6!! 23.🔲g3:d6
Schlecht ist auch 23.🔲:d6 🔲e4
24.🔲d3 🔲:g3 25.fg 🔲:g3+
26.🔲f1 🔲:h3+, und bei gleichem Material hat Schwarz
einen starken Angriff.
23. ... 🔲c8:c3!! 24.🔲c1:c3
Auf 24.🔲:f8 entscheidet 24. ...
🔲e4 25.🔲f1 🔲:c1.
24. ... 🔲f6–e4!
Der Schlußpunkt einer ausge-
zeichneten Kombination. Trotz
des Mehrturmes hat Weiß
keine befriedigende Verteidigung.
25.🔲a4–c2 🔲e4:c3
26.🔲d1–d3 🔲c3–e2+
27.🔲g1–f1 🔲e2–c1!
Wegen der Drohungen 28. ...
🔲h1 matt und 28. ... 🔲:d3
kann Weiß neue materielle Verluste nicht vermeiden. Wenn
28.🔲g1, so 28. ... 🔲:d3
29.🔲:f8 🔲:f2.
Weiß gab auf.

Partie Nr. 280
Schmidt–Kuligowski
Polen 1978

1.d2–d4 🔲g8–f6 2.c2–c4
e7–e6 3.🔲b1–c3 🔲f8–b4

4.g2–g3 c7–c5 5.🔲g1–f3
🔲f6–e4 6.🔲d1–d3 d7–d5
7.d4:c5 🔲d8–a5 8.🔲f3–d2?
Nach diesem mißlungenen Zug
gerät Weiß in eine schwierige
Lage. Es muß gespielt werden
8.cd 🔲:c5 9.🔲:e4 🔲:c3+
10.🔲d2. Wenn 10. ... 🔲:d2+,
so 11.🔲:d2 🔲:d5 12.🔲:d5 mit
besserem Endspiel, doch Aufmerksamkeit verdient 10. ...
🔲:b2 11.🔲b1 🔲c3.
8. ... 🔲e4:c5! 9.🔲d3–e3 0–0
10.c4:d5 e6:d5 11.🔲c3:d5
🔲b8–c6 12.🔲f1–g2
Noch ein Zug bis zur Rochade,
wonach Weiß überlegen steht.
Aber sein Kontrahent hat eine
Teufelei ausgeheckt mit nieder-
schmetternder Wirkung.

12. ... 🔲c8–h3!!
Da ist das unerwartete Opfer.
13.🔲g2:h3
Der Läufer muß genommen
werden. Auf 13.0–0 wäre gefolgt 13. ... 🔲:g2 14.🔲:g2
🔲ae8, und Weiß entgeht Mate-
rialverlusten nicht. Wenn
15.🔲c4, so 15. ... 🔲d8.
Schlecht ist auch 15.🔲g5 f6. Es
hilft ebenfalls nicht 13.🔲e7+

♘:e7 14.♗:h3 wegen 14. ...
♘d5 15.♕d4 ♘b3!
13. ... ♖a8–e8 14.♕e3–g5
♖e8–e5 15.♘d5–f6+
♔g8–h8 16.♕g5–h4 g7:f6
17.♕h4:f6+ ♔h8–g8
18.♗h3–f5 ♘c5–e6!
19.♗f5–d3 ♖f8–d8
20.♔e1–d1 ♖d8:d3!
Ein Wirkungstreffer, der den
Gewinn forciert.
21.e2:d3 ♗b4:d2 22.♗c1:d2
♕a5–d5 23.♖h1–e1 ♖e5:e1+
24.♗d2:e1 ♕d5:d3+
25.♗e1–d2 ♘c6–d4 26.b2–b3
Auf 26.♕e5 folgt 26. ...
♕c2+ 27.♔e1 ♘f3+.
26. ... ♕d3–f1+ 27.♗d2–e1
♕f1–e2+
Weiß gab auf.

Partie Nr. 281
Krogius–Bobozow
Warna 1969

1.d2–d4 ♘g8–f6 2.c2–c4
e7–e6 3.♘b1–c3 ♗f8–b4
4.♗c1–g5 c7–c5 5.d4–d5
h7–h6 6.♗g5–h4 d7–d6
7.e2–e3 ♗b4:c3+ 8.b2:c3
e6–e5 9.f2–f4
Weiß will das Spiel öffnen und
vertraut dabei auf die Stärke
des Läuferpaars.
9. ... e5:f4!
Eine richtige Reaktion. Schwächer ist 9. ... e4, worauf möglich ist 10.♗e2 ♘bd7 11.g4
♕e7 12.♗g3 mit folgendem
13.h4. Danach hat Weiß eine
gefährliche Initiative auf dem
Königsflügel.
10.e3:f4 ♗c8–f5?

Eine bedauerliche Ungenauigkeit. Richtig ist 10. ... ♕e7+
11.♕e2 (11.♗e2 g5! 12.fg
♘e4) ♕:e2+ mit gleichen
Chancen.
11.♗f1–d3! ♗f5:d3
12.♕d1:d3 0–0 13.♘g1–e2
♘b8–d7 14.0–0 ♖f8–e8
15.♘e2–g3 ♕d8–e7?
Es muß 15. ... g6 gespielt werden, um den weißen Springer
nicht nach f5 zu lassen. Diese
Einladung nimmt er jetzt natürlich an.
16.♘g3–f5 ♕e7–f8
17.♕d3–h3 ♖e8–e4
18.♖f1–f3! ♖a8–e8
Schlecht ist 18. ... ♖:c4 wegen
19.♖g3 g6 20.♗:f6 ♘:f6
21.♘:h6+ ♔g7 22.♘f5+
♔g8 23.♕h4 ♘h7 24.♖h3.
19.♗h4:f6 ♘d7:f6 20.♖f3–g3
g7–g6 21.♘f5:h6+ ♔g8–g7
22.♘h6–f5+ ♔g7–g8
23.♕h3–h4! ♖e4–e1+
24.♖a1:e1 ♖e8:e1+
25.♔g1–f2 ♕f8–e8
26.♘f5–e3 ♖e1–b1
27.♕h4:f6 ♕e8–e4
28.♖g3–f3!
Ein stiller Zug, der alles klärt.
Schwarz gab auf.

Damenindische Verteidi-
gung

1.d2–d4 ♘g8–f6 2.c2–c4
e7–e6 3.♘g1–f3 b7–b6
Für die Damenindische Verteidigung ist die Flügelentwick-
lung des weißfeldrigen Läufers
von Schwarz charakteristisch.

Im Gegensatz zur Nimzowitsch-Indischen Verteidigung ist Weiß nicht bestrebt, sofort das Zentrum zu erobern, sondern beendet zunächst die Entwicklung des Königsflügels. Die Eröffnung führt meist zu rein positionellen Kämpfen. Trotzdem rächt sich jede Ungenauigkeit.

Partie Nr. 282
Romanischin–Ribli
Riga 1979

**1.d2–d4 ♘g8–f6 2.♘g1–f3
e7–e6 3.c2–c4 b7–b6
4.♘b1–c3 ♗c8–b7 5.♗c1–g5
h7–h6 6.♗g5–h4 g7–g5
7.♗h4–g3 ♘f6–h5 8.e2–e3
♘h5:g3**
Eine Ungenauigkeit, besser ist 8. ... ♗g7, und wenn 9.♕c2, so 9. ... ♘:g3 10.hg g4! mit Ausgleich.
9.f2:g3!?
Eine unerwartete und interessante Entscheidung. Weiß läßt die Schwächung der Bauernstruktur zu und plant dafür, die sich öffnende f-Linie für Angriffsoperationen zu nutzen.
**9. ... ♗f8–g7 10.♗f1–d3
d7–d6 11.0–0 ♘b8–d7
12.♗d3–c2!**
Jetzt ist im Falle einer kurzen Rochade für Schwarz der Zug ♕d3 höchst unangenehm.
**12. ...♕d8–e7 13.♕d1–d3
a7–a6?**
Schwarz muß die lange Rochade probieren – 13. ... 0–0–0!

14.♘f3–d2 c7–c5?
Schwarz sucht Gegenspiel, schafft sich aber dabei neue Schwächen im eigenen Lager.
15.♘d2–e4! f7–f5
Der Schlüsselzug des beabsichtigten Planes. Beim Rückzug des Springers erhält Schwarz eine ausgezeichnete Stellung. Doch davon hält Weiß überhaupt nichts.

16.d4:c5!! ♘d7:c5
Schlecht ist 16. ... fe wegen 17.♘:e4! ♗:e4 18.♕:e4 0–0–0 19.♕c6+ ♔b8 20.cd oder 17. ... ♗e5 18.♘:d6+ ♗:d6 19.♕g6+ ♔d8 20.cd mit nicht abzuwehrendem Angriff.
17.♘e4:d6+ ♔e8–f8
Es rettet auch nicht 17. ... ♔d7 18.♘:f5+ ♘:d3 19.♘:e7 ♘:b2 20.♖f7.
**18.♘d6:f5! e6:f5 19.♕d3:f5+
♔f8–g8 20.♘c3–d5! ♕e7–e8
21.♖a1–d1 ♖a8–c8**
Wenn 21. ... ♖d8, so 22.♘e7+ ♕:e7 23.♖:d8+ ♕:d8 24.♕:f7 matt!
22.b2–b4 ♘c5–e6
22. ... ♘d7 23.♘e7+! ♕:e7

222

24.♖:d7 ♕:e3+ 25.♔h1 ♖f8
26.♖:g7+ ♔:g7 27.♕g6 matt!
23.♘d5:b6 ♖c8–c7 24.c4–c5
h6–h5 25.♖d1–d6 ♖h8–h6
26.♖d6:e6!
Schwarz gab auf.

Partie Nr. 283
Kulinski–Nadyrchanow
Jaroslawl 1983

1.d2–d4 ♘g8–f6 2.c2–c4
e7–e6 3.♘g1–f3 b7–b6
4.♘b1–c3 ♗c8–b7 5.♗c1–f4
♗f8–e7 6.e2–e3 ♘f6–h5!
Durch den Läufertausch erreicht Schwarz Ausgleich.
7.♗f4–g3 d7–d6 8.♗f1–d3
♘b8–d7 9.♕d1–c2 h7–h6
Eine Ungenauigkeit. Richtig ist
9. ... g6, beispielsweise
10.♗e4 ♗:e4 11.♕:e4 0–0
mit gleichen Chancen.
10.♗d3–e4 ♗b7:e4
11.♕c2:e4 ♘h5:g3 12.h2:g3
c7–c5 13.d4–d5 ♘d7–f6
14.♕e4–d3 e6:d5 15.♘c3:d5
0–0?
Es muß 15. ... ♘:d5 gespielt
werden. Der Textzug kommt
einem Harakiri gleich.

16.♘f3–g5!!
Dieser naheliegende Satz des
Springers ist bereits der K.-o.-
Schlag für Schwarz.
16. ... ♖f8–e8
Wenn 16. ... g6, dann 17.♘e6!
oder 17.♖:h6 ♔g7 18.♖:g6+!
17.♖h1:h6!
Zum Matt führt nun 17. ... gh
18.♘:f6+ ♗:f6 19.♕h7+,
aussichtslos ist ebenfalls 18. ...
♔g7 19.♘:e8+ ♕:e8
20.♕h7+ ♔f6 21.♕:h6+.
Schwarz gab auf.

Partie Nr. 284
Dizdarević–Miles
Biel 1985

1.c2–c4 b7–b6 2.d2–d4 e7–e6
3.♘g1–f3 ♘g8–f6 4.e2–e3
♗c8–b7 5.♗f1–d3 d7–d5
6.b2–b3 ♗f8–d6 7.0–0 0–0
8.♗c1–b2 ♘b8–d7 9.♘b1–d2
Aktiver ist 9.♘c3.
9. ... ♘f6–e4 10.♕d1–c2
f7–f5 11.♖a1–d1?
Eine Nachlässigkeit. Weiß übersieht die verborgene Drohung
des Gegners.
11. ... ♘e4:d2! 12.♘f3:d2
Ungenügend ist ebenfalls
12.♖:d2 wegen 12. ... dc!
13.♗:c4 ♗:f3 mit entscheidendem Angriff von Schwarz.
Wenn 14.♗:e6+, so ist möglich 14. ... ♔h8 15.gf ♕g5+
16.♔h1 ♕h6 17.f4 ♕:e6. Es
hilft auch nicht 14.gf wegen
14. ... ♗:h2+!
12. ... d5:c4 13.♘d2:c4
♗d6:h2+! 14.♔g1:h2
♕d8–h4+ 15.♔h2–g1

223

15. ... ♗b7–f3!!
Eine glänzende kombinatorische Lösung. Es droht 16. ...
♕g5 17.g3 ♕h5 mit unvermeidlichem Matt, aber 16.gf
verbietet sich wegen 16. ...
♕g5+ 17.♔h2 ♖f6. Schwächer ist sofort 15. ... ♗:g2 wegen 16.f3.
16.♘c4–d2 ♗f3:g2!
Jetzt führt bereits dieser Zug zum Sieg, da die weiße Dame im Abseits steht und keine Verteidigungsaufgaben übernehmen kann.
17.f2–f3 ♖f8–f6 18.♘d2–c4
Oder 18.♘e4 fe 19.♕:g2 ed 20.♕h2 ♕g5+ 21.♕g2 ♕:e3+ 22.♕f2 ♖g6+ 23.♔h1 ♕g5.
18. ... ♗g2–h3
Wenn 19.♕h2, so 19. ...
♖g6+ 20.♔h1 ♗g2+ 21.♔g1 ♗:f1+ oder 19.♕f2 ♖g6+ 20.♔h1 (20.♔h2 ♕h5)
♗g2++!
Weiß gab auf.

1.d2–d4 ♘g8–f6 2.c2–c4
e7–e6 3.♘g1–f3 b7–b6
4.a2–a3 ♗c8–b7 5.♘b1–c3
♘f6–e4 6.♘c3:e4 ♗b7:e4
7.♘f3–d2 ♗e4–g6
Eine andere Möglichkeit ist
7. ... ♗b7.
8.g2–g3!
Schwächer ist 8.e4, worauf folgen könnte 8. ... ♘c6! 9.d5
♘d4 10.♘f3 ♘:f3+ 11.♕:f3
♗c5 mit Gegenspiel für
Schwarz.
8. ... ♘b8–c6 9.e2–e3 a7–a6
10.b2–b4 b6–b5 11.c4:b5
a6:b5 12.♗c1–b2
Wenn 12.♗:b5?, so 12. ...
♘:b4!
12. ... ♘c6–a7 13.h2–h4!
h7–h6?!
Besser ist 13. ... h5.
14.d4–d5!
Weiß wird aktiv. Das Bauernopfer stellt den Kontrahenten vor komplizierte Aufgaben, vor allem was die Entwicklung des Königsflügels angeht.
14. ... e6:d5 15.♗f1–g2 c7–c6
16.0–0 f7–f6 17.♖f1–e1!
Jetzt wäre 18.e4 sehr wirkungsvoll. Weniger verspricht sofort 17.e4 wegen 17. ... de
18.♗:e4 ♗f7!
17. ... ♗f8–e7 18.♕d1–g4
♔e8–f7 19.h4–h5 ♗g6–h7
20.e3–e4! d5:e4 21.♗g2:e4
♗h7:e4 22.♘d2:e4 ♘a7–c8
Der Versuch, die Reserven zur Verteidigung heranzuziehen,

kommt zu spät. Schlecht ist auch 22. ... 🨜f8: 23.🨜ad1 d5 24.🨞:f6! 🨝:f6 25.🨛e6 matt; 24. ... gf 25.🨛g6 matt!
23.🨜a1–d1 🨜a8–a7
24.🨞e4:f6 g7:f6
Wenn 24. ... 🨝:f6, so 25.🨛g6+ 🨔f8 26.🨝:f6 gf 27.🨜e6!
25.🨛g4–g6+ 🨔f7–f8
26.🨝b2–c1! d7–d5
27.🨜d1–d4!
Zu früh käme 27.🨝:h6+ 🨜:h6 28.🨛:h6+ 🨔g8! 29.🨜d4 🨝f8! mit Chancen auf Verteidigung.
27. ... 🨞c8–d6 28.🨜d4–g4 🨞d6–f7

29.🨝c1:h6+!
Der entscheidende Angriff.
29. ... 🨔f8–e8 30.🨝h6–g7
Schwarz gab auf.

Partie Nr. 286
Kasparow–van der Wiel
Amsterdam 1988

1.d2–d4 🨞g8–f6 2.c2–c4 e7–e6 3.🨞g1–f3 b7–b6 4.a2–a3 🨝c8–a6 5.🨛d1–c2
Auch 5.🨛b3 wird versucht, um auf 5. ... c5 mit 6.d5 zu antworten.

5. ... 🨝a6–b7 6.🨞b1–c3 c7–c5 7.e2–e4!
Das Bauernopfer 7.d5?! ist nicht ungefährlich, beispielsweise 7. ... ed 8.cd 🨞:d5 9.🨝g5 🨝e7 10.🨞b5 0–0 11.🨞d6 und nun 11. ... 🨞e3!! Eine Alternative zum Textzug ist 7.dc.
7. ... c5:d4 8.🨞f3:d4 🨝f8–c5 9.🨞d4–b3 🨞b8–c6 10.🨝c1–g5 a7–a6 11.0–0–0 🨛d8–c7 12.🨔c1–b1 0–0–0 13.🨛c2–d2 d7–d6 14.f2–f3 h7–h6 15.🨝g5–f4 🨞c6–e5
Damit kann Weiß den Druck gegen d6 nicht mehr verstärken. Der Tausch auf e5 ist zudem eher für Schwarz günstig.
16.h2–h4 🨔c8–b8 17.h4–h5 🨜d8–d7 18.🨜d1–c1 🨜h8–c8 19.🨝f1–e2 🨔b8–a7 20.🨜h1–d1 🨜d7–d8 21.g2–g4 🨞f6–g8 22.🨝f4–g3 🨞g8–e7 23.f3–f4! 🨞e5–c6 24.🨝e2–f3 🨜c8–b8 25.🨝g3–h4 🨜d8–d7?
Ein Fehler in allerdings schon schwieriger Stellung. Natürlich läßt sich Weiß die Chance zum Kombinieren nicht entgehen.

26.🨞c3–b5+! a6:b5

Die Annahme des Springeropfers ist erzwungen.

27.c4:b5 ♘c6–a5

Die Hauptvariante laut Kasparow: 27. ... ♘d8 28.♘:c5 bc 29.♖:c5! dc 30.♕:d7 ♕:f4 31.♖d6! ♔a8 32.♕c7 ♗:e4+ 33.♗:e4 ♕:e4+ 34.♔a1!, und Weiß gewinnt!

28.♘b3:a5 b6:a5 29.♖c1:c5! d6:c5

29. ... ♕:c5? 30.♕:a5+ ♗a6 31.♕:a6, und Schwarz ist matt.

30.♕d2:d7 ♕c7:f4

31.♖d1–d6!

Schwarz gab auf.

Partie Nr. 287
Ostermeyer–Romanischin
Dortmund 1982

1.d2–d4 ♘g8–f6 2.c2–c4 e7–e6 3.♘g1–f3 b7–b6 4.a2–a3 ♗c8–a6 5.e2–e3 d7–d5 6.♘b1–d2 ♗f8–e7 7.♗f1–d3 0–0 8.♕d1–e2 c7–c5 9.d4:c5 b6:c5 10.e3–e4 ♘b8–c6 11.0–0 ♕d8–c7 12.♖f1–e1 ♖f8–d8 13.b2–b3 ♖a8–b8 14.♖a1–b1 d5:c4!?

Nicht nach Schablone gespielt. Schwarz zerstört seine Bauernkette und schafft dafür in der d-Linie Gegendrohungen.

15.♘d2:c4

Einfacher ist 15.♗:c4 mit gleichen Chancen, aber Weiß überschätzt offensichtlich seine Stellung.

15. ... ♕c7–d7!

Ein sehr interessanter und tiefgründiger Gedanke. Auf 16.♘ce5 hat Schwarz ein chancenreiches Damenopfer in petto: 16. ... ♕:d3! 17.♘:d3 ♗:d3 18.♕a2 ♘:e4, und Weiß hat es nicht leicht, sich zu verteidigen. Wenn 16.♘fe5, so 16. ... ♘:e5 17.♘:e5 ♕:d3! 18.♘:d3 ♗:d3 19.♕a2 ♘:e4 mit ausgezeichneter Stellung. Beispielsweise 20.♗f4 ♘c3 21.♕b2 ♘:b1 22.♗:b8 ♖:b8 23.♖:b1 ♗:b1 24.♕:b1 c4 (Romanischin).

16.♗d3–c2

Die Herausforderung wird zurückgewiesen, doch jetzt beherrscht der Gegner vollkommen die Szene.

16. ... ♘c6–d4 17.♘f3:d4 c5:d4 18.♖e1–d1?

Eine verborgene Kombination wird übersehen. Besser ist 18.♗d3, auch wenn in diesem Fall nach 18. ... ♗:c4! 19.♗:c4 d3 20.♕d2 ♘g4! Weiß sich in einer schwierigen Lage befindet.

18. ... ♗a6:c4! 19.♕e2:c4?

Hartnäckiger ist 19.bc.

19. ... ♖b8–c8 20.♕c4–e2 d4–d3!! 21.♗c2:d3

Auf 21.♖:d3 entscheidet 21. ... ♖:c2!

21. ... ♖c8–c3

Figurenverlust ist unvermeidlich. Wenn 22.♗c2, so 22. ... ♖:c2!

22.e4–e5 ♖c3:d3 23.♖d1:d3 ♕d7:d3 24.♕e2:d3 ♖d8:d3 25.♗c1–g5 ♘f6–d5 26.♖b1–c1 ♘d5–c3!

Weiß gab auf.

Partie Nr. 288
Hug–Hort
Skopje 1972

1.c2–c4 ♘g8–f6 2.♘g1–f3
e7–e6 3.g2–g3 b7–b6
4.♗f1–g2 ♗c8–b7 5.0–0
♗f8–e7 6.d2–d4 0–0
7.♘b1–c3 ♘f6–e4 8.♘c3:e4
Zu einem verwickelteren
Kampf führt 8.♕c2 oder
8.♗d2.
8. ... ♗b7:e4 9.♗c1–f4 d7–d6
10.♕d1–d2 ♘b8–d7
11.♖f1–d1 h7–h6!
Wenn 11. ... f5, so ist 12.♘g5
unangenehm.
12.♘f3–e1 f7–f5 13.♗g2:e4?
Eine fehlerhafte Entscheidung.
Die offene f-Linie und der Bau-
ernvorposten auf e4 sind für
Schwarz ausgezeichnete Voraussetzungen, den geschwächten weißen Königsflügel anzugreifen. Richtig ist 13.f3.
13. ... f5:e4 14.♕d2–c2
♘d7–f6 15.f2–f3 g7–g5
16.♗f4–e3 ♕d8–e8!
17.♔g1–g2 ♕e8–h5
18.h2–h3 ♕h5–g6!
19.♖a1–c1 ♖f8–f7 20.f3:e4
g5–g4 21.h3–h4 e6–e5!
Schwächer ist sofort 21. ...
♘:e4 wegen 22.♘d3, und der
Springer wechselt nach f4.
22.♕c2–d3 ♘f6:e4
23.♘e1–c2 ♖a8–f8
Die Figuren für den entscheidenden Angriff sind mobilisiert.
Möglich war es auch, sofort
loszuschlagen: 23. ... ♖f3!
24.ef gf+ 25.♔:f3 ♖f8+
26.♔e2 ♕g4+ oder 26.♗f4

♕:g3+ 27.♔:e4 ♕g2+
28.♔e3 ef matt.
24.♗e3–g1

24. ... ♗e7:h4! 25.g3:h4
♖f7–f3! 26.♘c2–e3
Nach 26.ef gf+ kann Weiß
dem Matt nicht entrinnen.
26. ... ♖f3–g3+ 27.♔g2–h1
♖f8–f2!
Weiß gab auf.

Partie Nr. 289
Kasparow–Marjanović
Valletta 1980

1.d2–d4 ♘g8–f6 2.c2–c4
e7–e6 3.♘g1–f3 b7–b6
4.g2–g3 ♗c8–b7 5.♗f1–g2
♗f8–e7 6.0–0 0–0 7.d4–d5!?
Ein interessantes Opfer. Für
den Bauern bekommt Weiß
eine aktive Stellung.
7. ... e6:d5 8.♘f3–h4! c7–c6
9.c4:d5 ♘f6:d5 10.♘h4–f5
♘d5–c7 11.♘b1–c3 d7–d5
12.e2–e4 ♗e7–f6
Schlechter ist 12. ... de wegen
13.♘:e4 ♘d5 14.♕g4 mit Angriff.
13.e4:d5 c6:d5
Wenn 13. ... ♘:d5, so

227

14.♘:d5 cd 15.♘e3!, und
Weiß gewinnt den Bauern bei
einer besseren Stellung zurück.
14.♗c1–f4 ♘b8–a6
15.♖f1–e1 ♕d8–d7?
Ein schwacher Zug, der Weiß
Zeit gibt, seine Figuren zu akti-
vieren. Erforderlich ist 15. ...
♘c5 mit kompliziertem Kampf.
16.♗g2–h3 ♔g8–h8
17.♘c3–e4! ♗f6:b2
18.♘e4–g5!!
Die geballte Figurenkonzentra-
tion von Weiß entlädt sich am
schwarzen Königsflügel.
18. ... ♕d7–c6
Nimmt Schwarz den angebotenen Turm (18. ... ♗:a1), so
fällt nach 19.♕h5 h6 20.♘:h6
bereits der Vorhang.
19.♘f5–e7! ♕c6–f6
20.♘g5:h7! ♕f6–d4
21.♕d1–h5 g7–g6
22.♕h5–h4 ♗b2:a1
23.♘h7–f6+
Auf 23. ... ♔g7 gibt's ein Matt
in zwei Zügen: 24.♘f5+! gf
25.♕h6!
Schwarz gab auf.

Partie Nr. 290
Tukmakow–Rasuwajew
Moskau 1983

1.d2–d4 ♘g8–f6 2.c2–c4
e7–e6 3.♘g1–f3 b7–b6
4.g2–g3 ♗c8–a6 5.♘b1–d2
♗a6–b7 6.♗f1–g2 ♗f8–e7
7.e2–e4!?
Ein kühnes Bauernopfer, was
zu Komplikationen führt.
7. ... ♘f6:e4 8.♘f3–e5
♗e7–b4

Fehlerhaft ist 8. ... ♘c3? wegen 9.♕h5 g6 10.♕h3!, und
für Schwarz ist der Verlust unvermeidlich.
9.♕d1–g4! 0–0!
Schlecht ist 9. ... ♘:d2
10.♕:g7 ♘b3+ 11.♔d1 ♖f8
12.♗:b7.
10.♗g2:e4 f7–f5 11.♗e4:b7!
f5:g4 12.♗b7:a8
Für die Dame hat Weiß mehr
als ein ausreichendes Material-
äquivalent, aber noch ist sein
weißfeldriger Läufer eingesperrt.
12. ... c7–c6 13.0–0 ♕d8–c7
14.♘d2–e4 ♗b4–e7
Auf 14. ... ♘a6 ist 15.♗:c6 dc
16.♗f4 möglich, und Schwarz
steht keine leichte Verteidigung
bevor.
15.♗c1–f4 d7–d6 16.♘e5:g4
♘b8–d7?
Selbstverständlich muß 16. ...
♘a6! geschehen mit möglichen
Varianten: 17.c5 bc 18.dc e5
19.cd ♗:d6 20.♖ad1 ♖:a8
21.♖:d6 ef 22.♖d7! ♕a5
23.♘h6+ gh 24.♘f6+ oder
23.♖fd1 h5! 24.♘gf6+ mit
Remis (Tukmakow).
17.c4–c5 b6:c5 18.d4:c5 e6–e5
19.c5:d6 ♗e7:d6 20.♖a1–d1
♗d6–e7
Schlecht ist 20. ... ♖:a8
21.♖:d6 ef wegen 22.♖:d7!
21.♖d1:d7! ♕c7:d7
22.♘g4:e5
Weiß opfert eine Qualität und
erreicht dadurch die Befreiung
des eingesperrten Läufers, der
sich mit großer Kraft ins Spiel
einschaltet.

22. ... ♛d7–e6

Es retten auch keine anderen Züge. Beispielsweise 22. ... ♛f5 23.♗:c6 g5 24.♗d5+ ♔g7 25.♗d2! ♖d8 (25. ... ♛:e5? 26.♗c3) 26.g4!; oder 22. ... ♛d4 23.♗:c6 g5 24.♘f3! ♛c4 25.♖c1.

23.♗a8:c6 g7–g5 24.♗c6–d7 ♛e6–d5

Hartnäckiger ist 24. ... ♛:a2.

25.♘e4–c3 ♛d5–c5
26.♗d7–e6+ ♔g8–g7
27.♘e5–d7

Schwarz gab auf.

Partie Nr. 291
Dydyschko–Kruschinski
Polanica Zdrój 1983

1.d2–d4 ♘g8–f6 2.c2–c4 e7–e6 3.♘g1–f3 b7–b6 4.g2–g3 ♗c8–a6 5.b2–b3 ♗f8–b4+ 6.♗c1–d2 ♗b4–e7 7.♘b1–c3 c7–c6 8.e2–e4 d7–d5 9.♛d1–e2!?

Eine interessante Idee. Vorteil verspricht ebenfalls die Fortsetzung 9.e5 ♘e4 10.♗d3.

9. ... d5:e4 10.♘c3:e4 ♗a6–b7 11.♗f1–g2 c6–c5

Das Zentrum wird angegriffen, allerdings bietet die wenig sichere Stellung des schwarzen Königs Weiß willkommene Angriffsmöglichkeiten.

12.♘f3–g5!

Mit den unangenehmen Drohungen 13.♘:f6+ und 13.♘:f7!

12. ... ♘f6:e4

Schlecht ist 12. ... ♛:d4 wegen 13.♗c3 ♛d7 14.♖d1 ♛c7

15.♘:f7!, und wenn 15. ... ♘:e4 (15. ... ♗:f7 16.♘g5+), dann 16.♗:e4 ♗:f7 17.♛f3+!
13.♘g5:e4 ♘b8–c6 14.d4:c5! f7–f5?

Das sieht stark aus, denn bei Rückzug des angegriffenen Springers spielt Schwarz 15. ... ♘d4 und erringt Materialübergewicht.

15.♗d2–c3!

Ein ausgezeichneter Zug, der die Idee des Gegners widerlegt.

15. ... f5:e4

Wenn 15. ... 0–0, so 16.♖d1 mit folgendem ♘d6.

16.♖a1–d1 ♛d8–c8
17.♗c3:g7 ♔e8–f7

Auf 17. ... ♖g8 folgt 18.♛h5 matt.

18.♗g7:h8 ♛c8:h8 19.♗g2:e4 ♖a8–d8 20.0–0 b6:c5

Es verliert auch 20. ... ♗:c5 wegen 21.♛f3+ ♔f6 22.♗:c6 ♖:d1 23.♗e8+! ♔e7 24.♛:f6+.

21.♖d1:d8 ♗e7:d8
22.♛e2–h5+!

Aber nicht 22.♛f3+ ♛f6 23.♗:c6 ♛:f3!

22. ... ♔f7–g7 23.♗e4:c6

229

♗b7:c6 24.♕h5–e5+
Schwarz gab auf.

Partie Nr. 292
Weingold–Kärner
Pärnu 1982

1.d2–d4 ♘g8–f6 2.c2–c4
e7–e6 3.♘g1–f3 ♗f8–b4+
4.♗c1–d2 ♕d8–e7
Möglich ist auch sofort 4. ...
♗:d2+ oder 4. ... a5.
5.g2–g3 ♗b4:d2+ 6.♕d1:d2
d7–d6 7.♘b1–c3 ♘b8–d7?!
Ein passiver Zug. Besser ist
7. ... 0–0. Beispielsweise
8.♗g2 e5 9.0–0 ♖e8 10.e4 a5
11.d5 ♘a6 12.♘e1 c6 13.♘d3
cd 14.cd ♗d7 mit beiderseitigen Chancen.
8.♗f1–g2 0–0 9.0–0 ♖f8–e8
Hier verdient 9. ... e5 Aufmerksamkeit. Schwarz hält jedoch an einer abwartenden
Taktik fest und gerät so in eine
beengte Lage.
10.♘f3–h4! ♘d7–f8 11.e2–e4
♘f8–g6?
Ein unvorsichtiger Zug.
12.e4–e5! d6:e5 13.♘h4:g6
h7:g6 14.d4:e5 ♘f6–d7
15.♖f1–e1 ♕e7–c5
16.♕d2–f4 ♖a8–b8
17.♖a1–d1 ♘d7–f8
18.♘c3–e4 ♕c5–e7
19.g3–g4!
Schwarz bleibt nichts anderes
übrig, als tatenlos zuzu-
schauen, wie sein Gegner die
alles entscheidenden Drohungen vorbereitet, darunter die
Überführung eines Turmes auf
die offene h-Linie.

19. ... b7–b5
Eine verzweifelte Maßnahme,
die jedoch nicht mehr den
Gang der Dinge verändert.
20.g4–g5!
Es droht 21.♘f6+! gf 22.gf
mit folgendem 23.♕h6.
20. ... ♘f8–h7 21.♖d1–d3!
♕e7–b4 22.♖e1–c1 ♗c8–b7
23.♖d3–b3 ♕b4–e7
24.♘e4–f6+!
Hier erweist sich der taktische
Angriff als logische Folge der
zielstrebigen Strategie.
24. ... g7:f6 25.g5:f6 ♕e7–f8
26.♗g2:b7 g6–g5
Oder 26. ... ♖:b7 27.♖h3 g5
28.♕e4.
27.♕f4–g4
Auf 27. ... ♕h6 folgt nun
28.♖h3 ♕g6 29.♗e4.
Schwarz gab auf.

Budapester Gambit

1.d2–d4 ♘g8–f6 2.c2–c4
e7–e5
Das Gambit wurde 1917 vom
ungarischen Meistertrio Abo-
nyi–Barász–Breyer ausgearbeitet. Mit dem wagemutigen
Bauernopfer will Schwarz möglichst schnell die Initiative erringen. Für Weiß lohnt es sich in
der Regel nicht, das materielle
Übergewicht zu halten. Der
Bauer wird zurückgegeben, und
dank seiner Überlegenheit im
Zentrum erreicht der Anziehende Positionsvorteil.

Partie Nr. 293
Raiski–Parmon
Minsk 1982

1.d2–d4 ♘g8–f6 2.c2–c4
e7–e5 3.d4:e5 ♘f6–g4
4.♗c1–f4 ♘b8–c6 5.♘g1–f3
♗f8–b4+ 6.♘b1–d2 ♕d8–e7
7.a2–a3 ♘g4:e5 8.♘f3:e5
Aber nicht 8.ab?? ♘d3 matt!
8. ... ♘c6:e5 9.e2–e3
♗b4:d2+ 10.♕d1:d2 d7–d6
Schwächer ist sofort 10. ...
0–0 wegen 11.c5!, und wenn
11. ... ♕:c5, so 12.♖c1 ♕d6
13.♕c3.
11.♗f1–e2 0–0 12.0–0 a7–a5
13.♕d2–c3
Das Eröffnungsübergewicht sichert 13.b4, aber Weiß verfolgt
eine nicht so offensichtliche,
doch äußerst interessante strategische Idee.
13. ... ♘e5–g6 14.♗f4–g3
a5–a4 15.c4–c5!
In diesem Bauernopfer ist die
Quintessenz des Planes enthalten: Weiß sichert sich dafür
eine beachtliche Überlegenheit
im Zentrum.
15. ... d6:c5 16.♖a1–c1
b7–b6 17.e3–e4! ♗c8–b7
18.e4–e5 ♖a8–d8
Aufmerksamkeit verdient auch
18. ... f5.
19.♖c1–e1 ♖d8–d4 20.f2–f4
f7–f5 21.e5:f6 e. p. ♕e7:f6
22.f4–f5 ♘g6–h4
23.♗e2–c4+ ♔g8–h8
24.♗g3–e5 ♕f6–g5?
Richtig ist 24. ... ♖g4! mit
scharfer Stellung.
25.g2–g3 ♖d4:c4

Als ob die Gefahr beseitigt
wäre: auf 26.♕:c4 folgt 26. ...
♘f3+. Doch Weiß hat die
glänzende Erwiderung in Betracht gezogen. Die einzige
Möglichkeit war 25. ... ♕d2
26.♕:d2 ♖:d2 27.♗e2! ♘g2
28.f6 gf 29.♖:f6 ♖:f6
30.♗:f6+ ♔g8 31.♗c4+ ♔f8
32.♖e7 mit einigen Verwicklungen.

26.f5–f6!!
Ist das ein Zug! Auf dem Brett
hat Schwarz eine Mehrfigur,
außerdem kann die Dame genommen werden. Nichtsdesto-
weniger steht der Nachziehende allen Drohungen hilflos
gegenüber. Es ist nicht zu sehen, wie der weiße f-Bauer zu
stoppen sein wird, der dann
auch die Entscheidung herbei-
führt.
26. ... ♔h8–g8
Wenn 26. ... ♖:c3, so 27.fg+
♕:g7 28.♖:f8 matt.
27.♕c3:c4+ ♖f8–f7
28.♗e5–f4 ♗b7–d5
29.♖e1–e8+ ♖f7–f8
30.f6–f7+!
Schwarz gab auf.

Partie Nr. 294
Chrutsch–Stschemkowski
Fernpartie 1983

1.d2–d4 ♘g8–f6 2.c2–c4
e7–e5 3.d4:e5 ♘f6–e4?!
4.♘g1–f3 ♘b8–c6 5.a2–a3
d7–d6 6.♕d1–c2 d6–d5
7.♘b1–c3
Aussichtsreicher und besser ist
7.e3. In der Partie Bisguier–Ljubojević (Malaga 1971) folgte
7. ... ♗g4 8.cd ♕:d5 9.♗c4
♕a5+ 10.b4 ♗:b4+ 11.ab
♕:a1 12.♕:e4 ♗h5 13.e6
♗g6 14.ef++ ♔f8 15.♕f4
♕:b1 16.0–0 ♕e4 17.b5 ♕:f4
18.ef mit entscheidender Überlegenheit von Weiß.
7. ... ♘e4:c3 8.♕c2:c3
♗f8–e7 9.♗c1–f4
Hier verdient 9.e3 mit schneller
kurzer Rochade Aufmerksamkeit.
9. ... d5–d4 10.♕c3–b3 0–0
11.0–0–0?!
Folgerichtig, aber Weiß unterschätzt die Gefahr, der sich danach sein König aussetzt. Deshalb ist 11.♖d1 geboten.
11. ... ♗c8–f5! 12.e2–e3
Schlecht ist 12.♕:b7 wegen
12. ... ♘a5.
12. ... ♘c6–a5 13.♕b3–a4
Hartnäckiger ist 13.♕a2.
13. ... c7–c5 14.♗f1–d3
b7–b5! 15.c4:b5
Nach 15.♕:b5 erhält Schwarz
dank der offenen b-Linie eine
drohende Attacke.
15. ... ♗f5–e6!
Es droht 16. ... ♗b3, und die
weiße Dame ist weg.

16.b2–b4
Wenn 16.♗c2, so 16. ... a6!
17.ed ab 18.♕:b5 ♗c4
19.♕a4 ♕b6, und die Lage für
Weiß ist trostlos.
16. ... ♘a5–b3+ 17.♔c1–b2
a7–a6! 18.♗d3–e4
Auf 18.ba folgt 18. ... c4
19.♗c2 ♗d7 20.b5 ♘c5
21.♕b4 ♘d3+.
18. ... ♕d8–b6! 19.e3:d4
Es darf nicht 19.♗:a8 gespielt
werden wegen 19. ... ab.
19. ... c5:b4 20.a3:b4 a6:b5
21.♕a4:a8 ♖f8:a8 22.♗e4:a8
♗e7:b4
Für die Dame besitzt Weiß
zwar genügend materielle
Kompensation, doch sein König
ist von den feindlichen Figuren
umzingelt.
23.d4–d5 ♕b6–a5 24.d5:e6
Oder 24.♔:b3 ♕a3+ 25.♔c2
♗f5+.
24. ... ♕a5–a3+ 25.♔b2–c2
♕a3–a2+ 26.♔c2–d3
♘b3–c5+ 27.♔d3–e3
♕a2–b3+ 28.♔e3–d4
♘c5:e6+ 29.♔d4–e4
♕b3–c2+
Weiß gab auf.

Benoni-Verteidigung und Moderne Benoni-Verteidigung

1.d2–d4 c7–c5 2.d4–d5
Für diese Eröffnung, die ein
Gemisch aus Sizilianischer Verteidigung und Indischen Systemen darstellt, ist ein geschlos-

senes Zentrum charakteristisch mit einem weißen Bauern auf d5 und schwarzen Bauern auf c5 und d6. In der heutigen Turnierpraxis ist eine modifizierte Fassung der Benoni-Verteidigung populär:

1.d2–d4 ♘g8–f6 2.c2–c4 c7–c5 3.d4–d5 e7–e6 4.♘b1–c3 e6:d5 5.c4:d5 d7–d6

Die Idee dieser Modernen Benoni-Verteidigung besteht in einem schnellen Gegenangriff am Damenflügel.

Partie Nr. 295
Boleslawski–Malissow
Gomel 1968

1.d2–d4 ♘g8–f6 2.c2–c4 c7–c5 3.d4–d5 e7–e5 4.♘b1–c3 d7–d6 5.e2–e4 a7–a6 6.a2–a4 g7–g6 7.g2–g3 h7–h5?!

Solider ist 7. ... ♗g7. Dieser Versuch, das Spiel zu verschärfen, ist eher vorteilhaft für Weiß.

8.h2–h4 ♗f8–h6?

Der Abtausch kommt sehr teuer zu stehen: Schwarz büßt die Rochade ein und verliert wichtige Tempi.

9.♗c1:h6 ♖h8:h6 10.♘g1–h3 ♔e8–f8 11.♘h3–g5 ♔f8–g7 12.♕d1–d2 ♖h6–h8

Es drohte 13.♘:f7!

13.♗f1–e2 ♘b8–d7 14.f2–f4! e5:f4

Sonst wäre 15.f5 mit erdrük-

kender positioneller Überlegenheit gefolgt.

15.g3:f4 ♘f6–g4 16.♗e2:g4 h5:g4 17.0–0–0 b7–b5 18.e4–e5! ♘d7–b6

Schwarz hat die Stellung verschärft. Wenn 19.♘ce4, so ist möglich 19. ... ♘:c4 20.♕c3 de 21.fe ♕a5! Doch Boleslawski findet eine feine kombinatorische Lösung.

19.♘g5:f7! ♔g7:f7 20.e5–e6+ ♔f7–e8

Oder 20. ... ♔g8 21.♘e4 ♘:c4 22.♕c3 mit starkem Angriff.

21.♘c3–e4 ♖a8–a7

Wenn 21. ... ♘:c4, so 22.♕c3 ♖f8 23.♕g7 ♕e7 24.♕:g6+ ♔d8 25.f5! ♘e5 26.♕g5! ♕:g5 27.hg ♖:f5 28.♖h8+ ♔e7 29.♖h7+, und Weiß gewinnt.

22.h4–h5! g6:h5

Es hilft nicht 22. ... ♖ah7 wegen 23.♕c3 ♘:a4 24.♕f6! oder 23. ... gh 24.♘f6+ ♔f8 25.♘:h7+ ♖:h7 26.♕d3 ♕e7 27.♕f5+ ♔e8 28.♖:h5 ♖:h5 29.♕:h5+ ♔d8 30.♕h8+ und 31.♖h1.

23.♕d2–c3 ♖h8–f8
24.♖h1:h5 ♘b6:a4
25.♕c3–h8! ♕d8–e7
Schlecht ist auch 25. ... ♖:h8
26.♖:h8+ ♔e7 27.♖h7+
♔e8 28.♖:a7, und die Drohung 29.♖h1 entscheidet.
26.f4–f5 ♕e7–g7 27.♘e4:d6+
♔e8–d8 28.♕h8:g7 ♖a7:g7
29.f5–f6! ♖f8:f6 30.♖h5–h8+
Schwarz gab auf.

Partie Nr. 296
Kasparow–Nunn
Luzern 1982

1.d2–d4 ♘g8–f6 2.c2–c4
e7–e6 3.♘b1–c3 c7–c5
4.d4–d5 e6:d5 5.c4:d5 d7–d6
6.e2–e4 g7–g6 7.f2–f4
♗f8–g7 8.♗f1–b5+
Das soll die planmäßige Aufstellung der schwarzen Figuren stören.
8. ... ♘f6–d7!
Auf den normalen Zug 8. ...
♘bd7 ist 9.e5! unangenehm.
9.a2–a4 ♘b8–a6 10.♘g1–f3
♘a6–b4 11.0–0 a7–a6?
Besser ist 11. ... 0–0.
12.♗b5:d7+!
Durch diesen Abtausch erhält Weiß gute Möglichkeiten für einen Angriff am Königsflügel.
12. ... ♗c8:d7 13.f4–f5! 0–0
Nach 13. ... gf 14.♗g5 hat Schwarz eine schwierige Stellung.
14.♗c1–g5 f7–f6 15.♗g5–f4
g6:f5?
Schwarz schätzt die Lage falsch ein.
16.♗f4:d6 ♗d7:a4

Auf diesen Gegenangriff hat Schwarz seine Hoffnungen gesetzt, aber Weiß verfügt über eine starke Erwiderung.
17.♖a1:a4 ♕d8:d6
18.♘f3–h4!
Ein ausgezeichnetes Manöver, das Schwarz vor kaum lösbare Probleme stellt.
18. ... f5:e4 19.♘h4–f5
♕d6–d7
Wenn 19. ... ♕e5, so 20.♕g4
♖f7 21.♘h6+.
20.♘c3:e4 ♔g8–h8
Schlecht ist 20. ... ♘:d5 wegen 21.♕:d5!
21.♘e4:c5
Schwarz gab auf.

Partie Nr. 297
Kaplun–Kapengut
Rostow am Don 1980

1.d2–d4 ♘g8–f6 2.c2–c4
c7–c5 3.d4–d5 e7–e6
4.♘b1–c3 e6:d5 5.c4:d5
d7–d6 6.♘g1–f3 g7–g6
7.♘f3–d2 ♗f8–g7 8.♘d2–c4
0–0 9.♗c1–g5 h7–h6
10.♗g5–f4 ♘b8–a6!?
11.♕d1–d2
Nach 11.♗:d6 ♖e8 12.♗g3
♘e4 13.♘:e4 ♖:e4 14.e3 b5!
15.♘d6 ♖b4 16.♗e2 ♗:b2
17.0–0 c4 hat Schwarz ein gutes Spiel.
11. ... b7–b5! 12.♘c3:b5
Hier verliert bereits 12.♘:d6:
12. ... b4 13.♘ce4 ♘:e4
14.♘:e4 f5! mit folgendem
15. ... g5.
12. ... ♘f6–e4 13.♕d2–c1
♘a6–b4 14.f2–f3 a7–a6

Besser ist 14. ... ♗d7.
15.♘b5:d6?
Weiß stand statt dessen ein
starker Zug zur Verfügung:
15.♘c7! Wenn 15. ... ♕:c7, so
16.fe mit den Drohungen
17.♗:d6 und 17.a3.
**15. ... ♘e4:d6 16.♗f4:d6
♖f8–e8 17.e2–e4**
Das verhindert zwar 17. ...
♘d3+!, aber durch ein Turmopfer sprengt Schwarz nun die
Sicherheitspfeiler des Gegners.

**17. ... ♖e8:e4+!! 18.f3:e4
♕d8–h4+ 19.♗d6–g3**
Schlecht ist 19.♔d1 ♗g4+
20.♗e2 ♗:e2+ 21.♔:e2
♕:e4+ 22.♘e3 ♖e8 oder
19.♔d2 ♕:e4 20.♘e3 ♘:d5
mit entscheidendem Angriff.
**19. ... ♕h4:e4+ 20.♘c4–e3
♗g7–d4 21.♗g3–f2 ♗c8–f5
22.♗f1–e2 ♗d4:e3 23.♗f2:e3
♕e4:g2 24.♖h1–g1 ♕g2:h2
25.♕c1–c4 ♖a8–e8
26.♔e1–d2**
Auf 26.♕f4 forciert den Sieg
26. ... ♘d3+! 27.♗:d3 ♕:f4.
Hoffnungslos ist auch
26.0–0–0 ♖:e3 27.♖ge1
♖e4!

**26. ... ♗f5–d3 27.♕c4–g4
♕h2–e5! 28.♗e3–d4**
Eine Verteidigungschance gibt
es sowieso nicht mehr.
**28. ... c5:d4 29.♖a1–e1
♕e5–e3+**
Weiß gab auf.

Partie Nr. 298
Lputjan–Sunye
Chicago 1983

**1.d2–d4 ♘g8–f6 2.c2–c4
e7–e6 3.♘g1–f3 c7–c5
4.d4–d5 e6:d5 5.c4:d5 d7–d6
6.♘b1–c3 g7–g6 7.♗c1–f4
♗f8–g7 8.♕d1–a4+!**
Die Antwort von Schwarz ist
praktisch erzwungen. Schlecht
ist jetzt 8. ... ♕d7 wegen
9.♗:d6! ♕:a4 10.♘:a4 ♘:d5
11.0–0–0.
**8. ... ♗c8–d7 9.♕a4–b3
♕d8–c7 10.e2–e4**
10.♗:d6 ♕:d6 11.♕:b7 wird
durch 11. ... ♕b6 12.♕:a8
♕:b2 widerlegt.
**10. ... 0–0 11.♘f3–d2
♘f6–h5 12.♗f4–e3 f7–f5
13.e4:f5 g6:f5 14.♗f1–e2
♗d7–e8?**
Richtig ist 14. ... f4! In der Partie Legki–Dolmatow (Nikolajew
1983) folgte 15.♗:c5! f3
16.♗:f3 ♖:f3 17.♘:f3 ♕:c5
18.0–0 ♕b6, und hier konnte
Weiß mit ♘e4! das Überge-
wicht erringen. Doch besser ist
15. ... ♘a6 mit scharfer Stellung.
**15.♘d2–f3 f5–f4 16.♗e3–d2
♕c7–e7 17.0–0! ♗g7:c3?!**
Schwarz entschließt sich, das

Figurenopfer anzunehmen, denn andernfalls hat Weiß bei materiellem Gleichgewicht die klar bessere Stellung.
18.♗d2:c3 ♛e7:e2 19.♛b3:b7 ♛e2–a6 20.♛b7–e7!
Nach 20.♛:a8 bietet die ungünstige Position der weißen Dame Schwarz Gegenchancen.
20. ... ♗e8–g6 21.♖f1–e1 ♛a6–c8 22.♛e7:d6 ♘b8–d7
Ein Versuch, Reserven heranzuziehen, aber die Hilfe kommt bereits zu spät.
23.♖e1–e6 ♘h5–g7
24.♖e6:g6! h7:g6 25.♛d6:g6 ♖f8–f7 26.♘f3–g5!
Ungeachtet des Mehrturms kann der Nachziehende dem Matt nicht entgehen. Wenn 26. ... ♛e8, so 27.♛h7+ ♔f8 28.d6! ♘f6 29.♛h8+ ♘g8 30.♘h7 matt!
Schwarz gab auf.

Partie Nr. 299
Podzerob–Kunzević
Fernpartie 1968

B. F. Podzerob (1910–1983) war ein bedeutender sowjetischer Diplomat, Gesandter der UdSSR in der Türkei und in Österreich, Teilnehmer der Konferenzen von Teheran (1943), Jalta (1945) und Potsdam (1945). Er hatte nicht die Möglichkeit, an direkten Wettkämpfen teilzunehmen, und spielte daher Fernschach, wobei er die Qualifikation eines Meisteranwärters besaß.
1.d2–d4 ♘g8–f6 2.c2–c4

e7–e6 3.♘g1–f3 c7–c5
4.d4–d5 b7–b5
Dieses Opfer erhielt die Bezeichnung „Wolga-Gambit".
5.♗c1–g5
Nach 5.de fe 6.cb d5 7.e3 ♗d6 8.♘c3 ♗b7 9.♗e2 0–0 erhält Schwarz für den geopferten Bauern ein starkes Zentrum sowie gutes Figurenspiel.
5. ... ♛d8–b6?
Besser ist 5. ... h6, und auf 6.♗h4 folgt 6. ... ed.
6.♗g5:f6 g7:f6 7.e2–e4 b5:c4
8.♛d1–c2 f6–f5 9.♗f1:c4 ♗f8–g7 10.e4–e5! d7–d6
11.♛c2–e2 0–0 12.♘b1–c3 d6:e5 13.♘f3:e5 e6:d5
Auf 13. ... ♘d7 folgt 14.♘:f7!
14.♘c3:d5 ♛b6–a5+
15.b2–b4! c5:b4 16.0–0 ♗c8–a6 17.♖a1–d1 ♖f8–e8
18.♛e2–h5!
Eine ausgezeichnete Replik. Es verbietet sich sowohl 18. ... ♗:e5 als auch 18. ... ♖:e5 wegen 19.♘f6+!
18. ... ♘b8–d7
Oder 18. ... ♖f8 19.♘e7+ ♔h8 20.♘5g6+, und das Matt folgt im nächsten Zug.
19.♛h5:f7+ ♔g8–h8

20.♕f7–g8+!!
Ein glänzender Abschluß. Auf
20. ... ♔:g8 (im Falle von
20. ... ♖:g8 gibt's ein ersticktes Matt: 21.♘f7!) entscheidet
21.♘e7++ ♔f8 22.♘7g6+
hg 23.♘:g6 matt!
Schwarz gab auf.

Holländische Verteidigung

1.d2–d4 f7–f5
Die Grundidee der Holländischen Verteidigung besteht
darin, ein aktives Spiel am Königsflügel aufzubauen, wobei
der Bauer f5 ein wichtiger Vorposten ist. Weiß kann als Antwort auf 1. ... f5 allerdings mit
2.e4 das Staunton-Gambit an-
bieten, das ihm initiativreiches
Spiel verspricht. Deshalb geht
heute dem Zug des f-Bauern
oft 1. ... e6 voraus.

Partie Nr. 300
Knaak–Ftáčnik
Trnava 1980

**1.d2–d4 f7–f5 2.♘b1–c3
♘g8–f6 3.♗c1–g5 e7–e6**
Möglich ist 3. ... d5.
**4.e2–e4 f5:e4 5.♘c3:e4
♗f8–e7 6.♗g5:f6 ♗e7:f6
7.♕d1–h5+!**
Eine interessante Idee. Weiß
setzt auf das Bauernopfer, um
den Flügel des Gegners zu
schwächen.

**7. ... g7–g6 8.♕h5–h6
♘b8–c6 9.♘g1–f3 ♘c6:d4?!**
Schwarz entscheidet sich, den
„Köder" zu nehmen. Dabei verliert der Nachziehende jedoch
wichtige Tempi und gerät in
eine passive Stellung. Besser ist
9. ... ♕e7.
**10.♘f3:d4 ♗f6:d4 11.0–0–0
♗d4–f6 12.h2–h4! ♕d8–e7**
Auf 12. ... b6 ist 15.♗b5 unangenehm mit der Drohung
16.♗c6.
**13.♘e4:f6+ ♕e7:f6 14.h4–h5
♖h8–g8 15.♗f1–d3 ♕f6–g7
16.h5:g6 h7:g6 17.♕h6–g5
♕g7–e7**
Sonst gewinnt 18.♖h6 den
Bauern zurück.
**18.♗d3:g6+ ♔e8–d8
19.♕g5–e3! a7–a5**
Der Versuch, den Damenturm
ins Spiel zu bringen, kommt
deutlich zu spät.
**20.♖h1–h7 ♕e7–f6
21.♗g6–f7 ♖g8–f8**
Oder 21. ... ♖:g2 22.♕:e6
♕:e6 23.♗:e6 d6 24.♖h8+.
22.♗f7:e6 ♖f8–e8
Auf 22. ... d6 folgt 23.♖:d6+!
cd 24.♕b6+ ♔e8 25.♕b5+
♔d8 26.♖d7+! ♔e8
27.♕h5+ ♖f7 28.♖:f7 ♕:e6
29.♖g7+ ♔d8 30.♕h4+ ♔e8
31.♕h8 matt.
**23.♖h7:d7+! ♗c8:d7
24.♖d1:d7+ ♔d8–c8
25.♕e3–g3 ♕f6–h6+
26.♔c1–b1**
Wenn 26. ... ♕h1+, so
27.♖d1+.
Schwarz gab auf.

Partie Nr. 301
Michalewski–Scheljuto
Gomel 1984

1.d2–d4 ♘g8–f6 2.c2–c4
e7–e6 3.g2–g3 d7–d5
4.♘g1–f3 c7–c6 5.♗f1–g2
♗f8–e7 6.0–0 0–0 7.♕d1–c2
♘f6–e4?!
Der Übergang zur Holländischen Verteidigung ist hier un-
glücklich. Besser 7. ... b6 oder
7. ... ♘bd7.
8.b2–b3
Zum Übergewicht von Weiß
führt 8.♘fd2 f5 9.♘:e4 fe
10.♘c3 ♘d7 11.♕b3 ♔h8
12.♗f4 ♕e8 13.f3!
8. ... ♘b8–d7 9.♘f3–e1 f7–f5
10.♘e1–d3 ♗e7–f6
Dieser schablonenhafte Entwicklungszug sichert kein rea-
les Gegenspiel. Aufmerksamkeit
verdient daher 10. ... ♕e8.
11.♗c1–b2 ♖f8–e8? 12.f2–f3
♘e4–g5 13.♘b1–d2 ♘d7–f8
14.♔g1–h1 ♘f8–g6
15.♖a1–e1
Im Unterschied zum Gegner
verfolgt Weiß einen genauen
strategischen Plan und bereitet
mit dem Zug e2–e4 eine gün-
stige Öffnung des Zentrums
vor.
15. ... ♘g5–f7 16.e2–e4!
d5:e4 17.f3:e4 f5:e4
Wenn gleich 17. ... ♗:d4, so
18.♗:d4 ♕:d4 19.ef.
18.♗g2:e4 ♘f6:d4 19.♗b2:d4
♕d8:d4 20.♗e4:g6 h7:g6
21.♖f1:f7!
Der entscheidende Angriff.
21. ... ♔g8:f7 22.♘d2–f3!

♕d4–d8 23.♘d3–e5+
♔f7–g8 24.♕c2:g6
Schwarz gab auf.

Partie Nr. 302
Michaltschischin–Lerner
Nikolajew 1983

1.d2–d4 f7–f5 2.g2–g3
♘g8–f6 3.♗f1–g2 d7–d6
4.♘g1–f3 g7–g6 5.c2–c4
♗f8–g7 6.0–0 0–0 7.♘b1–c3
c7–c6 8.d4–d5 ♕d8–e8?!
Das führt zu einem komplizierten Kampf, in dem die Perspektiven für Weiß besser sind.
9.♖a1–b1
Bereitet ein Fianchetto des
zweiten Läufers vor.
9. ... ♘b8–a6 10.b2–b3
♗c8–d7 11.♗c1–b2
♘a6–c5?!
Provoziert das Vorwärtsschrei-
ten des weißen b-Bauern.
Schwarz hofft, dadurch die Position zu verschärfen. Das
räumliche Übergewicht spricht
jedoch für Weiß. Besser ist
11. ... c5, um einen Gegenangriff am Damenflügel mittels
b7–b5 zu starten.
12.b3–b4 ♘c5–a6 13.a2–a3
♘a6–c7 14.♕d1–d2
♔g8–h8?
Ein Zeitverlust. Besser ist
14. ... ♖d8, um e7–e5 vorzubereiten.
15.♖f1–e1 ♕e8–f7 16.e2–e4!
f5:e4 17.♘f3–g5 ♕f7–g8
18.♘c3:e4 ♘f6–g4?
In einer schweren Stellung
übersieht Schwarz eine effektvolle Kombination.

19.♘e4:d6! e7:d6
Es ging nicht 19. ... ♖:f2 wegen 20.♕:f2 ♘:f2 21.♘df7+.
20.♖e1–e7! ♘g4–f6
20. ... ♖:f2 wird hier widerlegt durch 21.♖:g7 ♖:d2
22.♖:h7 matt.
**21.♗b2:f6 ♖f8:f6 22.♖e7:d7
♖a8–c8 23.♖b1–e1 h7–h6
24.♘g5–e4**
Schwarz gab auf.

Bird-Eröffnung

1.f2–f4
Der englische Meister Bird
wandte 1.f4 erstmals 1866 in
einer Partie gegen Steinitz an.
Im allgemeinen entwickelt sich
das Geschehen analog der Holländischen Verteidigung. Die
übliche Antwort war lange
1. ... f5. Neben 1. ... d5 kann
sich Schwarz aber auch für das
scharfe From-Gambit 1. ... e5
entscheiden.

Partie Nr. 303
Kolarow–Peew
Bulgarien 1969

**1.f2–f4 ♘g8–f6 2.♘g1–f3
b7–b6 3.g2–g3 ♗c8–b7
4.♗f1–g2 c7–c5 5.d2–d3
d7–d5 6.0–0 g7–g6 7.♘f3–e5
♘b8–d7?!**
Aufmerksamkeit verdient 7. ...
♕c7.
8.c2–c4 ♘d7:e5?
Notwendig ist 8. ... ♕c7.
**9.f4:e5 ♘f6–d7 10.♘b1–c3
♘d7:e5 11.♘c3:d5 ♕d8–d7
12.♗c1–g5**
Es droht 13.♗f6!
12. ... 0–0–0 13.a2–a4!
Weiß nimmt natürlich die Einladung zum Angriff dankend
an.
**13. ... h7–h6 14.♗g5–f4
♗f8–g7 15.a4–a5 e7–e6**
Dieser Zug wird schön widerlegt, aber für Schwarz ist bereits guter Rat teuer.
**16.a5:b6! e6:d5 17.b6:a7
♔c8–c7 18.♕d1–b3 g6–g5
19.♗f4–d2 ♔c7–d6**
Majestät auf der Flucht, allerdings ohne Aussicht auf Rettung.
**20.c4:d5 ♕d7–c8
21.♕b3–b6+ ♔d6–d7
22.♖f1:f7+!**
Ein präziser Schlußangriff. Zum
Matt führt 22. ... ♘:f7
23.♕e6+ ♔c7 24.♗a5!
Schwarz gab auf.

Partie Nr. 304
Kupreitschik–Jussupow
Jerewan 1982

1.f2–f4 d7–d5 2.b2–b3
♗c8–g4!
Die Entwicklung des Königsflügels wird damit erschwert.
Wenn 3.h3, so 3. … ♗h5; ungünstig ist nun 4.g4? wegen
4. … e5 5.♘f3 e4! Offensichtlich ist der Zug 2.b3 nicht
astrein. Besser 2.♘f3.
2.♗c1–b2 ♘b8–c6 4.g2–g3
e7–e5! 5.f4:e5 f7–f6!
6.♗f1–h3
Wenig reizvoll ist 6.ef ♘:f6
7.♗g2 ♗c5, und Weiß hat es
nicht leicht, sich zu verteidigen.
So bleibt 6.♘f3, auch wenn in
diesem Fall nach 6. … ♗:f3
7.ef fe Schwarz das Übergewicht hat.
6. … ♗g4:h3 7.e5:f6 ♘g8:f6
8.♘g1:h3 ♗f8–c5 9.e2–e3?!
Solider ist 9.d4.
9. … d5–d4! 10.e3–e4 0–0
11.d2–d3 ♗c5–b4+
12.♘b1–d2
Kommt Weiß jetzt zur Ro-
chade, dann wäre das
Schlimmste überstanden. Doch
diese Hoffnung erfüllt sich
nicht.

12. … ♘f6–d5!!
Im Grunde genommen der entscheidende Zug. Das Springeropfer darf wegen des vernichtenden Angriffs nach 13.ed
♛:d5 14.♘f2 ♖ae8+ 15.♘e4
♖:e4+! 16.de ♛:e4+ 17.♛e2
♛:h1+ nicht angenommen
werden. Die weiße Position erweist sich als desolat, zumal
auf e3 nun ein kräftiger Rappe
einsitzt …
13.♛d1–h5 ♘d5–e3
14.♔e1–e2
Der Gegenangriff 14.♘g5 h6
15.♘e6 ist nicht möglich wegen 15. … ♛f6 16.♘:f8 ♖:f8
17.♛e2 ♘e5, und Schwarz gewinnt.
14. … g7–g6 15.♛h5–h6
Nichts ändert 15.♛h4 ♗e7
16.♛h6 ♘g4 oder 15.♛b5
♛d7 16.♘f4 ♛g4+ 17.♘f3
♖:f4!
15. … ♛d8–d7 16.♛h6–h4
♗b4:d2 17.♔e2:d2 ♘c6–e5!
18.♘h3–g5 ♖f8–f2+
19.♔d2–c1 ♘e5:d3+
20.♔c1–b1 ♘d3:b2
Weiß gab auf.

Partie Nr. 305
Bykow–Klejman
Iwanowo 1979

**1.f2–f4 d7–d5 2.♘g1–f3
♘g8–f6 3.e2–e3 e7–e6**
Aktiver ist 3. ... g6 mit folgendem Fianchetto des schwarzfeldrigen Läufers.
**4.b2–b3 ♗f8–e7 5.♗c1–b2
0–0 6.d2–d4**
Das schwächt wesentlich die
weiße Bauernstruktur. Besser
ist 6.♗d3.
**6. ... c7–c5 7.♗f1–d3
♘b8–c6 8.a2–a3 ♛d8–b6
9.♖a1–a2**
Wehrt zwar die Drohung 9. ...
c4 ab, doch der Turm fristet
hier ein Schattendasein.
**9. ... c5:d4 10.e3:d4 ♗e7–d6
11.g2–g3 ♖f8–e8 12.♘b1–d2
e6–e5!?**
Ein kühnes Bauernopfer, das zu
großen Verwicklungen führt.
13.f4:e5
Schlechter ist 13.de ♘g4
14.♛e2 f6 mit Angriff für
Schwarz.
13. ... ♘f6–g4 14.h2–h3?
Weiß ist anscheinend verwirrt
und zeigt keinen Widerstand.
Auf der Hand liegt 14.♛e2.
14. ... ♘c6:e5! 15.h3:g4
Wenn 15.♘:e5, so 15. ...
♖:e5+!
15. ... ♘e5:g4+
Weiß ist im Grunde kampfunfä-
hig: 16.♘e5 ♖:e5+! oder
16.♗e2 ♗:g3+.
Weiß gab auf.

Partie Nr. 306
Antoschin–Pantschenko
Moskau 1983

**1.f2–f4 e7–e5 2.f4:e5 d7–d6
3.e5:d6 ♗f8:d6 4.♘g1–f3
g7–g5!?**
Eine aktive Fortsetzung.
Schwarz will so eine gewisse
Schwäche der feindlichen Königsstellung ausnutzen.
5.g2–g3
Zum Ausgleich führt 5.d4 g4
6.♘e5 ♗:e5 7.de ♛:d1+.
**5. ... g5–g4 6.♘f3–h4
♘g8–e7 7.d2–d4 ♘e7–g6
8.♘h4:g6?**
Hier ist 8.♘g2 vorzuziehen. In
der Partie Larsen–Zuidema (Beverwijk 1964) folgte 8. ... ♘c6
9.c3 h5 10.e4 h4 11.e5 ♗e7
12.♖g1 hg 13.hg ♖h2 14.♗e3
♗f5 15.♘d2 ♗g5 mit schar-
fem Kampf. Jetzt gerät Weiß
doch in einen Angriff.
8. ... h7:g6 9.♛d1–d3
Wenn 9.♗g2, so 9. ... ♖:h2!
9. ... ♘b8–c6 10.c2–c3
Es drohte 10. ... ♘:d4!
11.♛:d4 ♗:g3+.
**10. ... ♗c8–f5 11.e2–e4
♛d8–e7 12.♗f1–g2 0–0–0
13.0–0 ♘c6–e5!**
Mit großer Kraft stürzt sich dieser weiße Springer ins Kampf-
getümmel.
14.♛d3–d1
Es darf nicht 14.de? gespielt
werden 14.de? wegen 14. ...
♗c5+, doch besser als der
Textzug ist 14.♛c2.
**14. ... ♘e5–f3+ 15.♗g2:f3
g4:f3 16.e4:f5**

16. ... ☐h8:h2!!
Der entscheidende Angriff.
17.♕d1:f3
Zum Matt führt 17.♔:h2
♕h4+.
17. ... ☐h2–h3 18.♗c1–f4
♗d6:f4 19.♕f3:f4 ☐d8–h8
20.♕f4–f3 ♕e7–g5
21.♔g1–f2 ☐h3–h2+
22.♔f2–g1 ☐h2–h1+
Nach 23.♕:h1 ♕e3+ 24.♔g2
♕e4+ 25.☐f3 ☐:h1 26.♘d2
♕:f3+! hat Schwarz entschei-
dendes materielles Übergewicht.
Weiß gab auf.

Englische Eröffnung

1.c2–c4
Diese Eröffnung ist eine der
populärsten und aktuellsten
Spielanfänge, die zu einem in-
haltsreichen komplizierten
Kampf mit unterschiedlichsten
Partieanlagen und Plänen
führt. Die Idee des Zuges 1.c4
besteht darin, daß Weiß damit
das wichtige zentrale Feld d5
kontrolliert. Hauptwiderungen
in der Englischen Eröff-
nung sind für Schwarz 1. ...
e5, 1. ... c5, 1. ... ♘f6.

Partie Nr. 307
Bukarew–Willner
Mogiljow 1984

1.c2–c4 e7–e5 2.♘b1–c3
♘b8–c6 3.♘g1–f3 f7–f5
4.d2–d4 e5–e4 5.d4–d5
Das führt zu Vereinfachungen.
Perspektivreicher ist 5.♘g5!
5. ... e4:f3 6.d5:c6 f3:e2?!
Besser ist 6. ... fg mit gleichen
Chancen.
7.c6:d7+ ♕d8:d7
Ein schwacher Zug. Richtig ist
7. ... ♗:d7.
8.♕d1:e2+! ♔e8–f7
Auf 8. ... ♗e7 ist 9.♗f4 unangenehm. Wenn 8. ... ♕e6, so
9.♘b5.
9.♕e2–f3 ♘g8–f6 10.♗f1–e2
♗f8–c5?
Kein gutes Feld für den Läufer.
Vorsichtiger ist 10. ... ♗e7.
11.0–0 ☐h8–e8 12.♗c1–g5!
c7–c6 13.♗g5:f6 ♔f7:f6
14.♗e2–d3 ♗c5–d4?
Das verliert, aber die Lage von
Schwarz ist sehr schwierig.
15.♘c3–e4+ ♔f6–f7
16.c4–c5! ♔f7–g8
Schlecht ist 16. ... ♕d5 wegen
17.♗c4!
17.♗d3–c4+ ♔g8–h8
18.♘e4–d6 ☐e8–f8
19.☐a1–d1 b7–b5
20.♘d6–f7+ ☐f8:f7
21.♗c4:f7 ♕d7:f7 22.☐d1:d4
Schwarz gab auf.

Partie Nr. 308
Stean–Sax
Amsterdam 1979

1.♘g1–f3 ♞b8–c6 2.c2–c4
e7–e5 3.♘b1–c3 f7–f5
Eine aktive Fortsetzung, die zu
verwickeltem und interessan-
tem Spiel führt.
4.d2–d4 e5–e4 5.♗c1–g5
♝f8–e7 6.♗g5:e7 ♞c6:e7
7.♘f3–d2 ♞g8–f6 8.e2–e3
0–0 9.♗f1–e2 c7–c6!
10.c4–c5
Sonst erhält Schwarz nach
10. ... d5 ein starkes Zentrum.
10. ... d7–d5 11.c5:d6 e. p.
♛d8:d6 12.♘d2–c4 ♛d6–c7
13.♛d1–b3 ♝c8–e6
14.♛b3–a3 ♝e6:c4!
Der Läufer wird gegen den aktiven Springer getauscht.
Schwarz gewinnt dadurch Zeit,
eine Aktion am Königsflügel
vorzubereiten.
15.♗e2:c4+ ♚g8–h8 16.0–0
Umsichtiger ist 16.g3. Weiß
läßt den Gegner so im unklaren, nach welcher Seite rochiert wird.
16. ... ♞e7–g6 17.♗c4–e2
f5–f4 18.♖a1–e1?
Leichtsinnig. Unbedingt notwendig ist 18.♛c5. Beispielsweise 18. ... ♖ae8 19.♛g5 mit
Gegenchancen.
18. ... ♛c7–d7 19.♛a3–c5
Jetzt kommt dieser Zug bereits
zu spät. Hartnäckiger ist
19.♚h1.
19. ... f4–f3! 20.g2:f3 ♛d7–h3
21.♘c3:e4
Es gibt keine Rettung. Wenn

21.fe, so 21. ... ♞g4 22.♗:g4
♛:g4+ 23.♚h1 ♞h4. Besser
ist auch nicht 21.f4 wegen
21. ... ♞g4 22.♗:g4 ♛:g4+
23.♚h1 ♖f5!

21. ... ♞f6–g4!!
Eine thematische Schlußpointe.
Nach 22.fg ♞h4 hindert der
weiße g-Bauer die Dame daran,
das kritische Feld g2 von g5
aus zu verteidigen.
Weiß gab auf.

Partie Nr. 309
Stahlberg–Keres
Stockholm 1967

1.c2–c4 ♞g8–f6 2.♘b1–c3
e7–e5 3.g2–g3 c7–c6
Das Keres-System. Schwarz
plant, nach d7–d5 ein starkes
Bauernzentrum zu bilden.
4.d2–d4
Die normale Erwiderung, doch
das frühe Erscheinen der Dame
im Zentrum bietet Schwarz
gute Gegenchancen. Stärker ist
4.♘f3.
4. ... e5:d4 5.♛d1:d4 d7–d5
6.♘g1–f3
Mit dem Abtausch auf d5 muß

man sich nicht beeilen. Nach
6.cd? cd 7.♗g5 ♘c6 8.♕a4
d4 ist Weiß gezwungen, zur
Verteidigung überzugehen.
**6. ... ♗f8–e7 7.♗f1–g2 0–0
8.0–0 c6–c5 9.♕d4–d3
d5–d4?!**
Ausgleich bietet 9. ... dc!
10.♕:c4 ♘c6 11.♖d1 ♕a5.
10.♘c3–d5! ♘b8–c6
Schlecht ist 10. ... ♘:d5 11.cd
♕:d5? 12.♘g5!
11.a2–a3
Stärker ist 11.e4!
**11. ... ♗c8–g4 12.♗c1–f4
♘f6:d5!**
Das sieht riskant aus, doch
Schwarz hat die Verwicklungen
genau berechnet.
**13.c4:d5 ♕d8:d5 14.♘f3–g5
♕d5–f5 15.♗g2–e4 ♕f5–c8!
16.♗e4:h7+**
Auf 16.♗:c6 wäre gefolgt
16. ... ♗:g5.
**16. ... ♔g8–h8 17.♗h7–e4
♗e7:g5!**
Der Abtausch verringert stark
das Angriffspotential von Weiß.
**18.♗f4:g5 ♘c6–e5
19.♕d3–c2 c5–c4 20.♖f1–c1?**
Weiß übersieht eine verborgene
Kombination. Es muß 20.♗f4
gespielt werden.
**20. ... d4–d3! 21.e2:d3
♗g4–f3!**
Genau das ist der springende
Punkt. 21. ... ♘f3+ wird dagegen nach 22.♗:f3 ♗:f3
23.♕:c4 ♕h3 24.♕h4+ widerlegt.
**22.♗e4:f3 ♘e5:f3+
23.♔g1–g2 ♘f3:g5 24.f2–f4
♕c8–c6+ 25.♔g2–f2**

♕c6–f3+ 26.♔f2–e1
♖f8–e8+
Weiß gab auf.

Manuk–Pytel
Val Thorens 1979

**1.c2–c4 e7–e5 2.g2–g3 c7–c6
3.♗f1–g2 d7–d5 4.c4:d5 c6:d5
5.♕d1–b3 ♘g8–f6 6.♘b1–c3
♘b8–c6!**
Ein Bauernopfer für Initiative.
**7.♘c3:d5 ♘c6–d4!
8.♘d5:f6+**
Schlecht ist 8.♕c4?. In der Partie Sasonow–Anischenko
(Minsk 1970) folgte 8. ... ♘:d5
9.♗:d5 b5!! 10.♗:f7+ ♔e7
11.♕d5 ♘c2+ 12.♔d1 ♘:a1
13.♕:a8 ♕c7 14.♕b3 ♗e6
15.e4 ♘:b3 16.ab g6!, und
Weiß gab auf.
8. ... ♕d8:f6 9.♕b3–d1?
Besser ist 9.♕d3, auch wenn
dann nach 9. ... ♗f5 10.♗e4
♗:e4 11.♕:e4 ♖c8 Schwarz
für den Bauern genügend Kompensation hat.
**9. ... ♗c8–f5 10.d2–d3
♖a8–c8 11.♖a1–b1**
Auf 11.♔f1 ist möglich 11. ...
♕a6 12.♗d2 ♗c5 13.♗c3
0–0 14.♘f3 ♘:e2! 15.♔:e2
e4! (Abramow–Kuuksmaa,
Fernpartie 1968).
11. ... ♕f6–a6 12.♗c1–d2
Wenn 12. a3, so 12. ... ♗e6
mit den Drohungen 13. ...
♗a2 und 13. ... ♗b3.
12. ... ♕a6:a2 13.♗d2–c3
Aufmerksamkeit verdiente
13.♘f3.

13. ... ♝f8–b4! 14.♘g1–f3
♝b4:c3+ 15.b2:c3 ♞d4–c2+
16.♔e1–f1 ♜c8:c3 17.♘f3:e5
0–0 18.h2–h3 ♜f8–e8
19.♘e5–f3

19. ... ♜e8:e2!! 20.♔f1:e2
Oder 20.♕:e2 ♕:b1+ 21.♘e1
♝:d3! 22.♕:d3 ♕:e1 matt.
20. ... ♝f5:d3+! 21.♔e2–d2
Es verliert auch 21.♕:d3
♞d4++! 22.♔e3 ♕e2+!
21. ... ♕a2–a5!
Ein kaltblütiger und sehr starker Zug, nach dem Weiß die
Matt-Drohungen nicht abwehren kann.
22.♜b1:b7 ♜c3–b3+
23.♔d2–c1 ♕a5–a1+
24.♔c1–d2 ♕a1–c3+
Weiß gab auf.

Partie Nr. 311
Adorjan–Glatt
Budapest 1982

1.c2–c4 e7–e5 2.♘b1–c3
♘g8–f6 3.♘g1–f3 ♞b8–c6
4.g2–g3 ♝f8–b4 5.♘c3–d5
♝b4–d6?!
Eine verschnörkelte Idee. Die
üblichen Fortsetzungen 5. ...

e4 oder 5. ... ♞:d5 sind besser.
6.♝f1–g2 ♘f6:d5 7.c4:d5
♞c6–e7 8.e2–e4 c7–c6 9.0–0
c6:d5 10.d2–d4!
Die Öffnung des Zentrums gestattet es Weiß, seinen Entwicklungsvorsprung und die ungünstige Aufstellung der schwarzen Figuren auszunutzen.
10. ... d5:e4 11.♘f3:e5
♕d8–c7 12.♝c1–f4 f7–f6?!
Schwarz hofft, durch Verwicklungen Gegenchancen zu erhalten.
13.♜a1–c1 ♕c7–b8
14.♝g2:e4!
Weiß opfert eine Figur und
schafft dadurch den entscheidenden Angriff.
14. ... f6:e5 15.d4:e5 ♝d6–c7
Auf 15. ... ♝:e5? folgt natürlich 16.♕h5+.
16.♕d1–h5+ g7–g6
17.♕h5–h6 ♝c7:e5
Verhindert 18.♕g7, aber nun
folgt eine glänzende Kombination.

18.♜c1:c8+!! ♞e7:c8
19.♝e4:g6+! h7:g6
20.♕h6:g6+ ♔e8–d8

Wenn 20. ... ♔e7, so 21.♖e1
d6 22.♕g7+ ♔e6 23.♕:h8
♘e7 24.♕h6+ ♔f7 (24. ...
♔d7 25.♗:e5 de 26.♖d1+
♔e8 27.♖d6) 25.♕h7+ ♔e6
(25. ... ♔f6 26.h4! und
27.♗g5+) 26.♗g5, und gegen
27.♕:e7+ oder 27.f4 gibt es
nichts mehr.
21.♕g6–g5+ ♘c8–e7
22.♗f4:e5 ♖h8–g8
23.♕g5–f4 ♕b8–c8
Oder 23. ... d6 24.♗:d6 ♕c8
25.♗:e7+ ♔:e7 26.♖e1+.
24.♖f1–c1
Schwarz gab auf.

Partie Nr. 312
Roisman–Onoprijenko
Minsk 1967

1.c2–c4 ♘g8–f6 2.♘b1–c3
g7–g6 3.g2–g3 ♗f8–g7
4.♗f1–g2 d7–d6 5.e2–e4 0–0
6.♘g1–e2 e7–e5?!
Steht der Springer auf f6, so ist
es besser, 6. ... c5 zu spielen.
Nach dem Textzug gewinnt der
Vorstoß f2–f4 an Kraft.
7.0–0 ♗c8–e6 8.d2–d3
♕d8–c8
Schwarz plant den Abtausch
der weißfeldrigen Läufer, doch
dies ist mit Tempoverlust verbunden.
9.f2–f4 c7–c6
Zum Nutzen von Weiß ist auch
9. ... ♗h3 10.f5.
10.f4–f5! g6:f5 11.♗c1–g5
f5–f4
Es drohte 12.ef ♗:f5 13.♗:f6
♗:f6 14.g4! mit Figurengewinn.

12.g3:f4 e5:f4 13.♘e2:f4
♘b8–d7 14.♕d1–e1 ♘d7–e5
15.♕e1–h4 ♘f6–g4
16.♘f4:e6 ♕c8:e6
Es verliert 16. ... fe? wegen
17.h3.
17.h2–h3 ♘g4–h6
18.♘c3–e2! ♘e5:d3
Sonst entscheidet 19.♘f4.
19.♖f1–f6! ♕e6–e5
Wenn 19. ... ♗:f6, so 20.♗:f6!
20.♖a1–f1! ♕e5–c5+
21.♔g1–h1 ♘d3–e5
22.♖f6:h6 ♘e5–g6
23.♕h4–h5 ♗g7:h6
24.♕h5:h6 f7–f5 25.♘e2–g3
f5–f4
Hoffnungslos ist auch 25. ... fe
26.♘:e4.
26.♘g3–h5 ♖f8–f7
27.♘h5–f6+
Schwarz gab auf.

Partie Nr. 313
Polugajewski–T. Petrosjan
Kislowodsk 1982

1.c2–c4 e7–e6 2.♘g1–f3
♘g8–f6 3.♘b1–c3 b7–b6
4.e2–e4 ♗c8–b7 5.♗f1–d3!?
Dieses originelle Läufermanöver soll das Zentrum stärken.
5. ... d7–d6 6.♗d3–c2 c7–c5
7.d2–d4 c5:d4 8.♘f3:d4
♗f8–e7 9.0–0 0–0 10.b2–b3
a7–a6 11.♗c1–b2 ♘b8–c6
12.♘d4:c6 ♗b7:c6
13.♕d1–d3!
Mit der unangenehmen Dro-
hung 14.♘d5!
13. ... g7–g6 14.a2–a4
♕d8–c7 15.f2–f4 ♖a8–d8
16.♕d3–e2 ♖f8–e8

17.罩a1–d1 奧c6–b7
18.堂g1–h1 曾c7–c5?
Es muß 18. ... ②d7 gespielt
werden, um den Durchbruch
im Zentrum zu verhindern.
19.e4–e5! ②f6–d7
Im Falle von 19.... de 20.fe
wird die f-Linie für den Angriff
geöffnet, und auf 19. ... ②h5
ist 20.奧e4! stark.
20.奧c2–e4! 奧b7–c8
Ein erzwungener Rückzug.
21.e5:d6 奧e7–f8
Schlecht ist 21. ... 奧:d6 wegen 22.奧:g6!, und es droht
23.②e4.
22.奧e4–f3 f7–f5 23.b3–b4!
Weiß realisiert sein Übergewicht kombinatorisch.
23. ... 曾c5:b4 24.②c3–d5!
曾b4–c5
Klar ist, daß 24. ... ed an
25.奧:d5+ scheitert, aber auf
24. ... 曾:a4 ist möglich
25.②e7+ 奧:e7 26.曾:e6+
堂f8 27.奧d5!
25.②d5–c7 ②d7–b8
26.②c7:e8 罩d8:e8 27.曾e2–d3
Schwarz gab auf.

Partie Nr. 314
Kowaljew–Juferow
Minsk 1982

1.c2–c4 ②g8–f6 2.②b1–c3
e7–e6 3.e2–e4 d7–d5 4.e4–e5
②f6–e4 5.②c3:e4 d5:e4
6.曾d1–g4 奧c8–d7!
Fehlerhaft ist 6. ... 曾d4? wegen 7.②f3! Falls 6. ... ②c6
7.曾:e4 曾d4 8.曾:d4 ②:d4
9.堂d1 奧d7 10.d3 0–0–0
11.奧e3, so hat Schwarz nicht

genügend Kompensation für
den geopferten Bauern.
7.曾g4:e4 奧d7–c6 8.曾e4–g4
②b8–a6 9.d2–d4 ②a6–b4
10.堂e1–d2
Wenn 10.曾d1, so 10. ...
曾:d4! Nach dem Textzug gerät
der weiße König jedoch in
einen Angriff.
10. ... h7–h5! 11.曾g4–f4
g7–g5 12.曾f4–e3 g5–g4
13.堂d2–c3
Es drohte 13. ... 奧h6.
13. ... b7–b5! 14.a2–a3
a7–a5! 15.b2–b3 b5:c4
16.b3:c4
Schlecht ist 16.ab? ab+
17.堂b2 c3+ 18.堂b1 罩:a1+
19.堂:a1 曾a8+ 20.堂b1 奧h6,
und Schwarz gewinnt.
16. ... 曾d8–b8 17.f2–f4
Der Springer ist nach wie vor
tabu. 17.ab ab+ 18.堂b2 罩:a1
19.堂:a1 曾a8+ und 20. ...
奧:g2.
17. ... 曾b8–b7 18.曾e3–f2
奧c6–e4 19.曾f2–b2 曾b7–a7
20.②g1–e2 ②b4–c2
Der Anfang vom Ende. In der
offenen b-Linie schafft Schwarz
nicht abzuwehrende Drohungen.
21.罩a1–a2 罩a8–b8
22.曾b2:b8+ 曾a7:b8
23.罩a2:c2 曾b8–b1!
Auf jeden Zug des Turmes c2
folgt nun Matt: 24.罩b2 曾d3
matt; oder 24.罩d2 奧b4+!
25.ab ab oder 曾:b4 matt!
Weiß gab auf.

247

Partie Nr. 315
Alterman–Figler
Kischinjow 1977

1.c2–c4 ♘g8–f6 2.♘b1–c3
e7–e6 3.e2–e4 d7–d5 4.e4–e5
d5–d4 5.e5:f6 d4:c3 6.b2:c3
Zum Ausgleich führt 6.fg cd+
7.♗:d2 ♗:g7.

6. ... ♕d8:f6 7.d2–d4 b7–b6
8.♘g1–f3 ♗c8–b7 9.♗f1–e2
♕f6–d8 10.0–0 ♘b8–d7
11.♕d1–a4 ♗f8–d6?
Es muß 11. ... c6 gespielt werden.

12.c4–c5! b6:c5 13.d4:c5
♗d6:c5 14.♖a1–b1 ♖a8–b8
Auf 14. ... ♕c8 folgt 15.♖:b7!
♕:b7 16.♗b5 ♖d8 17.♘e5,
und Weiß verfügt über materielles Übergewicht. Als unbefriedigend erweist sich ebenfalls 14. ... ♗d5, worauf
15.♖d1! stark ist mit den Drohungen 16.c4, 16.♗b5 oder
16.♘e5.

15.♘f3–e5 ♔e8–e7
Ein trauriges Eingeständnis. Auf
15. ... ♗d6 gewinnt sofort
16.♘:d7 ♕:d7 17.♕:a7!

16.♖f1–d1 ♗c5–d6
Schwarz ist verteidigungsunfähig. Weiß realisiert allerdings
seine klare Überlegenheit
durch eine prachtvolle Kombination.

17.♖d1:d6! c7:d6 18.♖b1:b7!
d6:e5
Wenn 18. ... ♖:b7, so entscheidet 19.♘c6+.

19.♗c1–a3+ ♔e7–e8
20.♕a4:d7+!!
Der Schlußangriff.
Auf 20. ... ♕:d7 gibt es ein
Matt in zwei Zügen: 21.♖:b8+
♕d8 22. ♗b5 matt!
Schwarz gab auf.

Partie Nr. 316
Korsh–Markaus
Fernpartie 1981

1.c2–c4 ♘g8–f6 2.♘b1–c3
e7–e6 3.e2–e4 d7–d5 4.c4:d5
e6:d5 5.e4–e5 ♘f6–e4
6.♘g1–f3
Nichts bringt 6.♘:e4 de
7.♕a4+ ♘c6 8.♕:e4 ♕d4!
9.♕:d4 ♘:d4 10.♔d1 ♗f5
11.d3 0–0–0. Schwarz hat danach ein vorzügliches Spiel.

6. ... ♗c8–f5
Schwarz setzt auf schnelle Entwicklung und scheut sich nicht,
dafür Material ins Geschäft zu
stecken.

7.♕d1–b3 ♘e4–c5! 8.♕b3:d5
♘b8–c6 9.♗f1–b5 ♕d8:d5

10.♘c3:d5 0–0–0 11.♗b5:c6
b7:c6 12.♘d5–f4
Auf 12.♘b4 ist gut 12. ...
♔b7 mit der Drohung 13. ...
a5.
12. ... ♘c5–d3+ 13.♘f4:d3
♗f5:d3
Für den geopferten Bauern hat
Schwarz eine ausgezeichnete
Stellung.
14.b2–b3 ♗f8–c5 15.♗c1–b2
♖d8–d5 16.h2–h4
Mit dem Ziel, den Königsturm
ins Spiel zu bringen.
16. ... ♖h8–e8 17.♖h1–h3
f7–f6 18.♖h3–g3 f6:e5
19.♖g3:g7
Hartnäckiger ist 19.♘g5, um
den Springer über h3 in die
Verteidigung einzuschalten:
19. ... e4 20.♘h3 ♖f5
21.♖g5!
19. ... e5–e4 20.♘f3–g5
♖d5–f5 21.♘g5–h3 e4–e3!
Entscheidend. Schlecht ist
22.de wegen 22. ... ♗b4+
23.♔d1 ♖:e3!

22.f2–f4 ♖f5–d5! 23.♗b2–e5
♖d5:e5!
Auf der fünften Reihe hat dieser Turm eine Weile ausge-

zeichnet gewirkt und trägt nun
den Schlußangriff vor. Wenn
24.fe, so folgt das Matt-Finale:
24. ... ♖f8 25.de ♗b4+
26.♔d1 ♖f1 matt oder
25.0–0–0 ♗a3 matt!
Weiß gab auf.

Partie Nr. 317
Roisman–Puschkow
Odessa 1980

1.c2–c4 ♘g8–f6 2.♘b1–c3
e7–e6 3.e2–e4 c7–c5 4.e4–e5
♘f6–g8 5.d2–d4 c5:d4
6.♕d1:d4 ♘b8–c6 7.♕d4–e4
d7–d6 8.♘g1–f3 d6:e5
9.♘f3:e5 ♘c6:e5?
Eine wesentliche Ungenauigkeit. Richtig ist 9. ... ♘f6, wie
das in der 29. Partie des Welt-
meisterschaftskampfes zwischen
Karpow und Kortschnoi (Baguio 1978) geschah. Nach
10.♘:c6 ♕b6 11.♕f3 bc ergab
sich eine Stellung mit beiderseitigen Chancen.
10.♕e4:e5 ♘g8–f6
11.♗c1–f4 a7–a6 12.♗f1–e2
♗c8–d7
Besser ist 12. ... ♗e7. Der
schwarze König setzt sich im
Zentrum unnötig Gefahren aus.
13.♗e2–f3 ♕d8–c8?
Unbedingt notwendig ist hier
13. ... ♗c6.
14.0–0 ♗d7–c6
Jetzt kommt dieser Läuferzug
schon zu spät.

15.♘c3–d5!
Der entscheidende Angriff,
nach dem die Stellung von
Schwarz zusammenbricht.
15. ... ♗c6:d5
Schwarz ist gezwungen, den
Springer zu nehmen.
16.c4:d5 ♘f6–d7
Ein Versuch, sich mit einem
Bauernopfer loszukaufen, aber
es gibt keine Rettung.
17.♕e5–e2 e6–e5 **18.♗f4:e5**
♘d7:e5 **19.♕e2:e5+** ♔e8–d8
20.d5–d6 f7–f6 **21.♕e5–a5+**
♔d8–e8 **22.♖f1–e1+** ♔e8–f7
23.♕a5–d5+
Schwarz gab auf.

Partie Nr. 318
Suba–Portisch
Saloniki 1984

1.c2–c4 c7–c5 2.♘g1–f3
♘g8–f6 3.♘b1–c3 ♘b8–c6
4.d2–d4 c5:d4 5.♘f3:d4 e7–e6
6.♘d4–b5 d7–d5 7.c4:d5
Besser ist 7.♗f4. Beispielsweise
7. ... e5 8.cd ef 9.dc bc
10.♕:d8+ ♔:d8 11.♖d1+
♗d7 12.♘d6 ♗:d6 13.♖:d6,
und die Chancen von Weiß stehen bestens.

7. ... ♘f6:d5 8.♘c3:d5 e6:d5
9.♕d1:d5 ♗f8–b4+
10.♗c1–d2 ♕d8–e7!
Schwarz opfert einen Bauern
und erhält dafür eine aussichtsreiche Stellung.
11.♘b5–c3 0–0 12.♗d2–g5
Um den Zug ♖d8 zu verhin-
dern.
12. ... ♕e7–c7 13.e2–e3
♗c8–e6 14.♕d5–d2 ♕c7–a5
15.♗g5–h4?
Das führt zum Verlust. Hartnäckiger ist 15.e4.
15. ... g7–g5! 16.♗h4–g3
♖f8–d8 17.♕d2–c2
♗b4:c3+! 18.b2:c3
Auf 18.♕:c3 ist 18. ... ♘b4
stark, verbunden mit den Drohungen 19. ... ♘c2+ und
19. ... ♖ac8. Wenn 19.♖c1,
so 19. ... ♖ac8 20.♗c7 ♖:c7
21.♕:c7 ♘c2++.
18. ... ♘c6–b4! 19.♕c2–e4
Oder 19.cb ♕:b4+ 20.♔e2
♖ac8 21.♗c7 ♖:c7! 22.♕:c7
♗g4+ 23.f3 ♕d2 matt.
19. ... ♘b4:a2 20.♕e4–b4
Die einzige Möglichkeit, aber
es folgt ein wirkungsvoller
Schlußangriff.

20. ... 🖤d8–d1+!!
Weiß gab auf.

1.c2–c4 c7–c5 2.♘g1–f3
♘g8–f6 3.♘b1–c3 ♘b8–c6
4.d2–d4 c5:d4 5.♘f3:d4 e7–e6
6.g2–g3 ♝f8–c5 7.♘d4–b3
♝c5–e7 8.♝f1–g2 0–0 9.0–0
d7–d6 10.♝c1–f4 ♘f6–h5?!
Schwarz ist bestrebt, den Läufer aus seiner aktiven Stellung
zurückzudrängen, aber das ist
mit Zeitverlust verbunden.
11.♝f4–e3 ♘h5–f6
12.🖤a1–c1 ♘f6–g4
13.♝e3–f4! g7–g5?!
Ein riskanter Zug, der zur
Schwächung des Königsflügels
führt. Bei offenem Zentrum hat
das ernste Folgen für Schwarz.
14.♝f4–d2 ♘g4–e5
15.♘c3–b5 ♘e5–g6
16.c4–c5! d6–d5
Oder 16. ... dc 17.♝e3! ♛b6
18.♘d6 🖤d8 19.♝:c5 ♛c7
20.♘b5! mit deutlichem Übergewicht für Weiß.
17.e2–e4! d5–d4 18.♘b5–d6!
♝e7:d6 19.c5:d6 f7–f6
20.e4–e5!!
Weiß schreckt nicht vor Opfern
zurück. Die Öffnung der Stellung garantiert jetzt freilich
einen starken Angriff.
20. ... ♘g6:e5 21.♘b3–c5
♛d8:d6 22.f2–f4! ♘e5–d7
23.f4:g5!!
Entscheidend! Weiß verschwen-
det keine Zeit für den Rückzug

des Springers, sondern konzen-
triert sich ganz auf den Sturm
der geschwächten schwarzen
königlichen Bastion.
23. ... ♘d7:c5 24.g5:f6 e6–e5
25.♛d1–h5 🖤f8–f7
Nicht besser sind auch die übri-
gen Züge: 25. ... 🖤:f6
26.♝d5+ ♚g7 27.♝h6+!;
oder 26. ... ♛:d5 27.♛e8+
♚g7 28.♝h6+!! Wenn 25. ...
♝e6, so 26.🖤:c5! ♛:c5
27.♝e4 🖤f7 28.♝h6!, und die
Drohung ♝:h7+ entscheidet.
26.♝d2–h6! ♘c5–e6
27.♝g2–e4! ♘e6–f8
Oder 27. ... ♛c7 28.♝:h7+
🖤:h7 29.♛g6+ ♚h8 30.f7
♛d8 31.♝g5!; 27. ... ♝d7
28.♝:h7+! 🖤:h7 29.♛g6+
♚h8 30.♝g7+ ♘:g7 31.fg+.
28.♛h5–g5+ ♚g8–h8
29.♛g5–g7+!
Schwarz gab auf.

1.c2–c4 c7–c5 2.♘g1–f3
♘g8–f6 3.♘b1–c3 ♘b8–c6
4.g2–g3 d7–d5 5.c4:d5
♘f6:d5 6.♝f1–g2 e7–e6
Ein Fehler ist hier 6. ... e5 wegen 7.♘:e5 mit Bauernverlust
für Schwarz.
7.0–0 ♝f8–e7 8.d2–d4 0–0
9.🖤a1–b1 c5:d4
Danach kann sich Weiß be-
quem entwickeln.
10.♘f3:d4 ♘c6:d4
Nach 10. ... ♝f6 11.♘:c6 bc
12.♛c2 steht Weiß günstiger.

11.♕d1:d4 ♗e7–f6
12.♕d4–c4 ♘d5:c3 13.b2:c3
Für Schwarz ist der Druck gegen b7 unangenehm. Falls nun
13. … ♖b8, so gewinnt Weiß
nach 14.♗a3 ♗e7 15.♖fd1
♕e8 16.♕f4! ♖a8 17.♗d6
den Bauern b7.
13. … ♕d8–a5 14.♗c1–e3
♕a5:c3 15.♕c4–a4
Auch der Damentausch
15.♕:c3 ♗:c3 ist für Weiß
nicht ungünstig, denn nach
16.♗:b7 ♗:b7 17.♖:b7 dringt
der Turm auf die 7. Reihe ein.
15. … ♗f6–d8 16.♗e3:a7!
♗c8–d7
Es ist nichts Besseres zu sehen.
Sowohl nach 16. … ♕c7 als
auch 16. … ♕a5 ist Weiß im
Vorteil.
17.♕a4:d7 ♖a8:a7 18.♖f1–c1
♕c3–a5
Der b-Bauer ist auch nicht mit
18. … ♕f6 zu halten. Es
könnte folgen 19.♖c2 ♕e7
20.♕:e7 ♗:e7 21.♖:b7, und
es hat nur einer Gewinnchan-
cen: Weiß!
19.♖c1–c8! b7–b5

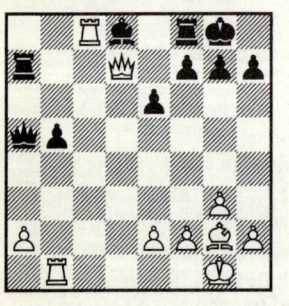

Es verbietet sich 19. … ♕:a2

wegen 20.♖d1, und Schwarz
verliert eine Figur – 20. …
♗e7 21.♕:e7 ♖:c8 22.♖d8+!
20.♗g2–b7!
Eine interessante „Selbstfesse-
lung". Weiß droht nun kräftig
sowohl 21.♖:b5 als auch
21.♖d1!
20. … ♗d8–e7 21.♖b1–c1!
♕a5–b4 22.♖c1–c7 ♖f8:c8
23.♕d7:c8+ ♗e7–f8
24.♕c8–e8
Fixiert erbarmungslos den
Schwachpunkt in der schwarzen Stellung: f7!
24. … h7–h6 25.♕e8:f7+
♔g8–h8 26.♕f7–g6!
26.♖c8 läßt Schwarz noch eine
Schwindelchance: 26. … ♔h7!
27.♖:f8 ♖:b7!
26. … ♖a7–a4
Soll 27.♗e4 abwehren.
27.♖c7–c8
Nun ist 27. … ♕e7 erzwun-
gen. Weiß macht danach aber
kurzen Prozeß: 28.♖e8 ♕d6
29.♕f7!
Schwarz gab auf.

Partie Nr. 321
Bugai–Malkin
Baranowitschi 1971

1.c2–c4 c7–c5 2.♘b1–c3
♘b8–c6 3.♘g1–f3 ♘g8–f6
4.e2–e4?!
Weiß beeilt sich, das Zentrum
zu erobern, doch ist das in dieser Situation wenig ratsam.
Besser ist 4.e3 oder 4.g3.
4. … e7–e6 5.d2–d4 c5:d4
6.♘f3:d4 ♗f8–b4! 7.f2–f3?
Warum nicht 7.♘:c6!? Nach

7. ... dc! 8.♕:d8+ ♔:d8 9.f3
e5! 10.♗d2 ♗e6 ist die Stellung von Schwarz jedenfalls
kaum angenehmer.
7. ... d7–d5! 8.c4:d5 e6:d5
9.♗f1–b5 0–0! 10.♘d4:c6
Wenig anziehend ist auch
10.♗:c6 bc 11.♘:c6 wegen
11. ... ♗:c3+ 12.bc ♕c7
13.ed ♘:d5! 14.♕:d5 ♖e8+
15.♔f2 ♗b7.
10. ... b7:c6 11.♗b5:c6

11. ... ♘f6:e4! 12.f3:e4
Der Turm auf a8 ist tabu.
Schwarz hat einen starken Angriff.
12. ... ♕d8–h4+ 13.♔e1–d2
♗c8–g4 14.♕d1–a4
Wenn 14.♕e1, so 14. ...
♕h6+ und 15. ... ♕:c6.
14. ... ♕h4–f2+ 15.♔d2–d3
d5:e4+ 16.♔d3–c4 ♖a8–b8!
Weiß gab auf.

Partie Nr. 322
Uhlmann–Liebert
Görlitz 1976

1.c2–c4 ♘g8–f6 2.♘b1–c3
d7–d5 3.c4:d5 ♘f6:d5
4.g2–g3 c7–c5 5.♗f1–g2

♘d5–c7 6.♘g1–f3 ♘b8–c6
7.♕d1–a4 ♕d8–d7
Normaler ist 7. ... ♗d7, aber
Schwarz will seinen weißfeldrigen Läufer nach b7 fianchettieren.
8.0–0 g7–g6 9.♕a4–c4 b7–b6
10.b2–b4! ♗f8–g7
Schlecht ist 10. ... ♘:b4
11.♘g5; oder 10. ... cb
11.♘g5 ♘e5 12.♕:b4.
11.b4:c5 b6–b5 12.♕c4–b3?!
Besser ist 12.♕e4! Beispielsweise 12. ... b4 13.♘g5 ♗b7
14.♖b1 0–0 15.♘d5 mit guten
Chancen für Weiß.
12. ... b5–b4 13.♘f3–g5 0–0
14.♗g2:c6?
Äußerst optimistisch. Für das
Bauernopfer erhält Schwarz
eine aussichtsreiche Initiative.
Es hätte 14.♕a4 gespielt werden müssen und nach 14. ...
♘d4 15.♕:b4 ♘c2 16.♕b1
♘:a1 17.♗:a8 ♘:a8 18.♕:a1
kann Weiß sich verteidigen.
14. ... ♕d7:c6 15.♕b3:b4
♖a8–b8! 16.♕b4–f4
Wenn 16.♕:b8, so 16. ... ♗b7.
16. ... ♗c8–b7 17.♘g5–f3
♘c7–e6 18.♕f4–e3 ♗g7–d4!
19.♕e3–h6 ♗b7–a8!
Ungeachtet des bedeutenden
Materialvorteils verfügt Weiß
über keine befriedigenden Fortsetzungen.
20.♖a1–b1 ♖b8:b1
21.♘c3:b1 ♕c6–e4
22.♘b1–c3 ♗d4:c3 23.d2:c3
♕e4:e2 24.♘f3–d2 ♖f8–d8
25.♕h6–e3
Es drohte 25. ... ♖:d2 und
26. ... ♕f3, aber der Textzug

253

kann auch nicht die Situation ändern. Es folgt ein wirkungsvolles Finale.

25. ... ☐d8:d2!! 26.♗c1:d2 ♘e6–g5!! 27.♕e3:g5
Auf 27.♕:e2 folgt natürlich 27. ... ♘h3 matt!

27. ... ♕e2–f3
Weiß gab auf.

Partie Nr. 323
Loginow–Sideif-Sade
Taschkent 1983

1.♘g1–f3 ♘g8–f6 2.c2–c4 c7–c5 3.♘b1–c3 d7–d5 4.c4:d5 ♘f6:d5 5.e2–e4 ♘d5–b4 6.♗f1–c4 ♘b4–d3+
Der Zug 6. ... ♗e6, der viele Jahre populär war, brachte in der letzten Zeit Schwarz keinen Erfolg. In der Partie Tukmakow–Peschin (Klaipėda 1980) folgte 7.♗:e6 ♘d3+ 8.♔f1 fe 9.♘g5 ♕b6 10.♕f3! c4 11.b3 h6 12.bc! ♘:c1 13.♘f7 ☐g8 14.♘e5! ♕b2 15.♕f7+ ♔d8 16.☐:c1! ♕:c1+ 17.♔e2 ♕:h1 18.♕:e6 ♕:h2 19.♘f7+ ♔e8 20.♘b5! ♘d7 21.♘bd6+, und Weiß gewann.

7.♔e1–e2 ♘d3–f4+
8.♔e2–f1 ♘f4–e6 9.b2–b4! c5:b4 10.♘c3–e2
Für den Bauern hat Weiß ein starkes Zentrum und Entwicklungsvorsprung.

10. ... ♕d8–c7?
Richtig ist 10. ... g6, beispielsweise 11.♗b2 ♗g7 12.♗:e6 ♗:b2 13.♗:f7+ ♔:f7 14.♕b3+ e6 mit verwickeltem Spiel.

11.♗c1–b2!
Eine unangenehme Überraschung für den Gegner. Schwarz entschließt sich trotzdem, das Figurenopfer anzunehmen. Es ist freilich auch nicht zu sehen, wie der Nachziehende seine Figuren entwickeln soll.

11. ... ♕c7:c4 12.☐a1–c1 ♕c4:e4 13.☐c1:c8+ ♔e8–d7 14.☐c8–c4! ♕e4–d5 15.♘f3–e5+ ♔d7–e8 16.♘e2–f4! ♕d5–b5
Wenn 16. ... ♘:f4?, so 17.☐c8+.

17.♘f4:e6 f7:e6

18.♕d1–a4!!
Ein effektvoller Angriff, der

den Kampf sofort beendet. Vor dem Matt kann sich Schwarz nur durch Verlust der Dame retten.

Schwarz gab auf.

Partie Nr. 324
Waisman–Stefanow
Rumänien 1979

1.♘g1–f3 c7–c5 2.b2–b3 ♘g8–f6 3.♗c1–b2 e7–e6 4.e2–e3 ♗f8–e7 5.c2–c4 0–0 6.♘b1–c3 b7–b6 7.d2–d4 c5:d4 8.e3:d4 d7–d5 9.♗f1–d3 d5:c4?!

Schwarz deckt sehr früh die Karten auf. Die Beherrschung der zentralen Felder und Entwicklungsvorsprung bieten Weiß ausgezeichnete Voraussetzungen für den Angriff. Besser ist es deshalb, die Spannung mit 9. ... ♗b7 aufrechtzuerhalten.

10.b3:c4 ♗c8–b7 11.0–0 ♘b8–c6 12.♖a1–c1! ♖a8–c8 13.♕d1–e2 ♕d8–d6

Wenn 13. ... ♘:d4, so 14.♘:d4 ♕:d4 15.♘d5 ♕c5 16.♗:f6 gf (16. ... ♗:f6 17.♕e4!) 17.♕g4+ ♔h8 18.♕h4. Ungenügend ist ebenfalls 13. ... ♘b4 14.♗b1 ♗:f3 15.♕:f3 ♕:d4 16.♘d5 ♕c5 wegen 17.♕h3!

14.♖f1–d1 ♖f8–d8 15.♗d3–b1 ♘c6–a5 16.♘f3–e5 ♗e7–f8 17.♘c3–b5 ♕d6–b8 18.d4–d5!

Das Signal für den entscheidenden Angriff.

18. ... e6:d5 19.♘e5:f7! ♖d8–e8

Schlecht ist 19. ... ♔:f7 20.♗:f6 gf 21.♕h5+ ♔e7 22.♖e1+ ♔d7 23.♕f7+ mit Verlust.

20.♕e2–f3 d5:c4

Oder 20. ... d4 21.♘h6+ ♔h8 22.♕h3 gh 23.♗:d4 ♗g7 24.♗:f6 ♗:f6 25.♕:h6.

21.♘f7–h6+ ♔g8–h8

22.♕f3:f6!! g7:f6

Auf 22. ... c3 entscheidet 23.♕f7! mit der Drohung 24.♕g8 matt.

23.♗b2:f6+ ♗f8–g7 24.♖d1–d7!!

Der Schlußzug einer glänzenden Kombination. Es droht 25.♗:g7 matt, aber auf 24. ... ♗:f6 oder 24. ... ♖g8 folgt 25.♖:h7 matt bzw. 25.♘f7 matt.

24. ... ♕b8–e5

Der letzte Versuch, wenn auch ein erfolgloser ...

25.♘h6–f7+

Auf 25. ... ♔g8 folgt 26.♘:e5 ♗:f6 27.♗:h7+ und 28.♘g6 matt.

Schwarz gab auf.

Partie Nr. 325
Polugajewski–Ftáčnik
Luzern 1982

1.♘g1–f3 ♞g8–f6 2.c2–c4
c7–c5 3.♘b1–c3 e7–e6
4.g2–g3 b7–b6 5.♗f1–g2
♝c8–b7 6.0–0 ♝f8–e7
7.d2–d4 c5:d4 8.♕d1:d4
d7–d6 9.♖f1–d1 a7–a6
10.b2–b3 ♞b8–d7
Der schwarze Figurenaufbau ist
nicht ohne Gift. In der Stellung
ist eine potentielle Kraft ver-
borgen, die sich bei den ge-
ringsten Ungenauigkeiten im
Spiel des Gegners entladen
kann.
11.e2–e4 ♛d8–b8 12.♗c1–b2
Aufmerksamkeit verdient
12.♗a3 ♞c5 13.e5!?, und
wenn 13. ... ♝:f3, so 14.♗:f3
de 15.♗c6+ mit Initiative für
den Bauern.
12. ... 0–0 13.♘f3–d2
♖f8–d8 14.a2–a4 ♛b8–c7
15.♕d4–e3 ♖a8–c8
16.♕e3–e2 ♞d7–e5!
17.h2–h3?
Dieser normale Zug ist fehlerhaft, denn Schwarz gelingt es,
die Schwäche der Rochadestellung auszunutzen. Unzurei-
chend ist auch 17.f4? wegen
17. ... ♛c5+ 18.♔h1 ♞eg4,
deshalb muß der König mit
dem Zug 17.♔h1 in Sicherheit
gebracht werden.
17. ... h7–h5!
Ein Angriff auf den Punkt g3
und die schwarzen Felder des
weißen Königsflügels. Es droht
18. ... h4!

18.f2–f4 ♞e5–g6 19.♘d2–f3
d6–d5! 20.c4:d5?!
Die Öffnung der Stellung gestattet es Schwarz, entscheidende Drohungen zu schaffen.
Besser ist 20.e5.
20. ... h5–h4! 21.♘f3:h4
Wenn 21.de, so 21. ... ♝c5+
22.♔h1 ♞h5 23.ef+ ♛:f7
24.♕e1 ♞:g3+ und 25. ...
♛:f4.
21. ... ♞g6:h4 22.g3:h4
♛c7:f4 23.d5:e6 f7:e6
24.e4–e5?
In schwieriger Stellung übersieht Weiß eine taktische Wendung.

24. ... ♝e7–c5+ 25.♔g1–h1
♞f6–h5!! 26.♕e2:h5 ♛f4–g3!
27.♘c3–d5
Eine andere Verteidigung gegen die Mattdrohungen gibt es
nicht.
27. ... ♖d8:d5! 28.♖d1–f1
Ein Rettungsversuch. Der
Strohhalm soll ein Dauerschach
sein.
28. ... ♛g3:g2+!
Ein effektvolles Damenopfer
krönt würdig die von Schwarz
ausgezeichnet gespielte Partie.

29.♔h1:g2 ♖d5–d2++
Das Matt ist unvermeidlich:
30.♔g3 ♖g2+ 31.♔f4 ♖f8+
32.♕f7+ ♖:f7 matt!
Weiß gab auf.

Réti-Eröffnung

1.♘g1–f3 d7–d5 2.c2–c4
Diese Eröffnung ist untrennbar
mit dem Namen des tschechi-
schen Großmeisters Réti verbunden, der Anfang der zwanziger Jahre ihre theoretische
Grundlage schuf. Weiß ist bestrebt, einen Figurendruck auf
das gegnerische Zentrum auszuüben. Er verzichtet deshalb
auch darauf, das Feld d4 mit
einem Bauern zu besetzen. Das
Hauptmerkmal der Réti-Eröff-
nung besteht in der Flankenentwicklung der Läufer, besonders des Königsläufers.

Partie Nr. 326
Raschkowski–Anikajew
Jalta 1966

1.♘g1–f3 ♘g8–f6 2.g2–g3
d7–d5 3.♗f1–g2 ♗c8–f5
4.b2–b3 h7–h6 5.♗c1–b2
e7–e6 6.0–0 ♗f8–e7 7.d2–d3
0–0 8.c2–c4
Aufmerksamkeit verdient
8.♘e5, und wenn 8. ... ♘bd7,
so 9.e4!
8. ... c7–c6 9.♘b1–c3
♘b8–d7 10.♖f1–e1 ♗f5–h7
11.♖a1–c1 a7–a5 12.c4:d5

e6:d5 13.e2–e4 d5:e4 14.d3:e4
♘d7–c5 15.♘f3–d4
♘f6–d7?!
Besser ist 15. ... ♖e8, da der
Rückzug des Springers wesentlich die Verteidigung des Königsflügels schwächt.
16.♘c3–a4 ♖f8–e8
17.♘a4:c5 ♘d7:c5
18.♕d1–g4! h6–h5
18. ... ♗f8? scheitert an
19.♖:c5! ♗:c5 20.♘e6, auf
18. ... ♗g6 ist 19.♘f5! stark.
19.♕g4–f3 ♗e7–f8
20.♘d4–f5
Es droht 21.♖:c5! ♗:c5
22.♘:g7 mit schneller Vernichtung.
20. ... ♘c5:e4?!
In schwieriger Stellung entscheidet sich Schwarz für eine
taktische Operation und hofft,
durch Abtausche die Lage zu
entspannen.
21.♖e1:e4 ♕d8–d2
22.♖e4:e8 ♖a8:e8 23.♖c1–b1
♕d2–c2
Es scheint, als würde die ge-
opferte Figur zurückgewonnen
werden, doch Weiß schlägt zurück ...

24.♘f5–h6+! ♔g8–h8

Zu versuchen ist 24. ... gh
25.♕f6 ♕:b1+ 26.♗f1 ♕:b2
27.♕:b2 ♖e1 28.♕d2 ♗b4
mit Hoffnung auf Rettung.
**25.♘h6:f7+ ♔h8–g8
26.♘f7–h6+ g7:h6
27.♕f3–d5+!!**
Das Matt ist unvermeidlich.
Schwarz gab auf.

Königsindisch im Anzuge

1.♘g1–f3 d7–d5 2.d2–d3
Im Vergleich zu Schwarz in der
Königsindischen Verteidigung
hat Weiß in dieser Eröffnung
ein Tempo mehr. Der Nachziehende bevorzugt deshalb einen
manövrierenden positionellen
Kampf aus einer festen Stellung heraus.

Partie Nr. 327
Sturua–Estrin
Kutaissi 1978

**1.♘g1–f3 ♘g8–f6 2.g2–g3
d7–d5 3.♗f1–g2 g7–g6 4.0–0
c7–c5 5.d2–d3 ♘b8–c6
6.♘b1–d2 ♗f8–g7 7.e2–e4
0–0 8.♖f1–e1 ♗c8–g4**
Der Läufer hat hier keine Perspektive.
9.e4:d5!
Wenn sofort 9.h3, so 9. ... de
10.hg ef 11.♗:f3 ♕d7 oder
10.de ♗:f3 11.♕:f3 ♘d7 mit
gleichen Chancen.
**9. ... ♘f6:d5 10.h2–h3
♗g4–c8?!**

Folgerichtiger ist 10. ... ♗:f3,
obwohl Weiß dann das Läuferpaar erhält.
**11.c2–c3 b7–b6 12.♘d2–c4
♗c8–b7 13.a2–a4 ♕d8–c7
14.♕d1–b3 ♖f8–d8**
Normaler und besser ist 14. ...
♖ad8, ohne den Königsflügel
zu schwächen.
15.a4–a5 ♗b7–a6?
Das führt zum Verlust. Dieser
Läufer ist schon genug „spazie-
rengegangen" auf dem Brett.
Die Stellung sollte mit 15. ...
♖ab8 stabilisiert werden.
16.♘f3–g5!
Unerwartet zeigt sich, daß
Schwarz über keine ausreichende Verteidigung verfügt:
17.♗:d5 ♖:d5 18.♘:b6. Wenn
16. ... ♘f6, so 17.♘:f7!
Schlecht ist auch 16. ... ♕d7
wegen 17.ab ♗:c4 18.♕:c4 ab
19.♖:a8.
16. ... e7–e6

17.♖e1:e6!!
Eine tiefgründige, genau be-
rechnete lange Kombination.
Durch das Turmopfer zerstört
Weiß den Eckpfeiler der gegne-
rischen Stellung.

17. ... f7:e6 18.♘g5:e6
♕c7–d7 19.♘e6:d8 ♖a8:d8
20.a5:b6 ♗a6:c4 21.♔b3:c4
a7:b6 22.♗c1–g5!
Jetzt kann Schwarz Verluste
nicht vermeiden.
22. ... ♘c6–e5 23.♕c4–a2
c5–c4 24.♗g5:d8 ♕d7:d8
25.♕a2–a8!
Schwarz gab auf.

Nimzowitsch-Larsen-Eröffnung

**1.b2–b3 oder 1.♘g1–f3
d7–d5 2.b2–b3**
Die Idee der Eröffnung besteht
darin, einen Figurendruck auf
den Punkt e5 zu organisieren.
In die Turnierpraxis hat sie
Ende der zwanziger Jahre
Großmeister Nimzowitsch eingeführt.

Partie Nr. 328
Emödi–Liptai
Ungarn 1976

**1.b2–b3 e7–e5 2.♗c1–b2
♘b8–c6 3.e2–e3 d7–d6
4.♘g1–f3 f7–f5**
Eine zweischneidige Fortsetzung im Geist der Holländischen Verteidigung.
**5.d2–d4! e5–e4 6.♘f3–d2
♘g8–f6 7.♗f1–e2 d6–d5
8.c2–c4 ♘c6–e7 9.♘b1–c3
c7–c6 10.0–0 ♘e7–g6
11.♖a1–c1?**
Weiß zögert und gestattet so

dem Gegner, die Initiative an
sich zu reißen. Es muß 11.cd cd
12.♗b5+ gespielt werden, und
wenn 12. ... ♔f7, so 13.f3! mit
aussichtsreicher Stellung.
**11. ... a7–a6 12.c4:d5 c6:d5
13.b3–b4 ♗f8–d6
14.♕d1–a4+ ♗c8–d7
15.♕a4–b3 ♗d7–e6
16.g2–g3?! 0–0 17.♘c3–a4
♕d8–e7 18.♘a4–c5 ♗e6–f7
19.a2–a4**
Folgerichtig, aber der Textzug
gestattet es bereits Schwarz,
eine feine kombinatorische Idee
zu realisieren.
19. ... b7–b6!!
Schwarz opfert einen Bauern
und lockt damit den Springer
auf ein ungünstiges Randfeld.
Dadurch ergeben sich natürlich
auch gute Chancen für einen
Königsangriff.
20.♘c5:a6 f5–f4! 21.e3:f4
Schlecht ist auch 21.♖fd1 f3
22.♗f1 ♘g4 mit sehr starkem
Angriff.
21. ... ♘g6:f4! 22.♕b3–e3
Die Annahme des Opfers führt
zum Verlust. Zum Beispiel
22.gf ♗:f4 23.♖fd1 ♖:a6!!
24.♗:a6 ♘g4 25.♕h3 ♕g5
26.♕g2 ♗:h2+ 27.♔h1 ♕h4.
Wenn 23.♖c2, so 23. ... ♘h5!
24.♔h1 ♕h4 25.h3 ♘g3+!
Nun folgt allerdings sofort ein
glanzvolles Finale.

22. ... ☐a8:a6!! 23.♗e2:a6
♘f6–g4 24.♕e3–e1 ♘g4:h2!
25.f2–f3
Zum Matt führt 25.♔:h2
♕e6!!
25. ... e4–e3 26.♘d2–b3
♘h2:f1 27.♗a6:f1 e3–e2
28.g3:f4 ♕e7–e3+
Weiß gab auf.

Partie Nr. 329
Ljubojević–L. Stein
Las Palmas 1973

1.b2–b3 e7–e5 2.♗c1–b2
d7–d6 3.e2–e3 ♘g8–f6
4.c2–c4 g7–g6 5.d2–d4
♗f8–g7 6.♘b1–c3 e5:d4
7.♕d1:d4 0–0 8.♘g1–f3
♘b8–d7 9.♗f1–e2 ♘d7–c5
10.☐a1–d1?
Leichtsinnig. Auf 10. ... ♘fe4
plant Weiß die wirkungsvolle
Abwicklung 11.♕:g7+! ♔:g7
12.♘:e4+ und 13.♘:c5. Richtig ist 10.♕d2 mit gleichen
Chancen.
10. ... ♘f6–g4!
Eine unangenehme Überra-
schung. Die weiße Dame hat
keine brauchbaren Rückzugs-
felder.

11.♕d4–d2
Das läßt eine Kombination zu,
doch auch andere Fortsetzungen sind für Weiß schlecht.
Wenn 11.♕d5, so 11. ... ♗e6
12.♕g5 ♗f6 13.♕f4 g5
14.♕g3 ♗:c3+ 15.♗:c3 ♘e4.
Besser ist 11.♕f4, aber auch
dann gibt es nach 11. ... f5
keine Verteidigung gegen die
zahlreichen Drohungen:
12.♘a4 ♗:b2 13.♘:b2 ♘e4
14.0–0 g5 oder 12.♕g5 ♗f6
13.♕f4 g5 14.♕g3 ♗:c3+
15.♗:c3 ♘e4.

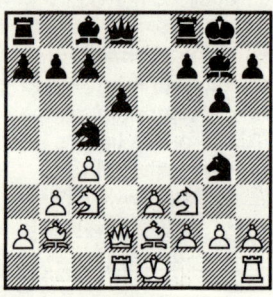

11. ... ♘g4:f2!!
Nicht kompliziert, aber sehr
schön. Auf 12.♔:f2 folgt
12. ... ♗:c3, und der Läufer
darf nicht genommen werden
wegen 13. ... ♘e4+.
12.0–0
Alle anderen Züge sind auch
aussichtslos.
12. ... ♘f2:d1 13.♗e2:d1
♗c8–g4 14.h2–h3 ♗g4:f3
15.♗d1:f3 a7–a5 16.♘c3–d5
c7–c6 17.♗b2:g7 ♔g8:g7
18.♕d2–d4+ f7–f6
19.♘d5–f4 ♕d8–e7
20.♔g1–h1 ☐f8–e8

21.♕d4–d2 ♛e7:e3
22.♕d2:d6 ♛e3–e5
23.♕d6–d2 ♖a8–d8
24.♕d2:a5 ♘c5–e4!
25.♘f4–e6+
Wenn 25.♕:e5, so ♘g3+.
25. ... ♛e5:e6
Weiß gab auf.

Sokolski-Eröffnung

1.b2–b4
Der Zug 1.b2–b4 ist lange bekannt, doch die entscheidende
Rolle für den Entstehungspro-
zeß der Eröffnung spielten die
Untersuchungen und die Turnierpraxis des belorussischen
Meisters A. Sokolski. Die Idee
der Eröffnung besteht darin,
räumliches Übergewicht am
Damenflügel zu erlangen.
Schwarz muß diesem Plan von
Weiß mit aktivem Gegenspiel
begegnen und deshalb auf eine
gesunde Entwicklung bedacht
sein.

Partie Nr. 330
Sadowoi–Schewtschenko
Odessa 1978

**1.b2–b4 e7–e5 2.♗c1–b2
f7–f6 3.e2–e4!?**
Eine Gambit-Variante. Weiß
opfert einen Bauern, doch ist
Schwarz nicht verpflichtet, ihn
anzunehmen.
3. ... ♗f8:b4
Aufmerksamkeit verdient 3. ...

d5. Beispielsweise 4.f4 ef
5.♕h5+ g6 6.♕:d5 ♕:d5 7.ed
♗:b4 mit guter Stellung für
Schwarz.
4.♗f1–c4 ♘g8–e7
Besser ist 4. ... ♘c6, und wenn
5.f4, so 5. ... d6 6.f5 ♘ge7
7.c3 ♗a5. Schwarz erreicht
dann mit d6–d5 Ausgleich.
5.♕d1–h5+ ♘e7–g6?
Ein Fehler, notwendig ist 5. ...
g6.
**6.f2–f4! e5:f4 7.a2–a3
♗b4–d6**
Auf 7. ... ♗e7 ist 8.♘e2! stark.
In der Partie Katalymow–Ili-
wizki (Frunse 1959) geschah
7. ... d5 8.♗:d5 c6 9.♗b3
♕a5 10.e5 ♗e7? 11.♗f7+!,
und Schwarz gab auf. Besser
ist 10. ... ♗c5, um auf 11.ef?
♗f2+ zu spielen.
8.♘g1–f3 ♘b8–c6?
Hartnäckiger ist 8. ... ♔f8.
**9.♘f3–h4 ♘c6–e7 10.♘h4–f5
♔e8–f8**

**11.♗b2:f6!! g7:f6
12.♕h5–h6+ ♔f8–e8
13.♘f5–g7+ ♔e8–f8
14.♘g7–e6++ ♔f8–e8
15.♕h6–f8+!**

Es wird ein ersticktes Matt forciert.

15. ... 🜚h8:f8 **16.**♘e6–g7 matt!

Partie Nr. 331
Gilgevič–Wojcziech
Minsk 1960

1.b2–b4 e7–e5 **2.**♗c1–b2 e5–e4?! **3.**e2–e3 d7–d5
4.c2–c4 d5:c4
Der Abtausch fördert die Entwicklung von Weiß. Besser ist 4. ... c6.
5.♗f1:c4 ♛d8–g5?!
Für einen so frühen Gegenangriff gibt es keine Gründe.
6.♘g1–e2 ♘g8–f6?
7.♛d1–b3 ♛g5:g2
Sonst verliert Schwarz den Bauern f7 ohne jegliche Kompensation. Auf 7. ... ♛g6 oder 7. ... ♛h5 wäre 8.♘f4 gefolgt.
8.🜚h1–g1 ♛g2:h2 **9.**♗c4:f7+ ♔e8–d8 **10.**♗b2:f6+ g7:f6
11.♘b1–c3 ♛h2–e5
12.0–0–0 ♗c8–f5 **13.**d2–d3!
e4:d3 **14.**♘e2–f4 ♗f8–d6
15.♘f4:d3 ♗f5:d3
Auf 15. ... ♛e7 ist 16.e4! unangenehm, denn es geht nicht 16. ... ♗:e4 wegen 17.🜚de1. Der Abtausch schwächt freilich noch mehr die Stellung des schwarzen Königs.
16.🜚d1:d3 a7–a5 **17.**f2–f4
♛e5–f5 **18.**🜚d3–d5 ♛f5–h3
19.♘c3–e4 🜚a8–a6 **20.**b4–b5
🜚a6–b6 **21.**♛b3–c3 ♘b8–d7
22.♘e4–g5! ♛h3–h2
23.♘g5–e6+ ♔d8–e7

Zum Verlust führt auch 23. ...
♔c8 **24.**🜚:d6! ♛:g1+
25.🜚d1, denn wegen der Drohung 26.♛:c7 matt verliert Schwarz die Dame.
24.🜚g1–g7 ♛h2:a2
25.♗f7–h5+! ♔e7:e6
26.f4–f5+! ♔e6:d5
27.♛c3–d4 matt!

Ein seltener Fall des „Epauletten-Matts" im Zentrum des Brettes!

Partie Nr. 332
Gorbylew–Posnjak
Fernpartie 1965

1.b2–b4 d7–d5 **2.**♗c1–b2
e7–e6 **3.**♘g1–f3 ♘g8–f6
4.b4–b5 c7–c5 **5.**e2–e3
♗f8–d6 **6.**c2–c4 b7–b6
7.♗f1–e2 ♗c8–b7 **8.**a2–a4
0–0 **9.**0–0 ♘b8–d7 **10.**a4–a5
b6:a5!
Empfohlen von Sokolski.
11.c4:d5 ♘f6:d5!?
Nicht schlecht ist auch 11. ...
ed, aber der Textzug führt zu einem inhaltsreicheren Kampf.
12.♘b1–a3 ♗d6–c7 **13.**d2–d3
Aktiver ist 13.d4.

262

13. ... ♘d5–b4 14.♘a3–c4?
♖a8–b8!
Der Bauer b5 wird aufs Korn
genommen.
15.e3–e4 ♗b7–a8 16.♘c4–a3
Ein trostloser Rückzug, aber
wie sollte der Bauer sonst verteidigt werden?
16. ... ♛d8–e7 17.♛d1–d2
h7–h6 18.♖f1–c1 f7–f5
19.e4:f5 ♖f8:f5! 20.♖c1–d1
♖b8–f8 21.h2–h3 ♘b4–d5!
Da Weiß kein Gegenspiel hat,
führt Schwarz ruhig die Reserven für die entscheidende Attacke heran.
22.♘a3–c2 ♘d5–f4
23.♘c2–e1 ♛e7–d6
24.♔g1–f1 ♘f4:g2! 25.d3–d4
Schlecht ist 25.♔:g2 wegen
25. ... ♛h2+!, aber auch so
folgt ein schönes Finale.

25. ... ♛d6–h2!! 26.♘f3:h2
♖f5:f2+ 27.♔f1–g1 ♗c7:h2+
28.♔g1:h2 ♘g2:e1+
29.♔h2–g3 ♖f2–g2+
30.♔g3–h4 ♘e1–f3+!
Zum Matt führt nun 31.♗:f3
g5+ 32.♔h5 ♗:f3+ 33.♔:h6
♖f6 matt!
Weiß gab auf.

Partie Nr. 333
Tschernyschow–Les
Chabarowsk 1969

1.b2–b4 ♘g8–f6 2.♗c1–b2
e7–e6 3.a2–a3
Aktiver ist 3.b5.
3. ... ♗f8–e7 4.e2–e3 0–0
5.♗f1–d3!?
Ein origineller Plan. Die weißen
Läufer sind auf die Residenz
des feindlichen Königs gerichtet.
5. ... h7–h6?
Eine ernste Schwächung der
Rochade-Stellung.
6.♘g1–f3 b7–b6 7.g2–g4!?
Unmittelbar wird der Fehler
des Gegners ausgenutzt.
7. ... ♗c8–b7
Schwarz demonstriert Ruhe,
die jedoch auf einem Rechen-
fehler beruht.
8.g4–g5 h6:g5?
Jetzt gewinnt der Angriff von
Weiß zielstrebigen Charakter.
Hartnäckiger ist 8. ... ♘e4.
9.♘f3:g5! ♗b7:h1
Daß Schwarz jetzt einen Turm
mehr hat, spielt in der entstandenen Lage keine Rolle. Es
hätte schon 9. ... g6 gespielt
werden müssen, aber auch
dann ist nach 10.♖g1 die Stellung von Schwarz schwerlich
zu verteidigen.
10.♗b2:f6 g7–g6
Oder 10. ... ♗:f6 11.♛h5
♖e8 12.♗h7+ ♔h8 13.♘:f7
matt.
11.♛d1–h5!!
Das Matt ist unvermeidlich.
Schwarz gab auf.

Eröffnungsregister

(Die Zahlen geben die Nummer der Partie an)

Namensregister

(Die Zahlen geben die Nummer der Partie an. Erscheint die Nummer halbfett, wurde die Partie von dem genannten Spieler gewonnen)